全国普通高等院校
信息管理与信息系统专业规划教材

管理信息系统

黄超 李丽 孙爱香 等 编著

清华大学出版社
北京

内 容 简 介

本书系统地介绍了管理信息系统的理论、技术、开发及应用等知识。全书共分10章,包括概述、管理信息系统(Management Information System,MIS)的理论与技术基础、系统开发、系统规划、系统分析、系统设计、系统实施、系统维护与管理、系统的应用及MIS课程设计等内容。

本书可作为高等学校计算机专业、信息类专业、财经商贸专业和管理学等专业的教材,也可供企事业管理人员、计算机软件开发人员和信息系统爱好者参考。

图书在版编目(CIP)数据

管理信息系统/黄超等编著. —北京:清华大学出版社,2012.7(2021.3重印)
全国普通高等院校信息管理与信息系统专业规划教材
ISBN 978-7-302-29010-0

Ⅰ.①管… Ⅱ.①黄… Ⅲ.①管理信息系统—高等学校—教材 Ⅳ.①C931.6

中国版本图书馆CIP数据核字(2012)第122854号

责任编辑:白立军
封面设计:常雪影
责任校对:白 蕾
责任印制:宋 林

出版发行:清华大学出版社
网　　址:http://www.tup.com.cn,http://www.wqbook.com
地　　址:北京清华大学学研大厦A座　　**邮　　编**:100084
社 总 机:010-62770175　　**邮　　购**:010-83470235
投稿与读者服务:010-62776969,c-service@tup.tsinghua.edu.cn
质量反馈:010-62772015,zhiliang@tup.tsinghua.edu.cn
课件下载:http://www.tup.com.cn,010-83470236
印 装 者:北京九州迅驰传媒文化有限公司
经　　销:全国新华书店
开　　本:185mm×260mm　　**印　　张**:20.25　　**字　　数**:495千字
版　　次:2012年7月第1版　　**印　　次**:2021年3月第6次印刷
定　　价:29.50元

产品编号:046935-01

前　言

管理信息系统是一门综合管理学、信息科学、系统科学、运筹学、统计学、计算机科学和现代通信技术等学科的新兴边缘性交叉学科。具有综合性、实践性和动态性等特点，管理信息系统课程一直是国内外信息管理专业教学中的重点和难点。教材是体现教学内容和教学方法的知识载体，是进行教学的基本工具。教材的质量直接影响着教师的教与学生的学，它与教师、学生、教学方法、教育技术手段等一起构成了教学过程的一个统一的整体，是实现教学培养目标的关键因素之一。多年来，在管理信息系统精品课程建设过程中，对课程体系、教学模式、教材结构、内容等进行了研究。在此基础上，根据管理信息系统课程教学的新发展，并吸取很多教材的优点编写了这本教材。

管理信息系统是计算机、信息管理、财经商贸相关专业的一门系统地讲授信息系统开发与应用的专业课程，由于开发信息系统的思维模式及课程特点与一般传统课程有较大的不同，加之学时紧、任务重的现实，使不少学生感到困难。为了使学生能够轻松地掌握管理信息系统的知识，作者在长期的 MIS 教学过程中，对 MIS 课程的教学内容、教学方法进行了认真地思考，根据多年成熟的一线教学经验积累及研究，按照“体系完整、内容齐全、符合教学规律、便于教与学、有创新、质量高”的宗旨进行了教材的设计与编写。

在体系结构安排上，根据教学目的和要求，以任务驱动的方式尽可能地将概念、知识点与例题结合起来；每章的开始有学习导引，结尾有该章的小结，并配有类型丰富的习题与上机实验。本书从软件工程的角度，注重管理信息系统的管理、方法、技术、开发与应用的思想与方法的讲解和任务驱动教学模式的体现，力求理论结合实际、学以致用。讲解中借助“提示”、“注意”、“概念辨析”、“知识扩展”等教学提示与活动，帮助学生理解、运用、掌握教学内容。针对学生学习时普遍感觉 MIS 开发和综合应用难的问题，在课程设计一章，通过进行综合性实例的设计与训练，加深学生对全书内容的理解和综合应用。附录部分，配有各章习题的参考解答，方便学生的学习与使用，体现了“体系完整，内容齐全、实用”的原则。

本书对管理信息系统知识的学习与能力的训练进行了分层次、有针对性的设计，通过完成每章的习题，学生能够加深理解和进一步巩固课堂所学知识与重点；通过各章设置的实验进行实践，使学生边学边练，融会贯通，举一反三，逐步提高 MIS 设计与开发能力。这些内容突出了实用性和易学性，体现了“符合教学规律、便于教利于学”的编写宗旨。

本书适合作为高等院校计算机、信息管理、经济和管理专业，特别是财经商贸院校的管理信息系统课程的教材或教学参考书，也可作为各类管理信息系统的公共选修课程的教材。此外，本书可作为软件开发技术人员与企事业管理人员的参考书，也可供广大信息系统爱好者自学使用。为方便教师教学和学生学习，本书提供配套的教学课件，读者可从清华大学出版社网站 http://www.tup.com.cn 下载。

本书由黄超任主编，李丽、孙爱香任副主编，参加编写的作者还有王丽丽、段文秀、王洪丰、童广印、孙宝玉。具体分工为：第 1、2、8 章及附录 B、C、D 由黄超编写，第 2 章的 2.2 节及附录 A 由童广印编写，第 3、4、7 章由孙爱香编写，第 5、10 章由王丽丽编写，第 6 章由段文秀编写，第 9 章由王洪丰编写；李丽参与了部分稿件的编写与统稿工作，孙宝玉参与了部分章节的编写与材料整理工作，全书的审核与统稿由黄超完成。在本书的编写过程中，得到清华大学出版社白立军编辑的指导与大力支持。

本书在编写过程中参考了大量书籍、课件与网络资源，汲取了很多专家同仁的宝贵经验，得到领导和同仁的关心与支持，在此一并表示衷心的感谢！

由于编者水平所限，书中难免存在疏漏与不足，敬请读者不吝提出宝贵意见，以帮助我们今后进一步完善。

编　者

2012 年 4 月

目　录

第1章 管理信息系统概述

当今时代有两个显著特点，即世界经济一体化和以计算机为代表的信息技术的快速发展。以计算机技术为核心的信息技术已经广泛应用于社会生活和国民经济的各个领域，带来了前所未有的深刻变革。21世纪，人类已经迈入信息化社会，信息技术已渗透到组织的所有层面；信息化水平的高低已经成为衡量一个国家、一个地区现代化水平和综合实力的重要标志。信息、物资和能源是人类社会发展的三大资源，面对浩如烟海的各种信息，必须使用计算机进行处理，信息处理已广泛应用于事务处理、企业管理、办公自动化、情报检索等领域；信息管理已成为计算机应用最广泛的领域，约占应用总量的70%以上。

信息技术应用于管理已发展成为专门的管理信息系统（Management Information System，MIS），自20世纪80年代以来，MIS应用日益普及，已广泛地应用于工业、农业、交通、运输、文化、教育、卫生、管理以及各种社会经济活动的信息管理之中，成为企事业单位管理现代化的标志，管理信息系统成为工作、生活的组成部分。试想各行业离开MIS会怎样？作为未来的职员、经理需要了解、掌握信息管理与管理信息系统的知识、技术与应用，才便于在职业生涯中取得竞争优势。本章将概括地介绍管理信息系统的相关知识。

1.1 信息系统

目前，企业的环境如何？为何要建设、应用管理信息系统？

当前，企业的经营环境即顾客（Customer）、竞争（Competitive）和变化（Change），有了巨大的改变。现在市场是顾客主宰买卖关系的买方市场（也称为顾客驱动），主要表现在顾客的消息灵通、选择的机会多、注重个性化以及需求趋向饱和等。企业的竞争变为TQCS（Time、Quality、Cost、Serve）等全方位的竞争，世界越来越小、信息沟通迅速、准确，竞争更加激烈，如竞争对手越来越多、竞争内容名目繁多、淘汰率高、竞争节奏加快、竞争规则变化频繁等；产品开发速度加快、新技术的应用越来越多等。

企业作为国民经济最基本、最活跃的部分，企业信息化是国民经济信息化的主体。企业信息化是指企业利用信息技术，通过信息资源的深入开发和广泛利用，不断提高生产、经营、管理、决策的效率和水平，进而提高企业经济效益和企业竞争力的过程。高效的信息管理与信息技术的合理应用可以为企业构建卓越而高效的信息环境，如图1-1所示。

一个组织要在激烈的竞争中保持优势和不断发展，必须对迅速变化的环境灵敏地做出有效的反应。为了适应激烈的市场变革，扁平化组织（改变金字塔形的等级机构，取消中间层级）的趋势、分散化的管理和控制、低成本的协调和合作成为企业取得竞争优势的有力手段。这些手段的技术基础是网络通信和管理信息系统的广泛应用；管理信息系统的应用能够提供有效的决策支持，组织的管理信息系统的开发、建设与有效应用是组织取得成功的有效解决方案之一。企业（或其他组织）管理，从本质上来讲就是通过信息流

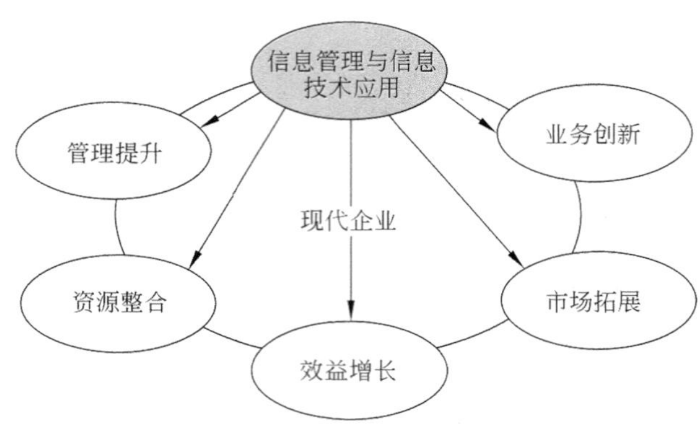

图 1-1　信息管理技术在企业中的作用

来控制物流、资金流和人的活动，因此可以说管理信息系统是企业的神经系统和控制系统；所谓管理现代化，其标志正是现代管理信息系统所具有的三大要素——系统的观点、数学的方法和计算机的应用，因此可以说管理信息系统是实现管理现代化的必要手段。为了提高生产和经营的效益，为了生存、发展，各类企业等经济实体设计、建设自己的MIS势在必行。

人、财、物、信息是企业生存的最基本要素，管理信息系统是企业的神经系统，是企业灵活应对环境，支持企业业务流程变革的重要工具。信息系统建设在西方已经进入成熟普及阶段，沃尔玛神话般的奇迹与信息系统的综合使用密不可分，企业信息系统战略与企业竞争战略开始融合，是企业竞争优势培育和发展的必备武器。随着互联网的发展，企业通过计算机网络获得信息必将为企业带来巨大的经济效益和社会效益，企业的办公及管理都将朝着高效、快速、无纸化的方向发展。MIS 通常用于系统决策，例如，可以利用 MIS 系统找出目前迫切需要解决的问题，并将信息及时反馈给上层管理人员，使其了解当前工作发展的进展或不足，把握将来的发展路径。

管理信息系统是一门探讨企业信息化进程规律、信息系统开发设计和实施的课程。该课程从管理和决策的角度，全面介绍信息技术的发展、应用和信息系统的开发方法，探讨信息系统的规划、分析、设计和实施的全过程及相关的技术与方法。该课程是电子商务、信息管理与信息系统专业的主干课程，同时也是经济管理各专业需要了解的通识课程。

1. 数据(Data)

数据是对客观事物记录下来的可以鉴别的符号也称为资料。这种符号可以是数字，也可以是字符、文字、图形等；数据除了它本身之外没有什么含义。例如，一个人的姓名、身高、性别、工资等，它是可识别的、抽象的符号。数据的类型非常丰富，可以分为数值数据和非数值数据两大类。

2. 信息(Information)

人类的活动离不开信息，自然界也充满着信息的处理。信息是事物普遍联系的方式，信息的概念非常广泛，从不同的角度对信息可有不同的定义。

(1) 信息的定义

信息理论的创始人美国科学家香农(Claud Elwood Shannon，1916—2001)说："信息是用以消除不确定性的东西。"

信息是经过加工过的数据，它对接收者有用，对决策或行为有现实或潜在的价值。

国家标准 GB5271 的定义为：信息是人们根据表示数据所用协定而赋予数据的意义。如数据 1 可以表示不同的信息：1 个、真值、是党员、性别为男等。

将数据转化为信息的过程称为处理。处理实际上是一系列逻辑上相关的任务，以完成某项预定的输出。在许多情况下，处理数据是用手工和脑力完成的，在另外一些情况下，处理数据是通过计算机来完成的，如图 1-2 所示。

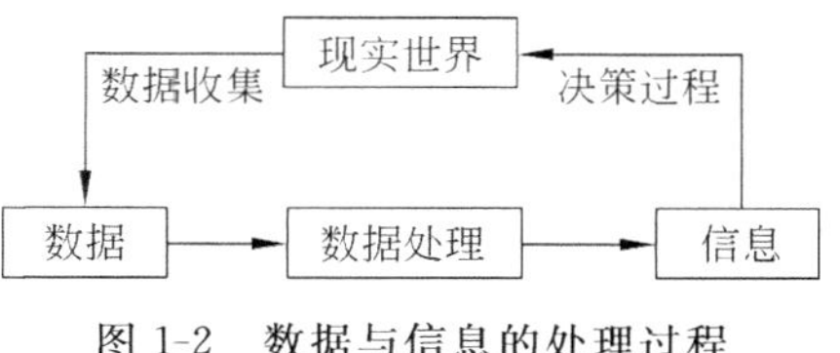

图 1-2　数据与信息的处理过程

数据和信息的概念是相对的，对于第一次加工所产生的信息，可能成为第二次加工的数据；同样，第二次加工得到的信息可能成为第三次加工的数据。

【思考】 信息、数据和知识的关系如何？

信息资源(Information Resources)是指经济和社会发展过程中，人们在各个领域、各个层次产生和使用的信息的综合。信息成为资源，必须具备一定的条件，这些条件可分为必要条件和充分条件。信息成为资源的必要条件是：信息可以为人类创造财富和提供福利；通过人类活动，信息可以被识别或检测到。信息成为资源的充分条件是：信息必须经过有序化处理，成为真实、准确的信息。奈斯比特曾说过："失去控制和无组织的信息，在社会中不再构成为资源，相反，它构成污染并成为信息工作者的敌人。"

信息过程(Information Process)也称为信息处理流程。典型的信息过程包括信息获取过程、信息传递过程、信息处理(认知)过程、信息再生(决策)过程、信息执行过程，如图 1-3 所示。信息过程的核心是把信息转化为知识以及把知识转化为智能的过程。

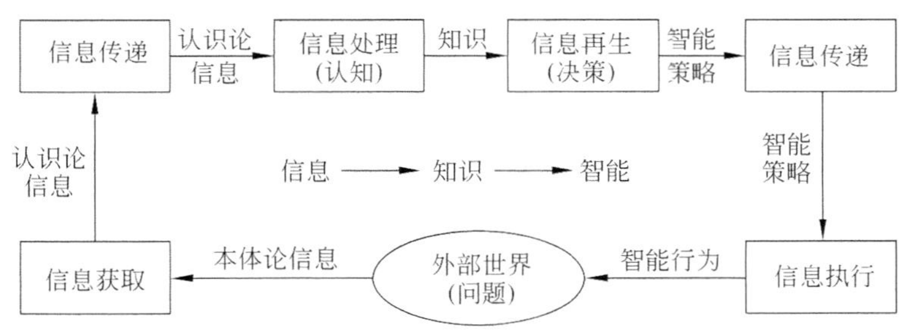

图 1-3　信息过程模型

信息从它的生成、收集、加工、储存、使用、维护直到失效退出的过程称为信息的生命周期。

与信息相关的 5 个方面如下所示。

① 信源：信息的发布者。

② 信宿：即接收并利用信息的人。

③ 媒介：用以记录和保存信息并随后由其重现信息的载体，媒介与信息密不可分，离开了媒介，信息就不复存在，更谈不上信息的传递和处理。

④ 信道：是指信息传递的途径和渠道。信道的性质和特点将决定对媒介的选择。

⑤ 反馈：是指收者对传者发出信息的反应。传者可以根据反馈经验检验传播的效果，并根据此调整、改进下一步处理。

(2) 信息的分类

从不同的角度，可以把信息分成不同的类型。按照信息的应用领域来分，可以把信息分为：管理信息、社会信息、科技信息、自然信息、经济信息等。这种分类方式确定了信息的目的和需要，本课程侧重于研究管理信息。管理信息是组织在管理活动过程中采集到的、经过加工处理后对企业生产经营活动、管理决策产生影响的各种数据的总称。可分为企业内部信息和企业外部信息。管理信息的表现形式有报告、报表、单据及进度图，还有计划书、协议、标准及定额等。管理信息是反映与控制管理活动的经过加工的数据，是管理上一项极为重要的资源；对企业来说，管理信息就好像人体的血液，通过循环把必要的信息传达到必要的地方。一方面是物质流的表现和描述；另一方面是用于掌握、指挥和控制社会和企业生产过程的软资源。信息流的巨大数量和复杂的高度组织，是生产社会化程度的重要标志和重要组织部分。

按照信息的来源，信息可以分为内部信息和外部信息、国内信息和国际信息等。

按照信息的处理顺序、方式，可以把信息划分为一次信息(原始信息)、二次信息、三次信息(综合信息)。原始信息是直接从信息源收集到的信息；综合信息则是把原始信息经过各种处理后的信息。不同的信息有不同的利用价值。

按照信息的管理层次来分，可以把信息划分为战略性信息、战术性信息和常规作业信息等。这种分类方式用于区分信息的服务对象，反映了信息的层次性和联系性。如果信息的服务对象是高层管理和决策机构，那么使用战略性信息或决策信息；如果信息的服务对象是低层的管理机构，那么使用常规信息或战术性信息。

按照反映形式可分为数字信息、图像信息和声音信息等。

(3) 信息的特性

信息资源相对于其他资源(如物质资源)，信息资源不具备"长度"、"体积"等几何属性，也不具备"重量"、"质量"等物理属性，它具有客观性、共享性、价值性、准确性、时效性、可存储性、可传输性、有序性、等级性、可再生性及适用性等多种特性。

信息是事物变化和状态的客观反映，信息落后于客观事实和原始数据，有一定的滞后性。信息可以影响使用者的行为，为决策服务，所以客观性是信息的中心价值。物质、能量是守恒的，在交换过程中遵循等值交换原则；而信息则不同，信息可以共享，交换信息的双方都不会失去原有的信息，反而会增加一些信息。信息具有使用价值，能够满足人们某些方面的需求，用来为社会服务；信息生产过程要求较高的文化、技术和技能，也是一种创造性的劳动过程。信息是有时效的，和其他商品一样，它有一个生命周期；信息的使用价值与其所提供的时间成反比。时间的延误，会使信息的使用价值衰减甚至完全消失。因此，信息一经产生，就应加快信息的传输，及时使用。

(4) 信息的度量

信息量是可以计算的,信息量的多少与其载体数据的长度是不同的概念,不能认为数据规模越大其信息量越多。香农于1948年提出了信息量的计算公式。通俗地说,信息的不确定程度越高,则信息量越小,反之则越大。信息内容消除人们认识的不确定程度大,则发出的信息量就大;消除的不确定程度小,则发出的信息量就小。如果事先就确切地知道消息的内容,那么消息中所包含的信息量就等于零。

可以用概率来度量信息量的多少。例如,张三到一个10 000人的学校去找李四,这时在张三的头脑中,李四所处的可能性空间是该学校的10 000人。当有人告诉他:"李四是计算机学院的",而计算机学院有1000人,那么,他获得的信息为1000/10 000=1/10,也就是可能性空间缩小到原来的1/10。通常,并不直接有1/10来表示信息量,而用1/10的负对数来表示,即$-\lg 1/10=\lg 10$。如果再告诉张三,说李四是2011级1班的学生,那么他获得了第二个信息。假定2011级1班共有50人,则第二个信息的确定性又缩小到原来的1000/10 000×50/1000=50/10 000。则张三获得的信息量为

$$-\lg 1000/10\,000+(-\lg 50/1000)=-\lg 50/10\,000$$

只要可能性范围缩小了,获得的信息量总是正的;如果可能性范围没有变化,$-\log 1=0$,获得的信息量就是零;如果可能性范围扩大了,信息量变为负值,人们对这事件的认识变得更模糊了。

通常用比特(b)作为信息量的单位来度量信息。一比特的信息量是指含有两个独立均等概率状态的事件所具有的不确定性能被全部消除所需要的信息。信息量的公式可写成:

$$H(x)=-\sum P(X_i)\log_2 P(X_i) \quad i=1,2,3,\cdots,n$$

这里X_i代表第i个状态(总共有n个状态),$P(X_i)$代表出现第i个状态的概率,$H(X)$就是用以消除这个系统不确定性所需的信息量。

例如,硬币下落可能有正反两种状态,出现这两种状态的概率都是1/2,即$P(X_i)=0.5$。这时,$H(x)=-[P(X_1)\log_2 P(X_1)+P(X_2)\log_2 P(X_2)]=-(-0.5-0.5)=1(\mathrm{b})$

值得注意的是,计算信息量的这一公式恰好与热力学第二定律中熵的公式一致。从分子运动论的观点来看,在没有外界干预条件下,一个系统总是自发地从有序到无序的方向发展,在这过程中,系统的熵的变化总是增加的。因此,熵是系统的无序状态的量度,即系统的不确定性的量度,但信息量和熵所反映的系统运动过程和方向相反。系统的信息量的增加总是表明不确定性的减少,有序化程度的增加,从而信息在系统的运动过程中可以看做是负熵。信息量越大,则负熵越大,而熵值越小,反映该系统的无序程度越小,有序化程度越高。信息量表述了系统的有序化过程,由此还可以给出更广泛的信息定义:信息是任何一个系统的组织性、复杂性的度量,是有序化程度的标志。

3. 信息系统(Information System, IS)

系统一词在自然科学和社会科学的许多领域广泛地使用。企业、个体、计算机等都可以看成是系统,这些系统的共性是它们都有一些元素,元素之间互相关联,构成一个整体。例如,企业系统利用其资源,如人、资金、原料和设备等,达到盈利的目标;企业经营过程,如订货处理、市场调查、财政计划和生产制造等,是需要加以控制以达到这一目标的内部活动。

(1) 系统的定义

系统是由相互联系和相互制约的若干组成部分结合成的、具有特定功能的有机整体。系统的内涵可以从以下三个方面来理解。

① 系统是由若干要素(部分)组成的,这些要素可能是一些个体、元件和零件,也可能本身就是一个系统(称为子系统)。

② 系统有一定的结构。一个系统是其构成要素的集合,这些要素既相互联系又相互制约;系统各要素之间相对稳定的联系方式、组织秩序及时空关系的内在表现形式,就是系统的结构。

③ 系统有一定的功能。功能是指系统与外部环境相互联系和相互作用中表现出来的性质、能力和功效。

(2) 系统的主要特性

① 整体性。系统是由若干要素组成的、具有一定新功能的有机整体,系统各个要素表现出独立要素所不具备的性质和功能,形成新的系统的质的规定性;从而表现出系统的性质和功能不等于各组成部分(要素)功能的性质和功能的简单相加。

② 层次性。由于组成系统的诸要素的种种差异,使系统组织在地位和作用、结构和功能上表现出等级秩序性,形成具有质的差异的系统等级;系统可以分为不同的层次。

③ 目的性(目标性)。系统在与环境的相互作用中,在一定的范围内,其发展变化表现出坚持趋向某种预先确定的状态。系统的运行一般都是在追求或实现某种目标或目的。

④ 稳定性。是指在外界作用下的开放系统有一定的自我稳定能力,能够在一定范围内自我调节,从而保持和恢复原来的有序状态、原有的结构和功能。

⑤ 适应性。当环境发生变化时,系统也要做相应的调整以适应环境的变化,这称为系统的适应性。

⑥ 自组织性。是指开放系统在系统内外因素的相互作用下,自发组织起来,使系统从无序到有序、从低级有序到高级有序。

⑦ 突变性。系统从一种状态进入另一种状态的一种剧烈变化过程,它是系统质变的一种基本形式。

【知识扩展】 系统工程思想

系统思想是指人们运用系统观点去分析、处理各种与系统有关的问题的一种思想方法。系统工程既是方法,又是工作程序。它指明了进行一般工程时的工作逻辑步骤:明确问题,系统分析,系统综合,系统设计,最优化,决策,计划实施。在建设 MIS 的过程中,也基本遵循该过程。系统思想可以归纳成如下几个方面。

① 总体最优思想,系统工程的基本任务是开发最优的系统。必须建立若干个替代方案,通过对各替代方案的分析、计算及比较,获得最优的系统方案。在评价各替代方案时,力求做到定性分析和定量分析相结合,以定量分析为主,尽可能用量化的指标来显示各个替代方案的差异。

② 组合思想,系统由各种具有一定功能的要素所构成。一般来说,要尽可能选择已有的要素及标准化、规格化、通用化零部件(要素),以节约系统开发时间和降低开发费用。

③ 分解协调思想，大系统具有结构复杂的特点，可以将其分解成结构较为简单而又相互关联的若干子系统。要求各子系统能密切配合，正确处理它们之间的关联，并协同完成大系统的任务。

(3) 信息系统的内涵

广义地说，任何系统中信息流的总和都可以视为信息系统。然而，随着技术进步，信息处理越来越依赖于计算机等处理工具，使得以计算机为基础的信息系统得到快速发展，极大地提高了人们利用信息资源的能力。目前，信息系统是指基于计算机、通信网络等现代化工具和手段，服务于特定目标的信息处理系统。

信息系统是一个人造系统，它由人、硬件、软件和数据资源组成，目的是及时、正确地收集、加工、存储、传递和提供信息，实现组织中各项活动的管理、调节和控制。

组织中各项活动表现为物流、资金流、事务流和信息流的流动。信息流伴随着以上各种流的流动而流动，它既是其他各种流的表现和描述，又是用于掌握、指挥和控制其他流运行的软资源。

从系统的观点看，信息系统包括输入、处理、输出和反馈4个部分，如图1-4所示。输出是服务于信息系统目标的，处理意味着转换或变换输入，使之成为输出。反馈则是用于调整或改变输入或处理活动的输出，是进行有效控制的重要手段。

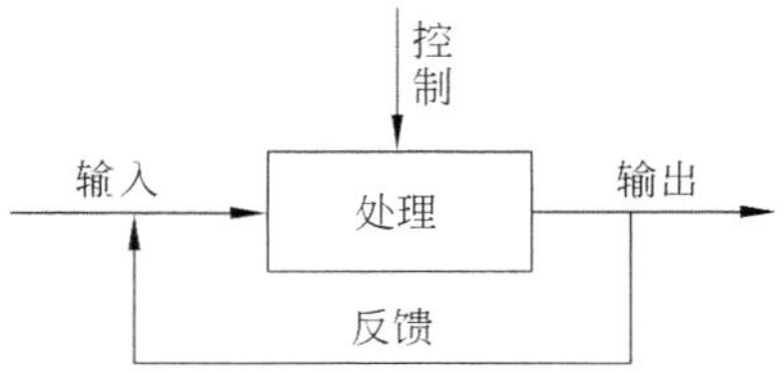

图1-4 信息系统

信息系统有5个基本功能：输入、存储、处理、控制和输出。信息系统的输入功能决定于系统所要达到的目的及系统的能力和信息环境的许可。存储功能是指系统存储各种信息资料和数据的能力。处理是对输入(包括数值的和非数值的)进行分析和加工的技术过程。控制功能对构成系统的各种信息处理设备进行控制和管理，对整个信息加工、处理、传输、输出等环节通过各种程序进行控制。信息系统的各种功能都是为了保证最终实现最佳的输出功能。

(4) 信息系统的类型

按照应用领域的不同，可以把信息系统分成多种类型，不同类型的信息系统往往通过增加应用领域名称对信息系统的功能进行限定。例如，处理地形地貌数据的信息系统称为地理信息系统，地理信息系统主要研究地理数据的采集、存储、加工和使用，它将地理数据转变为地理信息提供给用户。在汽车装配线上的自动装配控制系统中，当正在装配的汽车传输到指定的位置时，定位传感器接收到定位信号并将此信号传输给自动装配设备，自动装配设备对这种定位信号进行处理后得到装配信号和装配指令，从而执行自动装配操作。由此可以看出，这种自动装配控制系统具有信息系统的数据采集、加工和使用等特征，因此也是典型的信息系统。需要特别指出的是，由于不同领域的环境差别比较大，所以不同领域的信息系统的功能也有很大的差别。

按照处理的对象，可把组织的信息系统分为作业信息系统和管理信息系统两大类。

① 作业信息系统。作业信息系统的任务是处理组织的业务、控制生产过程和支持办公事务，并更新有关的数据库。通常由业务处理系统、过程控制系统、办公自动化系统三部分组成。

② 管理信息系统。管理信息系统是对一个组织进行全面管理的人和计算机相结合的系统，它综合运用计算机技术、信息技术、管理技术和决策技术，与现代化的管理思想、方法和手段结合起来，辅助管理人员进行管理和决策。

管理信息系统不仅是一个技术系统，而且同时又是一个社会系统。

信息系统概念多指狭义的基于计算机、通信技术等现代化信息技术手段且服务于管理领域的信息系统，即管理信息系统。严格地说，信息系统比管理信息系统有更宽的概念范围，用于管理方面的信息系统就是管理信息系统。这两个系统的应用范围不同，从逻辑上来看，信息系统具有更大的应用范围，具有普遍性；管理信息系统是信息系统的子集，管理信息系统的存在则依赖于具有管理功能的组织系统的存在。这两个系统的研究对象的侧重点不同，信息系统侧重于对 IS 组成元素的研究和对信息生命期处理的研究，MIS 的研究内容侧重于管理，与计划、组织、领导、控制和反馈等管理过程密切关联；这两个系统处理的内容不同。信息系统处理的信息，不仅包括管理信息，还可包括地理信息、工业自动控制信息和自然信息等。

根据管理信息系统的应用和发展趋势分析，随着计算机技术在管理领域中应用的不断深入和扩大，管理信息系统的应用范围也在不断地延伸，管理信息系统与信息系统的界限逐渐模糊。因而国外一般谈信息系统就是指管理信息系统，两者恰似同义语；近年来一个比较普遍的趋势也是用信息系统代替管理信息系统。在理解了信息系统和管理信息系统之间的关系后，为了叙述方便，在不严格区分的情况下，后面章节的论述有时把信息系统与管理信息系统作为同一概念来对待和使用。

1.2 管理信息系统的概念及其发展

管理信息系统是什么？在日常学习、工作、生活中有哪些信息系统？

实际上管理信息系统就在人们身边，比比皆是；在大学里有教学管理信息系统（见图 1-5）、图书管理信息系统、学籍管理信息系统、教材管理信息系统、毕业生就业信息系统等。生活中的食堂就餐信息管理系统、银行个人账户管理系统、超市销售信息系统等，大多数超市用 POS(Point of Sales)机进行收银。POS 的意思是销售点，在零售业中普遍使用，

图 1-5 教学管理信息系统界面

已成为管理信息系统中的重要组成部分。一款 POS 机及其使用界面如图 1-6 所示。

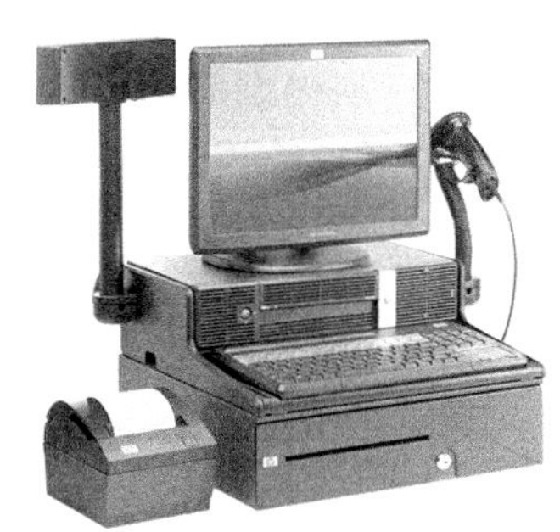

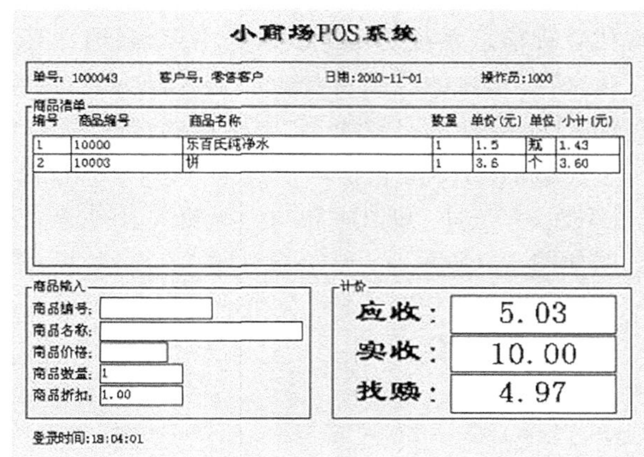

图 1-6　一款 POS 机及使用界面

POS 并不是简单的指 POS 本身,其中包括了 POS 机、收银软件系统、线缆、网卡、路由器、交换机、防火墙、数据服务器、数据采集器、客户屏、激光平台、条码扫描器、POS 打印机、电子防窃系统等。

【思考】 POS 机和一般的计算机有何不同?

在计算机引入管理信息系统之前,就存在人工信息系统,人们通过手工操作进行信息处理。20 世纪 50 年代后期,开始尝试用计算机为各种管理功能提供信息服务,管理信息系统的概念随之问世。1961 年,J. D. Gallagher 提出了以计算机为主体,信息处理为中心的系统化了的综合性管理信息系统的设想,第一次提出了管理信息系统这个词。1970 年,J. E. ROSS 从经营管理者的立场出发,应用系统工程的原理,提出了生命周期设计方法。再加上 20 世纪 70 年代计算机性能的提高,远程通信的发展和通信网的形成,为管理信息系统的应用和发展打下了良好的基础。进入 20 世纪 80 年代,管理信息系统已经与科学计算和计算机辅助技术(如 CAD、CAM、CAE 等)一起成为计算机的三大应用领域之一。

1.2.1　管理信息系统

管理信息系统是 20 世纪 80 年代才逐渐形成的一门新兴学科,其概念至今尚无统一的定义。人们对 MIS 的认识在逐步加深,管理信息系统的定义也在逐渐发展和成熟,可以从不同的角度加以定义。

1. 管理信息系统的定义

管理信息系统最早是在 1970 年由瓦尔特·肯尼万(Walter T. Kennevan)从管理角度给出的:"以书面或口头的形式,在合适的时间向总经理、职员以及外界人员提供过去的、现在的、预测未来的有关企业内部及其环境的信息,以帮助他们进行决策。"

管理信息系统是一个具有高度复杂性、多元化和综合性的人机系统,它全面使用现代计算机技术、网络通信技术、数据库技术以及管理科学、运筹学、统计学、模型论和各种最优化技术,为经营管理和决策服务。

管理信息系统是为决策科学化提供应用技术和基本工具,为管理决策服务的信息系统。

现代管理信息系统是一个以人为主导,利用计算机硬件、软件、网络通信设备以及其他办公设备,进行信息的收集、传输、加工、储存、更新和维护,以企业战略竞优、提高效益和效率为目的,支持企业的高层决策、中层控制、基层运作的集成化的人机系统。

一个完整的 MIS 应包括辅助决策系统(DSS)、控制系统、办公自动化系统(OA)以及数据库、模型库、方法库、知识库和与上级机关及外界交换信息的接口等。管理信息系统的总体概念图如图 1-7 所示。

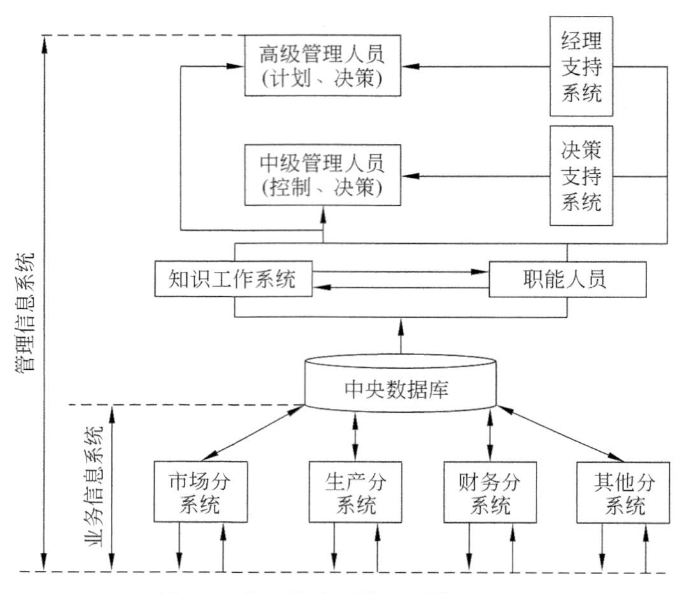

图 1-7　管理信息系统的总体概念图

由图 1-7 可知,MIS 包括计算机硬件及软件(软件包括业务信息系统、知识工作系统、决策支持系统和经理支持系统)、各种办公机械及通信设备;人员包括高层决策人员、中层职能人员和基层业务人员,由这些人和机器组成一个和谐的、配合默契的人机系统。MIS 中与上级机关及外界交换信息等都离不开 Intranet 的应用。可以说,现代企业 MIS 不能没有 Intranet,但 Intranet 的建立又必须依赖于 MIS 的体系结构和软硬件环境。

管理信息系统是一门新兴的科学,其主要任务是最大限度地利用现代计算机及网络通信技术加强企业的信息管理,通过对企业拥有的人力、物力、财力、设备、技术等资源的调查了解,建立正确的数据,加工处理并编制成各种信息资料及时提供 给管理人员,以便进行正确的决策,不断提高企业的管理水平和经济效益。目前,企业的计算机网络已成为企业进行技术改造及提高企业管理水平的重要手段。

2. 管理信息系统的特点

(1) 面向管理决策

MIS 是继管理学的思想方法、管理与决策的行为理论之后的一个重要发展,它是一个为管理决策服务的信息系统，它必须能够根据管理的需要，及时提供所需要的信息，帮助决策者做出决策。例如，进行设备管理的设备管理系统、用于财务管理的财务会计系统等。

(2) 人机系统

MIS 的应用与企业的环境和内部条件密切相关。管理信息系统的目的在于辅助决策，而决策只能由人来做，因而 MIS 必然是一个人机结合的系统。在 MIS 中，各级管理人员既是系统的使用者，又是系统的组成部分，对 MIS 的应用有着决定性重要影响，在 MIS 应用中必须高度重视人的因素。在 MIS 的开发过程中，要根据这一特点，正确界定人和计算机在系统中的地位和作用，充分发挥人和计算机各自的长处，使系统整体性能达到最优。

(3) 综合性

MIS 作为现代社会组织的一部分，其目的是为了实现组织的整体目标，对与管理活动有关的信息进行系统、综合管理，以支持组织中各级管理决策活动。MIS 的开发具有系统性，包含多个层次的含义。首先，系统开发涉及人、财、物等多方面的资源，需要进行各个方面的协调；其次，系统开发要综合考虑各个方面的因素，如系统的应用环境、投资的大小、员工的素质等；最后，MIS 的开发需要软硬件的协作以完成特定的系统功能。

(4) 现代管理方法与手段相结合的系统

无论从技术视角、管理视角，还是从应用视角，普遍的认识是 MIS 有助于提高管理水平。MIS 的开发应该从管理角度进行分析，引进先进的管理思想，改造传统的不合理的业务流程，如引进敏捷制造、客户关系管理等现代管理理论和方法的敏捷信息系统和客户管理系统等。才能充分发挥 MIS 在管理中的作用。

(5) 多学科交叉的边缘学科

管理信息系统是综合了计算机科学、应用数学、决策理论、运筹学、管理学等多学科的一门边缘学科，正确认识和理解、掌握管理信息系统需要有相应学科的基础知识。

1.2.2 管理信息系统的发展历程

管理信息系统的发展历程是一个不断积累、演变和成熟的过程。管理信息系统的发展与管理科学和计算机技术的发展密切相关，其发展经历了由单机到网络，由单项事务处理阶段、综合数据处理阶段和系统数据处理阶段。从信息使用的角度看，每个阶段的信息系统解决了不同的信息管理问题。计算机应用于管理领域的总趋势是从初级到高级，从单纯的事务管理到高级的辅助决策，如图 1-8 所示；人们不断地从失败中吸取教训，从成功中积累经验，从多方面来改进、发展并完善这一计算机的重要应用领域。

EDPS ——► IMS ——► DSS/OAS ——► ES/EIS ——► SIS/IRM

图 1-8 信息系统的发展

1. 20 世纪五六十年代的电子数据处理(Electronic Data Processing，EDP)阶段

电子数据处理阶段的主要特征是用计算机代替以往人工进行事务性数据处理的系统，所以也有人称其为事务处理系统(Transaction Processing System，TPS)。TPS 是信息系统最初级的形式，也是最基本的形式，面对的是高度结构化的管理问题。它是以提高

效率为目的，为计算机在信息管理领域的应用奠定了基础，是企业其他类型信息系统的信息产生器。

电子数据处理主要目标是提高管理人员处理日常例行事务工作的效率，但它很快便不能满足现代管理对信息处理的需要了。一个重要的原因是它将各项管理信息分开处理，但现代企业的各种管理活动是一个统一的整体，因此，企业必须从整体目标出发，系统地、综合地处理各种管理信息。

2. 20 世纪 70 年代后发展起来的信息处理阶段

如果说事务处理系统是面向数据，以数据处理为核心，那么信息管理系统则是面向信息，以生成有用信息为核心。如果说事务处理系统是针对某一种职能，那么信息管理系统涉及各个职能部门，涉及综合职能。这个时期代表性的信息系统有管理信息系统(MIS)、决策支持系统(Decision Support System，DSS)、基于人工智能原理的专家管理系统(EI)、支持主管高效率工作与决策的经理信息系统(EIS)、办公自动化系统(OAS)和战略信息系统(SIS)。

这个时期的主要特点是：管理信息系统的研究发生了很大变化。

① 是研究范围逐步扩展，研究内容(包括组织特征、目标、结构、文化等)对管理信息系统的作用与影响。

② 是研究方法由早期的纯技术方法转变为社会技术方法，强调对信息系统进行综合管理。

③ 是管理信息系统面向的对象由信息系统开发人员转变为组织各级管理人员，特别是面向组织高级管理人员，侧重研究如何利用管理信息系统对组织战略的支持，探索战略信息系统对组织获得竞争优势的作用。

3. 20 世纪 90 年代后进入了企业间信息系统阶段

随着企业面临市场环境的变化，为了谋求生存和发展，企业必须具有快速响应市场变化的能力，既要能及时提供适应市场需要的且质量高、价格低、服务好的产品和服务。为了能快速响应市场，一方面从管理角度来看，企业必须加强与其合作伙伴之间的协作；另一方面从信息角度来看，必须及时、准确、完整地收集、分析、处理和传递大量的企业内部和外部信息。因此，信息系统技术在企业中的应用不仅要解决企业内部各部门之间的信息快速、准确传递和信息资源共享问题，更为重要的是实现企业和其合作伙伴之间的信息快速、准确传递和资源共享。在这种企业内部需求的拉动下，在迅猛发展的计算机网络技术的推动下，20 世纪 90 年代初出现了一种新型的计算机信息系统，即企业间信息系统。

一个组织的管理信息系统的建设有一个从局部到全局、从初级到高级的发展过程。一个组织在发展过程中，按不同的发展阶段和管理与业务工作的实际需要，其信息系统在某个时期可能侧重于支持某一两个层次的管理决策或业务运作。事务处理系统、管理信息系统、决策支持系统和高层支持系统解决的是企业和组织内部的信息收集、分析、处理、传递和信息资源共享问题。这些系统的建立为企业和组织内部的各级管理和决策人员提供信息和决策支持，提高企业的经营管理水平，发挥了极其重要的作用。这些系统的应用极大地提高了企业的工作效率和经济效益。

前述的 EDPS/TPS、MIS 和 DSS 都是分别针对企业的不同的管理层的需求独立开发的或相对独立开发的，20 世纪 90 年代以后，随着网络技术的发展和应用，整合企业内部三个层面信息系统以及企业与外界信息的条件逐渐成熟，为此企业资源计划(Enterprise Resource Planning，ERP)应运而生。ERP 对企业业务的支持也是全方位的。ERP 系统不仅实现了企业各职能领域的集成管理，而且实现了全流程的动态作业管理。也就是说，一方面，ERP 从纵向上整合了企业的 EDPS/TPS、MIS 和 DSS，缩短了企业决策层和操作层的距离，促进了企业组织的“扁平化”变革；另一方面，从横向上整合了企业的生产控制、物流管理、财务管理和人力资源管理等功能模块，带动了企业业务流程重组，从而实现了职能部门内部的信息资源集成管理和消除了传统管理信息系统造成的“信息孤岛”。而且，通过与供应链管理(SCM)和客户关系管理(Customer Relationship Management，CRM)系统的整合，ERP 还能够集成企业上游的供应商和下游的分销商与消费者的信息资源。这三者的集成，加上电子商贸系统就可以开展真正的电子商务(EC)了。在后面章节将对这些内容进行详细讨论。

1.3 管理信息系统的功能

企业是一个复杂的系统，整个系统中各环节的活动构成了企业的经营生产活动。在企业的经营生产活动中贯穿两个运动过程：一是物流；二是信息流。物流是企业的基本流，它的运动进程产生各种运动信息，而企业管理者针对这些信息做出决策，以决策信息再控制物流运动，规划调节物流数量、方向、速度、目标，使之按一定目的和规划运动。信息流是管理的基础和管理的体现，管理信息是企业的神经中枢，是生命线。MIS 不仅为企业管理提供决策所需要的一切信息，而且还有一定的决策、控制功能，其范围正在不断扩大。

1. 信息的输入(Input)

将收集来的各种信息源，按一定的格式加以整理、录入并存储在一定的介质上(如卡片、磁带、U 盘等)，经过一定的校验后，即可输入系统进行处理。对基础数据进行严格的管理，要求计量工具标准化，并要求使用正确的程序和方法，使信息流通渠道顺畅。同时，必须保证信息的准确性、一致性。

2. 信息的传输(Transmission)

信息的传输包括计算机系统内和系统外的传输，实质是数据通信。

3. 信息的存储(Storage)

即将输入的信息存储到计算机存储器上。计算机存储器分为内存和外存：内存的存取速度快，可随机存取存储器中任何地方的数据；外存的存取量大，但必须由存取外存的指令整批调入内存后，才能为运算器使用。

4. 信息的加工(Processing)

信息加工的范围很大,从查询、排序到复杂的模型调试及预测都会涉及。在加工中,要使用许多数学及运筹学的工具,许多大型的系统不但有数据库,还有方法库和模型库。在信息加工过程中,要确定信息处理过程的标准化,统一数据和报表的标准格式,以便建立一个集中统一的数据库。

5. 信息的维护(Maintenance)

为了保证信息的准确、及时、安全和保密。狭义上讲,信息维护包括经常更新存储器中的数据,使数据均保持可用状态;广义上讲,它还应包括系统建成后的全部数据管理工作。

6. 信息的查询和输出(Output)

信息的查询是使被授权使用系统的用户容易存取数据库中的任何记录或任何数据项。信息的使用是实现信息价值的转化,提高工作效率;也是管理信息系统设计的最终目标。

7. 支持管理与决策

信息是管理的极为重要的资源,管理的成败,取决于能否作出有效的决策,而决策的正确程度则取决于信息的质和量。一个组织的管理职能:计划、组织、领导和控制四大方面,其中任何一方面都离不开 MIS 的支持。MIS 对管理职能的支持,归根到底是对决策的支持。传统的决策依靠决策者个人的经验,凭直觉判断,因而决策被认为是一种艺术和技巧。目前,决策科学化正在向以下一些方向发展:用信息系统支持和辅助决策;定性决策向定量与定性相结合的决策发展;单目标决策向多目标综合决策发展;战略决策向更远的未来决策发展。通常,MIS 主要解决结构化的决策问题,而决策支持系统则支持半结构化和非结构化问题。

1.4 管理信息系统的结构

管理信息系统是企业信息系统的核心,它贯穿于企业管理的全过程,同时又覆盖了管理业务的各个层面;管理信息系统的结构是指 MIS 各组成部分所构成的框架。MIS 并不是与一个组织的其他信息系统相分离的特殊实体,它是组织信息系统的核心,贯穿于组织管理的全过程,同时又覆盖了管理业务的各个层面。由于对不同部分的不同理解,就构成了不同的结构方式;它主要有概念结构、层次结构、职能结构、软件结构等。

1. 管理信息系统的概念结构

MIS 从总体概念看可以分为信息源、信息处理器、信息用户和信息管理者 4 个组成部分,如图 1-9 所示。

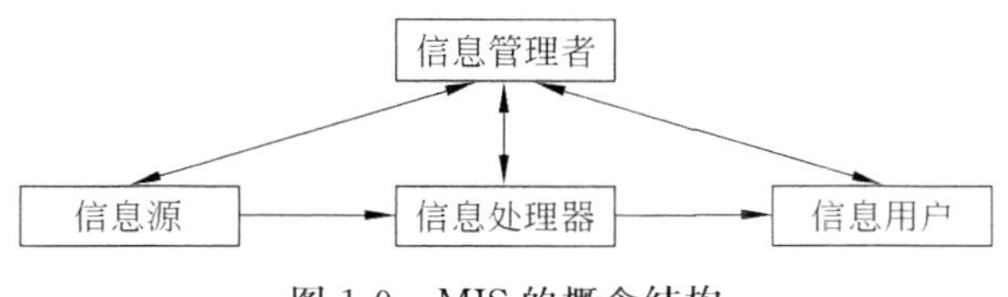

图 1-9　MIS 的概念结构

其中，信息源是信息的产生地；信息处理器完成信息的接收、传输、加工、存储、处理和输出等任务；信息用户是信息的具体使用者是目标用户；信息管理者则进行信息的总体管理和协调。可见，信息系统的一切设计和实现都要围绕信息用户的需求而做；另外，信息管理者由于深谙信息系统的开发规律，则起到了一个明确需求、协调资源和分配资源的角色，信息管理者的角色很重要。现在许多国内外的企业和组织都设立首席信息主管(Chief Information Officer，CIO)一职，既反映了企业对信息资源的重视，又反映了企业家开始重视信息系统的开发规律和运行规律。

2. 管理信息系统的层次结构

MIS 支持管理活动，由于一般组织结构是分层的，对应于管理的高层、中层和基层，由战略管理层、管理控制层、作业管理层和事务处理层形成管理信息系统的纵向结构，可以把管理信息系统看成一个金字塔式的结构，如图 1-10 所示。

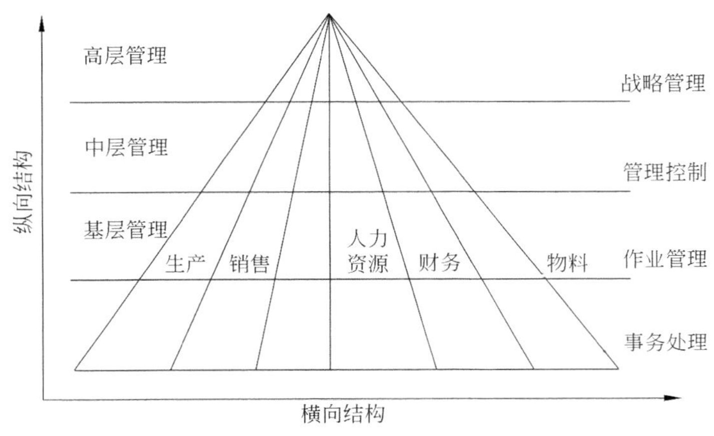

图 1-10　MIS 的层次结构

其中，事务处理属于企业的基层管理，基层管理活动包括作业控制和业务处理，主要针对组织日常工作中的各类统计、报表、信息查询和档案管理等；作业管理则主要是具体的计划执行；管理控制级的管理活动属于企业的中层管理包括各个部门工作计划的制订、监控和各项计划完成情况的评价等，对组织规划的具体落实情况进行控制，其工作主要集中在实现过程；战略管理则是对组织长远目标和总体方针政策的制订，如企业长期开发战略的制订、组织机构和人事政策的确定等。因此，为战略计划级管理活动服务的信息系统需要比较广泛的数据来源。其中，除了内部数据，还要包括相当数量的外部数据。从横向来看，由组织的一般性管理职能分为若干维度，如市场营销、生产管理、物料供应、人力资源、财务会计等。

针对不同层次管理需求的信息也有较大的不同，表 1-1 对各个层次信息的需求特点进行了比较。

表 1-1　不同管理层次的信息特征

信息特性	作业管理	管理控制	战略管理
来源	系统内部	内部	外部
范围	确定	有一定确定性	很宽
概括性	详细	较概括	概括
时间性	历史	综合	未来
流通性	经常变化	定期变化	相对稳定
精确性	高	较高	低
使用频率	高	较高	低

3. 管理信息系统的职能结构

通常，可以按照一定的职能将企业的管理组织机构划分成若干个部门，按这些部门的不同职能建立的管理信息系统的结构就是管理信息系统的职能结构。

管理信息系统的职能结构通常可以用职能系统/管理层次矩阵来表示，管理信息系统的功能结构图或矩阵图，如图 1-11 所示。

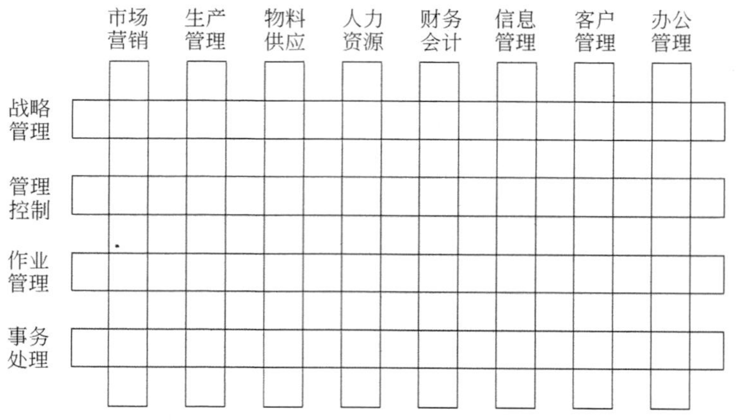

图 1-11　MIS 的职能结构图

其中，横向每一列代表一个子系统，对应着一种管理功能，如市场营销、生产管理、物料供应等；其实这些功能没有标准划分，因组织不同而异。每一行就代表着战略管理、管理控制和作业管理等不同的管理层次。图 1-11 中行与列相交的地方就代表适用于不同管理层次的职能子系统，如基于市场销售管理的决策支持系统、基于人力资源管理控制的人力资源管理信息系统等。主要职能子系统的职能介绍如下。

（1）生产子系统

生产子系统的功能主要包括产品设计、工艺改进、生产计划安排、生产设备的调度和运行、生产人员的雇用和训练以及质量控制和检查等。战略计划方面主要是对改进工艺过程的各种方案进行评价，选定最优的加工和自动化生产的方法。管理控制要求对生产过程的总进度、单位成本、单位工时消耗以及各类物资的消耗情况进行分析比较。运行控制要求把实际生产进度与计划相比较，及时发现生产的瓶颈环节，并且予以解决。生产子系统的典型业务处理是对生产订货（即订购生产成品时所需要的部件）单、装配订货单、成品票、废品票和工时票等原始数据的处理。

（2）市场销售子系统

市场销售子系统包括企业进行销售和推销的全部管理活动。战略计划的功能是根据人口、购买力和技术发展等因素，使用顾客分析、竞争者分析、顾客评价、收入预测、人口预测和技术预测等方法获取信息，从而对开发新市场和新市场销售的战略进行分析和研究。在管理控制方面，根据顾客、竞争者、竞争产品和销售能力要求等信息，对总的销售成果、销售市场和竞争对手等方面的情况进行分析和评价，确保销售计划的完成。在运行控制方面，包括雇用和训练销售人员、日常销售和推销活动的调度和安排，还要按区域、产品、顾客对销售数量情况进行定期分析。业务处理则主要是指对销售订单的处理。

（3）财会子系统

从原理上来说，财务和会计有着本质的区别，两者的目标不同。财务的目标是保证企业在资金使用方面的财务要求，并尽可能地减少其花费；会计的目标则是把财务方面的业务进行分类、总结，然后填入标准的财务报告，并制定预算、对成本数据进行核算分析与分类等。在战略计划方面，人们关心的是财务保证的长远计划、资金筹措计划、减少税收影响的长期计划以及成本会计和预算系统的计划，并且还要制定财会政策。管理控制主要是对预算和成本数据的计划执行情况进行分析和比较，处理会计数据的成本和差错率等。运行控制和业务处理主要是分类、汇总每天的单据，提出差错和异常情况的报告，以及延迟处理的报告和未处理业务的报告等。

（4）信息处理子系统

信息处理子系统主要负责与其他子系统的沟通联系，保证企业对各种信息的需求。它的战略计划关心的是组织功能的集散度、信息系统的总体规划、硬件软件系统的总体结构等内容。管理控制主要将计划和实际执行情况进行分析比较，如设备成本、开发人员水平、新项目的进度和计划的对比等。运行控制的内容包括日常工作任务的调度、分析差错率、设备利用率和设备故障以及控制新项目的开发进度和调试时间。业务处理是处理请求、收集整理数据、对数据和程序的修改变动提出申请、对硬件和软件的故障提出报告以及规划建议等。当前的办公管理（OA）系统主要支持字符处理、电子信件、电子文件和数据与声音通信等知识与文书工作，可以把它视为与信息处理相分立的一个子系统，也可以将它们合二为一。

（5）人力资源子系统

人力资源（人事）子系统的主要工作包括对人员的雇用、培训、考核记录、工资和解雇等方面的管理。战略计划方面主要包括对招聘、工资、培训、福利以及留用人员的战略和方案的评价分析。管理控制关心的是人员的录用和解雇、招募费用、技术库存成本、培训费用以及工资率的变动等情况。运行控制主要涉及对录用人员数量、应支付的工资和培训费用等情况的分析处理。典型的业务处理有雇用标准说明、工作岗位责任说明、培训考核记录、人员情况档案处理、工资变化情况处理以及工作时间和离职说明等。

(6) 物料供应子系统

物料供应子系统主要负责对采购、收货、发货和库存控制等方面进行管理。战略计划主要涉及制定采购战略、制订对卖主的新政策以及评价物资分配方案等内容。管理控制的工作主要是将库存水平、采购成本、供应计划执行和库存营业额等各种后勤工作的实际情况与计划进行比较。运行控制包括对多余和短缺物资的项目、数量和原因等情况进行分析。具体的业务处理包括采购订货、收货报告、各种进出库单据、脱库和超库项目、库营业额以及购货申请单等数据的分析。

4. 管理信息系统的软件结构

一个组织的 MIS 可分解为 6 个基本部分。

(1) EDPS(Electronic Data Processing System)部分

主要完成数据的收集、输入;数据库的管理、查询、基本运算、日常报表的输出等。

(2) 分析部分

主要在 EDPS 的基础之上,对数据进行深加工,如运用各种管理模型、定量化分析手段、程序化方法、运筹学方法等对组织的生产经营情况进行分析。

(3) 决策部分

MIS 的决策模型多限于以解决结构化的管理决策问题为主,其决策结果要为高层管理者提供一个最佳的决策方案。

(4) 数据库部分

主要完成数据文件的存储、组织、备份等功能,数据库是管理信息系统的核心部分。

(5) 接口部分

接口部分在系统中有举足轻重的地位,因为系统不是孤立的,总要和系统之外的数据和系统进行数据交换,因此数据的导入和导出成为系统必备的功能。

(6) 界面部分

界面是用户和系统直接交互的关键,界面设计良好的 MIS 便于使用,容易赢得用户的认可和兴趣。界面友好成为信息系统设计成功与否的重要因素和衡量标准。

5. 管理信息系统的物理结构

MIS 的物理结构可以理解为构成管理信息系统的硬件构成,包括网络、计算机系统等。具体的信息系统物理结构取决于应用的具体环境和需求,没有固定的模式,并且将随着信息技术的快速发展而不断产生新的架构。例如,早期基于大型机/终端的信息系统架构、基于 Internet/Intranet/Extranet 的 B/S 架构的信息系统等。某企业管理信息系统的硬件结构如图 1-12 所示。

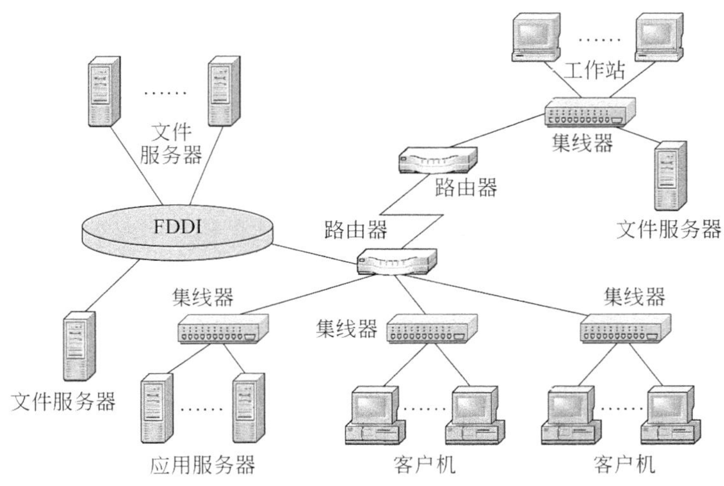

图 1-12　某企业管理信息系统的硬件结构

1.5　管理信息系统的分类

由于管理信息系统的功能、目标、特点和服务对象不同，其分类有许多不同的形式，管理信息系统可以从不同的角度进行分类。如从层次上可以分为业务信息系统、管理信息系统和决策支持系统，从所属的行业可以分为制造业企业信息系统、电子商业信息系统、交通运输行业信息系统、金融行业信息系统、政府部门信息系统等。

1. 按信息服务对象分类

从系统的功能和服务对象，可分为国家经济管理信息系统、企业管理信息系统、事务型管理信息系统、行政机关办公型管理信息系统和专业型管理信息系统等。根据我国管理信息系统应用的实际情况和管理信息系统服务对象的不同，下面分别进行介绍。

(1) 国家经济管理信息系统

国家经济管理信息系统是一个包含各综合统计部门在内的国家级信息系统。这个系统纵向联系各省市、地市、各县直至各重点企业的经济管理信息系统，横向联系外贸、能源和交通等各行各业的信息系统，形成一个纵横交错、覆盖全国的经济管理信息系统。它的主要功能是收集、处理、存储和分析与国民经济有关的各类经济信息，及时、准确地掌握国民经济运行状况，为国家经济部门、各级决策部门及企业提供经济信息；为统计工作现代化服务，完成社会经济统计和重大国情国力调查的数据处理任务，进行各种统计分析和经济预测；为中央和地方各级政府部门制订社会、经济发展计划提供辅助决策手段；为中央和地方各级的经济管理部门进行生产调度、控制经济运行提供信息依据和先进手段；为各级政府部门的办公事务处理提供现代化的技术。国家经济管理信息系统由国家经济信息中心主持，在“统一领导、统一规划、统一信息标准”的原则下，按“审慎论证、积极试点、分批实施、逐步完善”的 16 字方针边建设，边发挥效益。

(2) 企业管理信息系统

企业管理信息系统面向工厂、企业,主要进行管理信息的加工处理,这是一类最复杂的管理信息系统,一般应具备对工厂生产监控、预测和决策支持的功能。企业复杂的管理活动给管理信息系统提供了典型的应用环境和广阔的应用舞台,大型企业的管理信息系统都很大,"人、财、物"、"产、供、销"以及质量、技术应有尽有,同时技术要求也很复杂,因而常被作为典型的管理信息系统进行研究,从而有力地促进了管理信息系统的发展。

(3) 事务型管理信息系统

事务型管理信息系统面向事业单位,主要进行日常事务的处理,例如,医院管理信息系统、饭店管理信息系统和学校管理信息系统等。由于不同应用单位处理的事务不同,这些管理信息系统逻辑模型也不尽相同,但基本处理对象都是管理事务信息,决策工作相对较少,因而要求系统具有很高的实时性和数据处理能力,数学模型使用较少。

(4) 行政机关办公型管理信息系统

国家各级行政机关办公管理自动化,对提高领导机关的办公质量和效率,改进服务水平具有重要意义。办公管理系统的特点是办公自动化和无纸化,其特点与其他各类管理信息系统有很大不同。在行政机关办公服务系统中,主要应用局域网、打印、传真、印刷和缩微等办公自动化技术,以提高办公事务效率。行政机关办公型管理信息系统对下要与各部门下级行政机关信息系统互联,对上要与行政首脑决策服务系统整合,为行政首脑提供决策支持信息。

(5) 专业型管理信息系统

专业型管理信息系统是指从事特定行业或领域的管理信息系统,这类信息系统专业性很强,信息相对专业,主要功能是收集、存储、加工和预测等,技术相对简单,规模一般较大。例如,材料管理信息系统、人口管理信息系统、科技人才管理信息系统和房地产管理信息系统等。另一类专业型很强的管理信息系统(如铁路运输管理信息系统、电力建设管理信息系统、民航信息系统、银行信息系统和邮电信息系统等),其特点是综合性很强,包含了上述各种管理信息系统的特点,也称为"综合型"信息系统。

还可以按照信息系统的职能不同,把它分成综合职能信息系统与专业职能信息系统两大类。政府各部门的信息系统和城市信息系统都属于综合职能信息系统,国家的经济、教育、资源和安全等信息系统属于专业职能信息系统。

2. 按管理信息系统所使用的技术手段分类

按管理信息系统所使用的技术手段分类,可以将其分为手工系统、机械系统和电子系统三种类型。手工系统是指系统中的所有信息处理工作全部由人工完成,不仅工作量大、效率低下,而且难以保证准确率。机械系统对手工系统进行了改进,系统中由一些机械装置(如打字机、收款机和自动记账机等)来代替手工进行信息处理工作。而在电子系统中,电子计算机理所当然地成为主要的信息处理工具。电子计算机具有极高的运算速度、海量的存储能力以及准确的计算和逻辑判断能力,极大地提高了工作效率和工作质量,能够快速而又准确地为各级管理人员提供决策所需要的信息,产生了巨大的经济效益和社会效益。

3. 按信息处理方式分类

按信息处理方式分类，可以将管理信息系统分为联机系统、脱机系统和实时系统三种类型。脱机系统是最简单的，它的处理方式是按照一定的时间间隔，将收集到的数据成批送入中央处理器进行处理，因此脱机系统中的机器在工作时效率比较高。但是由于在进行数据处理之前，还要有数据收集的延时，故系统中的数据不一定是最新的。系统对设备要求不高，普通的计算机即可胜任。联机系统和实时系统比较相似，它们进行信息处理时共同的特点是把各个终端和中央处理机相连接，一旦外界产生了一个新的数据，马上将其输入终端，交由中央处理机进行处理，减少了数据收集所带来的时延。这样，系统中的信息始终保持在最新状态，并时刻准备接收外界的数据。这类系统的实时性强，然而对设备的要求较高，设计和建立过程都比较复杂。

本章小结

通过本章的学习要认识到管理信息系统是计算机应用的重要领域，其特点主要表现在它是面向管理决策的、对组织管理业务进行全面管理的综合性人机系统，是现代管理方法与手段相结合的信息系统，是多学科交叉形成的边缘学科；还要认识到 MIS 是对组织的全部管理职能和整个管理过程进行综合管理的信息系统，管理信息系统的应用与企业的环境和内部条件是密切相关。通过本章的学习，应能达到如下学习目标：

(1) 了解管理信息系统的作用与应用领域。

(2) 理解管理信息系统的产生和发展的原因。

(3) 理解和掌握信息系统和管理信息系统之间的关系。

(4) 理解和掌握管理信息系统的基本概念和各组成特点。

(5) 理解管理信息系统的结构与分类等。

根据管理信息系统的演变过程，可从深度、功能、广度、环境和作用等多个视角来探索和研究 MIS 的演变规律和发展趋势。从深度来看，MIS 从简单的事务记录向复杂的决策支持演变；按照业务层次将组织中的组织结构分为底层、中层和高层三个层次，MIS 在管理领域中的应用越来越深入。从功能来看，MIS 从局部业务的自动化处理向系统级的信息系统方向发展；从这种趋势来看，MIS 的功能逐渐完善和强大。从广度来看，MIS 正在从单个业务部门或部分业务部门的独立应用向整个组织的集成应用方向发展。随着电子商务、电子政务和全球信息系统的发展，MIS 正在由局限于组织内部的应用向组织之间和组织外部扩展，这是从环境视角看到的结果。从作用来看，MIS 正在从一个单纯的业务工具向战略手段演变。随着 MIS 在组织中的应用范围和深度的变化，其作用也由量变走向质变；许多组织认为 MIS 的应用是决定其经营行为和影响组织生存的关键因素之一，MIS 已经逐渐成为组织的战略手段。

习　　题

1. 选择题

(1) 有关信息的说法，正确的是(　　)。

A. 信息是关于主观愿望的、不可通信的知识

B. 信息是人类思维活动的结果

C. 信息是可以通信的

D. 信息可以分为战术信息、管理信息和数字信息等

(2) 信息和数据的关系是(　　)。

A. 信息是数据的载体　　B. 数据决定于信息

C. 信息和数据的含义是相同的　　D. 数据是信息的表达形式

(3) 下列不属于信息的特性的是(　　)。

A. 信息形成知识　　B. 客观性　　C. 等级性　　D. 时效性

(4) 信息系统是一个人造系统，它由(　　)组成。

A. 人、计算机、程序　　B. 人、计算机硬件、软件和数据资料

C. 人、数据资源　　D. 计算机硬件、软件和数据资源

(5) 管理信息是(　　)。

A. 加工后反映和控制管理活动的数据　　B. 客观世界的实际记录

C. 数据处理的基础　　D. 管理者的指令

(6) 按照不同级别管理者对管理信息的需要，通常把管理信息分为(　　)三级。

A. 公司级、工厂级、车间级　　B. 工厂级、车间级、工段级

C. 厂级、处级、科级　　D. 战略级、战术级、作业级

(7) 管理信息系统是一个(　　)。

A. 网络系统　　B. 计算机系统　　C. 操作系统　　D. 人机系统

(8) 管理信息系统的英文缩写是(　　)。

A. TPS　　B. MIS　　C. DDS　　D. EIS

(9) 决策支持系统的英文缩写是(　　)。

A. TPS　　B. MIS　　C. DSS　　D. EIS

(10) 决策支持系统的主要功能为(　　)。

A. 辅助决策　　B. 代替决策　　C. 执行决策　　D. 以上都不正确

2. 填空题

(1) 信息系统发展过程中经历了________、________和________三种类型。

(2) 管理信息系统是一个________系统。建立和设计管理信息系统必须重视人和计算机的关系。

(3) 管理信息系统是为________提供服务的。

3. 解答题

(1) 什么是信息？信息和数据有何联系和区别？
(2) 什么是信息系统？信息系统的组成包括哪些部分？
(3) 如何理解管理信息系统的概念？其主要特征是什么？
(4) 试述管理信息系统的分类。
(5) 你认为在企业里实行信息化处理的主要障碍是什么？
(6) 管理信息系统与一般计算机应用之间的关系是什么？
(7) DSS、CIMS、SCM、CRM、MRP、MRP Ⅱ、ERP 与 MIS 的关系是什么？
(8) 试分析 MIS 对企业的意义。

关于上机实验

“纸上得来终觉浅，绝知此事要躬行”，管理信息系统是实践性很强的课程，上机实验作为课程实践性环节之一，是教学过程中必不可少的重要内容。通过计算机实验和案例分析，可以加深理解、验证巩固课堂教学内容；增强管理信息系统的感性认识；掌握管理信息系统分析、开发的基本方法，了解管理信息系统的开发过程、步骤；培养学生理论与实践相结合的能力。

上机实验前，必须做好充分的准备，明确实验的目的与任务，了解所用的计算机系统（包括各种系统、工具）的性能和使用方法，复习和掌握与本实验有关的知识与技术，准备好上机所需的程序及操作、运行所需的测试数据。切忌没有准备就去上机实验，对实验中出现的问题应认真分析、记录，对有疑问的地方可做好标记，及时探讨、弄懂。实验后，要及时小结并完成实验报告。

实验：认识管理信息系统

1. 实验目的

(1) 初步认识管理信息系统，建立对管理信息系统的感性认识。
(2) 了解、使用日常管理信息系统的功能及特点。
(3) 了解用友财务通 ERP 软件的体系结构和基本功能。
(4) 掌握一个管理信息系统的基本操作方法。
(5) 认识管理信息系统给组织和个人带来的影响。

2. 实验任务与过程

(1) 通过网络搜索手段，搜索一些管理信息系统（至少 1 个），认识其特点。
(2) 详细了解你所找到的信息系统实现的功能。
(3) 了解、使用学校教务管理信息系统，体会其特点与作用。
(4) 实地了解学校图书管理信息系统的结构组成。

(5) 启动用友教育专版软件，打开系统控制台进入“演示账套”，了解演示版能够实现的具体功能模块。

(6) 分析这些系统的不完善之处，给出改进意见。

(7) 从系统应用的角度，说明这些系统给你的生活、学习带来什么影响。

3. 实验作业

(1) 认真完成实验报告

按照要求完成实验报告，以正式的实验报告纸的形式提交；实验报告内容包括名称、内容、操作步骤、产生的结果或影响不足和改进等。

(2) 利用实验室或网络资源，了解日常管理信息系统，如超市管理信息系统、银行管理信息系统的特点与使用方法。

注意：实验报告一般包括下列内容：

(1) 实验目的。

(2) 实验任务与步骤。

包括操作、程序清单、实验或运行结果。

(3) 实验结果分析。

(4) 实验小结。

包括经验、教训，实验关键，实验改进、改善、优化，自我评价等。

附注(可选)。

案例分析：梅特勒-托利多称重设备系统公司的信息化

梅特勒-托利多(常州)称重设备系统有限公司(原梅特勒-托利多常州衡器有限公司)是中国衡器行业第一家“三资”企业，创建于1987年。合作外方梅特勒-托利多是世界上生产和销售实验室分析仪器、工业和商业称重产品最大的跨国集团公司，拥有国际一流的开发手段和先进的技术及雄厚的经济实力；公司总投资为2200万美元。2001年度完成销售收入4.06亿元，增长35.51%；实现利税12 150万元，增长32.61%；人均创利税达26.19万元，连续12年稳居中国衡器行业榜首。近年来，托利多公司在企业信息化工作中做了大量有益的实践，取得了显著的成绩并深切体会到：信息化是公司生存、发展的必由之路。

1. 成立信息中心

公司在创建世界级企业的同时，十分注重企业的基础管理和现代化手段的建设，努力做到与国际接轨，同步并进。公司早在1987年就购进第一批计算机，并在1991年成立了管理信息中心，配备了5名专业人员负责筹建公司的计算机网络。同时还面向社会公开招聘、引进计算机方面的优秀人才，为加速公司的信息化建设奠定了扎实的基础。

2. 组织全员培训

公司在建设初期，就瞄准国际性跨国公司的管理模式，以高起点、高标准的要求，首期投入 100 多万元资金，购入了计算机与软件，用了两年的时间建成了内部局域网。在建立局域网的基础上，结合公司应用需求开设了初级、中级、高级计算机培训班，至今累计投入培训费 1000 余万元，参加培训的员工有近 5000 人/次。做好全员培训，对普及、提高计算机管理的基础知识，引导员工向计算机管理时代迈进，同时借鉴和运用先进的信息技术及管理理念，促进公司运作效率的提高和现代化程度都十分有益。目前公司已从开始的几台计算机发展到拥有几百台计算机，工程设计人员、营销业务人员还专门配备了手提电脑。为了更好地利用 IT 技术为企业的生产、管理、经营提供更好和更完善的服务，公司与上海交通大学南洋计算机培训中心签订了长期培训协议，一方面定期派员工到上海学习计算机信息技术；另一方面请上海交通大学的教授来公司授课。另外还组织公司内部有经验的技术人员互相培训、交流，派出业务能力强的高手参加国内一些知名的展览会及研讨会，拓展 IT 应用方面的思路，促进公司的信息化建设。

3. 应用促进建设

(1) 购进 MRPⅡ软件系统。为了与集团的发展保持一致，做到产品同步、开发同步、管理同步，公司在 1993 年年初就决策投入 110 万元资金，向世界上比较先进的美国四班公司购进 MRPⅡ软件系统。首先在采购、库存、销售、制造等方面实施运行；然后在财务方面实施取得成功，整个实施过程仅花了 1 年左右的时间。通过实施 MRPⅡ软件系统，改变了以往手工操作的原始习惯，对所有质量体系文件进行计算机发布、跟踪，坚持持续不断的质量改进，既提高了管理质量，又提高了产品质量和服务质量。通过 MRPⅡ的实施，公司进入了一个初步实施计算机管理的现代化阶段，从而改善了企业基础管理水平，促进公司在 1994 年取得了 ISO 9000 质量体系认证证书。通过全员参与信息化建设，员工更新了理念，重组了业务流程，特别是对和自己相关的流程有了比较全面的系统了解，使数据传递减少人为失误，在采购、库存、销售、制造、财务等管理方面起到有力的保障作用。

(2) 使用微软的 Mail 邮件系统。在实施四班 MRPⅡ系统的同时，公司开始使用微软的 Mail 邮件系统。应用 Mail 加强公司内部信息的及时沟通与交流，包括人事任免通告、内部人事招聘、备忘录等文件均通过该系统传递。公司与集团总部之间的沟通也基于该系统正式开通，与集团总部保持信息及时沟通，共同开发产品。初步实现了公司的电子化办公，既节约了纸张等有形资源，又促进了公司办公效率的提高。加快了与国外信息的交流，加强了对国际市场的了解，为迅速占领国际市场奠定了基础。

(3) 引进计算机辅助设计(CAD)和产品数据管理(PDM)。在广泛普及 Office、MRPⅡ、Mail 等业务系统的基础上，又投入资金近百万元，引进计算机辅助设计。应用计算机辅助设计可以加速提高产品设计能力与效率，是缩短产品开发周期的必要途径。现在公司新品开发周期均在 6～7 个月以内，每年新品销售也已占销售总额的 60%以上，真正尝到了运用计算机辅助设计的甜头。但在实施 CAD 的过程中，也出现了先进设计技术与落后管理手段的矛盾，表现为大量的电子化文档无法用原有的手工方式、纸介质方式进行管理，诸如存档、检索、审批、更改等。部门之间由于业务上的差异，如果按原来的手工管理操作方法来处理，产品信息难以沟通和交流，甚至会出现互相扯皮、推诿等现象。为此，公司于 2000 年年初引进了上海思普信息技术公司的产品数据管理系统(PDM)。PDM 的运用，迅速有机地组织处理与产品相关的全部数据，并且保证了信息的唯一性和一致性，有效提高了公司产品数据资源的管理效率，从而解决了人机矛盾，确保了信息化建设的正常进行。

(4) 实施客户关系管理系统(CRM)。随着市场从“产品”导向向“客户”导向的转变，客户的“投票权”越来越决定了一个企业的命运。为此，公司在 2000 年年底投入近百万元资金，选择了加拿大 PIVOTAL 公司的软件，开始实施客户关系管理系统(CRM)，目前整个系统试运行良好。CRM 的核心思想就是对企业中相对独立的市场管理、销售管理与售后服务等业务进行集成，提供统一的运作平台；对各种数据进行加工、处理与分析，形成制订各种决策可以参考的报告。通过 CRM 的实施，公司优化了市场、销售、售后服务的业务流程，加快了对市场变化的反应速度，将有限的资源根据客户价值的不同进行优化配置，从而达到利润最大化的企业目标。

(5) 实施 HER 人事管理软件。随着市场经济的建立和完善，公司在激烈的市场商海实践中，已经认识到企业竞争已不仅只是产品质量、技术、服务及价格的竞争，更重要的是人才资源的竞争。为了公司的长远稳定发展，必须向世界级的现代化企业靠拢。为此，公司于 2001 年 7 月投资 20 多万元购买及实施人事管理软件(HER)。系统从最基本的员工人事信息、薪资、职位、培训、绩效考核及内部人才招聘到申请办理假期等全方位的基础管理进行计算机自动化处理。公司利用商品化的人事管理软件从中学习到一些先进的人力资源管理的思想及理念，来提高、深化公司的基础管理水平，达到在学习中提高，在提高中创出自己的管理特色。同时在公司 Intranet 网站上，设立了技术、质量、客户服务等论坛，并设立总经理在线、网上信息查询等用户自助服务项目。鼓励员工参加讨论，提高员工的参与管理意识，及时发现人才，挖掘人才，为公司凝聚人才资源服务，改进公司的基础管理模式，与国际化世界接轨。

(6) 充分利用 Internet 。Internet 是发布、收集信息的一个良好渠道，公司非常重视它的使用价值。公司拥有 4 条线路，通过 1 根 100Mb/s 的光纤连接到 Internet，加快了获取 Internet 信息的路径，拓展了公司网络的范围及信息量，更加有助于产品开发、市场分析及公司的营销活动。公司在制造、开发、财务、人事、营销等诸方面进行了计算机信息化管理，此外还对采购物料、配件发外加工等方面的电子化应用进行了探索和实践。现又着手实施广域网项目，已与分布在全国的所有办事处建立了广域网连接，建立了一个完整的数据通信平台，加速了分公司、办事处与公司总部的信息反馈频率，有效地提高了办公效率。同时公司的供应商、代理商等也可以通过网络平台，实时与公司总部进行信息沟通和交流，为拓展业务、占领市场奠定了良好的基础。公司有三分之一以上的采购业务是通过互联网成交的。

4. 效益明显

几年来，公司的信息化在建设中不断改进、不断提高，达到了预期的目标，收到了良好的经济效益。

题目：1994—2001 年几项主要效益指标的改变如下。

销售收入：1→4.086 亿元。

财务结账时间：1 星期→1 天。

平均库存：2039→3314 万元。

存货周转率：2→6.4次。

库存物料清单、工艺路线准确率：85%→99%。

几年来，公司的出口业务也直线上升，2001年完成外销1703万美元，同比增长41.45%。公司近来被列入“常州市十强企业”行列。由于公司在企业信息化建设方面做出了努力，为此在2001年被上海计算机协会评为常州地区唯一的一家计算机应用优秀用户。公司的目标是在不远的将来建立起一个集成的电子商务系统，进一步确立超越对手的竞争优势，为公司的持续、稳定发展奠定良好的基础。梅特勒-托利多(常州)公司已经走过了业绩辉煌的昨天——列为中国衡器业界的排头兵，梅特勒-托利多(常州)公司正在创造出更加灿烂的明天——争做国际衡器业界的新明星，这就是梅特勒-托利多(常州)公司在信息化时代的永恒追求！

问题：试分析梅特勒-托利多称重设备系统公司信息化的意义？

第2章 管理信息系统的理论与技术基础

管理信息系统是一门综合管理学、信息科学、系统科学、运筹学、统计学、计算机科学和现代通信技术等学科的新兴边缘性交叉学科。管理信息系统是基于管理和计算机的系统，同时也是基于网络的系统。通过本章的学习，能够对MIS的理论与技术基础有一定的认识和理解，为管理信息系统的应用、开发、研究与发展打下坚实的基础。

2.1 管理信息系统学科的知识体系结构

管理信息系统是信息管理、工商管理专业的核心课程之一，属于管理科学与工程一级学科下的二级学科。作为一门新兴的综合性边缘学科，它面向管理，其理论基础来源于多个学科，把它们综合集成为一门系统性的学科。管理信息系统与其他学科之间的关系如图2-1所示。

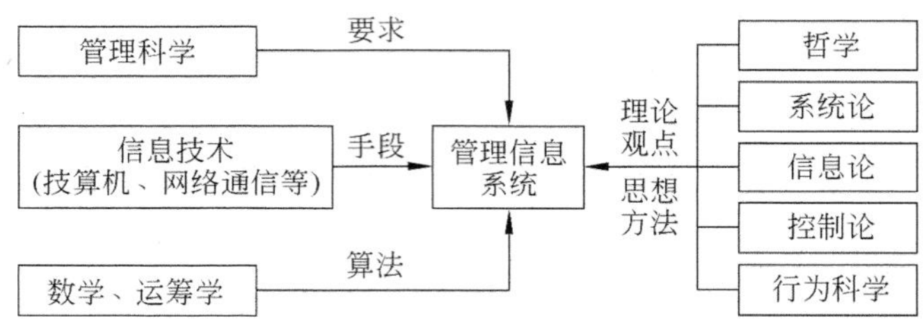

图2-1 管理信息系统与其他学科的关系

面向现代化管理活动中大量的、复杂的数据，没有现代技术的支持是难以完成数据的加工处理的，更谈不上对管理进行预测、控制和辅助决策。管理信息系统中的预测和决策功能必须运用数学和运筹学的方法和模型来解决。此外，管理信息系统还从哲学、系统理论、信息论、控制论和行为科学等学科吸取了有用的观点、概念和方法。

系统论（创始人是美籍奥地利生物学家贝塔朗菲）、信息论和控制论（美国数学家维纳创立）号称MIS学科体系中的“老三论”。日常生活中经常接触到系统这个概念，如经济领域的工业系统、商业系统，自然界的气象系统、生态系统，军事领域的作战系统等；总之，无论什么人，什么时候都处于系统之中，人本身又是一个生命系统。信息论是由美国数学家香农创立的，它是用概率论和数理统计的方法，从量的方面来研究系统的信息如何获取、加工、处理、传输和控制的一门科学。随着科学技术的快速发展，特别是信息技术、计算机技术和网络技术的飞速发展，MIS在进一步成熟的同时，也吸收了其他新的理论与方法。耗散论（比利时物理学家普利高津于1969年提出）、协同论（德国著名理论物理学家赫尔曼·哈肯在1973年创立）和突变论（比利时科学家托姆在1972年创立）它们被称为MIS学科体系中的“新三论”。有兴趣的读者可参阅相关的书籍。

管理学反映了管理过程的客观规律性，具有显著的科学性；由于管理过程中的诸多不确定因素使管理本身无法完全量化，故而只是一种不精确的科学。管理科学把科学的原理、方法和工具应用于管理的各种活动，制定用于管理决策的数学和统计模型，并把这些模型通过计算机应用于管理减低不确定性，最大限度地提高了管理活动的程序性。管理科学向管理信息系统提出了要求，它是产生管理信息系统学科的直接原因。

管理信息系统学科是一门理论性和实践性都很强的学科。理论研究指导管理信息系统的开发和应用；反过来在开发和应用的实践中形成理论。其学科内容随着管理信息系统的应用而进步和完善。学习该门课程的目的是使学生学习管理信息系统的基本概念和原理，掌握管理信息系统分析、设计、实施和评价的方法，懂得人的因素、社会因素在实现和发展管理信息系统中的重要作用。

管理信息系统所涉及的知识与技术广泛，需要研究的问题很多；MIS 的知识体系结构复杂，各类管理信息系统教材在内容的取舍上存在较大差异。由于 MIS 课程内容多、变化快、多学科复合、理论性强、实践、技术要求高致使该课程难教难学。管理信息系统的开发需要既懂管理又懂技术的复合型人才，要求学生具有多学科的、综合的知识与能力；应具备管理信息系统和相关学科的知识结构，并理解它们之间的关系。目前，围绕 MIS 的理论与实践已形成许多独立学科，如信息组织、信息检索、信息系统、信息经济、信息市场、信息法学等，它们从多角度、不同侧面研究和解决信息流的问题，形成了各具特色、相互补充的学科群。

我国高等院校开设管理信息系统课程的相关专业，根据院校性质及专业建设的基础和背景不同，可大致分为三种类型：一是强调情报学、信息学等知识，如北京大学、武汉大学等综合性院校；二是强调计算机科学技术，如清华大学、同济大学等理工科院校；三是强调经济管理知识，如以中国人民大学、东北财经大学等财经类院校。不同专业的学生在学习管理信息系统课程时，由于专业定位、培养目标、基础背景存在不同，不能面面俱到或一刀切；对学习的侧重点与视角要准确定位，重点掌握将来职业相关的管理信息系统知识与技术。本章的目标之一是使读者了解管理信息系统的知识体系结构，搞清自己的学习定位。

2.2 管理系统理论与方法

管理信息系统与管理科学有着密不可分的联系，管理学是管理信息系统学科的基石，管理贯穿于管理信息系统的全过程，管理是管理信息系统研究起点与归宿。管理信息系统的研究开发对象是管理，服务目标也是管理，即提高管理品质，发展生产力；要成功开发管理信息系统，必须深刻理解管理对象与管理过程；MIS 项目开发和维护都需要运用管理学。通过管理信息系统的开发与建设，使管理工作日益程序化、标准化、科学化。

2.2.1 概述

管理学是在长期管理实践的基础上产生的，人类的管理实践与人类历史一样悠久。世界著名的金字塔、中国的万里长城和至今仍灌溉着成都平原的都江堰水利工程表明，几千年前人类就能够完成规模浩大的大型工程。这些宏伟的建筑都是人类管理和组织能力的见证。随着商品经济和社会化生产的发展，18世纪中期，英国发生了世界著名的产业革命，具有现代企业雏形的工厂产生了，经济竞争成为社会发展的主要动力，追求利润最大化成为工厂主的主要目的，人们对管理的研究逐渐从政治转向经济，直至转向后来现代意义上的企业管理。在长期企业管理实践的基础上，一门以研究企业管理理论为主、对其他类型组织同样具有指导意义的学科——管理学产生了。管理是一种复杂的社会活动，管理学力求总结归纳包含着各类型管理活动的基本规律、所应遵循的基本原则。如管理的基本原则有人本原则、系统原则、职责原则、效益原则、反馈原则、动力原则、弹性原则等。

1. 管理的定义

管理学可以从不同的角度和侧重点进行定义。弗雷德里克·温斯洛·泰勒(Frederick Winslow Taylor)的定义："管理是一门怎样建立目标，然后用最好的方法经过他人的努力来达到的艺术。"亨利·法约尔(Henry Fayol)的定义："管理就是计划、组织、控制、指挥、协调。"赫伯特·西蒙(Herbert Simon)的定义："管理就是决策。"马克斯·韦伯(Max Weber)的定义："管理就是协调活动。"美国管理协会的定义："管理是通过他人的努力来达到目标。"

本书给出一个综合性的定义：管理是指在组织系统中，在该组织特定工作机制和工作作风下，为有效地实现预期目标，以人为中心进行的人、财、物、时间、信息等资源的配置和运用的协调活动。

该定义包含以下六层含义：管理的主体是管理者；管理的客体是人、财、物、技术、信息等的所有资源；管理的核心对象是人；管理的实质是配置和运用的协调活动；管理的载体是组织系统；管理的目的是有效的实现组织目标。这里的有效不仅包括效率(Efficiency：Do the thing right)，而且包括效果(Effectiveness：Do the right thing)。

2. 管理的属性

管理具有两重性：管理的自然属性和管理的社会属性。一方面，管理是人类共同劳动的产物，具有同生产力和社会化大生产相联系的自然属性；另一方面，管理同生产关系、社会制度相联系，具有社会属性。

(1) 管理的自然属性。也称为管理的生产力属性或一般性。在管理过程中，为有效实现目标，要对人、财、物、技术、信息等资源合理配置，对产、供、销及其他经营活动进行协调，以实现生产力的科学组织。所以，管理的自然属性是为了组织共同劳动产生的，它反映了社会协作过程本身的要求，力求用先进的科学方法合理组织生产力，以保证与社会相结合的生产过程的顺利进行。

(2) 管理的社会属性。也称管理的生产关系属性或特殊性。在管理的过程中，为维护生产资料所有者利益，需要调整人们之间的利益分配，协调人与人之间的关系。这是一种调整生产关系的管理工作。它反映的是生产关系与社会制度的性质，故称管理的社会属性。它反映了一定社会形态中统治阶级的要求，受到生产关系或经济基础的影响和制约，按统治阶级的意志调整、维护和完善人们之间的相互关系。

3. 管理的职能

怎样才能保证既有效率又有效果地实现组织既定目标呢？管理理论认为，主要是通过做好一系列基本的资源配置和运用的协调活动，即有效发挥管理职能，管理职能也就是管理的职责和权限。通常，管理职能包括计划、组织、领导和控制四大职能。

(1) 计划职能。孟子说："凡事预则立，不预则废。"计划是指制定目标并确定为达成这些目标所必需的行动。计划职能是指管理者为实现组织目标所进行的筹划活动，即管理的核心思想和基本技术。计划是管理的首要职能。

(2) 组织职能。组织是对完成特定使命的人们的系统性安排。其主要内容是：根据组织目标，在任务分工的基础上设置组织部门；根据各部门的任务性质和管理要求，确定各部门的工作标准、职权、职责；制定各部门之间的关系及联系方式和规范等。任何部门、任何层次的管理者都首先表现为组织中各部门的人员构成；管理者进行管理的指令都要借助于组织各部门按特定次序传递；管理的目标要通过合理的组织设计和有效的组织行为来实现。可见，组织不仅是管理的职能，而且是管理的基础。

(3) 领导职能。领导是管理活动中涉及指挥的一个环节，指挥的功能是以职权或影响力使下属执行上级所指派的任务。为了使领导工作卓有成效，管理者必须了解个人和组织行为的动态特征、激励员工以及进行有效的沟通。有效的领导者还必须是富有想象力的——能够预见未来、使他人也具有这种想象力以及授权员工去使想象变成为现实。只有通过卓有成效的领导，组织的目标才有可能实现。领导职能是一门艺术，它贯穿在整个管理活动中；各层级领导都要做人的工作，重视人的因素的作用。

(4) 控制职能。在执行计划过程中，由于受到各种因素的干扰，常常使实践活动偏离原来的计划。控制就是使实践活动符合于计划，计划是控制的标准。管理者必须及时取得计划执行情况的信息，并将有关信息与计划进行比较分析，结合内外环境的变化情况，找出存在的问题，分析原因，及时采取有效的纠正措施。

2.2.2 管理系统及其构成

管理系统作为一个整体是由各要素通过有机结合而构成的，这些要素包括：管理者，即管理主体；人、财、物、时间和信息等人力或经济资源，即管理客体；管理制度、运行机制和企业文化等，即管理手段；组织目标，即管理目的；组织所面临内、外部环境，即管理环境等。各要素相互联系、相互作用、相互影响，其中每个要素的性质都将影响整个管理的性质。因此在进行管理时，就要考虑系统各要素之间的相互关系，考虑每个要素的变化对其他要素和整个组织的影响，如图 2-2 所示。

在图 2-2 中，圆圈内表示社会组织内部，为组织的具体环境，圆圈之外为组织的一般环境。

1. 管理主体

传统观点认为管理者是运用职位、权力，对人进行统驭和指挥的人。关于管理者的现代观点，彼得·德鲁克(Peter F. Drucker)认为，在一个现代的组织里，每一个知识工作者如果能够由于他们的职位和知识，对组织负有贡献的责任，因而拥有能够实质性地影响该组织经

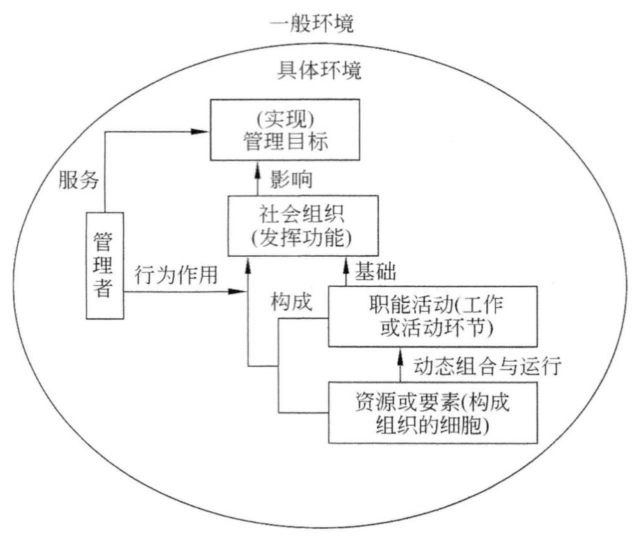

图 2-2　管理系统结构图

营及达成成果的能力者，即为管理者。综合以上内容，管理者是在正式组织内拥有正式职位运用组织授予的制度权利做出决策，负责指挥别人的活动并承担对组织实现预期目的做出贡献责任的各类各级主管人员。

(1) 管理者类型

从纵向上看，组织中的管理者可分为基层管理者、中层管理者、高层管理者。

① 基层管理者。直接监督作业人员的管理者，如生产线线长、工长、领班、小组长。

② 中层管理者。管理着基层管理者，贯彻和执行高层管理部门制定的目标和政策，如部门经理、项目经理、地区经理。

③ 高层管理者。他们承担着制定广泛的组织决策的责任，以及为整个组织制订计划和目标的责任，如总裁、首席执行官、董事会主席。

横向上可分为综合管理人员和专业管理人员。

① 综合管理人员。小企业的总经理；跨国公司各事业部经理。

② 专业管理人员。按不同的业务领域来分类。在企业中的各级管理层次中，都可能有市场营销、财务、生产、人事、行政及其他各类管理人员。

(2) 管理者角色

根据亨利·明茨伯格(Henry Mintzberg)的研究，管理者扮演着十种角色，这十种角色可被归入三大类，即人际角色、信息角色和决策角色。

① 人际角色。管理者在处理与组织成员和其他利益相关者的关系时，就在扮演着人际角色。包括代表人角色、领导者角色、联络者角色。

② 信息角色。接收、收集和传播信息。包括监听者、传播者和发言人。

③ 决策角色。做出抉择的活动。包括四种决策制订角色，即企业家、干扰对付者、资源分配者和谈判者。

(3) 管理者技能

① 技术技能。指熟悉和精通某种特定专业领域知识的能力。技术技能对基层管理者

尤为重要，成为业务内行是作为有效的管理者的前提条件，指导下属并回答有关具体问题。

② 人际技能。有时称为人际关系技能，与组织内外上下左右打交道的能力。包括联络处理和协调组织内外人际关系的能力；激励和诱导组织内工作人员的积极性、创造性的能力；正确的指导和指挥组织成员开展工作的能力。这项技能不仅要求管理人员要善解人意，而且能创造一种使下级感到安全并能自由发表意见的氛围。

③ 概念技能。对事物的洞察、分析、判断、抽象和概括的能力。运用这种技能管理者必须能够将组织看作一个整体，理解各部分之间的关系，想象组织如何适应它所处的广泛的环境。尤其对于高层管理者来说，这种技能是非常重要的。

2. 管理客体

管理行为作用其上的对象称为管理客体。管理客体应包括相对独立的各类社会组织及其资源要素。具体于某一特定组织而言，管理客体应包括以下具体内容：

(1) 人员。人是管理客体中的核心要素，所有管理要素都是以人为中心存在和发挥作用的。通过科学的领导和有效的激励，最大限度地调动人的积极性，以保证目标的实现。管理人是管理者最重要的职能。

(2) 资金。资金是任何组织，特别是盈利性经济组织的重要资源，是管理的关键性要素。要保证职能活动正常进行，经济、高效地实现组织目标，就必须对资金进行科学的管理。

(3) 物资设备。物资设备是社会组织开展职能活动，实现目标的物质条件与保证。

(4) 时间。时间是组织的一种流动形态的资源，也是重要的管理要素。管理者必须重视对时间的运筹与管理，真正树立“时间就是金钱”的意识。

(5) 信息。信息已成为极为重要的管理对象。管理者，特别是高层管理者，已越来越多地不再直接接触事物本身，而是同事物的信息打交道。信息既是组织运行、实施管理的必要手段，又是一种能带来效益的资源之一。管理者必须高度重视，并科学地管理好信息。

3. 管理手段

(1) 管理制度。管理制度是指组织管理过程中借以约束组织成员行为、确定办事方法，规定工作程序的基本制度、管理制度、技术与业务规范和个人行为规范等的总称。

(2) 运行机制。运行机制是引导和制约决策并与人、财、物相关的各项活动的基本准则及相应制度，是决定行为的内外因素及相互关系的总称。任何组织，大到一个国家，小到一个企业、部门，都有其特定的运行机制；包括动力机制和约束机制。

① 动力机制。为什么一个下级会服从上级的领导？员工的生产积极性从哪里来？一个系统的运行，一名组织成员的行为，都是在一定的动力机制作用下发生。动力机制是指管理系统动力的产生与运作的机理。动力机制是为管理系统运行提供动力的管理机制。

a. 利益驱动。被管理者在利益的吸引下，采取有助于组织功能实现的行动，这是由经济规律决定的。

b. 政令推动。管理者凭借行政权威，强制性地要求被管理者采取有助于组织功能实现的行动，它是由社会规律决定的。

c. 社会心理推动。管理者利用各种管理手段或措施，对被管理者进行富有成效的教育和激励，以调动其积极性，使其自觉自愿地采取努力实现组织目标的行动，它是由社会与心理规律共同作用的结果。

② 约束机制。约束机制是指对管理系统行为进行限定与修正的功能与机理。约束机制主要包括以下几方面的因素：

a. 权力约束。权力约束是双向的。一方面，利用权力对系统运行进行约束；另一方面，要对权力的拥有与运用进行约束，以保证正确地使用权力。

b. 利益约束常被称为"硬约束"。利益约束是约束机制极为有效的组成部分，利益约束也是双向的。一方面，以物质利益为手段，对运行过程施加影响，奖励有助目标实现的行为，惩罚偏离目标的行为；另一方面，对运行过程中的利益因素加以约束，其中突出地表现为对分配过程的约束。

c. 责任约束。指通过明确相关因素及人员的责任，来限定或修正系统的行为。例如，明确规定企业法人代表对国有资产保值、增值负有的责任，并加以量化和指标化。

d. 社会心理约束。这主要是指运用教育、激励和社会舆论、道德与价值观等手段，对管理者及有关人员的行为进行约束。

(3) 企业文化。企业文化是组织在长期实践活动中所形成的并为组织成员普遍认可和遵循的具有本组织特色的价值观念、团体意识、工作作风、行为规范和思维方式的总和。包括以下三个层次：首先是物质层，它是指企业文化抽象内容的物质体的外在显现，既包括组织整个物质和精神的活动过程，也包括组织实体的文化设备、设施等；其次是制度层，它体现某个具体组织的文化特色的各种规章制度、道德规范和员工行为准则的总和，也包括组织体内的分工协作关系的组织结构；最后是精神层，这是企业文化中的核心，是广大员工共同而潜在的意识形态，包括管理哲学、敬业精神、人本主义的价值观、道德观等。

企业文化的作用包括导向作用、规范作用、凝聚作用和激励作用等。

4. 管理目标

管理目标是管理活动的具体目的，建立目标是管理者的首要职能。没有目标的管理者不称其为管理者，达不到目标的管理者是不称职的管理者；管理中凡达到管理目的要求的就有成效，达不到的成效就小，凡违背管理目的要求的，往往是负效应，应采取切实有效措施予以改正。目标选择正确与否，可以调动或挫伤下属的积极性。一个明确的、经过努力可以达到的目标，有很大的动员和激励作用；当受到挑战性目标的刺激时，常常会迸发出极大的工作热情，在实现目标中施展才能。

管理的任务是通过有效地管理好人、财、物及反映这些资源的信息等资源来实现企业目标。管理就是通过合理配置各种资源，提高组织运行的效率，使组织的目的得以实现。管理的目的是管理主体规定管理客体的管理活动以及应遵循的发展轨道，给自身也给管理客体树立一个努力的方向和目标，是组织中管理活动最终应达到的预期结果。

明确管理目的，就能抓住管理的实质、明确一切管理活动的出发点和终点。组织的一切活动都要为实现一定的目的而有序地进行，才能使整个组织的各个组成部分步调一致、发掘人们最大的潜能，充分发挥出集体的放大作用、创新作用。明确管理目的，以是否达到管理目的要求，作为考核各项管理活动的标准，也就有了明确的组织活动成效标准考核的依据。

管理所追求的目标是什么，并不是每个管理人员都十分明白的。有些管理人员终日忙忙碌碌地发文件、打电话、干工作等，却并不清楚管理目标是什么；或许只是从基本的觉悟出发认为应该勤勤恳恳地工作。

5. 管理环境

管理环境是指存在于社会组织内部与外部的影响管理实施和管理绩效的各种力量、条件和因素的总和。按存在于组织的内外范围划分，可分为内部环境和外部环境。外部环境还可以进一步划分为一般环境和任务环境。

管理与所处的环境（主要指外部环境）存在着相互依存、相互影响的密切关系。

(1) 对应关系。以一家企业为例，社会上的环境可以划分为经济、技术、社会心理和政治四大环境，那么，企业内部就与之相对应，存在着经营、作业、人际关系和行政管理四大管理领域。

(2) 交换关系。组织与环境之间不断地进行着物质、能量和信息的交换。例如，一家生产企业，从市场上搜集情报信息，并购进原材料；再将加工完的产品到市场上销售，并通过广告等形式向社会广泛传递有关产品的信息。

(3) 互动关系。组织的管理受外部环境的决定与制约，同时，组织的管理也会反作用于外部环境；两者之间存在着密切的决定、影响和制约关系。

经济环境是与管理的关系最为直接、对管理的影响最大的。经济环境主要包括经济物质资源、国家的经济制度与经济体制、社会的经济规模与发展水平、市场供求与竞争、国民收入与消费水平等。

技术环境是指组织所在国家或地区的技术进步状况，以及相应的技术条件、技术政策和技术发展的动向与潜力等。技术水平、技术条件、技术过程的变化，必然引发管理思想、管理方式与方法的更新。

社会与心理环境是指组织所在地的人口、教育、生活习俗、风气、道德、价值观念，以及社区成员的各种心理状况等。由于人既是管理者又是管理对象，这就决定了社会组织及其管理离不开人与人之间的关系，离不开人们的社会心理因素。

政治环境包括国际、国内及本地区的政治制度、政治形势、政策法规等。政治形势的状况及变动趋势，关系到社会组织的运行与管理；国家的政策，关系到资源状况、居民的收入水平、消费与市场需要、企业内部制度与政策以及人员心理等。

2.2.3 管理信息化

每个管理系统都要首先收集反映各种资源的有效数据；再将这些数据加工成各种统计报表、图形或曲线以便管理人员能有效地利用企业的各种资源来完成企业的使命。基于计算机的管理信息系统，能把生产和流通过程中的巨大数据流收集、组织和控制起来，经过处理而转换为各部门不可缺少的数据，经过分析使它变成对各级管理人员具有重要意义的有用信息。信息技术工具可以全面满足管理、经营运作的便捷性、有效地沟通、协作的需要，如图 2-3 所示。

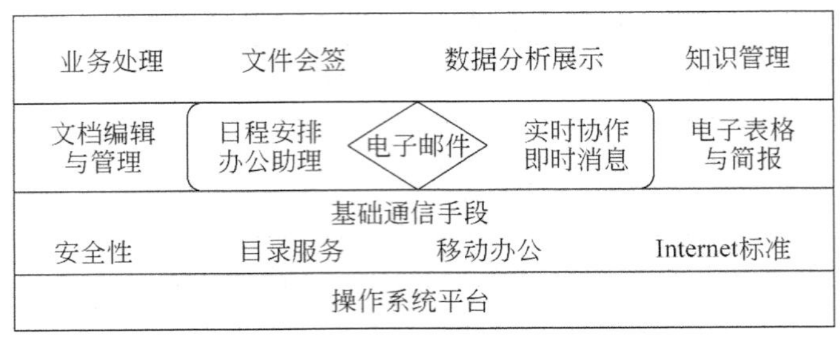

图 2-3　现代信息技术工具

1. 信息与决策

决策自古有之。从宏观讲，决策就是制定政策；从微观讲，决策就是做出决定。决策是指个人或集体为了达到某一目标，借助一定的科学手段和方法，从若干备选可行性方案中选择或综合成一个满意合理的方案，并付诸实施的过程。

信息对于管理之所以重要就在于"管理就是决策"。管理工作的成败，取决于能否做出有效的决策，而决策的正确程度则取决于信息的质和量。信息与决策具有相互支持和相互依赖的关系，信息的使用是信息管理的目的与归宿。在 H. A. 西蒙（决策学派开创者）的决策过程中，信息的高效流动是科学决策前提条件，图 2-4 可用来表示决策过程中的信息流动过程。

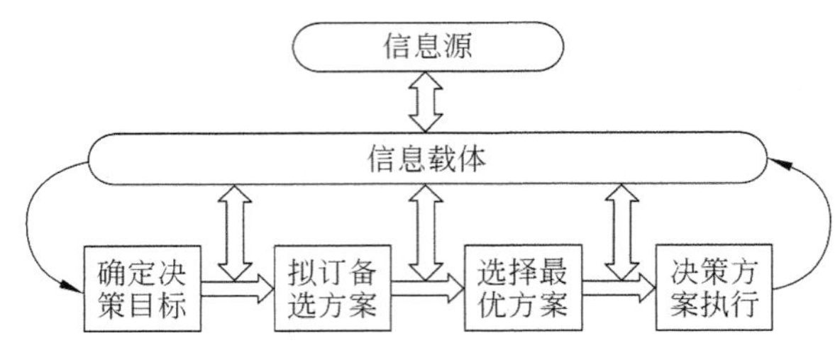

图 2-4　决策过程中的信息流动和处理

决策者只有快速准确地获得信息，有效地利用信息，适时把握决策时机，才能获得较好的决策效益。科学决策是决策者在准确全面掌握相关信息的基础上，依据科学方法、科学程序、科学手段所进行的决策工作。科学决策具有以下主要特点：

（1）有科学的决策体系和运作机制

决策体系是指整个决策过程中的各个部门在决策活动中的组织形式，它由决策系统、参谋系统、信息系统、执行系统和监督系统组成。各子系统既有相对独立性，又能够密切联系，有机配合。

（2）遵循科学的决策过程

决策过程包括提出问题和确定目标、拟订决策方案、决策方案的评估和优选、决策的实施和反馈。

（3）运用现代科学技术和科学方法

采用计算机，建立数学模型等各种各类决策模型和决策支持系统，把定性方法与定量方法有机地结合起来，使决策摆脱主观随意性而更符合客观实际。

2. 决策类型

(1) 按决策的重要性划分

按决策的重要性分，可将决策分为战略性决策、战术性决策和作业性决策三个层次。

战略性决策是涉及组织的发展和生存的全局性、长远性、方向性的决策，如企业厂址的选择、新产品开发、地区的产业布局等。战术性决策是为完成战略性决策所规定的目标而进行的决策，如企业的产品规格、工艺方案等。作业性决策是根据战术性决策的要求制定执行方案并选择方案的决策，如生产标准选择、生产调度等。

(2) 按决策的性质划分

按决策的性质分，可将决策分为结构化决策、半结构化决策和非结构化决策。

结构化决策是一种有章可循的决策，可以重复出现，问题的本质与结构清楚，解决问题的方法与步骤是已知和确定的，可制定固定程序来完成决策，如订单计价、核定工资等。

非结构化决策表现为对问题的本质与结构不甚了解，解决问题的方法与步骤也知之甚少。非结构化决策主要靠决策者的知识、经验与智慧完成决策。如开办新工厂、开辟新市场、开发新产品等。

半结构化决策则介于其间，对问题的本质与结构有所了解但不够清楚，解决问题可能采用的方法及其相互间的关系基本知道但不确切，解决问题的步骤尚难确定，要通过启发式的探索来做出决策，如生产调度、会计业务处理等。

(3) 按对事件自然状态的认识和掌握程度划分

按对事件的认识和掌握程度可将决策分为确定型决策、风险型决策以及不确定型决策。

确定型决策能确切知道将发生怎样的自然状态，可以据此选择最佳行动方案，一般用数学模型来解决，如资源的分配优化、配置等。

风险型决策是指未来出现哪种自然状态决策者不能准确知道，但其出现概率可以估计出来，一般采用以概率论为基础的方法加以解决的决策。

如果决策者不但不能确定未来将出现哪一种自然状态，甚至对于各种自然状态出现的概率也一无所知，全凭决策者的经验和态度，对这类问题所作决策就是不确定型决策。

2.2.4 管理信息系统与现代管理方法

管理信息系统是现代管理方法与技术手段相结合的系统，计算机系统与现代管理方法的有机结合才能使 MIS 系统在管理中有效地发挥作用。管理思想的发展与信息技术的发展是互成因果的环路。信息技术最初在管理上的运用是十分简单的，主要是记录一些数据，方便查询和汇总，而现在发展到建立在全球 Internet 基础上的跨国家、跨企业的运行体系。现代管理方法很多，下面简要介绍几种常用的管理方法。

1. 物料需求计划(Material Require Planning，MRP)

早在 20 世纪 40 年代，就形成一种解决物料供应问题的基本思想，即按照最终产品的数量和构成最终产品的零部件的种类、数量一物料清单(Bill of Material，BOM)反推出物料的需求量。由于数据处理量庞大，难以付诸实施；至 20 世纪 60 年代中期，Joseph. A. Orlicky 提出了“独立需求”和“相关需求”的概念，改变了传统的物料管理模式。利用这一思想开发出来的物料需求计划系统取得了巨大的成功，有效地改善和控制了物料的供应状况。后来又发展到以物料需求计划为核心，既能适应产品生产计划的改变，又能适应生产现场情况变化的闭环 MRP 系统。MRP 是一种应用物料清单、库存数据、车间在制品数据，以及主生产计划来计算相关需求的一种技术。利用这种技术，可以较好地保证用户订单需求数量和交货日期。

2. 制造资源计划（Manufacturing Resource Planning，MRP Ⅱ）

制造资源计划是 20 世纪 70 年代在发达国家制造企业中开始采用的先进的现代管理技术，是一种在对一个企业所有资源进行有效地计划安排的基础上，以达到最大的客户服务、最小的库存投资和高效率的工厂作业目的的、先进的管理思想和方法。其管理目标是：通过反馈库存和车间在制品信息，制订生产计划，在保证按期供货的前提下，减少在制品和库存的资金占用。MRP Ⅱ适用于“小批量、多品种”制造企业管理，在解决制造企业物料供应与生产计划的矛盾、计划相对稳定与用户需求多变的矛盾、库存增加与流动资金减少的矛盾以及产品品种多样化与生产活动的条理化的矛盾等过程中发挥了重要的作用。

3. 企业资源规划（Enterprise Resource Planning，ERP）

在管理技术、计算机技术进步的新技术条件下，ERP 突破了 MRP Ⅱ的局限，把供需链内的供应商等外部资源也看成是受控对象集成进来，并且把时间作为一项关键的资源来考虑；ERP 是 MRP Ⅱ的发展。在 ERP 基础上产生了两个重要分支：客户关系管理（Customer Relationship Management，CRM）和供应链管理（Supply Chain Management，SCM）。ERP 的详细内容将在第 9 章讨论。

4. 准时制生产（Just In Time，JIT）

准时制生产是以日本丰田公司的看板管理（KANBAN）为代表的企业管理方法。追求的目标是零库存，实现“准时制”生产，即在刚好需要该零部件时，刚好把它生产出来并送到需要的地点。看板管理和制造资源规划在管理原则上存在的差别如表 2-1 所示。

表 2-1 JIT 与 MRP Ⅱ的比较

比较项目	JIT	MRP Ⅱ
生产准备时间	尽可能少	要求不严格
质量	废品为零	允许有废品
批量	为生产立即需要的数量	用某种公式计算批量
库存	库存是一种不利因素，应尽量减少	库存是一种资源，是预防未来一些不确定因素所必需的
在制品库存	取消等待加工队列	是一种需要

续表

比较项目	JIT	MRP Ⅱ
供应商	合作者	有矛盾的甲、乙两方
提前期	越短越好	尽可能长
设备维修	预计计划内维修	设备维修是必要的
职员	素质要求高	按法规办事

5. 最优化生产技术(Optimised Production Technology,OPT)

OPT强调物流的优化,OPT方法正确地认识到影响制造系统产出率的“瓶颈”环节,通过优化瓶颈环节的物流,提高制造效率,并对所有支持瓶颈环节的排序计划的工作环节排序。OPT提出了一种新的均衡编制与排产方法,与传统的强调生产作业优先级的确定、能力计划的编制等管理方法不同。

6. 敏捷制造(Agile Manufacturing,AM)

敏捷制造是20世纪90年代兴起的先进制造技术和管理思想,面向现代企业集团化、虚拟化的需求,能够极大地提高企业对市场反应的敏捷性和适应能力。敏捷制造的目的是提高企业生产和经营上的敏捷性,及时满足市场多样化的需求;作为一种管理思想,其核心在于通过虚拟企业的形式,最大限度地提高资源利用率,充分利用转瞬即逝的市场机遇。创新能力较强的企业可以通过敏捷制造,作为动态联盟的盟主,专攻附加值较高的部分,其他企业也可通过参加动态联盟,发挥自身优势,形成规模效益。

敏捷企业的目的在于提高资源利用率,其共同特点有:

(1) 组织上的敏捷性,这是敏捷制造的基础。企业必须改变传统的组织形式,采用以项目组、独立制造为基础的组织形式。

(2) 设备柔性,以满足不同产品的生产加工要求,适应不可预知的市场环境。

(3) 高素质综合型人才,满足不同任务对人才资源的需求,进行虚拟企业的建立与解体适应不同生产任务的需要。

(4) 企业的虚拟化,是敏捷制造的基本要求,其特点是企业功能上的虚拟化、地域的虚拟化和组织的虚拟化。为此,必须通过各企业MIS的互联,实现企业之间的远程生产调度和协作设计等功能。

7. 企业流程再造(Business Process Reengineering,BPR)

20世纪90年代初,针对信息技术在企业管理中的广泛应用,BPR由美国Hammer博士首先提出。Hammer等人通过对一些大企业的典型流程进行研究,认为应该使用计算机来重新设计已有的企业流程,而不仅仅是使已有的流程实现自动化。BPR通过打破企业中在采用信息技术之前形成的各种规则和假设,建立适应信息技术的新规则,并提出了一些应该遵循的原则,例如扁平组织、并行工作、活动整合及决策权力下放等。BPR应该在企业高层领导描述的远景目标驱动下，从企业的顶层开始实施。

传统的制造模式是分工详细的批量制造模式，而 AM 模式是一种基于信息技术的集中协作的制造模式，传统的制造模式向 AM 模式的转变需要一个过程。AM 和 BPR 之间有着密切的关系，BPR 是这种转变不可缺少的流程再造的过程技术。BPR 是一种基于信息技术来改变各种制造元素配置关系的过程技术，从 AM 和 BPR 的作用对象来看，BPR 强调对一个企业内部流程的再造，而 AM 模式强调对企业之间关系的再造。AM 模式在企业之间创建动态联盟的关系，快速响应顾客需求。从 AM 和 BPR 两者的技术的基础来看，信息技术在 BPR 中起着使能器和实现器的作用，而信息技术特别是 Internet 技术对 AM 模式的形成和维持起着支撑作用。AM 与 BPR 的这种关系可以用图 2-5 来表示。

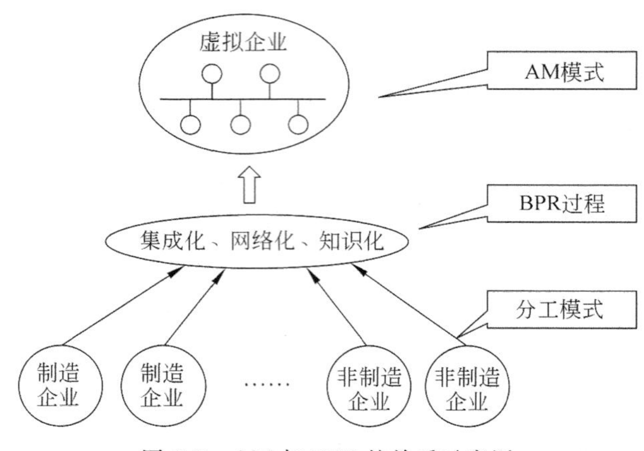

图 2-5　AM 与 BPR 的关系示意图

企业的管理方法多种多样，各有其不同的特点和应用环境，在 MIS 建设中，不同企业应根据自身状况选择相应的管理方法。现代管理活动都离不开数据和信息，而且要采用数学方法对决策问题进行求解，进行大量的数据处理。如果只有方法而没有相应的手段，仅依靠人工是难以实现的。因此，现代管理方法必须以计算机的应用为基础，两者相辅相成、缺一不可；最重要的是要在对企业管理状况进行认真分析的基础上，选择适合企业管理需要的管理方法，这是系统分析的主要任务之一，也是管理信息系统成功应用的先决条件。

2.3　管理信息系统的技术基础

信息技术（Information Technology，IT）是管理信息系统的技术基础，只有把信息技术与管理结合起来，才能真正发挥管理信息系统的作用。信息技术是计算机硬件技术、软件技术、数据库技术及通信技术的总称。信息技术是一个外延很广的概念，而且内容相当丰富。鉴于管理信息系统一般是指网络环境下基于数据库的信息系统，一般来说，信息系统采用计算机硬件技术、软件技术、存储技术和通信技术。考虑到读者的信息技术背景，已掌握了计算机文化基础；本节重点介绍计算机系统、数据库技术、网络技术等方面的内容。

2.3.1 计算机系统

1. 计算机系统的构成

计算机系统包括计算机硬件和计算机软件两部分。计算机硬件是机器的可见部分，是计算机系统工作的基础，计算机软件帮助用户使用硬件以完成数据的输入、处理、输出及存储等活动。计算机及外围设备多样而丰富。

常用的计算机类型有：

（1）微型计算机。这是终端用户最重要的计算机，可分为台式计算机、便携式计算机及服务器三类：台式计算机是管理信息系统中使用最普遍的计算机，是进行输入、输出、分布式的数据处理、存储等的基本单元，在网络中作为客户机使用；便携式计算机方便人们在外出时和移动中使用；服务器是高档高配置的专用微型计算机，采用多CPU结构，并配置了大容量的内存和硬盘，处理功能很强。

（2）工作站。工作站是一种功能极强的微型计算机，有很好的联网能力，还具有很强的图形化处理功能。其运算速度比微机快，一般用于图像处理、计算机辅助设计等专业领域。

（3）小型机。一般可以满足部门级或中型企事业单位的需要。例如，AS/400、DEC公司的VAX系列等。

（4）大中型机。具有很强大而齐全的功能，运算速度为每秒几千万次，存储容量大，可连接数百至数千个终端同时工作。大型机主要用于大型商场、企业集团、银行、航空公司订票系统、国民经济管理部门等。

（5）小巨型机。小巨型机是新发展起来的小型超级计算机，它是巨型机小型化的结果，其性能与巨型机相似，而造价比巨型机低得多，具有很好的性能价格比。

（6）巨型机，又称为超级计算机。它具有极高的性能和速度，其运算速度在每秒一亿次以上，可达几千亿次。多用于尖端科技领域。生产这类计算机的能力可以反映一个国家的计算机科学水平。我国是世界上有能力生产巨型机计算机的少数国家之一。

软件是一系列按照特定顺序组织的计算机数据和指令的集合。软件并不只是包括可以在计算机上运行的计算机程序，与这些计算机程序相关的文档一般也被认为是软件的一部分。简单地说，软件就是程序加文档的集合体。另也泛指社会结构中的管理系统、思想意识形态、思想政治觉悟、法律与法规等。

计算机软件的种类可按照不同的原则和标准来划分，一般来讲软件被划分为系统软件、应用软件，其中系统软件包括操作系统和支撑软件（包括微软发布的嵌入式系统，即硬件级的软件）。

（1）系统软件。是指对整个计算机系统进行管理、调度、监控和维护的软件，是为其他程序提供服务的程序集合。其主要功能是：简化计算机操作；充分发挥硬件性能；支持应用软件的运行并提供服务。系统软件主要包括操作系统、语言处理程序、服务性程序、数据库管理系统、网络通信管理程序等。数据库管理系统是为管理和操纵数据库而设计的软件系统。网络通信管理程序是用于计算机网络中的通信管理、控制信息的传送和接收的软件。

（2）应用软件。应用软件是直接面向用户、为用户服务，是为解决各类应用问题而编写的程序。应用软件是基于数据库管理系统或特定的程序设计语言开发的，一般包含实用程序和工具软件两类。实用程序是指根据特定用户解决某一具体问题而开发的程序，如订票系统、图书情报检索系统、档案管理系统、辅助教学软件等，管理信息系统属于应用软件；工具软件是为了方便用户而提供的软件工具，如字处理软件 Word、图形处理软件 AutoCAD、系统维护软件 Norton 等。

2. 计算机体系结构

(1) 单机结构

如果在一个系统内每台计算机的使用是各自独立的，这样的系统就是单机结构的系统。单机结构中的计算机处于各自为政的孤立状态，各自运行一套系统软件、应用软件和业务数据。单机结构的计算机之间不能直接交流信息，它们之间的通信只能靠磁盘、磁带等介质备份来完成。这种分散式结构使得各个部门即使拥有各自的单机信息处理系统，无法联合构成一个统一的综合的管理信息系统，这就形成了一个个“信息孤岛”。各部门不能充分利用计算机来进行协调和合作。

(2) 主机/终端结构

主机/终端结构采用集中式处理方式，提高了信息处理的效率，降低了系统费用，易于管理控制，也能够保证数据的安全性和一致性。在早期的计算机系统中主机/终端结构系统曾风靡一时。它有一台大型主机，可以同时接数台或数十台终端机。所有的文件都存储在主机的磁盘中，程序也在主机上运行。主机对各终端机用户传来的数据进行分时处理，使每个终端用户感觉像拥有一台自己的大型计算机一样。终端只是一种数据输入、输出设备，没有 CPU 和存储器，只是负责将用户键盘输入的信息传到主机，然后输出由主机返回的处理结果。但由于程序运行和文件访问都在主机上，用户完全依赖于主机，一旦主机出现故障就会使所有用户受到影响。由于许多用户共享一台主机。主机要同时处理来自各个终端的数据，这样可能造成主机的负荷过重，所以系统的性能主要取决于主计算机的性能和通信设备的速度。

(3) 文件服务器/工作站结构

在文件服务器/工作站系统中，多个工作站与一台服务器互相连接起来。一般以一台高性能微机或小型机作为服务器，工作站实际上就是一台 PC，当它与文件服务器连接并登录后，可以到文件服务器上存取文件，得到所需的文件后在工作站上运行。数据库管理系统安装在文件服务器上，而数据处理和应用程序分布在工作站上，文件服务器仅提供对数据的共享访问和文件管理，没有协同处理能力。

文件服务器管理着网络文件系统，提供网络共享打印服务，处理工作站之间的各种通信，响应工作站的网络请求。工作站运行网络应用程序时，先将文件服务器的程序和数据调入本机内存之中，运行后在本机上输出或在打印机上输出。文件服务器的处理方式会增加网络线路的传输负荷，降低网络传输的效率和响应时间，很容易造成网络阻塞。

(4) 客户机/服务器(C/S)结构

客户机/服务器的体系结构，首先在逻辑上将应用工作划分为前端用户界面和后台数据库访问两部分。前者称为客户；后者称为服务器，两者之间相互通信。虽然两者都是连接在网络上，但各自承担并完成各自的功能。这种结构不同于传统文件服务器/工作站结构，主要区别在于对数据的处理分前台和后台。客户机完成屏幕交互和输入、输出等前台任务并向服务器提出请求,而服务器则完成大量的数据处理及存储管理等后台任务,为前台提供服务。通常情况下客户机只执行本地前端应用,而将数据库的操作交由服务器负责,以合理均衡的事务处理充分保证数据的完整性和一致性。客户机应用软件一般包括用户界面软件、本地数据库、字处理软件和电子表格等。客户机的运作过程是:客户机将请求传送给服务器,服务器回送处理结果,客户机据此进行分析,然后送给用户。服务器分为数据库服务器、工作组应用服务器、电子邮件服务器、打印服务器等。例如,我们想要由客户机上的前端应用程序查询某些相关数据,而服务器端此时如果是数据库服务器且有10万条记录将被搜寻,当服务器收到请求消息时即会到数据库中寻找该相关数据,找到后只送回前端的使用者所需要的记录,而并不是将整个10万条记录的庞大数据库全部都传回。这样才可降低网络负荷,从而提高整个系统效率。

主机/终端结构的所有程序都在主机内执行,而文件服务器网络结构的所有程序都在客户端执行,这两种结构都不能提供真正的可伸缩应用的系统框架。而客户机/服务器结构则可以将应用程序分布在客户机和服务器之间,以提供更快、更有效的应用程序性能。通过客户端和服务器端的最佳分工合作,使整个系统达到最高的效率,是目前最流行的网络结构,现已逐渐成为IS应用环境中体系结构的首选。

(5) 浏览器/服务器(B/S)系统结构

B/S结构是随着Internet技术的兴起,对客户机/服务器结构的一种变化或者改进的结构。在客户机/服务器结构中,大量的应用程序都在客户端进行,每个客户机都必须安装应用程序和工具。系统的灵活性、可扩展性都受到很大影响。在浏览器/服务器结构下,用户界面完全通过WWW浏览器实现,一部分事务逻辑在前端实现,但是主要事务逻辑在服务器端实现,形成所谓三层结构。浏览器/服务器结构,主要是利用了不断成熟的WWW浏览器技术,结合浏览器的多种Script语言(VBScript、JavaScript)和ActiveX技术,用通用浏览器就实现了原来需要复杂专用软件才能实现的强大功能,并节约了开发成本,是一种全新的软件系统构造技术。随着Windows将浏览器技术植入操作系统内部,这种结构更成为当今应用软件的首选体系结构。B/S结构应用程序相对于传统的C/S结构应用程序将是巨大的进步,B/S模式无须像C/S模式那样在不同的客户机上安装不同的客户应用程序,而只需安装通用浏览器软件。以B/S模式开发的系统维护工作集中在服务器上,客户端不用维护,操作风格比较一致,只要有浏览器的合法用户都可以十分容易地使用。现在,B/S模式应用非常广泛,逐渐成为一种流行的信息系统平台。

2.3.2 数据库技术

企业管理活动离不开数据。数据是管理活动的基础与核心,是联系管理活动的纽带。数据也是管理信息系统的核心,素有"三分技术、七分管理、十二分数据"之说。所以,数据存储和管理是信息系统设计和运行的重要课题。数据资源管理的核心技术都是围绕着这个主题展开的。数据资源管理包括数据组织、数据库、数据规划和数据管理等方面。

数据库技术是计算机数据处理与信息管理系统的核心。是一种计算机辅助管理数据的方法,它研究如何组织和存储数据,如何高效地获取和处理数据。是通过研究数据库的结构、存储、设计、管理以及应用的基本理论和实现方法,并利用这些理论来实现对数据库中的数据进行处理、分析和理解的技术,即数据库技术是研究、管理和应用数据库的一门软件科学。

1. 数据管理技术的发展

数据管理技术是对数据进行分类,组织、编码、输入、存储、检索、维护和输出的技术。数据管理技术的发展大致经过了三个阶段:人工管理阶段、文件系统阶段、数据库系统阶段。

(1) 人工管理阶段

20 世纪 50 年代以前,计算机主要用于数值计算。当时的硬件,外存只有纸带、卡片、磁带,没有直接存取设备;从软件看(实际上,当时还未形成软件的整体概念),没有操作系统以及管理数据的软件;从数据看,数据量小,数据无结构,由用户直接管理,且数据间缺乏逻辑组织,数据依赖于特定的应用程序,缺乏独立性。

(2) 文件系统阶段

20 世纪 50 年代后期到 60 年代中期,出现了磁鼓、磁盘等数据存储设备;新的数据处理系统迅速发展起来。文件数据处理系统是把计算机中的数据组织成相互独立的数据文件,系统可以按照文件的名称对其进行访问,对文件中的记录进行存取,并可以实现对文件的修改、插入和删除等。文件系统实现了记录内的结构化,即给出了记录内各种数据间的关系;但是,文件从整体来看却是无结构的,其数据面向特定的应用程序,因此数据共享性、独立性差且冗余度大、管理和维护的代价也很大。

(3) 数据库系统阶段

20 世纪 60 年代后期,出现了数据库技术。数据库的特点是数据不再只针对某一特定应用,而是面向全组织具有整体的结构性,共享性高、冗余度小、具有一定的程序与数据间的独立性,并且实现了对数据进行统一的控制。数据库技术从开始到现在短短几十年中,主要经历了三个发展阶段:第一代是网状和层次数据库系统(20 世纪 70 年代),第二代是关系数据库系统,第三代是以面向对象数据模型为主要特征的数据库系统。20 世纪 70 年代关系模型的诞生为数据库专家提供了构造和处理数据库的标准方法,推动了关系数据库的发展和应用。1979 年,Ashton-Tate 公司引入了微机产品 DBase Ⅱ,并称之为关系数据库管理系统,从此数据库技术移植到了个人计算机上。20 世纪 80 年代中期到后期,终端用户开始使用局域网技术将独立的计算机连接成网络,终端之间共享数据库,形成了一种新型的多用户数据处理,称为客户机/服务器数据库结构。数据库技术与网络通信技术、人工智能技术、面向对象程序设计技术、并行计算技术等相互渗透、有机结合,成为当代数据库技术发展的重要特征。数据库技术不仅应用于事务处理,处理各种各样的信息数据,并进一步应用到情报检索、人工智能、专家系统、计算机辅助设计等领域。现在数据库已经成为信息管理、办公自动化、计算机辅助设计等应用的主要软件工具之一。

数据库技术研究和管理的对象是数据,数据库技术所涉及的内容主要包括:通过对数据的统一组织和管理,按照指定的结构建立相应的数据库和数据仓库;利用数据库管理系统和数据挖掘系统设计出能够实现对数据库中的数据进行添加、修改、删除、处理、分析、理解、报表和打印等多种功能的数据管理和数据挖掘应用系统;并利用应用管理系统实现对数据的处理、分析和理解。

2. 数据库的特征

数据库是被存储起来的数据及数据间逻辑关系的集合体，它通过数据库管理系统(DBMS)对其进行建立、存取和维护，并为用户提供有效服务。数据库管理方式克服了数据文件管理方式的弊端，它的主要特征有如下。

(1) 数据独立性

独立性是指数据的存取独立于使用它的程序。在文件系统中数据的存取方式与应用程序密切相关。当数据需要扩充或减少时，必须相应地修改程序，造成时间和人力的极大浪费。在数据库方式下，各应用程序一般不再与具体物理存储器上的某一数据文件相对应，它们各自对应于一个逻辑数据文件。这些逻辑数据文件通过数据库管理系统软件同存储器上的实际存储的数据建立联系，从而使数据与应用程序相对独立。提高了数据库应用程序的稳定性，数据库中的数据在进行了增、删、修改等处理后，一般无须改动应用程序，从而提高了整个数据库应用系统的工作效率。

(2) 最小的数据冗余

数据冗余是指数据被重复存储。在文件管理方式下，数据文件是通过各自的应用程序而建立的，不同的用户即使有许多数据是相同的，也只能各自存储自己所需要的数据。因此造成存储的数据大量重复，这样既浪费了大量的存储空间，又使数据的修改变得十分困难。

(3) 实现了数据共享

数据库中的数据允许不同的用户使用，也允许多个用户同时存取数据而互不影响。目前在许多计算机网络中建立的数据库系统，允许多个用户按照各自的权限使用同一数据库中的数据，实现了数据资源的多用户共享，提高了数据的利用率。

(4) 数据的安全性

数据的安全性是指采取相应的措施防止非法存取及恶意破坏数据，以保证数据的完整性和正确性。在数据库中，对用户是否属于非法或越权使用数据设有严格的检查措施，规定了使用数据的规程，从而保证了数据的可靠性、完整性和正确性。

(5) 便于用户使用

数据库管理系统设计了最接近用户的编程语言，使编程工作简单易行、操作简便。在数据库管理系统的支持下，能够从繁杂的数据中以极快的速度向用户提供所需的信息，为用户的经营决策、业务处理、资料分析等工作提供了极大的方便。

3. 数据模型

数据模型是现实世界在数据库中的抽象，也是数据库系统的核心和基础。数据模型通常包括三个要素：数据结构，数据结构主要用于描述数据的静态特征，包括数据的结构和数据间的联系；数据操作，是指在数据库中能够进行的查询、修改、删除或增加新数据的各种数据访问方式，并且包括数据访问相关的规则；数据完整性约束，数据完整性约束由一组完整性规则组成。数据模型是数据库系统中用于提供信息表示和操作手段的形式构架。目前，数据库管理系统通常采用的数据模型有三种，即层次模型、网状模型及关系模型。

(1) 层次模型(Hierarchical Model)

层次式数据模型是数据处理中发展较早和技术上比较成熟的一种数据结构,使用树形结构来表示数据以及数据之间的联系,如图 2-6 所示。对于现实生活中反映具有层次关系的实体、或需要区分主目和细目的文件,都可以采用这种模型来表示。层次模型是层次式数据库所采用的数据模型,它是以树结构作为基本结构,通过树结构及树结构之间的逻辑关系来表示数据间联系的一种模型,它反映了现实世界中实体之间的一对多关系。其数据间的逻辑关系如图 2-6 所示,这个体系是满足下列条件的基本层次关系的集合:

① 有且仅有一个最高级的节点,称为根;

② 除根之外,所有节点都与一个且仅与一个比它高级的节点(父节点)相连接。

在层次结构中,树的节点是实体,树枝表示实体间的关系。把上一层的节点称为父节点,下一层的节点称为子节点。从子节点到父节点的映像是唯一的,通过父节点可以找到其全部子节点,这是层次式结构中存取节点的一个基本方法。层次模型的主要缺点是处理个别记录效率较低,尤其是处理最低层的个别记录。另外,数据库文件的维护较麻烦尤其是当经常大量地执行增、删记录的操作时,需要对数据进行整理,更新数据库文件。

(2) 网状模型(Network Model)

网状式数据模型反映了现实世界中实体间存在的较为复杂的关系,使用网状结构表示数据以及数据之间的联系,如图 2-7 所示;现实生活中往往由某些实体的多归属性形成网状结构。与层次模型不同,处于某一层次的实体不但可以有多个下层实体,而且它可同时归属多个上层实体。

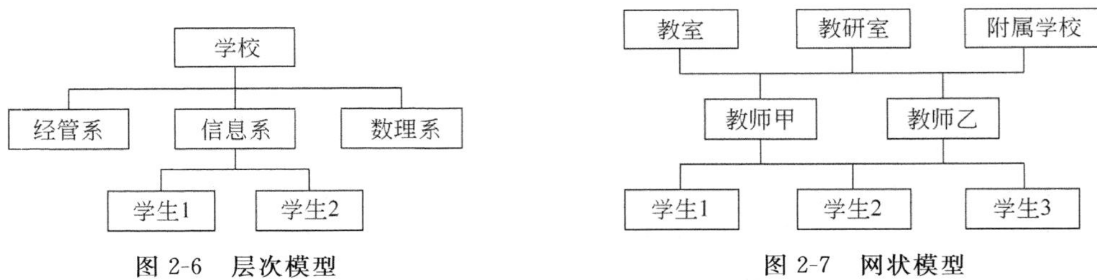

图 2-6 层次模型　　　　图 2-7 网状模型

现实生活中多数网状结构比较复杂,复杂网状结构的数据处理也很烦琐,而且适合于这一网状结构的处理方法往往不适合于别的网状结构。实际上,在多数数据库系统中,复杂网状结构常常先转变为简单网状结构或层次结构来处理。

(3) 关系模型(Relational Model)

关系模型是一种理论最成熟、应用最广泛的数据模型。在关系模型中,数据存放在一种称为二维表的逻辑单元中,整个数据库又是由若干个相互关联的二维表组成的。关系模型的结构如表 2-2 所示,表格中的每一行代表一个实体,称为记录;每一列代表实体的一个属性,称为字段。实体的多方面特性可用多个数据项(字段值)所组成。这样的二维表格也称为一个关系。关系具有如下性质:

① 关系中的列是同性质的,称为属性或称为字段。用字段名来区分不同的属性。

② 关系中不能出现相同的记录,记录的顺序无限制。

③ 每个关系都有一个关键字,它能唯一地标识关系中的一个记录。

④ 关系中列的顺序不重要。

表 2-2 关系表

学号	姓名	性别	年龄	班级
2012080101	李勇	男	18	计算机 1 班
⋮	⋮	⋮	⋮	⋮

关系式数据库是发展较晚的一种数据库,但由于关系式数据结构具有坚实的数学理论基础,简单、明了、直观、容易理解和掌握,在现实生活中应用最多,因此关系式数据库得到了非常广泛的应用。由于层次式和网状式数据结构都可以通过一定方法转化为关系式数据结构,应用关系式数据模型来处理。目前,已经有一些流行的、也比较成熟的软件产品能够很好地支持关系型数据模型,这些产品称为关系型数据库管理系统(Relational DataBase Management System,RDBMS)。例如,微软公司的 Microsoft Access 和 MS-SQL Server、Sybase 公司的 Sybase、甲骨文公司的 Oracle 以及 IBM 公司的 DB2;其中,Microsoft Access 是一个中小型数据库管理系统,适用于一般的中小企业;MS-SQL Server、Sybase 和 Oracle 基本属于大中型的数据库管理系统;而 DB2 则属于大型的数据库管理系统,并且对计算机硬件有很高和专门的要求。

4. 关系的规范化理论

关系规范化理论研究关系模式中各属性之间的依赖关系及其对关系模式性能的影响,探讨关系模式应具备的性质和设计方法。它给我们提供了判别关系模式优劣的标准,在数据库设计工作中首先要经过规范化处理,根据具体的应用需求将每一个关系规范成第一范式、第二范式、第三范式的形式。

(1) 第一规范化形式(1NF,简称第一范式)

第一规范化形式是指关系中的每一个属性都是不可分的数据项。

从表 2-3 中可以看出数据项"学习情况"又包含了三个数据项:"课程名称"、"成绩"和"学分"。如果将学习情况看成一个数据项的话,就不符合第一范式形式。可将"学习情况"、"成绩"和"学分"看作是独立的数据项,如表 2-4 所示,则该关系表符合第一范式要求。

表 2-3 基本情况表

学号	姓名	性别	政治面貌	籍　贯	学习情况		
					课程名称	成绩	学分
⋮	⋮	⋮	⋮	⋮	⋮	⋮	⋮

表 2-4 第一范式表

学号	姓名	性别	政治面貌	籍　贯	课程名称	成绩	学分
001	张强	男	团员	山东济南	高等数学	87	5
001	张强	男	团员	山东济南	英语	85	4
⋮	⋮	⋮	⋮	⋮	⋮	⋮	⋮

但是，如果用这种关系表描述一个学生的基本情况，可能产生以下问题：第一，有关姓名、性别、政治面貌、籍贯等数据元素的值要被重复存储，由此产生了大量的数据冗余；第二，当某人的基本信息需要改变的话，如张强的“政治面貌”要由“团员”改为“党员”，那么有关他的所有记录都要进行修改，假如他的第 1 条记录被修改而第 2 条记录没有得到修改，则产生了数据修改的不一致，在数据处理时就会产生错误；第三，在数据存储中关键字是不能为空的，当某学员刚入学没有学任何课程时，该学生的记录就无法输入到数据库中，这种现象称为插入异常；第四，当某学生的记录输入到数据库中时，如果该生因病取消了所选的所有课程，为此需要将该生的相关课程名称予以删除，由于关键字不能为空的，在删除这些信息的同时有关这个学生的基本信息也将被删除，这种现象称为删除异常。因此，需要将其进一步规范化处理。

(2) 第二规范化形式(2NF，简称第二范式)

第二规范化形式首先满足第一范式，且所有非主属性完全函数依赖于其主属性。

对于表 2-4 所示的关系表，关键字是学号和课程名称，非关键字成绩和学分完全函数依赖于关键字，而姓名、性别、政治面貌和籍贯则只依赖于学号，与关键字是部分依赖的关系，不满足第二范式。

为了消除部分函数依赖，假设考虑到所有学员的所选课程只有高等数学、英语的话，可将原关系表写成如表 2-5 所示的关系表。在表 2-5 中，关键字是学号 ，非关键字都依赖于学号，所以表 2-4 满足第二范式。

表 2-5　第二范式表

学号	姓名	性别	政治面貌	籍 贯	课程名称 1	成绩 1	学分 1	课程名称 2	成绩 2	学分 2
001	张强	男	团员	山东济南	高等数学	87	5	英语	85	4
⋮	⋮	⋮	⋮	⋮	⋮	⋮	⋮	⋮	⋮	⋮

如果有的学生选了 3 门或 3 门以上的课程，这种表达形式就不能够满足要求。为此就必须调查所有学生的选课情况，得到全体学生所选课程的总数 n，然后建立 $3\times n$ 个数据元素，一般来说不同的学生在其读书期间所选的课程可能是不同的，因此带来了大量的数据冗余，增加了处理的复杂程度，影响处理速度。可见一些关系虽然满足了第二范式的要求，但仍不是一种良好的结构，还需要进一步进行规范处理。

(3) 第三规范化形式(3NF，简称第三范式)

第三规范化形式应满足第二范式，且它的任何一个非主属性都不传递函数依赖于任何主属性。

由于表 2-5 所示的关系中，学号为关键字，课程名称 1 依赖于关键字学号；而成绩 1 依赖于课程名称 1，即成绩 1 传递依赖于关键字学号，所以，表 2-5 所示的关系表不满足 3NF。为消除这种传递关系，将表 2-5 分解成如表 2-6 所示的两个关系表。在表 2-6 中，关键字为学号，其他非关键字都不传递依赖于关键字，所以满足第三范式。在表 2-6(b)中，关键字为学号和课程名称其他非关键字都不传递依赖于关键字，所以满足第三范式。

表 2-6　第三范式表

(a)

学号	姓名	性别	政治面貌	籍　贯
001	张强	男	团员	山东济南
⋮	⋮	⋮	⋮	⋮

(b)

学号	课程名称	成绩	学分
001	高等数学	85	5
001	英语	90	4

这样分解后的两个关系模式都满足了第三范式的要求，完全消除了操作异常的问题。关系规范化的目的就是要消除关系中的操作异常问题。在模式分解时，往往通过投影的方式进行分解，通过连接可将分解后的关系恢复成原样，这样的分解才能既消除了问题，又不损失信息。

目前，规范理论已提出了五级范式。在实际应用中，关系模式分解到 3NF 已足够了。

5. 数据库管理系统（DBMS）

数据库系统（DBS）就是引入数据库后的计算机系统。DBMS 是指对数据进行管理的软件系统，它是数据库系统的核心，它与数据库系统中的各个部分都有着密切联系。DBS 一般由计算机硬件、计算机软件、数据库、DBMS、开发工具、应用系统、数据库管理员（DataBase Administrator，DBA）和用户组成。图 2-8 表示了数据库系统在整个计算机系统中的地位。

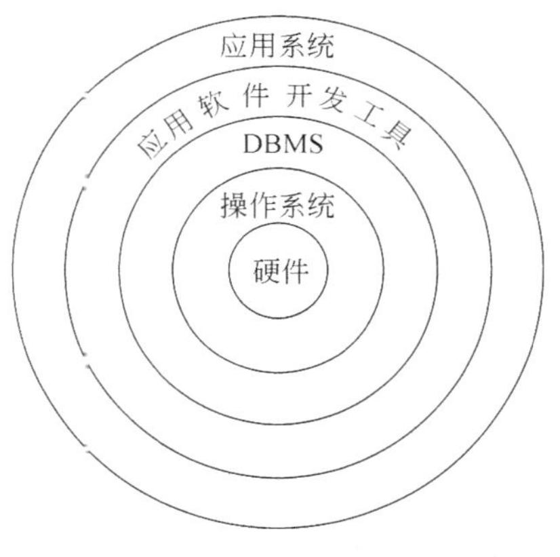

图 2-8　数据库在计算机系统中的位置

数据库管理系统的主要目的是使数据作为一种可管理的资源，它是用户的应用程序与物理数据库之间的桥梁。数据库管理系统的工作方式有：①终端用户工作方式也称为单命令工作方式或问答式工作方式，在这种方式下，用户使用键盘输入某一带有参数的命令，向数据库存取数据。用发出的命令经过远程处理后，由数据库管理系统作进一步加工并给出命令执行结果；②批处理工作方式也称为程序方式，用户应用数据库操纵语言编出完整的程序后运行，机器根据应用程序的指示，完成所需的一系列工作；③在线用户工作方式也称为联机用户工作方式，也是用数据操纵语言工作的。由于其程序是通过键盘输入，也要经过远程处理程序，这一点又和终端用户工作方式相似。数据库管理系统由下列三类软件组成。

(1) 数据定义语言

数据定义语言用以定义数据库的各级数据结构及它们之间的映像，还包括各种完整性约束和安全性措施。依描述的对象不同，它可分为模式数据描述语言、子模式描述语言和物理数据描述语言。

模式描述语言描述全局的数据逻辑结构，给出各种记录类型的名字和特征，以及它们之间的关系。子模式描述语言描述局部的，即用户的数据逻辑结构。物理数据描述语言是将数据库模式映像到物理存储模式的语言，描述数据的物理存储方式。

(2) 数据操纵语言

数据操纵语言为用户或应用程序访问数据库提供接口，它因数据库系统而异。但一般可分为独立式查询语言和嵌入式查询语言两大类。独立式查询语言可以独立使用，交互地对数据库进行操纵。它的特点是命令简单，使用方便；便于非程序员用户使用。但功能有限，需要专门的编译程序。嵌入式查询语言，不独立使用，而是嵌入到某种高级语言中使用。

(3) 数据库运行控制系统

数据库运行控制系统是数据库管理系统的核心，它包含各种例行程序。主要有：①存储控制例行程序，支持各种环境下由数据库管理系统或用户提出的对数据的存取请求；②安全性控制例行程序，用于授权机制的管理控制；③完整性控制例行程序，用于各种完整性校验与控制；④事务管理例行程序，用于事务完整性控制与并发控制。此外还有恢复例行程序、监控例行程序、系统总投例行程序和通信控制例行程序等。

6. 结构化查询语言

结构化查询语言的理论是 1974 年提出的，并在 IBM 公司的 System R 上实现。由于它功能丰富、使用方式灵活、语言简洁易学等优点，在计算机工业界和用户中备受青睐，很快得以推广。后来，SQL 成为关系数据库的标准语言，关系数据库系统一般都支持标准 SQL 语言。所以，尽管当今不同的关系数据库有这样或那样的差异，但人们都可以通过标准 SQL 语言对数据库进行操作，这就大大减轻了用户的负担。SQL 有如下几个比较突出的优点：

(1) 完备性。SQL 的功能不仅仅是查询，还包括数据定义、数据操纵和控制三个方面，是一个综合、通用、功能强大的关系数据库语言。SQL 可以完成包括数据库定义、修改、删除、数据更新、数据查询等数据库生命周期中的全部活动，给用户使用带来很多方便。

(2) 灵活性。SQL 有两种使用方式：一种是联机交互使用；另一种是嵌入某种高级程序设计语言的程序中。这两种方式的语法结构是统一的。这样既可给用户带来了灵活的选择余地，又不会带来不一致的困扰。

(3) 语言简洁，易学易用。与高级编程语言相比，SQL 对数据库的操作方面是非常有优势的。使用 SQL 的用户只需提出“做什么”，不用了解实现的细节，复杂的过程均由系统自动完成。如 SQL 的功能可以分成以下 3 类：

① 数据定义。用于定义和修改数据库对象，如 CREATE TABLE(创建表)、DROP TABLE(删除表)等。

② 数据操纵。对数据的增、删、改和查询操作，如 SELECT(查询数据)、INSERT(插入记录)、DELETE(删除记录)、UPDATE(修改数据)等。

③ 数据库和事务控制。控制用户对数据库的访问权限，如 GRANT(授予权限)、REVOKE (取消权利)、COMMIT(事务提交)、ROLLBACK(事务撤销)等。

7. 数据库技术的发展

当前数据库技术已成为数据组织的主要方式，在计算机科学与技术、工程的开发与各类应用领域中发挥了重要的作用。近年来在数据库研究与实践两个领域仍在迅速发展，以数据库为基础的信息系统的应用范围也迅速扩展。面向工程(CAD/CAM/CIMS)与办公的系统,以及地理信息系统等复杂应用也日益与数据库相结合;这些应用要求数据模型提供更丰富的抽象手段,更富于语义表现力,更适合于直接表达用户对现实世界的认识,并适应不断变化的应用环境。

多媒体技术仍将是计算机技术发展的重要方向,多媒体技术是将计算机系统中文版、图形、图像、声音、视频等多种信息媒体综合于一体进行编排处理的符术。多媒体技术的发展离不开多媒体数据处理技术。

由于数据通信技术的发展,计算机与通信技术趋向更高程度的结合会成为网络环境下的信息处理系统,特别是局域网和广域网技术的发展,不仅在一个组织内部,而且涉及分布在国内外的若干机构之间,都可以利用计算机网络通信实现远程数据库操作。

(1) 下一代数据库技术的发展主流

针对关系数据库技术现有的局限性,理论界现在主要有三种观点:

面向对象的数据库技术将成为下一代数据库技术发展的主流。现有的关系型数据库无法描述现实世界的实体,而面向对象的数据模型由于吸收了已经成熟的面向对象程序设计方法学的核心概念和基本思想,使得它符合人类认识世界的一般方法,更适合描述现实世界。将面向对象的建模能力和关系数据库的功能进行有机结合而进行研究是数据库技术的一个发展方向。

面向对象数据库的优点是能够表示复杂的数据模型,但由于没有统一的数据模式和形式化理论,因此缺少严格的数据逻辑基础,而演绎数据库虽有坚强的数学逻辑基础,但只能处理平面数据类型。因此,将两者结合提出了一种新的数据库技术——演绎面向对象数据库,并指出这一技术有可能成为下一代数据库技术发展的主流。

数据库与学科技术的结合将会建立一系列新数据库,如分布式数据库、并行数据库、知识库、多媒体数据库等,这将是数据库技术重要的发展方向。其中,多媒体数据库作为研究的重点,多媒体技术和可视化技术引入多媒体数据库将是未来数据库技术发展的热点和难点。

(2) 数据仓库(DW)

数据仓库(DW)就是面向主题的、集成的、稳定的、不同时间的数据集合。数据仓库中的数据面向主题与传统数据库面向应用相对应。数据仓库是对数据库概念的进一步深化。数据仓库的建立并不是要取代数据库,而是来源于其他数据库,它要建立在一个较全面和完善的信息应用基础之上,用于支持高层决策的分析。数据仓库是数据库技术的一种新的应用。

数据仓库是现有的数据库系统中的数据和其他一些外部数据的一次重组,重组时以能更好地为决策分析应用提供数据支持为原则。数据仓库就是一个为特定的决策分析而建立的数据仓储。它是一个专门的数据仓储,用来保存从多个数据库或其他数据源选取的已有数据,并为上层应用提供统一的用户接口,用以完成数据查询和分析。

相对数据仓库而言,把目前技术已经成熟的数据库也称为传统数据库。传统数据库主要用于事务处理,即面向日常业务,通常对一个或一组记录完成增加、删除、修改、查询和一些基本统计操作,主要用于支持特定的应用服务,也称为操作型处理。数据仓库的提出是以关系数据库、并行处理和分布式等技术的飞速发展为基础，用于解决实际当中拥有大量数据，但是有用信息贫乏的一种综合解决方案，其数据处理的方式以分析为主，也称为分析型处理。和传统的数据库相比，数据仓库的特征有：

① 面向主题的特征，一个数据仓库必须是根据某些企业关心的主题来建立的；这意味着对于数据内容的选择以及对信息详细程度的选择，把与决策问题无关的数据排除在数据仓库之外。

② 数据仓库中的数据是集成化的，即从各个部门提取的数据要进行转化或称"整合"处理，以统一原始数据中所有矛盾之处，这样才能构成数据仓库中的分析型数据，这是数据仓库中最关键的因素。

③ 数据仓库主要保存历史性数据，这些数据反映组织环境和状态在一个很长时间轴上的变化，形成时间序列数据，而且随着时间的流逝而增加。数据一旦进入数据仓库，它只能被用户所检索，不会再被改变。

④ 数据仓库系统对数据检索和处理的时间性要求较低，使用者提出查询要求后，数据仓库可以经过若干小时将数据查到，用户还可以对所得到的信息包进行进一步加工处理。

数据仓库存储了大量的数据，包括历史数据、当前数据和综合数据等。数据仓库随着其中数据的不同抽象程度可分成层次化结构。一般包括当前详细数据、历史详细数据、轻度概略数据、高度概略数据以及元数据五部分。元数据是关于数据的数据，是有关数据的结构、内容和来源的数据，反映各种信息在数据仓库中的位置分布和处理方式等；元数据在数据仓库中具有重要的作用。元数据是数据仓库的基础，数据仓库的组织结构由元数据来组织。

数据仓库的任务分为收集数据、集成数据、存储信息、提供信息。它首先从企业业务系统即操作型系统的各种不同应用中收集数据，然后将这些数据集成到企业主题领域的逻辑模型中，再以决策者易于访问和理解的方式来存储信息，最后通过各种报表生成工具和查询工具向企业中的所有决策者提供信息。在海量数据背后隐藏着许多重要信息，人们希望能够对其进行深层次的分析，以便更好地利用这些数据。联机在线分析(OLAP)和数据挖掘(DM)都是与数据仓库技术紧密相关的术语。其中 OLAP 是在数据仓库的基础上，针对特定问题的联机数据访问和分析(以多维分析为主)。DM 又称数据采掘或数据开采，是知识发现的关键步骤；DM 表示在大量的数据中寻找用户未知的潜在关系的过程。把数据仓库(DW)、OLAP 和 DM 三种技术结合起来，就可以使它们的能力更充分地发挥出来；便形成了一种新的决策支持系统的框架，即 DW＋OLAP＋DM。

2.3.3 计算机网络技术

计算机网络是计算机技术和通信技术(Communication Technology)相结合的产物。计算机网络是指将地理位置不同的、具有独立功能的多台计算机及其外部设备，通过通信线路连接起来，在网络操作系统、网络管理软件及网络通信协议的管理和协调下，实现资源共享和信息传递的计算机系统。

计算机网络是一个极为复杂的系统，为简化其设计通常采用结构化的设计方法。一种非常有效的方法是把计算机网络按功能划分为若干层，形成层次结构。较高层次建立在较低层次基础上，又为其更高层次提供必要的服务功能。网络体系结构是指整个网络系统的逻辑结构和功能分配。目前，网络体系结构被普遍用来描述网络的组织、构造和功能。为了实现不同系统的互连和相互协同工作，必须建立共同的网络体系结构和协议标准。国际标准化组织ISO为此于1979年提出了开放系统互连(OSI)参考模型，国际上一些权威组织也制定了相应的一系列国际标准协议，这些协议对于广域网的实现、建立和应用有重要的指导作用。

计算机网络是管理信息系统的基础。网络环境下信息系统的体系结构是一种开放的系统，这种系统能让不同系统下的用户相互操作、相互利用对方的资源。开放系统互连模型有物理层、数据链路层、网络层、传输层、会话层、表示层和应用层七层。也称七层协议。

如果单独考虑单个信息系统，则存在一个具有一般意义的层次模型：物理层、操作系统层、工具层、数据层、功能层、业务层和用户层。信息系统的结构模式有集中式结构模式、客户机/服务器结构模式和浏览器/服务器结构模式三种。

1. 计算机网络的分类

计算机网络的分类与的一般的事物分类方法一样，可以按事物的所具有的不同性质特点即事物的属性分类。对计算机网络可从不同的角度进行分类。

(1) 从发展过程可以分为四代：

第一代：远程终端联机阶段。

第二代：计算机网络阶段。

第三代：计算机网络互联阶段。

第四代：国际互联网与信息高速公路阶段。

(2) 按覆盖地域范围的大小，网络可分为局域网(LAN)、广域网(WAN)和城域网(MAN)。

局域网覆盖有限的区域，通常是数公里之内的计算机连成的网络。常用于一幢大楼内或紧邻的楼群之间的通信。局域网的传输速率通常为10～100Mbps，目前1000Mbps以太网正在校园网和企业网中广泛使用。例如，部门级网、校园网、园区网等。一般最常使用的是LAN(即使从家中连上Internet，其实也是先连上ISP的LAN)，LAN可以说是众多网络里面的最基本单位，当对LAN有了一定的认识，再去了解WAN和Internet就比较容易入手了，只不过需要了解更多更复杂的通信手段而已。

广域网是广大地域的网络，广域网要使用公共的通信系统，利用各种通信设施覆盖广大的地理区域，如长途电话、卫星传输、电缆等。Internet可以视为世界上最大的广域网。广域网的实现都是按照一定的网络体系结构和相应的协议进行的。

城域网是介于局域网和广域网之间，它的大小通常是覆盖一个地区或城市。城市区域网采用的是局域网技术。

(3) 按数据传输方式计算机网络可以分为两类：广播式网络和点对点式网络。

在广播式网络中，所有连网的计算机共享一个公共通信信道，在任一时间内只允许一个节点使用公共通信信道，当一个节点利用公共通信信道“发送”数据包时，其他节点都能“收听”到这个数据包。由于发送的数据包中含有目的地址和源地址，接收到数据包的计算机检查数据包中的目的地址是否与本计算机的地址相同，如果地址相同，则将数据包接收，否则将丢弃该数据包。

在点到点式网络中，每条物理线路连接一对节点。如果两个节点之间没有直接连接的物理线路，则它们之间的通信只能通过其他中间节点进行接收、存储、转发的过程，直到将数据送到目的地。由于连接计算机之间的线路的复杂性，造成从源计算机到目的计算机之间可能存在多条路由，所以，在点对点式网络的通信协议中必须要有路由算法。

(4) 按网络的拓扑结构分类。

网络拓扑结构是指网络中节点互相连接的方法和形式。局域网中常用的主要网络拓扑结构有总线、星型、环型结构，如图 2-9 所示。

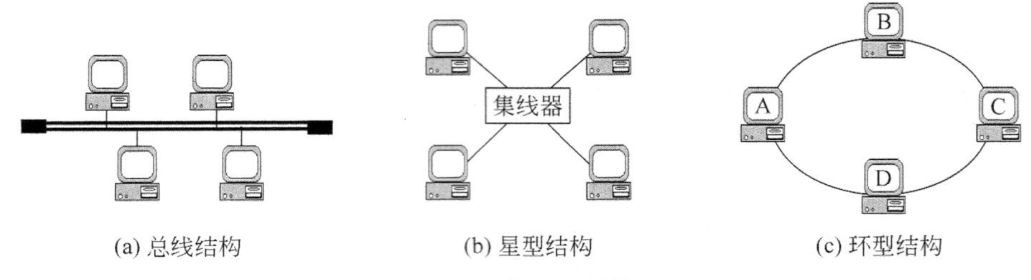

图 2-9 网络拓扑结构图

如图 2-9(a)所示，在总线结构网络中，所有的节点都通过硬件接口连接在一条公共的电缆线上。由于总线结构网络中，所有节点共享一条公用的数据传输链路，所以在任一个时间段，它只能被一个设备占用。为使工作有序，通常采用具有冲突检测的载波侦听多路复用(CSMA/CD)的访问方式，决定下一次哪个站点可以发送数据。其优点是：结构简单；用的电缆较少，网络连接成本较低；易于布线，安装容易。其缺点在于网络线路对整个系统影响较大，由于总线是所有工作站共享的，一旦总线发生故障将会影响到所有用户，使整个网络瘫痪；故障诊断和隔离困难，总线结构不是集中控制，发生故障时需要在网上各个站点进行检测。

星型拓扑结构网络中如图 2-9(b)所示，其有一个中央节点——集线器，它与所有其他节点直接相连。任何两节点之间的通信都要通过中心节点，中心节点控制网络的通信。星型拓扑结构简单、易于实现、便于管理；每个连接只接入一个设备，当连接点出现故障时不会影响整个网络；由于每个站点直接连接到中央节点，因而故障易于检测和隔离，可以很方便地将有故障的站点从系统中拆除。由于网络的中心节点是全网可靠性的瓶颈，中心节点的故障可能造成全网瘫痪。

环型拓扑结构网络中如图 2-9(c)所示，所有的计算机用公共传输电缆组成一个闭环，数据将沿环的一个方向逐站传送。环型拓扑结构简单，传输延时确定；但环上节点增多时效率下降，负载能力较差。环中任何一个节点出现线路故障，都可能造成网络瘫痪。为保证环的正常工作，需要较复杂的环维护处理，环节点的加入和撤出过程都比较复杂。

2. 通信技术

通信是通过某种介质进行的信息传递。从这个意义上来说，通信在远古的时代就已存在，人们通过驿站、飞鸽传书、烽火报警等方式进行信息传递。现代的通信一般是指电信，国际上称为远程通信。纵观通信的发展历史，可分为以下 3 个阶段：第 1 阶段是语言和文字通信阶段；第 2 阶段是电通信阶段；第 3 阶段是电子信息通信阶段。

通信技术实际上就是通信系统和通信网的技术。通信系统是指点对点通信所需的全部设施，而通信网是由许多通信系统组成的多点之间能相互通信的全部设施。现代通信技术主要包括有数字通信技术、程控交换技术、信息传输技术、通信网络技术、数据通信与数据网、综合业务数字网(Integrated Services Digital Network，ISDN)与异步传输模式(Asychronous Transfer Mode，ATM)技术、宽带 IP(Internet Protocol)技术、接入网与接入技术等。纵观通信技术的发展，由当初的人工转接到后来的电路转接，以及到现在的程控交换和分组交换，还有可以作为分组化核心网用的 ATM 交换机、IP 路由器。由当初只是单一的固定电话到现在的卫星电话、移动电话、IP 电话等，以及由通信和计算机结合的各种其他业务，再到第三代移动通信技术的上市，以及未来的第四代移动通信。通信技术与其他专业门类融合发展成为通信技术发展的趋势。

3. 计算机网络的组成

计算机网络是由多台计算机(或其他计算机网络设备)通过传输介质和软件物理(或逻辑)连接在一起组成的。其组成基本上包括计算机、网络操作系统、传输介质(可以是有形的，也可以是无形的，如无线网络的传输介质就是看不见的电磁波)以及相应的应用软件四部分。计算机系统称为网络中的节点和站点。通信设备是计算机系统和传输线路之间的接口。对于传输线路，局域网的信号传输一般需要铺设专用线路；广域网多采用公用信号传输系统。网络协议软件是为了保证网上数据的正常传输所制定的通信双方共同遵守的规则。计算机网络可以划分为两个部分：资源子网和通信子网。

(1) 资源子网

实现联网信息处理功能的部分称为资源子网。资源子网一般由主计算机系统、终端、监控设备、连网外设等组成。资源子网负责全网的数据处理和向网络用户提供网络资源及网络服务等。

(2) 通信子网

完成数据通信功能的部分称为计算机网中的通信子网。不同类型的网络，其通信子网的物理组成各不相同。局域网最简单，它的通信子网由传输介质和主机网络接口板(网卡)组成。在广域网中，通信子网除了包括传输介质和主机网络接口板之外，还包括一组转发部件。这里所谓的转发部件是一种专用计算机，它连接两条或更多的传输线，负责主机之间的数据转发，相当于电话系统中的程控交换机。

把网络中通信部分的子网和以主计算机为主体的资源子网分离开，这是网络层次结构思想的重要体现，使得对整个计算机网络的分析和设计大为简化。但是这种划分方法也存在着一个明显的缺陷，就是没有把网络结构与协议层次结合起来。所以容易造成一种误会，似乎资源子网中的主计算机不参与任何通信操作，这显然是不符合事实的。

4. 计算机网络的功能

(1) 数据通信。随着 Internet 在世界各地的风行，传统的电话、电报、邮递通信方式受到很大冲击，电子邮件、网上电话、视频会议等各种通信方式已广泛使用。

(2) 资源共享。是指网上的用户能部分或全部地享用系统中的资源，从而大大提高系统资源的利用率。共享的资源包括软件资源、硬件资源和数据资源。

(3) 分布式处理。当网络中某台计算机负荷过重时，网络操作系统自动完成对多台计算机的协调工作，将任务分布到多台计算机上进行处理，使各台计算机的负载平衡，提高了每台计算机的可用性。

目前，很多企业都有自己的Internet地址，可以通过它促销产品，宣传企业经营思想，捕捉商机；客户可以随时通过网络获得企业和产品信息及技术支持，甚至进行电子贸易；电子银行为客户提供货币转账和支付服务等。

5. Intranet与Internet、Extranet

在网络应用的发展史上，Internet、Intranet分别被喻为第一次、第二次冲击波，而Extranet则被视为第三次冲击波。最早出现的名词是Internet，然后将Internet的概念和技巧引入到内部的私人网络，可以是独立的一个LAN也可以是专属的WAN，于是就产生了Intranet。它们之间的最大分别是开放性。Internet是开放的，不属于任何人；相对而言，Intranet则是专属的、非开放的，它往往存在于于私有网络之上，只是其结构和服务方式和设计，都参考Internet的模式而已。

Internet又称为国际互联网，是全球性的互联网络，Internet仅是提供了它们之间的连接，但没有专门的人进行管理(除了维护连接和制定使用标准外)，可以说Internet是最自由和最没网管的地方了。在Internet上面是没有国界种族之分的，只要连上去，在地球另一边的计算机和您室友的计算机其实没有什么两样的。Internet源于美国国防部高级研究计划署(ARPA)1969年建立的ARPANET，这一军用计算机实验网络的目标，是把不同类型的计算机互连成为网络，并要求一部分遭破坏时整个网络仍能工作。1974年TCP/IP协议于研制出来后，成为Internet的核心协议。后来ARPANET向社会全面开放。使得它在很短的时间内迅速地从学术界的网络演变为使用于各领域的全球性网络。Internet是由无数的LAN和WAN共同组成的。Internet的组网技术主要是基于TCP/IP协议网络互联技术；提供了当今广为流行的建立在TCP/IP协议基础之上的WWW(World Wide Web)浏览服务，采用了DNS服务器域名系统，巧妙地解决了计算机和用户之间的地址翻译问题。

Intranet源于Intra和Network，可以把Intranet理解为企业内部的Internet，一般称为企业内部网。它是在统一行政管理和安全控制管理之下，采用Internet的标准技术和应用系统建设成的企业内部的信息管理和交换平台。从功能上来看，除了具有Internet已有的各种功能之外，企业信息的共享和交换往往具有多种安全控制的需要，Intranet的特点是网络安全功能和企业多种应用信息系统的功能。Intranet除了能提供Internet上提供的基本服务(例如，DNS、E-mail、WWW、FTP等)外，还具有企业计算机应用需要的一些功能，例如数据库系统、事务处理，以及CAD(计算机辅助设计)、GIS(通用信息系统)等应用。

Intranet是一项新技术，它的结构是对客户机/服务器结构的继承和发展。Intranet在传统的客户机/服务器结构中，把服务器分解为两个：一个是数据库服务器；另一个是Web(站点)服务器，把原来的两层结构——客户机/服务器，发展为三层结构——客户机(浏览器)/ Web 服务器/数据库服务器，如图 2-10 所示。

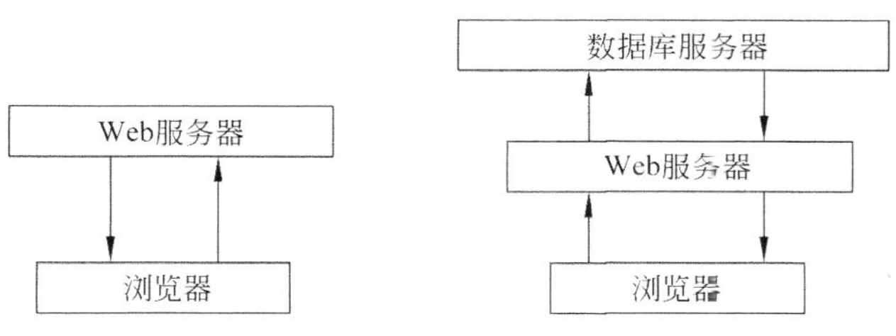

图 2-10　二层结构与三层结构

Web 服务器与数据库相连，接受用户的请求，提供实时变化的数据，再返回给客户端的浏览器。这种结构在软、硬件环境发生变化时的适应能力比客户机/服务器的两层结构更强。

Intranet 深受企业的关注和青睐，它只为一个组织内部专有，对网络的访问完全在企业的控制之下，外部用户不能通过 Internet 对它进行访问。Intranet 所定义的企业网络除访问 Internet 的公用资源外，纯粹用于企业内部的信息交流。然而从现代企业的应用情况来看，信息交流仅局限于企业内部的非常少，绝大多数的应用都包括与企业外部的通信。Intranet 强调的是提高企业内部的效率，但企业内部的高效率并不等于在商业上的成功。企业要取得商业上的成功，与企业能否与其贸易伙伴进行有效的信息交流有很大的关系。从发展趋势来看，Extranet 将逐渐成为企业信息资源管理技术框架的主流。

Extranet 是以最简单的形式扩展 Intranet 的更安全、更有价值的解决方法。Extranet 是 Intranet 的延伸和扩展，它不限于企业内部成员，而是可以延伸到企业之外，把相互合作的企业的 Intranet 网络连在了一起，特别是包括那些想与之建立联系的供应商和客户。Extranet 是一种观念和模式，并不是一个可以看得见、摸得着的实实在在的网络，而是利用 Internet 技术，通过 Internet 或专线连接企业与企业、企业与客户而形成的一个专用网，以分享 Intranet 提供的信息，达到彼此的商业目的。Extranet 可以作为公用的 Internet 和专用的 Intranet 之间的桥梁。Internet 是面向非特定用户的开放的服务与商业网络。Intranet 则利用因特网技术实现企业内部各职能机构的功能整合，是企业内部的 Internet。而 Extranet 的出现，是对前两者功能上的补充。它的服务对象既不限于企业内部的机构和工作人员，也不像 Internet 那样不加区分地对全社会所有成员开发，而是有选择地扩大到与本企业相关联的商家和顾客。所以它较之 Intranet 安全，也较之 Intranet 灵活。Extranet 兼具 Internet 和 Intranet 的优点于一身，它所具有的安全性和半开放性为企业间的交流提供了一个良好的商业贸易环境，在今后会得到进一步大规模的推广与应用。

从三者的应用范围来看，Intranet 主要实现企业内部间信息流的共享，提高企业内部工作效率，增强竞争优势。Extranet 则根据企业经营需要将信息网络延伸到了特定的厂家与客户之间，改善了经营状况和服务质量。Internet 则是面向广阔的国内、国际市场，宣传企业形象，争取更多的商机。企业网络不只是单纯的一种网络技术的应用，而是多种网络技术的综合应用；企业网络的组建需要完成三部分工作：组建 Intranet、组建 Extranet 以及接入 Internet。

本章小结

管理信息系统是一门交叉学科，研究领域涉及管理学、计算机科学、运筹学、社会学、经济学以及心理学。研究 MIS 的方法可以分为两大类：技术方法和行为方法。偏重技术方法的学科是计算机科学、运筹学和经济学，计算机科学偏重于研究 MIS 的软硬件性能和系统集成方面的问题，运筹学则关注运输流程、库存控制、生产流程等方面的时间和成本问题，经济学则研究哪些因素影响 MIS 的成本和效益。偏重行为方法的学科是社会学、心理学和管理学。社会学家研究 MIS 时关注群体和组织是如何影响信息系统开发的，以及信息系统又是如何影响个人、群体和组织的，心理学家则关注决策者如何洞察和使用 MIS 提供的信息，管理学则关注 MIS 和管理的相互作用问题。因此，只有从不同学科的角度去学习、研究和实施管理信息系统，才能真正深入理解它，真正让它发挥最大作用。

通过本章的学习，应该能够掌握以下知识点：MIS 所涉及的信息技术；熟悉数据模型、关系模式、数据库规范化等概念；了解关系数据库及数据仓库的相关概念，并运用组织和存储数据。了解计算机网络的概念、功能和体系结构：熟悉 Internet、Intranet、Extranet 及其与 MIS 的关系；了解 DW、OLAP、DM。

由于管理信息系统的理论与技术基础的大部分内容学生已在相关基础课中学习过，教师可根据学生的实际指导学生打好理论与技术基础，可以课外自学、交读书笔记或专题小论文的形式，完成本章的教学。

习　　题

1. 选择题

(1) 管理信息系统科学的三要素是(　　)。

A. 计算机技术、管理理论和管理方法

B. 管理方法、运筹学和计算机工具

C. 系统的观点、数学方法和计算机应用

D. 计算机技术、通信技术和管理工具

(2) 下面的系统中，(　　)是实时系统。

A. 办公室自动化系统　　B. 航空订票系统

C. 计算机辅助设计系统　　D. 计算机激光排版系统

(3) 输入设备将程序和数据送去处理的设备为(　　)。

A. 主机　　B. 显示器　　C. 控制器　　D. 磁盘

(4) 局域网络事实上是(　　)。

A. 一种同机种网络　　B. 线路交换方式网络

C. 面向终端的计算机网络　　D. 一种计算机通信系统

(5) 在下列设备中,不能作为微计算机的输入设备的是(　　)。

A. 激光打印机　　B. 鼠标　　C. 键盘　　D. 硬盘

(6) 在计算机信息处理中,数据组织的层次是(　　)。

A. 数据、记录、文档、数据库

B. 数据、记录、文件、数据库

C. 数据项、记录、字段、数据库

D. 数据项、记录、文件、数据库

(7) 通常唯一识别一个记录的一个或若干个数据项称为(　　)。

A. 主键　　B. 副键　　C. 鉴别键　　D. 索引项

(8) 下列选项错误的是(　　)。

A. "学生"与"课程"这两个实体间的联系是多对多的联系

B. 在对关系模式进行规范化设计时,至少应达到第五范式(5NF)

C. 数据仓库的特点之一是其数据具有多个维度

D. 在数据组织的层次结构中,数据项是文件中可使用的最小单位

2. 填空题

(1) 管理信息系统的技术基础包括________、________和________。

(2) 数据组织的基本单位是________,它是文件中可处理的最小单位。

(3) 当前常见的三种数据库数据模型是关系模型、________和________。

3. 解答题

(1) 简述管理科学在 MIS 中的作用?

(2) 敏捷制造具有哪些特点?

(3) 关系数据库的基本特征是什么?

(4) 比较一下 C/S 和 B/S。

(5) 试述第一、二、三范式的含义。

(6) 比较一下 Intranet、Internet、Extranet 各有什么不同?

(7) 什么是数据仓库? 它和数据库有什么不同?

实验:数据库的设计与计算机网络的使用

1. 实验目的

(1) 能够正确运用数据库技术,结合一个管理信息系统中的模拟课题,复习、巩固、提高数据库方案设计、论证和分析方法。

(2) 熟悉关系数据库规范化设计理论,根据实验要求设计并建立科学合理的数据库,正确建立数据库中表与表之间的关系。

(3) 进一步正确理解数据库设计思路,培养分析问题、解决问题的能力,提高查询资料

和撰写书面文件的能力。

（4）了解、使用计算机网络。

2. 实验任务与过程

（1）利用熟悉的数据库系统创建成绩管理信息系统中的成绩表、学生表等。

（2）分析学校图书馆管理系统的数据库的类型与特点。

（3）了解计算机网络的组成。

（4）使用计算机网络实现收发邮件，下载信息；进入学校教务管理信息系统进行基本操作。

3. 实验作业

撰写实验报告。

第3章　管理信息系统的开发与建设

管理信息系统开发涉及的知识领域广泛，涉及的单位部门众多，需要在计算机技术、管理业务、组织及行为等方面全面把握。管理信息系统建设是一项复杂的系统工程，涉及面广，因素多，涉及企业组织内部各级机构、人员及外部环境，涉及管理体制、管理方法和管理手段及人们的工作习惯。管理信息系统的目标、规模、功能和实施步骤必须与企业组织的目标、管理水平、职工素质相适应，甚至要在一定范围改革企业不适合的规章制度、工作惯例，使企业适应先进的管理信息系统要求。本章将对管理信息系统开发、建设方面的相关内容展开讨论。

3.1　管理信息系统开发概述

3.1.1　管理信息系统开发的概念和特点

1. 管理信息系统开发的概念

MIS开发是指建立MIS的全过程。"全过程"指从提出建立MIS(系统规划)、经过系统分析、系统设计、系统实施和评价直到用新系统代替原系统的全过程。然后进入系统运行和维护，这也称为MIS的一个生命周期(Life Cycle)。

2. 管理信息系统开发的特点

开发、建设一个大的管理信息系统是一个相当复杂的系统工程，不仅技术要求高、难度大，工程的组织管理也非常复杂，需耗费大量人力、财力和时间。同时，管理信息系统的建立、应用及其发展还要直接受到社会、组织文化等多方面的影响。MIS的开发主要涉及信息技术、组织管理和系统工程等，如图3-1所示。

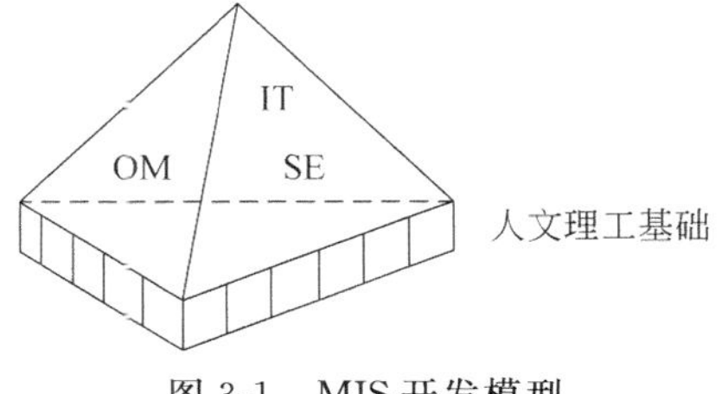

图3-1　MIS开发模型

系统方法或系统方法论是研究管理信息系统开发方法的重要思想。系统工程有两层含义，作为科学，它是以研究大规模复杂系统为对象、以系统概念为主线，引用其他学科的一些理论、概念和思想而形成的多元目的科学；作为工程，它又是一门工程技术，具有和一般工程技术相同的特征，但又具有本身的特点。信息系统的开发并不研究特定的工程物质对象，而是研究为协调物质对象而存在的信息系统，研究如何将现有的人工信息管理模式转换成利用计算机、通信等技术的现代化管理模式。这种转换过程就是信息系统开发，从这个意义上说，可以将信息系统的开发过程称为信息系统工程，一方面从系统的概念出发，首先考虑系统的全局结构，着眼于整体最优，再进一步考虑系统的各个组成部分的主要功能以及组成部分之间的协调一致，进而达到系统的最终目标。在开发过程中要将管理学、人际关系学、组织行为学、计算机科学、通信技术等先进的科学技术有机地结合在一起。另一方面系统的开发体现出了一些工程的特性，即所有开发人员的工作必须遵循一个正确的方法、按照一定的工作标准和程序、利用有效的工具来进行，整个开发过程要分阶段、分步骤地逐步实施。每个阶段、每一步骤都应该有一系列的文档资料作为开发工作的阶段性成果，这些成果一定要经过正确性验证。

系统方法的要点可以归结为：系统的思想、数学的方法和计算机技术。系统的思想即把研究对象作为一个系统，考虑系统的一般特性和被研究对象的个性；数学的方法是用定量技术即数学方法来研究系统，通过建立系统的数学模型和运行模型，将得到的结果进行分析、再用到原来的系统中；计算机技术是求解数学模型的工具，在计算机上用数学模型对现实系统进行模拟，以实现系统的最优化。

3.1.2 管理信息系统的开发原则

MIS 开发是一个复杂的系统工程，为使其开发成功，要考虑各方面的因素坚持以下原则。

1. 实用性原则

系统必须满足用户管理上的要求，既保证系统功能的正确性又方便实用，需要友好的用户界面、灵活的功能调度、简便的操作和完善的系统维护措施。

2. 系统性原则

在 MIS 的开发过程中，必须十分注重其功能和数据上的整体性、系统性。

3. 符合软件工程规范的原则

MIS 的开发是一项复杂的应用软件工程，应该按软件工程的理论、方法和规范去组织与实施。

4. 逐步完善，逐步发展的原则

MIS 的建立不可能一开始就十分完善和先进，而总是要经历一个逐步完善、逐步发展的过程。

3.1.3 管理信息系统开发的组织

在 MIS 项目的开发过程中，只有组织管理严密才能保证系统顺利开发并且取得成功。管理信息系统开发人员的组织和人员结构是否合理，将直接影响管理信息系统的开发进度和工作质量，根据开发工作的实际需要和工作性质以及职责要求，可以按如图 3-2 所示框架设立开发人员的组织机构。

1. 系统开发的组织机构与分工

(1) 系统开发领导小组

通常由企、事业单位管理业务的骨干人员、计算机或信息管理的主管人员、系统开发

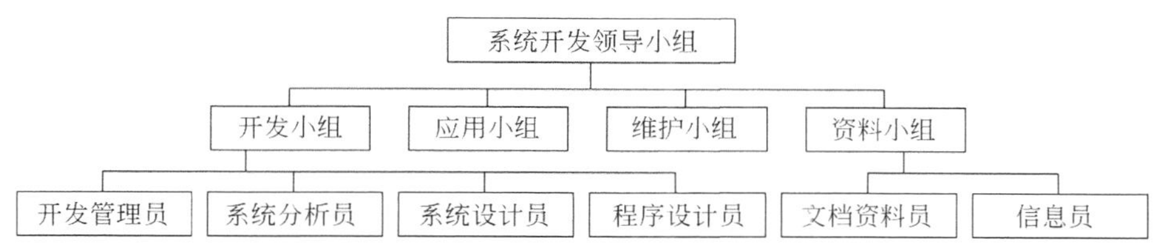

图 3-2 开发人员组织机构示意图

的技术负责人组成。主要负责新系统开发的行政组织和领导工作，具有权威的作用；具体负责机构调整，人员、设备、资金的调配，制定规章制度，项目管理及对系统开发做出重要决策。

(2) 系统开发工作小组

由参加系统开发的所有人员组成，具体负责系统开发工作的组织与实施，在系统开发领导小组的领导下，具体执行系统开发的过程。其中，技术负责人起主导作用。

2. 系统开发的人员组成与职责

(1) 系统分析员

主要负责系统的调查与分析工作，该类人员通常经过专门的培训，对计算机、MIS、现代管理理论和实践都有较丰富的知识。要求该类人员知识面广，善于学习不同行业的业务知识，有很强的负责精神，善于与不同背景的人员进行讨论交流，有较强的组织工作的能力。

(2) 系统设计员

负责系统的设计工作，主要进行系统的总体设计、物理设计。要求该类人员具有熟练的计算机专业知识，掌握建立 MIS 的技术基础，责任心强，熟悉系统实施与转换的一般技术方法。

(3) 程序设计员

负责系统的程序设计、调试和转换工作。要求该类人员精通程序设计语言与编程技巧，掌握系统测试的原理和方法，具有准确理解和贯彻系统分析与系统设计思想的素质和能力，善于学习和运用程序设计的新方法新技术，有一定的美学修养。

(4) 软件工程师

一般指从事软件开发职业的人。10 余年来软件工程师一直占据高薪职业排行榜的前列，作为高科技行业的代表，技术含量很高，职位的争夺也异常激烈。软件开发是一个系统的过程，需要经过市场需求分析、软件代码编写、软件测试、软件维护等程序。软件开发工程师在整个过程中扮演着非常重要的角色，主要从事根据需求开发项目软件工作。

(5) 操作员

参与系统调试和转换工作，负责系统正常运行期间对系统功能的执行（数据录入、查删改、统计、打印输出、数据备份与恢复等）。要求该类人员除有熟练的键盘操作技能，准确的汉字录入能力外，还要掌握基本的硬件操作知识与 OS 命令，善于学习和掌握应用系统的功能结构和性能特点，遵守操作规程，有责任心。

（6）其他

在系统开发及正常运行后的管理与维护中，可根据需要配备相应的人员。例如，设备维护、文档管理、网络系统管理等专门或兼职人员。

3. 系统开发中的文档管理

（1）文档的地位和作用

① 文档的含义。文档是记录人们思维活动及其结果的书面形式的文字资料。信息系统的文档是描述系统从无到有整个发展与演变过程及各个状态的文字资料。

② 文档的地位。管理信息系统文档作为系统建设中的重要技术文件，记录了信息系统项目建设过程中各类人员的思维活动，以文字资料的形式描述出了系统开发过程的轨迹。在软件工程学科领域，把程序和文档合并在一起称为软件。程序的必要解释、说明称为文档。程序与文档的作用不同，程序是交给计算机来执行的，文档是交给人们阅读的。由于人脑的思维活动具有不可见、不稳定等特点，用文档来描述人脑的思维活动，使之成为管理信息系统建设过程的可见物，以此来统一人们的思想、认识，同时也可以方便系统开发中各类人员能够进行交流、沟通，更好地搞好系统的建设开发工作。文档在系统的开发中具有重要地位，体现在系统建设的各个阶段，在系统总体规划阶段，在进行系统概要调查的基础上，要形成良好的用户需求文档，否则系统分析、设计工作就失去了可靠的基础。在系统的分析设计阶段，在系统总体规划指导下，在进行详细调查的基础上，要形成良好的系统分析、设计文档，否则，将造成信息系统项目开发过程的混乱、无序状态，影响系统开发的效率，甚至导致失败。在系统的试运行、运行维护阶段，也应建立良好的文档，防止对系统运行、维护带来不必要的麻烦和困难。因此，文档是信息系统的重要组成部分，是 MIS 建设的生命线；没有文档的信息系统，不能算是好的信息系统。

③ 文档的作用。文档在信息系统项目的开发建设和运行维护过程中，最重要的作用是进行沟通，它在用户和系统开发的各类人员之间起着桥梁和纽带的作用；还具有监理和审计的作用。每份文档都是项目建设过程中有关人员的一种书面承诺，绝大多数文档都有签名（表明其对所签署部分文档内容的认可），如果出现合同纠纷，文档可以作为重要的证据使用。统一思想，防止健忘和误解，是系统开发工作组内各类人员之间及组内外的通信依据；观察、控制、协调系统开发过程的依据。

④ 信息系统文档编制的要求和方法。如前所述，MIS 文档具有重要的沟通作用。信息系统建设过程在很大程度上是应用软件的开发过程，就软件的两大部分——程序和文档而言，程序必须完成，这往往导致开发人员误认为只要能够保证程序正确、满足系统需求就行了，而对于"软性"的文档，认为有些是可有可无的，有些也可以事后补充，从而造成盲目追求系统开发进度，忽略了一些文档资料的整理工作。另外，文档往往是提供给其他人看的，其作用在很多情况下是事后才能体现出来，也造成了系统开发人员缺乏书写文档的积极性和自觉性，一些不负责的人员只是应付性地把要求提供的文档赶写出来，从而造成文档质量不高。质量不高的文档，不仅会使读者难于理解，给使用造成不便，而且会削弱对信息系统的管理（项目负责人难于确认、评价开发工作），增加信息系统项目的开发成本，甚至造成操作失误等严重后果。

在文档编制过程中，根据不同的读者群，应编制出适合他们需要的文档。用户文档的读者主要是用户，在编制此类文档时，应尽量减少使用信息技术的专业术语，以免造成读不懂。

高质量文档的标准是：完整，任何一个文档都应当是完整、独立的，应该自成体系；清晰，文档编写应力求简明、扼要，在可能的情况下，适当插入图、表，以增加清晰性；易查阅，文档结构和文件装订应以方便查阅者进行查阅为宗旨；精确统一，文档的行文应当确切，不能出现二义性，同一个项目在不同文档中，描述的内容应协调一致，无矛盾冲突；可追溯性，在信息系统项目开发的各阶段，生成的文档与其对应阶段有紧密联系，前后两阶段生成的文档，应具有一定的继承性，即后一阶段的文档应是前一阶段文档随着开发工作的扩展，同一个项目各开发阶段提供的文档存在着可追溯关系；灵活性，对于不同的信息系统项目，依据其规模和复杂程度的不同，文档的简、繁也应做适当处理。

信息系统文档的编制原则是在编写过程中立足于读者，立足于实际需要，文字准确，简单明了。在文档的编排上，应采用由一般到具体的层次结构，在条件允许的情况下，可以采用词汇之间互相链接，图表与其解释、说明性文字就近编排，文档正文亦可以采用不同版式、不同字体以区别文档内容，使文档的编排有利于用户迅速查到所需的内容。

(2) 系统开发人员缺乏文档管理的原因

① 开发人员为了追求 MIS 的开发进度。

② 开发者往往只注重结果。

③ 开发者认为开发过程的“轨迹”不需要保留。

④ 文档的作用很多时候是在事后才体现出来。

(3) 文档管理的内容

① 文档标准与规范的制定。

② 文档编写的指导与督促。

③ 文档的收存、保管与借用手续的办理。

3.2 管理信息系统的开发方式

3.2.1 自行开发

由用户依靠自己的力量独立完成系统开发的各项任务。适合有较强专业开发分析与设计队伍和程序设计人员系统维护使用队伍的组织和单位，如大学、研究所、计算机公司、高科技公司等单位。

1. 优点

开发费用少，容易开发出适合本单位需要的系统，方便维护和扩展，有利于培养自己的系统开发人员。

2. 缺点

(1) 容易受业务工作的限制，系统整体优化不够，开发水平较低。

(2) 系统开发时间长，开发人员调动后，系统维护工作没有保障。

3. 注意事项

(1) 需要大力加强领导，实行"一把手"原则。

(2) 向专业开发人士或公司进行必要的技术咨询，或聘请他们作为开发顾问。

3.2.2 委托开发

由使用单位(甲方)委托通常是有丰富开发经验的机构或专业开发人员(乙方)，按照用户的需求承担系统开发的任务。适合情况：使用单位(甲方)没有 MIS 的系统分析、系统设计及软件开发人员或开发队伍力量较弱、但资金较为充足的单位。

1. 优点

省时、省事，开发的系统技术水平较高。

2. 缺点

费用高、系统维护与扩展需要开发单位的长期支持，不利于本单位的人才培养。

3. 注意事项

(1) 使用单位(甲方)的业务骨干要参与系统的论证工作。

(2) 开发过程中需要开发单位(乙方)和使用单位(甲方)双方及时沟通，进行协调和检查。

3.2.3 合作开发

由使用单位(甲方)和有丰富开发经验的机构或专业开发人员(乙方)，共同完成开发任务。双方共享开发成果，实际上是一种半委托性质的开发工作。适合情况：使用单位(甲方)有一定的 MIS 分析、设计及软件开发人员，但开发队伍力量较弱，希望通过 MIS 的开发建立、完善和提高自己的技术队伍，便于系统维护工作的单位。

1. 优点

相对于委托开发方式比较节约资金，可以培养、增强使用单位的技术力量，便于系统维护工作，系统的技术水平较高。

2. 缺点

双方在合作中沟通易出现问题，因此需要双方及时达成共识，进行协调和检查。

根据《计算机软件保护条例》第 10 条的规定，计算机软件著作权归属软件开发者。因此，确定计算机著作权归属的一般原则是"谁开发谁享有著作权"。软件开发者指实际组织进行开发工作，提供工作条件完成软件开发，并对软件承担责任的法人或者非法人单位，以及依靠自己具有的条件完成软件开发，并对软件承担责任的公民。

3.2.4 利用现成软件包开发

利用现成的软件包开发 MIS，可购买现成的应用软件包或开发平台，如财务管理系统、小型企业 MIS、供销存 MIS 等。应用软件包是预先编制好的、能完成一定功能的、供出售或出租的成套软件系统。它可以小到只有一项单一的功能，比如打印邮签，也可以是有 50 万行代码的、400 多个模块组成的复杂的运行在主机上的大系统。适合于功能单一的小系统开发颇为有效。但不太适用于规模较大、功能复杂、需求量的不确定性程度比较高的系统的开发。

1. 优点

能缩短开发时间，节省开发费用，技术水平比较高，系统可以得到较好的维护。

2. 缺点

功能比较简单，通用软件的专用性比较差，难以满足特殊要求，需要有一定的技术力量根据使用者的要求做软件改善和编制必要的接口软件等二次开发的工作。

3.3 管理信息系统的开发方法

管理信息系统从产生到现在已经发展了许多开发方法，其中生命周期法（Life Cycle Approach）、结构化方法（Structured Approach）、原型法（Prototyping Approach）和面向对象的开发方法（Object-Oriented Developing Approach）在 MIS 开发实现中产生了重要的影响。这些方法既有区别又有联系，可以根据系统规模选择或组合使用。

3.3.1 结构化系统开发方法

1. 结构化开发方法概念

用系统的思想，系统工程的方法，按用户至上的原则，结构化、模块化、自顶向下地对信息系统进行分析与设计；将管理信息系统的开发分为系统分析、系统设计、系统实施三个阶段。

2. 结构化开发方法的特点与局限性

结构化开发方法的假设是预先定义需求的策略，结构化开发方法特别适合于开发那些能够预先定义需求、结构化程度又比较高的大型事务型系统（TPS 即 EDPS）和管理信息系统（MIS）。它也有比较明显的缺点：开发过程复杂烦琐，周期长、系统难以适应环境的变化。

结构化开发方法不适合于开发信息需求不明确的系统。

3.3.2 原型法

随着时间的推移、技术的进步，生命周期法和结构化方法的弊端逐渐暴露出来；开发过程烦琐复杂，灵活性较差，系统开发周期长，系统难以适应内外环境变化等。原型法是计算机软件技术发展到一定阶段的产物。原型方法是20世纪80年代随着计算机软件技术的发展，特别是在关系数据库系统（Relational Data Base System，RDBS）、第四代程序生成语言（4th Generation Language，4GL）和各种系统开发生成环境产生的基础上，提出的一种从设计思想到工具、手段都是全新的系统开发方法。与结构化系统开发方法不同，原型法不注重对管理系统进行全面、系统的调查与分析，而是本着系统开发人员对用户需求的理解，先快速实现一个原型系统，然后通过反复修改来实现管理信息系统。

1. 原型法的流程

其流程图如图3-3所示。

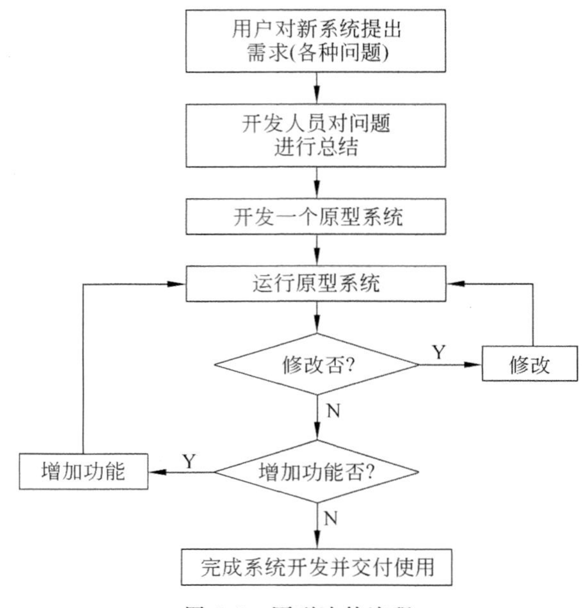

图3-3 原型法的流程

2. 原型法的特点

应用原型法进行系统开发，有利于用户及早参与开发过程，实实在在的系统原型能给用户和开发人员一个直观的对象，让用户在开发之初就看到系统雏形，了解管理信息系统，便于在系统开发的早期较全面认识和评价系统，从而打破使用与开发的分割状态。也可以使用户培训工作同时启动，有利于系统今后顺利交接和运行维护；构造原型快速，成本较低；开发进程加快，周期缩短，反馈及时。但原型法的应用也存在一些问题：①对于大型系统或复杂性高的系统，没有充分的系统需求分析，很难构造出原型；②开发进程管理复杂，要求用户和开发人员的素质高，配合默契，如果用户合作不好，盲目纠错，就会拖延开发过程；③必须依赖强有力的支撑环境，否则无法进行；④该方法的另一不足是每次反复都要花费人力、物力。

随着面向对象和基于构件的软件开发技术的发展，原型化方法的策略更多地利用构件组合构成，利用各种工具自动生成文档，在许多软件平台上建立交互式原型；更多地运用混合型原型化策略，多次迭代；更重视多次的评估，请专家、用户、开发者共同完成。

3. 原型法在应用中的问题

作为一种具体的开发方法，原型化方法也有其局限性，在使用时应注意以下几点。

(1) 应将原型法与结构化方法有机结合

在具体的开发中，为了得到有效的开发软件，在整体上可使用结构化方法，以弥补原型法的不足。系统规范化是管理信息系统开发的关键，开发应当做到完整一致和准确。可把原型作为需求描述的补充和量化，以代替传统的数字审核与确认，提高需求描述的质量，可把系统分析设计和建造原型结合起来，在分析的同时考虑设计的要求和目标。

(2) 应当重视开发过程的控制

由于原型化方法缺乏统一规划和对系统开发的分析设计，只是按照“构造原型—修改—再修改”等粗略过程反复迭代，没有约束原型完成和资源分配的标准，常常使开发过程难以控制，项目的管理和系统的维护比较困难。为此，用户和开发者不仅需要达成一个具体的开发协议，规定一些开发的标准和目标，还要建立完整准确的文字档案；特别在每次原型的改进、完善中都必须做相应的文档记录和整理。

(3) 应当充分了解原型化方法的使用环境和开发工具

原型法对开发环境有很高的要求。开发环境包括软件环境、硬件环境和开发人员，最主要的是软件环境。尤其需要支持开发过程中主要步骤的工程化软件支撑环境，以解决原型的快速构造，以及从原型系统到最终系统形成的各种变换以及这些变换的一致性。一般认为，第四代语言(4GL)和软件开发工具是支持原型开发的有力工具，如数据库语言、图形语言、决策支持语言、报表生成器和应用程序生成器等，以及支持软件开发各个阶段的工具系统，如计算机辅助软件工程，这些工具的使用可提高系统开发的效率。

3.3.3 面向对象的开发方法

结构化程序设计的主要缺陷是问题的模型与求解的模型不一致。在客观世界中，实体的内部状态(数据)和运动规律(对数据的操作)是密不可分的，但结构化程序设计缺乏将两者“封装”的机制。这就造成人为的求解空间与客观问题空间的偏离，增加程序设计的复杂性和难度。随着软件不断增大的趋势，矛盾也愈加突出。在此背景下，产生了面向对象的程序设计思想。面向对象的开发方法起源于程序设计语言，但远远超出程序设计的范畴，发展成包括面向对象的系统分析(OOA)、面向对象的系统设计(OOD)、面向对象的程序设计(OOP)的方法体系。

面向对象的思想最初出现于仿真语言 Simula。Smalltalk 是 20 世纪 70 年代起源于 Simula 语言的第一个真正面向对象的程序设计语言。C++ 是一种比 Smalltalk 更接于机器，比 C 语言更接近于问题的面向对象的程序设计语言，发展成为标准化的面向对象程序设计语言 Visual C++ 。其后的集成开发工具，都提供面向对象的开发环境。

1. 面向对象方法的基本概念及特征

面向对象是一种认识客观世界的世界观，从结构组织角度模拟客观世界的一种方法论。在认识和理解现实世界的过程中，普遍运用以下 3 个构造法则：区分对象及其属性；区分整体对象及其组成部分；不同对象类的形成及区分。客观世界可以看成由许多不同种类的对象构成，每个对象都有自己的内部状态和运动规律，不同对象间的相互联系和相互作用构成完整的客观世界。

(1) 基本概念

① 对象(Object)。客观世界中(问题空间)任何一个事物都可以看成一个对象。对象是构成系统的基本单位，对象的种类繁多、可大可小。用计算机(求解空间)所创建的对象来对客观事物进行表达和模拟，对象是包括一个事物的状态数据和行为特征的数据模型；即一个对象与一个客观实体相对应，对象是把由实体抽象的状态数据和对数据进行的各种操作封装在一起构成的封装体。例如，一辆汽车是一个对象，它包含了汽车的信息(如颜色、型号、载重量等)及其操作(如启动、刹车等)。一个窗口是一个对象，它包含了窗口的信息(如大小、颜色、位置等)及其操作(如打开、关闭等)。

② 类(Class)。类是具有共同属性、方法、事件的对象的集合；类代表了某一批对象的共性和特征。而一个具体的对象则是其对应类的一个实例(Instance)，每个对象都属于一个特定的类。如在 C++ 中，是先声明一个类类型，然后用它去定义若干个同类型的对象。对象就是类类型的一个变量。可以说类是对象的模板，是用来定义对象的一种抽象类型。

如果对某一个类的定义进行修改，如增加一些属性或修改一些方法，就得到一个新的类，而原先的类就是新类的父类。例如，在窗口类的定义上，另外定义它还包含两个按钮，一个标题是“确定”，一个标题是“取消”，并且在分别按下这两个按钮后，执行 OK 与 Cancel 两个事件。这样就定义了一个新类，可以称其为“选择窗口”类，并保存它，这样就可以直接由“选择窗口”生成窗口实例。

在客观世界中存在很多类，这些类之间有一定的结构关系。类有明显的层次结构，通常上层类称为父类或超类，下层类称为子类或派生类。一个类可派生多个子类，父类层有的数据可被多次重用，子类亦可扩展自身的属性与方法。如果子类只有一个超类，则称为单继承性。如果一个子类具有多个超类，则称为多继承性，这时该类共享多个超类的属性及操作。类和继承性是现代软件工程中的重要概念，重用就是通过继承类中的属性和操作而实现的。

③ 消息(Message)。对象之间相互作用和相互协作的一种机制。对象之间的相互操作、调用和应答多是通过发送消息到对象的外部接口来实施的。消息是为完成某些操作而向对象所发送的命令和命令说明。

④ 继承。相关对象类层次之间的一种数据和操作(程序代码)的共享机制。如果类 B 继承了类 A，则在 A 中所定义的数据和操作也将成为 B 的组成部分。

(2) 对象的特征

① 封装性(Encapsulation)。将自由数据与操作(方法)封闭在一起(即放于同个对象中)使自身的状态、行为局部化(对数据的操作只通过该对象本身的方法来进行)。

② 继承性(Inheritance)。通过对类继承可以弥补由封装对象而带来的诸如数据或操作冗余的问题。通过继承支持重用，实现软件资源共享、演化以及增强扩充。

③ 多态型(Polymorphism)。同样的消息为不同的对象接受后，会因不同对象所含操作的不同，而导致完全不同的行动，使软件开发设计更便利，编码更灵活。

④ 可维护性。由于面向对象的抽象封装使对象信息隐藏在局部，当对象进行修改，或对象自身产生错误的时候，由此带来的影响仅仅在对象内部而不会波及其他对象乃至整个

系统环境，极大地方便了软件设计、构造和运行过程中的检错、修改。

2. 面向对象开发方法的特征及优点

(1) 面向对象开发方法的特征

① 分析与设计是反复的，充分体现了原型开发的思想。

② 分析与设计的不断反复结果是对客观世界对象的模型化，建立针对簇(一组对象)的规格说明。

③ 运用库中已有对象，反复测试实现簇，并将新簇纳入库中，这一过程体现了继承和重用。

④ 强调分析阶段和设计阶段的合并。

(2) 面向对象开发方法的优点

① 能迅速适应资产运用的变化。企业产品变化时，只要再追加新产品中包含新的要素，无须修改整个系统，在企业的发展过程中，MIS就不会成为阻碍发展新业务的瓶颈。

② 老系统的维护工作和新系统的开发工作变得相对简单。

3.3.4 计算机辅助设计法

20世纪80年代，计算机图形处理技术和程序生成技术的出现，缓和了系统开发过程中的系统分析、系统设计和开发"瓶颈"，即主要靠图形处理技术、程序生成技术、关系数据库技术和各类开发工具为一身的计算机辅助软件工程法(Computer Aided Software Engineering，CASE)工具代替人在信息处理领域中的重复性劳动。

1. CASE方法的基本思路

CASE方法的基本思路是：借助专门的软件工具，使系统开发过程中的每一步与一定的程序形成对应关系。CASE方法只是为具体的开发方法提供支持每一过程的专门工具，也就是把原先手工完成的开发过程，转变为以自动化工具和支撑环境支持的自动化开发过程。在实际开发过程中，通常各过程只是在一定程度上部分与程序对应，而不是绝对的一一对应，对于不完全一致的地方需要由系统开发人员作具体修改，所以，软件工具不能一次"映射"出最终结果。

2. CASE开发环境

CASE作为一个通用的软件支持环境，它应能支持所有的软件开发过程的全部技术工作及其管理工作。它应该具有如下功能：

(1) 图形功能。

(2) 查错功能。

(3) CASE中心信息库。

(4) 对软件生命周期的全面覆盖。

(5) 支持建立系统的原型。

(6) 代码自动生成。

(7) 对结构化方法的支持。

3. CASE 的特点

(1) CASE 应该能为用户提供支持各种方法的开发环境，在实际开发一个系统时，CASE 开发系统时必须依赖一种具体的开发方法。

(2) CASE 可帮助开发者方便、快捷地产生出系统开发过程中各类图表、程序和说明性文档，使开发者从繁杂的分析设计图表和程序编写工作中解放出来。产生出统一的标准化的系统文档，使软件的各部分能重复使用。

(3) 自动检测的方法大大地提高了软件的质量，简化了软件的管理和维护，加速了系统的开发过程。

(4) CASE 方法解决了从客观世界对象到软件系统的直接映射问题，有力地支持软件/信息系统开发的全过程。利用 CASE 开发系统与传统方法在许多方面有所不同。例如，考虑问题的角度、开发过程的做法以及实现系统的措施等。

CASE 方法可以用于辅助结构化、原型法和 OO 方法的开发，它是高度自动化的系统开发方法。只要在分析和设计阶段严格按照 CASE 方法规定的处理过程，则能够将分析、设计的结果让计算机软件程序自动完成。CASE 方法的开发方法、过程的规范性、可靠性和开发效率均较好，但是，目前缺乏全面完善的 CASE 工具。

3.3.5 软件工程方法

软件工程(Software Engineering，SE)是一门研究用工程化方法构建和维护有效的、实用的和高质量的软件的学科。它涉及程序设计语言、数据库、软件开发工具、系统平台、标准、设计模式等方面。管理信息系统本质上是一种软件，它具备软件所具有的共同特点。因此，管理信息系统的开发与建设必须要以软件工程为指导，实现 MIS 软件的工程化生产。软件工程是将系统化的、严格约束的、可量化的方法应用于软件的开发、运行和维护，即将工程化应用于软件。软件工程的目标是：在给定成本、进度的前提下，开发出具有可修改性、有效性、可靠性、可理解性、可维护性、可重用性、可适应性、可移植性、可追踪性和可互操作性并且满足用户需求的软件产品。追求这些目标有助于提高软件产品的质量和开发效率，减少维护的困难。

自从 1968 年提出软件工程这一术语以来，研究软件工程的专家学者们陆续提出了 100 多条关于软件工程的准则或信条。美国著名的软件工程专家巴利·玻姆(Barry Boehm)综合这些专家的意见，并总结了美国天合公司(TRW)多年的开发软件的经验，于 1983 年提出了软件工程的七条基本原理。

1. 软件工程的基本原理

(1) 用分阶段的生命周期计划严格管理

统计表明，50%以上的失败项目是由于计划不周而造成的。在软件开发与维护的漫长生命周期中，需要完成许多性质各异的工作；应该把软件生命周期分成若干阶段，并相应制订出切实可行的计划，然后严格按照计划对软件的开发和维护进行管理。玻姆认为，在整个软件生命周期中应指定并严格执行 6 类计划：项目概要计划、里程碑计划、项目控制计划、产品控制计划、验证计划、运行维护计划。

(2) 坚持进行阶段评审

统计结果显示：大部分错误是在编码之前造成的，错误发现的越晚，改正它要付出的代价就越大，要差2～3个数量级。因此，软件的质量保证工作不能等到编码结束之后再进行，应坚持进行严格的阶段评审，以便尽早发现错误。

(3) 实行严格的产品控制

开发人员最痛恨的事情之一就是改动需求，但是实践中，需求的改动往往是不可避免的。这就要求要采用科学的产品控制技术来顺应这种要求，也就是要采用变动控制(又叫基准配置管理)。当需求变动时，其他各个阶段的文档或代码随之相应变动，以保证软件的一致性。

(4) 采纳现代程序设计技术

从20世纪六七十年代的结构化软件开发技术，到最近的面向对象技术，从第一、第二代语言，到第四代语言，采用先进的技术即可以提高软件开发的效率，又可以减少软件维护的成本。

(5) 结果应能清楚地审查

软件是一种看不见、摸不着的逻辑产品。软件开发小组的工作进展情况可见性差，难于评价和管理。为更好地进行管理，应根据软件开发的总目标及完成期限，尽量明确地规定开发小组的责任和产品标准，从而使所得到的标准能清楚地审查。

(6) 开发小组的人员应少而精

开发人员的素质和数量是影响软件质量和开发效率的重要因素，应该少而精。这一条基于两点原因：高素质开发人员的效率比低素质开发人员的效率要高几倍到几十倍，开发工作中犯的错误也要少的多；当开发小组为 N 人时，可能的通信信道为 $N(N-1)/2$，可见随着人数 N 的增大，通信开销将急剧增大。

(7) 承认不断改进软件工程实践的必要性

遵从上述六条基本原理，只是对现有的经验的总结和归纳，并不能保证赶上技术不断前进发展的步伐。应承认软件工程实践的不断改进性，不仅要积极采纳新的软件开发技术，还要注意不断总结经验，收集进度和消耗等数据，进行出错类型和问题报告统计。这些数据既可以用来评估新的软件技术的效果，又可以用来指明必须着重注意的问题和应该优先进行研究的工具和技术。

2. 软件工程的原则

软件工程的原则是指围绕工程设计、工程支持以及工程管理在软件开发过程中必须遵循的原则。软件工程的基本原则如下：

(1) 选取适宜开发范型

在系统设计中，软件需求、硬件需求以及其他因素之间是相互制约、相互影响的，经常需要权衡。因此，必须认识需求定义的易变性，采用适宜的开发范型予以控制，以保证软件产品满足用户的要求。

(2) 采用合适的设计方法

在软件设计中，通常要考虑软件的模块化、抽象与信息隐蔽、局部化、一致性以及适应性等特征。合适的设计方法有助于这些特征的实现，以达到软件工程的目标。

(3) 提供高质量的工程支持

“工欲善其事，必先利其器。”在软件工程中，软件工具与环境对软件过程的支持颇为重要。软件工程项目的质量与开销直接取决于对软件工程所提供的支撑质量和效用。

(4) 重视开发过程的管理

软件工程的管理直接影响可用资源的有效利用，生产满足目标的软件产品，提高软件组织的生产能力等问题。因此，仅当软件过程得以有效管理时，才能实现有效的软件工程。

软件工程活动主要包括需求、设计、实现、确认和支持等活动，每一活动可根据特定的软件工程，采用合适的开发范型、设计方法、支持过程以及过程管理。根据软件工程这一框架，软件工程学科的研究内容主要包括软件开发范型、软件开发方法、软件过程、软件工具、软件开发环境、计算机辅助软件工程(CASE) 及软件经济学等。

3. 软件工程的方法

软件工程的方法有很多方面的意义，包括项目管理，分析，设计，程序的编写、测试和质量控制等。软件设计方法可以区别为重量级的方法和轻量级的方法。

(1) 重量级的方法

重量级的方法中产生大量的正式文档。著名的重量级开发方法包括 ISO9000、CMM 和统一软体开发过程(RUP)。重量级方法呈现的是一种防御型的姿态。在应用重量级方法的软件组织中，由于软件项目经理不参与或者很少参与程序设计，无法从细节上把握项目进度，因而会对项目产生恐惧感，不得不要求程序设计师不断撰写很多软件开发文档。

(2) 轻量级的方法

轻量级的开发过程没有对大量正式文档的要求。著名的轻量级开发方法包括极限编程(XP)和敏捷流程(AgileProcesses)。轻量级方法呈现进攻型的姿态，这一点从 XP 方法特别强调的四个准则——“沟通、简单、反馈和勇气”上有所体现。目前有一些人认为，重量级方法适合于大型的软件团队(数十人以上)使用，而轻量级方法适合小型的软件团队(几人、十几人)使用。当然，关于重量级方法和轻量级方法的优劣还存在争论，而各种方法也在不断进化中。实际上，采用何种方法开发软体取决于很多因素，同时受到环境的制约。

3.3.6 MIS 主要开发方法的比较

不能简单地说哪种方法最好或明显比其他方法优越；往往各种方法会在系统开发的不同侧面和不同阶段为信息系统的开发提供有益的帮助或明显提高开发质量及效率。一般来说，较小的系统可采用原型法或面向对象的方法或两者结合；较大的系统以结构化方法为主轴，结合原型法和面向对象的方法，尤其在系统实现阶段可以采用面向对象的程序设计方法，现在的主流开发工具都支持 OOP。可以预期、相互补充、相互促进的系统开发方式将是今后若干年 MIS 或软件工程中所使用的主要方法。

结构化的系统开发方法是经典的开发方法，强调从系统出发，自顶向下、逐步求精地开发系统。原型法强调开发方与用户的交流，从动态的角度看待系统变化，采用的是以变应变的思路，思路上比结构化的系统开发方法要先进。原型法对于中小型的信息系统开发应该说效果很好，但对于大型、复杂的系统在原型的制作上有相当的困难；在实际应用中，通常与结构化方法结合起来一起使用。面向对象的方法从另外一个全新的角度来看问题，即从系统的基本构成入手，从现实世界中抽象出系统组成的基本实体(对象)。面向对象方法的局限性在于对计算机工具要求高：在没有进行全面的系统性调查分析之前，把握这个系统的结构有困难。因此，根据实际情况选择合理的开发方式和开发方法，各方法的应用常常需要与其他方法相结合的。只有在理论的指导下，才可以高效地进行管理信息系统的开发，少走弯路。

综上所述，结构化系统开发方法是真正能较全面支持整个系统开发过程的方法。其他几种方法常常作为结构化系统开发方法在局部开发环节上的补充。在选用各种开发方法时，要因地制宜，具体问题具体分析；无论何种方法，都必须实现两个目标：一是提高信息系统的开发效率；二是保证信息系统的质量。

3.4 管理信息系统成功的标准与影响因素

3.4.1 管理信息系统成功的标准

引起管理信息系统失败的原因主要有两类：一类与技术有关；另一类是非技术问题。技术类问题最明显的是功能问题(系统功能、用户界面等)，数据库设计不良是更为严重的技术问题(数据冗余，数据完整性不周全，代码设计不全等)。非技术性的设计问题与管理和组织有关。对于信息系统成功与否，可参考如下评价标准。

(1) 系统的使用率。

(2) 用户对系统的满意度。

(3) 用户对系统的态度。

(4) 实现目标的程度。

(5) 财务上的效益。

上述标准当然是越高越好，但是十全十美的系统是不存在的，只能是综合评价各项标准，达到一定的比例即可。人们对系统的评价不仅仅考虑能够量化财务收益，还要看重系统对本部门业务工作以及职工所产生的影响等无形效益。

3.4.2 影响管理信息系统成功的因素

选择合适的管理信息系统建设道路是 MIS 成功的一个关键问题，MIS 的建设模式有：①自上而下全面开发的模式；②全面引进的方式；③建立全新的工厂、全新的系统。

一个成功的管理信息系统＝可靠的硬件＋实用的软件＋强有力的组织协调

上述三者缺一不可，它们的关系如图 3-4 所示。

企业在 MIS 建设、应用过程中，出现了许多成功的案例，有力地促进了企业的发展，但也有许多企业的 MIS 建设由于各种因素出现种种问题。企业在筹划、建设信息系统时应充分注意以下几个问题。

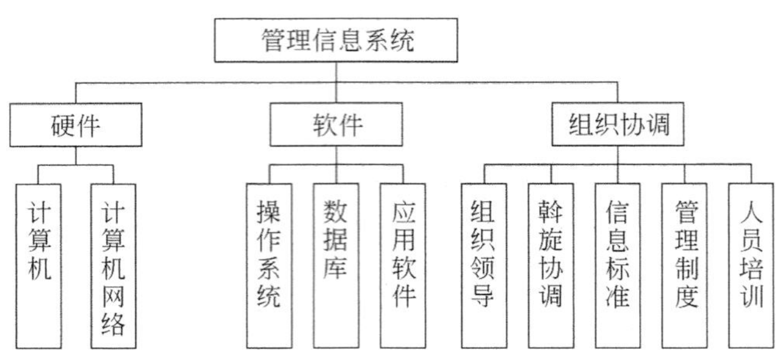

图 3-4　成功的管理信息系统的组成要素

1. 领导重视是信息系统建设成功的保证

“一把手原则”已被计算机应用各领域的成功经验所证明,也被普遍接受为信息系统建设的重要原则。MIS 的建设是一项复杂的系统工程,涉及企业经营管理的各个环节和各个层次;计算机技术、网络技术、符合现代企业管理要求的企业管理技术;企业管理方式的变化和流程的调整;与应用 MIS 相适应的机构与岗位的调整、信息公开和规范化管理所导致的管理人员的权限变化。因此,MIS 系统工程的建设应在一把手的主持下,从全局上权衡、协调、审定、决策及组织实施。一把手原则不是形式地要求总经理深入学习计算机技术,而是正确坚持一把手原则,在一把手的统一指挥下,有计划、有步骤地进行计算机技术、企业管理技术、信息管理系统建设人才等的筹备,同时动员企业的方方面面从各个层次、专业角度围绕 MIS 建设与应用这一主题,在整个企业统一目标,统一步调地开展工作。

2. 适用性与先进性的结合是系统建设的原则

不能单纯追求先进性而不把技术建立在自己的实际需求之上的技术,系统成败的主要因素并不取决于是否采用了最新的计算机硬件、软件技术及通信技术。满足用户需求的技术是最好的技术。为提高整个系统的性能,要充分利用先进的计算机及相关技术,更为重要的是软件设计所采用的管理模式,应体现企业管理体系的科学性和先进性。系统不仅应充分体现目前先进的计算机软硬件及相关技术、现代企业管理理论和技术的发展方向,同时应该满足当前企业各个层次、各个环节的管理、核算需求。

3. 企业规范化管理是应用管理信息系统的基础

国外先进的 MIS 商品化软件进入我国后,多在形成了一套行之有效的理论和规范的外商独资企业或中外合资企业进行应用,而国内一部分企业管理未走上正轨,管理不规范,无法很好地应用先进的 MIS 商品化软件。在这些情况下,常常放弃商品化软件而按照企业的现有模式和流程自己开发或合作开发 MIS 软件,同一种应用软件在同企业甚至同一企业不同分公司重复开发,造成人力、财力的巨大浪费,并且由于开发技术、人才、管理上的原因,往往使这类软件难以进一步提高,基于不规范管理技术上的 MIS,难以帮助企业走上现代化的管理之路,而且可能形成一种负循环。因此,在开发、建设 MIS 时,应对管理体制和管理方式进行符合现代企业管理思想的改革,使企业的运行符合规范化、科学化、标准化的要求。

4. 消除企业管理中的瓶颈是信息系统建设的目的

在信息化建设的过程中，企业的首要任务是对管理进行诊断，找出瓶颈，作为信息系统建设的切入点。对企业组织进行简化，精简那些在企业增值链中起抵消作用的部门，使企业的各个环节科学化。

目前企业的业务流程多为传统方式，信息共享程度较低、传递速度较慢、对信息的再加工能力和处理的深度与企业的要求和计算机处理的能力差距较大。故在系统设计时要超越基于手工方式的业务，抽象出业务中的管理思想和规律性的东西，并在企业业务流程重组的过程中使其更符合现代管理技术的要求。

5. 对信息的充分利用是信息系统发挥作用的条件

管理信息系统的应用使得管理人员随时可得到公司前一天、前一月、一季、一年内任何时间、任何种类的经营信息，同时计算机网络为业务人员提供了更加快捷方便的交流方式。信息的公开化使得传统管理层的作用与地位受到很大影响，传统垂直管理中负责上传下达信息的中间层将由信息的公开化而失去作用；管理人员从过去被统计、报表占用大量时间的业务中解脱出来而由计算机代替，要求其将主要力量放在信息的利用、再加工上。如财会人员和财务部门由传统意义上的记账、核算向进行财务分析过渡等。

6. 严格的管理制度与良好的人员素质是企业信息化建设的要求

信息系统的应用增强了企业的决策能力和管理力度，但同时企业的运行对信息系统有很大的依赖性，作为商业机密的企业各种数据安全与否关系到企业的存亡，因此，信息系统必须设立严格的管理制度，包括严格的权限管理，无关人员无权查看、改动数据；有效的技术手段和管理措施防止计算机病毒对系统的侵害；严格而有效的措施防止数据被非法窃取，合理的备份策略以利于系统受到侵害时的恢复；完备的系统文档管理以利于系统的改进。

现代化的企业管理都对企业员工特别是管理人员提出了更高的要求，企业信息系统应用成功与否、企业经营成功与否，在于企业员工素质的高低。拥有一批善于交流、善于利用信息资源的优秀管理人员，是应用系统成功的保证，也是企业成功的保证。

本章小结

本章首先介绍了管理信息系统开发的概念和特点；其次阐述了管理信息系统开发的组织——重点介绍管理信系统开发中的人员和文档；再次阐述了管理信息系统开发的四种方式(自行开发、委托开发、合作开发和利用现成软件包开发)，并进行了分析和比较；最后阐述了管理信息系统开发的四种方法(结构化系统开发方法、原型法、面向对象的开发方法、计算机辅助软件工程)，并进行了分析和比较。

通过本章的学习应达到以下学习目标：

(1) 了解管理信息系统开发的概念、特点。

(2) 理解解管理信息系统开发的原则。

(3) 了解管理信息系统开发的组织。

(4) 掌握管理信息系统的开发方式与开发方法。

习　　题

1. 选择题

(1) 在 MIS 各种开发方式中，对企业开发能力要求最高的是(　　)。

A. 合作开发　　B. 自行开发　　C. 委托开发　　D. 购买软件包

(2) 最适合应用原型法开发的系统是(　　)。

A. 数据关系较复杂、数据量大的系统

B. 用户需求较难定义的、规模较小的系统

C. 用户需求较明确、规模较大的系统

D. 运算关系复杂、运算工作量大的

(3) 系统开发中真正能够较全面地支持整个系统开发过程的方法是(　　)。

A. 结构化开发方法　　B. 原型法

C. 面向对象法　　D. 计算机辅助软件工程

(4) 下列系统开发中，用户参与度较高，开发周期较短的方法是(　　)。

A. 结构化开发方法　　B. 原型法

C. 面向对象法　　D. 计算机辅助软件工程

(5) 特别适合于开发那些能够预先定义需求、结构化程度又比较高的大型事务型系统的方法是(　　)。

A. 结构化开发方法　　B. 原型法

C. 面向对象法　　D. 计算机辅助软件工程

2. 填空题

(1) MIS 的根本问题是________、________、________。

(2) 信息系统开发的原则________、________、________、________。

(3) 系统开发的人员包括________、________、________、________、________。

(4) 结构化开发方法的阶段包括________、________、________。

(5) 对象的特征是________、________、________、________。

3. 思考题

(1) 什么叫结构化开发方法？它有什么样的特点和局限性？

(2) 什么叫原型法？它有什么特点？

(3) MIS 自行开发方式的优缺点是什么？

(4) MIS 开发人员中系统分析员的职责和要求分别是什么？

(5) 系统开发人员缺乏文档管理的原因是什么？

实验：管理信息系统的开发

1. 实验目的

(1) 通过旅行社管理信息系统开发，让学生了解管理信息系统开发的概念、特点、原则、组织。

(2) 掌握管理信息系统的开发方式和开发方法。

2. 实验的背景材料

中原旅行社是20世纪90年代成立的一家中型旅行社，目前共有员工30人，年营业额达到400万元。近年来，随着旅行社业务扩大，公司王总希望开发一套适合本公司的旅行社管理信息系统。王总首先请信息管理专家对其进行信息系统基本知识培训。深刻认识到旅行社管理信息系统的职能是对旅行社生产服务过程的管理实现信息化，从而提高旅行社的生产率和管理效率，同时提高旅行社的市场竞争能力，满足现代人的个性化服务要求。设计旅行社管理系统的目的是提高旅行社管理效率。增加效益。简单的定义为旅行社管理信息系统是利用计算机技术和通信技术，对旅行社经营的所有信息进行综合管理和控制的以人为主体的人机综合系统。为了使开发的信息系统能为企业创造更好的经济效益，王总决定成立中原旅行社管理信息系统开发领导小组，并且聘请了富有开发经验的张工做项目经理，同时给予10万元的开发预算，希望开发的管理信息系统能解决当前公司面临的以下几个问题：

① 各部门信息不能共享；

② 手工信息管理混乱，容易出错，致使对游客的服务不到位；

③ 各部门统计报告提交延迟，致使销售部门不能及时得到信息反馈，公司工作重心不能快速转移。

基于此要求，张工首先对旅行社进行了一个月的实地调查，发现中原旅行社的各类人员有以下主要职能：组团职能；接团职能；导游职能；散客职能；交通职能；计调职能；财务职能；综合业务职能。同时还必须具备对数据资源信息、客户资源、旅行社物资供应链进行管理与利用的功能。旅行社还必须包含内部管理的功能需求，办公室管理、人事管理、外联管理等。

再进行深入调查，发现主要职能的业务流程如下：

(1) 组团的信息流程

旅行社团中心的业务主要是组团报价与组团核算部分。组团报价的业务过程是：根据境外旅行社预报的中国境内旅游线路和旅游日期进行预算，将报价寄回境外旅行社；境外旅行社同意方案后，编制旅游计划，下发到旅游路线上的各个旅行社；将报价及团队人数报组团中心进行核算。

(2) 接待的信息流程

旅行社接待部门的工作主要是接待是接待旅行消费者。其接待过程比饭店的接待要简单。由于接待部门主要业务是进行接团核算，而且核算过程比较复杂。

(3) 计调部的信息流程

计调部的主要业务是接收各组团社的计划书，指示各接待部门及旅行社的交通部门订机票和火车票，下达用车计划，负责订餐、订房等，这些计划一般是以各种报表的形式体现的。

(4) 综合业务部的信息流程

在旅行社经营管理中，与综合业务部有业务温暖过来的部门比较多，而且该部门与本地的景点。饭店等联系也比较多/综合业务部通过统计及检查等方式。完成各旅行社的总体报表，并把这些报表提供给有关主管部门和领导。

(5) 财务部的信息流程

财务部是旅行社企业经营管理的核心部门。主要的业务是根据各业务部门送达的费用单和收入单做收入和支出现金或银行存款凭证；根据费用单或收入单制作收支凭证；分句业务内容做转账凭证；根据平整证记账，分别记日记账和明细账及总账。月底根据总账记各科目发生额制作内部表和外部表。旅行社财务部的主要业务是账务处理与成本核算。

3. 实验内容

(1) 假如你是张工，领导小组成员 5～6 人进行该项目的开发工作；请根据中原旅行社的实际情况，选择合适管理信息系统的开发方式和开发方法，并说出理由。

(2) 运用原型法设计一个 C 语言程序。

第4章　管理信息系统的规划

某大型商业集团的老总在企业信息化建设中遇到一些困惑：2000 年年初在“要么电子商务，要么无商可务”的形势下，曾花费 50 多万元建立了一个网上交易平台，但一直没有发挥实际的作用，于是，请求互联网战略专家进行诊断。专家的意见是：由于缺乏企业信息化战略的总体规划，现有的电子商务平台和公司的业务严重脱节，应该从企业总体经营战略的角度考虑，将企业上网和电子商务纳入到信息化战略规划中，用信息化战略来指导企业的电子商务进程才能发挥互联网的最大价值。

国家经贸委发布的《中国企业互联网应用和电子商务发展水平综合调查报告》也表明，虽然企业普遍重视电子商务，但大多数企业缺乏清晰的战略规划，因此，多数企业有利用互联网的愿望和行动，但实际效果并不理想。由此看来，在现实中，像广东这位老总一样对企业信息化和互联网应用感到困惑的企业高级管理人员应该不在少数。

Cresap McCormick and Paget 公司对美国企业所做的调查结果显示，做信息系统规划的公司，其信息系统比不做规划的公司要成功得多。做信息系统规划的公司，其信息系统能够与企业组织间建立较好的联系，具体表现如下：

(1) 信息系统规划时，会引用企业整体规划，能检验其是否适合组织需求。

(2) 信息系统规划能吸引部门员工和经理积极参与。

(3) 信息系统规划能与企业整体规划保持一致。

4.1　MIS 规划概述

MIS 规划包括 MIS 长远战略规划、立项前的项目总体规划和项目执行规划 3 个层次。MIS 建设不是单纯的信息工程，而牵动各方，耗资大、历时长、技术复杂且内外多要素交叉的管理系统工程，没有细心规划是不能成功的。每个层次的规划水平都影响 MIS 的成功，而其成败与否对企业有着深远而举足轻重的影响。一个有效的战略规划可使信息系统和用户具有好的关系，让信息资源合理分配和使用，节省和保护投资且实现预期目标，使 MIS 建设持续、健康、稳定发展；做好项目总体规划，准确把握客户需求，可以提高系统稳定性、适应性和成功率；做好项目执行规划，在项目进到 10%～20%的时间内(项目成败完全决定于项目初期 10%的时间内)做出理性判断，可以避免重大投资失误，也可能以 0.5%～2%的代价修正错误，有效控制时间、成本和资源，驾驭项目风险；一个有效的规划还可促进信息系统应用的深化，为企业创造更多的利润；一个好的规划可以作为一个标准，指导系统的开发和建设。进行规划过程的本身就是对企业的再认识过程，全面加深对企业的理解，对提高管理水平，对决策和系统应用具有重要意义。

4.1.1 系统规划的内容与过程

管理信息系统的系统规划一般既包含3～5年长期规划，也包含1～2年的短期计划。

1. 系统规划的内容

一般来说，系统规划包含如下主要内容。

(1) 信息系统的目标、约束与结构

管理信息系统系统规划应根据组织的战略目标，内、外约束条件，来确定信息系统的总目标、发展系统规划和信息系统的总体结构等。

(2) 组织(企业、部门)的状况

业务流程的现状、存在的问题和不足，以及流程在新技术条件下的重组。

(3) 信息系统的需求分析和功能要求

由系统目标和需求，进一步提出系统的功能要求。了解当前的能力状况。系统规划包括硬件情况、软件情况；应用系统及现有人员状况；各项费用情况、项目进展情况及评价。

(4) 对影响计划的信息技术发展的预测

计算机及其各项技术的影响应得到必要的重视并在系统规划中有所反映。另外，对软件的可用性、方法论的变化、周围环境的变化以及它们对信息系统产生的影响也属所考虑的因素之中。

(5) 近期计划

在系统规划使用的几年中，就应对即将到来的一段时期做出相当具体的安排，主要包括：硬件设备的采购时间表、应用项目的开发时间表、软件维护与转换工作时间表、人力资源的需求计划、人员培训时间安排，以及资金需求等。

2. 系统规划的过程

管理信息系统的规划一般包括如下步骤。

(1) 确定规划性质。检查企业的战略规划，确定MIS战略规划的年限和规划方法。

(2) 收集相关信息。收集来自企业内部和外部环境的与战略规划有关的各种信息。

(3) 进行战略分析。对管理信息系统的战略目标、开发方法、功能结构、计划活动、信息部门情况、财务状况、所承担的风险程度和政策等多方面进行分析。

(4) 定义约束条件。根据财务资源、人力资源、信息设备资源等方面的限制，定义管理信息系统的约束条件和政策。

(5) 明确战略目标。根据分析结果与约束条件，确定MIS的战略目标，即在规划结束时，管理信息系统应具有的功能、服务范围和质量等。

(6) 提出未来框图。选择未来的管理信息系统的思想，勾画出未来管理信息系统的框图，做出子系统划分表等。

(7) 选择开发方案。对管理信息系统进行分析，根据资源的限制，选择一些适宜的项目优先开发，制定出总体开发顺序。

(8) 提出实施进度。根据项目的优先权、成本费用和人员要求，编制项目实施进度计划，列出进度表。

(9) 通过战略规划。通过不断征求用户、管理信息系统工作的意见，完成系统战略规划书。战略规划经企业领导批准后生效，并合并到企业战略规划中。

4.1.2　MIS 规划的组织

1. 规划领导小组

规划领导小组应由组织的主要决策者之一负责。领导小组的其他成员应该是组织中各部门的主要业务骨干，他们的主要任务是协助系统分析人员完成有关业务的调研和分析工作及数据准备工作。

2. 人员培训

需要对组织的高层管理人员、分析员和规划领导小组的成员进行培训，使他们正确掌握制定管理信息系统战略规划的方法。

3. 规定进度

明确规划方法之后，应该给规划工作的各个阶段给出一个大体上的时间表，以便对规划过程进行管理。

4.1.3　MIS 规划的特点

(1) 具有较强的不确定性。
(2) 高层管理人员是工作的主体。
(3) 系统规划不宜过细。
(4) 系统规划是企业规划的一部分，并随环境发展而变化。

4.1.4　管理信息系统规划的原则

好的系统规划可以使管理信息系统有明确的战略目标和科学的开发计划，使系统具有良好的全局性，也可以使开发的系统适用性好，可靠性高。要做好系统规划，就要遵守系统规划的原则，掌握系统规划的步骤和方法。

MIS 规划应遵守如下原则。

1. 支持企业的总目标

从企业的战略目标出发，分析企业管理的信息需求，逐步导出 MIS 的战略目标和总体结构。

2. 整体上着眼于高层管理，兼顾各管理层的要求

系统规划是针对战略层、控制层和业务层 3 个不同管理层的活动了解信息需求，应特别注意对管理有影响的决策支持。

3. 摆脱 MIS 对组织结构的依从性

了解企业过程需要从现行组织机构入手,但只有摆脱对它的依从,才能提高MIS的应变能力。

4. 使系统结构有良好的整体性

系统规划采取自上而下的规划方法,以保证系统结构的完整性和信息的一致性。

5. 便于实施

系统规划应给后续工作提供指导,方案选择应注重实效,技术手段强调实用。

4.2 信息系统战略规划模型

4.2.1 诺兰阶段模型

美国著名信息专家诺兰(Nolan)根据大量历史资料与对信息化建设实际发展状况的全面考察,提出了一个地区、一个行业及一个企业计算机应用发展的客观道路及规律,即所谓的"诺兰模型",如图 4-1 所示。诺兰认为,某一范围的计算机应用的发展必须经过六个阶段。六个阶段是一个客观的发展规律,任何阶段都不能超越的。无论在确定开发管理信息系统的策略,或者在制定管理信息系统规划的时候,都应该首先明确本单位处于哪一个生长阶段,根据这个阶段的特征指导 MIS 的建设。

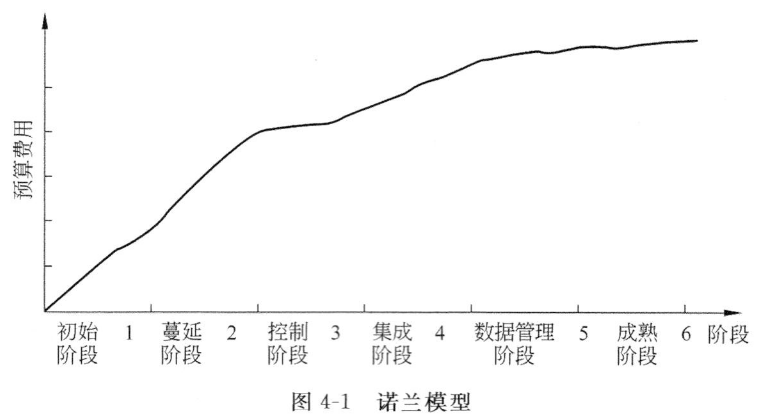

图 4-1 诺兰模型

1. 初始阶段

指单位或组织购置第一台计算机并初步开发管理应用程序。

引入了像管理应收账款和工资这样的数据处理系统,人们对投资费用缺乏控制,信息系统的建立往往不讲究经济效益,往往是为了表明自己的先进性和减轻雇员的劳动强度。

2. 蔓延阶段

随着计算机应用初见成效,信息系统从少数部门扩散到多数部门,计算机专家开始在组织内部鼓吹自动化的作用。这时,组织管理者开始关注信息系统方面投资的经济效益,但是实质的控制还不存在。

3. 控制阶段

管理部门控制计算机数量的增加,出现了专门的负责人对组织的信息系统建设进行规划,信息管理部门成为一个独立的部门。

4. 集成阶段

从第一阶段到第三阶段,通常产生了很多独立的信息系统。在第四阶段,组织开始使用数据库和计算机网络技术,努力整合现有的信息系统,使其成为一个统一的整体。

5. 数据管理阶段

信息系统开始从支持单项应用发展到在集中式数据库支持下的综合应用。组织开始全面考察和评估信息系统建设的各种成本和效益,全面分析和解决信息系统投资中各个领域的平衡与协调问题。

6. 成熟阶段

"成熟"的信息系统可以满足组织中各个管理层次(高层、中层、基层)的要求,从而真正实现信息资源的管理。

4.2.2 信息系统战略规划的三阶段模型

由 Bowman、Davis 等人提出的信息系统规划三阶段模型对规划过程和方法论进行分类研究,是具有普遍意义的模型。这个模型将信息系统规划活动按活动的顺序分为战略计划、组织的信息需求分析和资源分配三个部分,如图 4-2 所示。

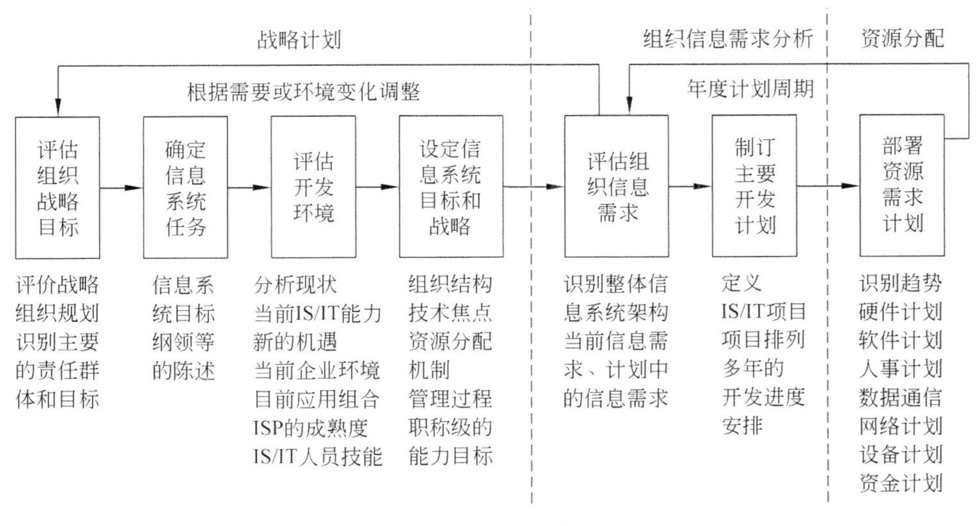

图 4-2 三阶段模型

用于管理信息系统规划的方法很多，主要是关键成功因素法(Critical Success Factor-s，CSF)、战略目标集转化法(Strategy Set Transformation，SST)和企业系统规划法(Business System Planning，BSP)，其他还有几种方法用于特殊情况。规划活动中所用的方法如图 4-3 所示。

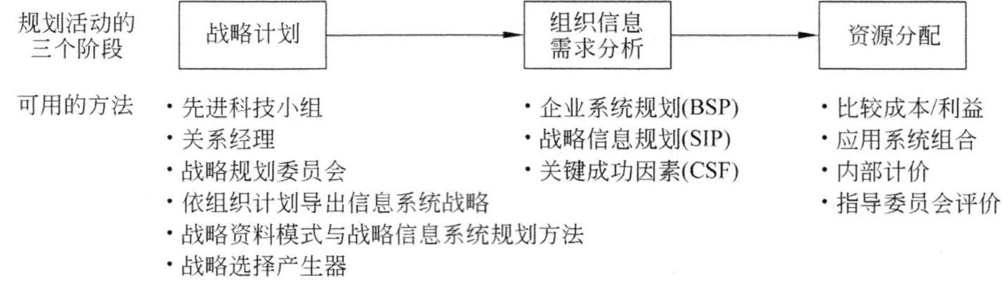

图 4-3 规划活动中所用的方法

4.3 MIS 规划的主要方法

4.3.1 企业系统规划法

IBM 公司在 20 世纪 70 年代初将企业系统规划法(Business System Planning，BSP)作为用于内部系统开发的一种方法，它主要是基于用信息支持企业运行的思想。总的思路是自上而下识别系统目标，识别企业过程、识别数据，然后再自下而上设计系统以支持目标。

1. BSP 法的作用

企业系统规划法是一种能够帮助规划人员根据企业目标制定出 MIS 战略规划的结构化方法。通过这种方法可以做到：

(1) 确定出未来信息系统的总体结构，明确系统的子系统组成和开发子系统的先后顺序。

(2) 对数据进行统一规划、管理和控制，明确各子系统之间的数据交换关系，保证信息的一致性。

2. BSP 法的优点

它能保证信息系统独立于企业的组织机构，使信息系统具有对环境变更的适应性。即使将来企业的组织机构或管理体制发生变化，信息系统的结构体系也不会受到太大的冲击。

3. BSP 法的工作步骤

BSP 法是把企业目标转化为信息系统(IS)战略的全过程，它支持的目标是企业各层次的目标。其工作步骤如图 4-4 所示。

进行 BSP 工作是一项系统工程性工作，要很好地准备。准备工作包括接受任务和组织队伍。一般接受任务是由一个委员会承担，这个委员会要明确规划的方向和范围，在委员会下应有一个系统规划组，其组长应全力以赴，并具体参加规划活动。委员会委员和系统组成员思想上要明确“做什么”(what)、“为什么做”(why)、“如何做”(how)以及“希望达到的目标是什么”。其主要的工作步骤详解如下：

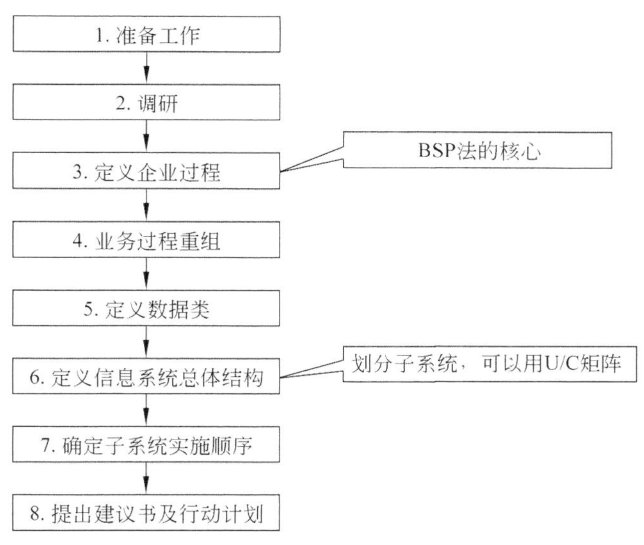

图 4-4　BSP 法的工作步骤

（1）准备工作。成立由最高领导牵头的委员会，下设一个规划研究组，并提出工作计划。

（2）调研。规划组成员通过查阅资料，深入各级管理层，了解企业有关决策过程、组织职能和部门的主要活动和存在的主要问题。

（3）定义业务过程（业务过程又称企业过程或管理功能组）。定义业务过程是 BSP 方法的核心。业务过程指的是企业管理中必要且逻辑上相关的、为了完成某种管理功能的一组活动。

要想完成定义业务过程的任务，即把企业的全部业务活动划分若干个相对独立的业务过程，首先必须对企业的业务活动非常熟悉；其次要利用一些专门的方法。

例如，某企业全部活动共被定义为 19 个过程：经营计划、财务规划、资产规模、产品预测、产品设计开发、产品工艺、库存控制、调度、生产能力计划、材料需求、操作顺序、销售管理、市场分析、订货服务、发运、财务会计、成本会计、用人计划、业绩考评。按企业过程所建造的信息系统，在企业组织变化时可以不必改变，即信息系统相对独立于组织。

（4）业务过程重组。业务过程重组是在业务过程定义的基础上，找出哪些过程是正确的，哪些过程是低效的，需要在信息技术支持下进行优化处理，还有哪些过程不适合采用计算机信息处理，应当取消。

（5）定义数据类。数据类是指支持业务过程所必需的逻辑上相关的数据，分别从各项业务过程的角度将与该业务过程有关的输入数据和输出数据按逻辑相关性整理出来归纳成数据类。

定义数据类的代表性方法有两种：企业过程法和企业实体法。

如上例某些企业共产生和使用 16 类数据：客户、订货、产品、工艺流程、材料表、成本、零件规格、材料库存、成品库存、职工、销售区域、财务、计划、设备负荷、物资供应、任务单。

（6）定义信息系统总体结构。其主要工作是划分子系统，具体实现可利用 U/C 矩阵。

U/C 矩阵根据数据类的产生和使用来划分子系统，它尽量把数据产生的企业过程和使用他的企业过程划分在同一子系统中，从而减少子系统之间的数据交换。用 U/C 矩阵划分子系统共分 6 步：

① 排列过程。把过程按照发生的先后顺序排列：如果感觉到直接排有困难，可按下述方法进行排列——把相关的过程划分成过程组，先按过程组的先后顺序排列，同一过程组内的几个过程也按过程发生的先后顺序排列。

例如，可先把某企业全部活动 19 个过程划分为 6 个过程组：经营计划、技术准备、生产制造、销售、财会、人事。先按过程组的先后顺序排列，然后同一过程组内的几个过程也按过程发生的先后顺序排列，排列结果如下：经营计划、财务规划、资产规模、产品预测、产品设计开发、产品工艺、库存控制、调度、生产能力计划、材料需求、操作顺序、销售管理、市场分析、订货服务、发运、财务会计、成本会计、用人计划、业绩考评。

② 排列数据类。因后面要重新排列数据类，此处要求不是太严格，但为使下一步重新排列时的调整工作量小，所以应尽量把相关密切的数据类排在一起。

③ 建立 U/C 矩阵（U=Use，C=Create）。

如果某一过程使用某一数据类，则在交叉点处填 U，如果某一过程产生某一数据类，则在交叉点处填 C，如果某一过程既不产生也不使用某一数据类，交叉点处填空白。

本实例中该企业的 U/C 矩阵如图 4-5 所示。

数据类 / 功能	客户	订货	产品	工艺流程	材料表	成本	零件规格	材料库存	成品库存	职工	销售区域	财务	计划	设备负荷	物资供应	任务单	列号Y
经营计划		U				U						U	C				1
财务规划						U				U		C	C				2
资产规模												U					3
产品预测	C		U								U						4
产品设计开发	U		C	U	C		C						U				5
产品工艺			U		C		C	U									6
库存控制							C	C							U	U	7
调度			U	U				U						U		C	8
生产能力计划				U										C	U		9
材料需求			U		U			U								C	10
操作顺序				C										U	U	U	11
销售管理	C	U	U						U		U						12
市场分析	U	U	U								C						13
订货服务	U	C	U						U		U						14
发运		U	U						U		U						15
财务会计	U	U	U						U	U		U					16
成本会计		U	U			U						U					17
用人计划										C							18
业绩考评										U							19
行号X	1	2	3	4	5	6	7	8	9	10	11	12	13	14	15	16	

图 4-5　U/C 矩阵

④ 检验。U/C 矩阵的正确性，可由三个方面来检验：

a. 完备性检验。完备性指每一个数据类必须有一个产生者（即 C）和至少有一个使用者（即 U）；每个过程必须产生或者使用数据类。否则这个 U/C 矩阵是不完备的。具体而言就是：矩阵的每一列必须一个 C，且一个或多个 U；矩阵的每一行或 C 或 U。

b. 一致性检验。这是指每一个数据类仅有一个产生者，即在矩阵中每个数据类只有一个 C。具体而言就是：每一列有且仅有一个 C；如果数据类没有产生者，则表明漏填了 C 或过程数据划分不当；如果数据类有多个产生者，则表明错填了 C 或过程数据划分不当。

c. 无冗余性检验。无冗余性指每一行或每一列必须有 U 或 C，即不允许有空行空列。若存在空行空列，则说明漏填了 U 或 C 或该功能或数据的划分是没有必要的、冗余的。

本实例中对图 4-5 矩阵进行这三个方面检验，没有错误；转入下一步骤。

⑤ 调整过程/数据类矩阵。调换数据类，使表中的 C、U 尽量靠近对角线，如图 4-6 所示。

数据类 / 功能	计划	财务	产品	零件规格	材料表	材料库存	成品库存	任务单	设备负荷	物资供应	工艺流程	客户	销售区域	订货	成本	职工
经营计划	C	U												U	U	
财务规划	U	C													U	U
资产规模		U														
产品预测			U									U	U			
产品设计开发	U		C	C	C							U				
产品工艺			U	U	U	U										
库存控制						C	C	U		U						
调度			U				U	C	U		U					
生产能力计划									C	U	U					
材料需求			U		U	U				C						
操作顺序								U	U	U	C					
销售管理		U	U				U					C	U	U		
市场分析		U	U									U	C	U		
订货服务			U				U					U	U	C		
发运		U	U				U						U	U		
财务会计	U	U	U				U					U		U		U
成本会计	U	U	U											U	C	
用人计划																C
业绩考评																U

图 4-6　调整后的 U/C 矩阵

⑥ 划分子系统。把 C、U 比较集中的区域用粗线条框起来，每个小方块即为一个子系统。划分时注意将所有的 C 和尽可能多的 U 都能够在小方框内；子系统划分以后，留在小方框外若干个 U，就是今后子系统之间的数据联系。划分不是唯一的，具体如何划分，根据实际情况以及分析者的个人工作经验和习惯确定；本企业实例的划分结果如图 4-7 所示。

功能		计划	财务	产品	零件规格	材料表	材料库存	成品库存	工作令	机器负荷	材料供应	工艺流程	客户	销售区域	订货	成本	职工
经营计划	经营计划	C	U												U	U	
	财务规划	U	C													U	U
	资产规模		U														
技术准备	产品预测			U									U	U			
	产品设计开发	U		C	C	C							U				
	产品工艺			U	U	U	U										
生产制造	库存控制						C	C	U		U						
	调度			U				U	C	U		U					
	生产能力计划									C	U	U					
	材料需求			U		U	U				C						
	操作顺序								U	U	U	C					
销售	销售管理		U	U				U					C	U	U		
	市场分析		U	U									U	C	U		
	订货服务			U				U					U	U	C		
	发运		U	U				U						U	U		
财会	财务会计	U	U	U				U					U		U		U
	成本会计	U	U	U											U	C	
人事	人员计划																C
	人员招聘/考评																U

图 4-7　子系统划分

删除方框内所有的字母 C 和 U，给子系统加上名称，当一个字母 U 落在任意方框外时，必定存在着子系统之间的数据流，画出所有的数据流，这样就形成了新系统的体系结构，如图 4-8 所示。

(7) 确定子系统实施顺序。根据子系统的需求程度与潜在效益评估，确定出子系统的实施顺序。

(8) 完成建议书及行动计划。提出建议书和开发计划。

4.3.2　关键成功因素法

1970 年由哈佛大学教授 William Zani 和 MIT 的 John Rockart 提出的关键成功因素法(Critical Success Factors，CSF)。CSF 法通过分析找出使企业成功的关键因素，然后围绕这些关键因素确定系统的需求并进行规划。

1. CSF 法步骤

(1) 了解企业的战略目标。

(2) 识别所有的成功因素。

(3) 确定关键成功因素。

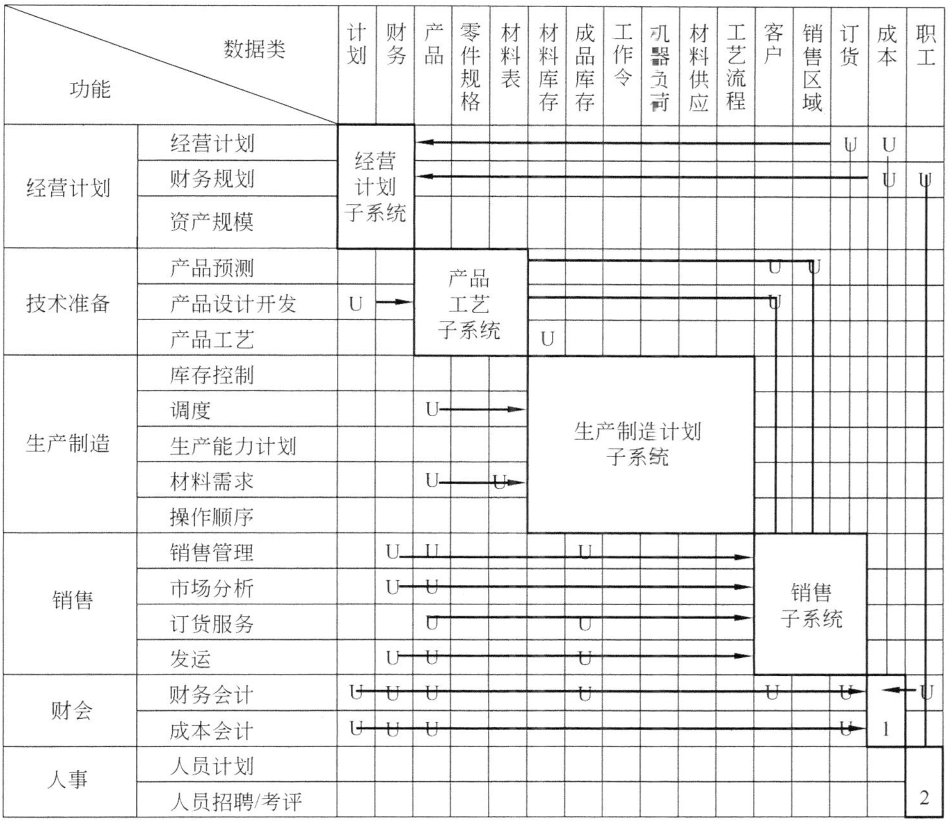

功能		计划	财务	产品	零件规格	材料表	材料库存	成品库存	工作令	机器负荷	材料供应	工艺流程	客户	销售区域	订货	成本	职工
经营计划	经营计划	经营计划子系统													U	U	
	财务规划															U	U
	资产规模																
技术准备	产品预测			产品工艺子系统									U	U			
	产品设计开发	U											U				
	产品工艺						U										
生产制造	库存控制						生产制造计划子系统										
	调度			U													
	生产能力计划																
	材料需求			U		U											
	操作顺序																
销售	销售管理		U	U				U					销售子系统				
	市场分析		U	U													
	订货服务			U				U									
	发运		U	U				U									
财会	财务会计	U	U	U				U					U		U	1	U
	成本会计	U	U	U											U		
人事	人员计划																2
	人员招聘/考评																

注：1——财务子系统；2——人事档案子系统。

图 4-8　新系统总体结构

(4) 明确各关键成功因素的性能指标和评估标准。

2. 树枝因果图

识别关键成功因素的辅助工具。例如，某一个企业有一个目标：提高产品竞争能力。提高产品竞争力的成功因素有提高质量、降低成本、市场服务，又可以进一步细分为加工质量、检验、精简人员、降低原材料价格、商业渠道、改善售后服务；这是所有的成功因素。根据企业实际情况又确定出了关键成功因素：加工质量、降低原材料价格；再进一步制定加工质量和原材料价格的评估标准，如图 4-9 所示。

4.3.3 战略目标集转移法

战略目标集转移法(Strategy Set Transformation，SST)是由 William King 于 1978 年提出的一种确定信息新系统战略目标的方法。

1. 基本思想

把整个组织的战略目标看成是一个“信息集合”，由使命、目标、战略和其他影响战略的

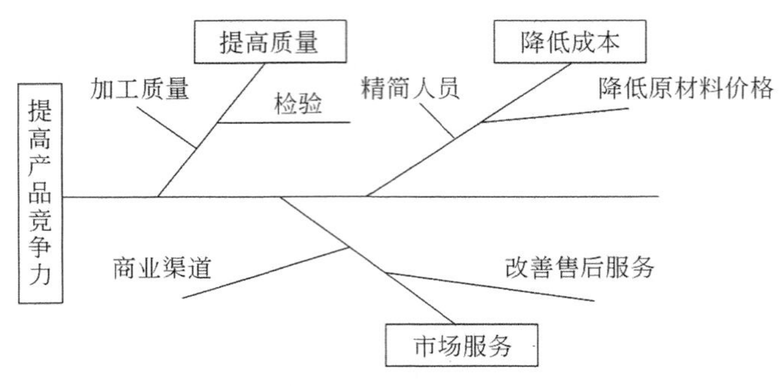

图 4-9　关键成功因素法

相关因素组成。其中，影响战略的因素包括发展趋势、组织面临的机遇和挑战、管理的复杂性、改革面临的阻力、环境对组织目标的约束等。SST 方法的基本思想是：识别组织的战略目标，并将组织的战略目标转化成信息系统的战略目标。

2. 基本步骤

(1) 识别组织的战略集

先考查一下该组织是否有成文的战略式长期计划，如果没有，就要去构造这种战略集合。可以采用以下步骤：

① 描绘出组织各类人员结构，如卖主、经理、雇员、供应商、顾客、贷款人、政府代理人、地区社团及竞争者等。

② 识别每类人员的目标。

③ 对于每类人员识别其使命及战略。

(2) 将组织战略集转化成 MIS 战略

MIS 战略应包括系统目标、约束以及设计原则等。这个转化的过程包括对应组织战略集的每个元素识别对应的 MIS 战略约束，然后提出整个 MIS 的结构。最后，选出一个方案送总经理。

可以说，信息系统战略规划还没有一种十全十美的方法。由于战略规划本身的非结构性，可能永远也找不到一个唯一解。进行任何企业的规划均不应照搬以上方法，而应当具体情况具体分析，选择以上方法的可取的思想，灵活运用。可把上述 3 种方法结合起来使用，称为 CSB 方法(即 CSF、SST 和 BSP 结合)。CSB 方法先用 CSF 方法确定企业目标，然后用 SST 方法补充完善企业目标，并将这些目标转化为信息系统目标，用 BSP 方法校核两个目标，并确定信息系统结构，这样就补充了单个方法的不足。当然，这也使得整个方法过于复杂，而削弱了单个方法的灵活性。

4.4　企业过程重组与企业过程改进

企业实施管理信息系统，必须有相应的企业过程与之相适应。应当在系统实施之前，重新设计企业过程。在规划和实施信息系统时，必须在规范企业现有过程的基础上，结合新的管理信息系统对信息处理的特点，重新设计企业过程。去掉多余、不合理的过程活动，增加新的必需过程。

企业过程是指为完成企业目标或任务而进行的一系列逻辑相关的业务活动。对企业过程重新设计，首先要找出现有企业过程中存在的问题，并确定新系统实施后对新的企业过程的要求。发现问题主要依靠过程处理人员，确定新企业过程需要系统开发人员与过程处理人员共同分析现在的企业过程图，找出问题，分析哪一节在实施信息系统后是多余的，或还需要增加哪些环节等。

如果企业过程改变很大，需要根据信息系统的功能进行全面的企业过程改造，这种变革方式称为企业过程重组(Business Process Reengineering，BPR)；渐进式的改进，称为企业过程改进(Business Process Improvement，BPI)。现在，MIS 规划和企业过程重组已经紧密连接，进行 MIS 规划就是考虑企业过程重组。

4.4.1 企业过程重组

1. 企业过程重组的概念

关键成功因素法、战略集合转换法和企业系统规划法考虑较多的是在现行系统的基础上，通过现代管理技术来分析设计新系统。虽然对企业过程也进行改造，但力度不够，有时无法获得预期的效果。必须从根本上重新考虑现行系统企业过程是否合理，重新思考企业过程，对现行系统进行重新组织。

企业过程重组就是对企业进行根本的从头思考和彻底的再设计，以获得成本、质量、服务和速度等方面的业绩大幅提高。

根本的思考包括："为什么要做正在做的事情?"、"为什么要按现在的工作方式做事情?"企业管理人员必须就企业以及运营方式的根本性问题提出疑问。对现行系统进行彻底的怀疑，用敏锐的眼光发现企业的问题，只有看出问题、看透问题，才能更好地解决问题。通过观察和思考，会发现沿袭下来的旧规则和假设已经是过时的，甚至是错误的，因而是不适用的。彻底的再设计，意思是要动大手术，不是一般性的修补。意味着对事物追根溯源，对现有的企业过程不是进行肤浅的修补，而是抛弃一切过时的规定结构与过程，保留具有核心竞争力的业务，创造发明全新的完成工作的方法。彻底地再设计是对企业的运行过程和业务进行重新构造，不是对企业进行改良。

企业过程重组的目的不是取得小小的改善，而是要取得业绩上的突飞猛进、巨大的增长是在原来增长的基础上的一个非线性跳跃，是量变基础上的质变。在实施企业过程重组中，应该强调业务过程。过程要跨越部门，过程的改变会引起企业内的混乱。多数企业领导人往往把注意力集中在任务、工作、人员和组织结构而不是企业过程，并不以过程为中心。过程与企业业务是分不开的，不同的业务对应着不同的企业过程。

许多企业广泛利用 MIS 来实施企业过程重组，帮助企业创建了新型的过程模式。信息技术的应用有可能改变原有的信息采集、加工和使用方式，甚至使信息的质量、获取途径和传递手段等发生根本性的变化。

2. 实现企业过程重组的手段

实现 BPR 的手段之一是信息技术。充分发挥信息技术的潜能，利用信息技术改造企业过程、简化企业过程。企业过程重组之所以能达到巨大的效益，在于充分发挥信息技术的潜能。在 MIS 分析中，创造性地对现有企业过程进行分析，找出现有流程存在的问题及产生该问题的原因，分析每一项活动存在的必要性，并根据企业的战略目标，发现确认必要的企业过程。在信息技术支持下，合并一些活动，减少管理层次，取消不必要的审批检查。

实现 BPR 的手段之二是组织结构变革。变革、精简企业的组织结构，达到提高效率的目的。

企业过程重组的主要技术是简化和优化过程。过程简化的主要思想是战略上精简分散的过程；职能上纠正错位的过程；执行上删除冗余的过程。利用信息技术进行企业过程重组，简化企业过程时应遵循一定的原则，这些原则包括：

(1) 横向集成。跨部门的工作按过程压缩。

(2) 纵向集成。权力下放，压缩层次。

(3) 减少检查、校正和控制。变事后检查为事前管理。

(4) 单点对待顾客。用入口信息代替中间信息。

(5) 单库提供信息。建立统一的共享信息库。

(6) 一条路径到达输出。明确处理路径。

(7) 并行工程。串行已不可能再压缩时，把串行变为并行处理。

(8) 灵活选择过程连接。对不同输入，可能不需要经过全过程，用尽可能少的过程实现输出。

3. 企业过程重组适用的企业

重组的目标在于实现管理的现代化。包括：企业的组织更趋扁平化；企业将更多地采用更大的团队工作方式，团队间的相互了解和主动协调将大大提高；整个组织将更主动、更积极地面向客户，从而达到管理过程化、职能综合化和组织扁平化。

通常在以下几种情况下，企业要进行企业过程重组。

(1) 企业竞争力下滑，有必要调整企业战略和进行重构。

(2) 企业濒临破产，不改只能倒闭。

(3) 企业领导认识到企业过程重组能大大提高企业竞争力，而企业又有此扩张需要。

(4) 企业过程重组在自己相关的企业(如竞争对手)获得成功，影响了本企业。

企业过程重组在濒临破产的企业和需要大发展的企业容易推进企业过程重组。

4.4.2 企业过程改进

企业过程重组的失败率很高，企业过程重组的风险极大，如果搞不好，企业新的过程没有建立，而又废掉了原有的落后但实用的过程，企业进退两难。企业过程改进可以逐步进行，是降低风险的可行办法。企业过程改进涉及 6 个问题，即分析每一个环节的目的、内容、人员、时间、地点和方法，从而对不合理的环节进行改进。其具体内容如表 4-1 所示。

表 4-1　企业过程改进涉及的问题

问　　题	结　　论	措　　施
目的——该项工作是否有必要	说明为何必须这样做	取消不必要环节
内容——做什么？有必要吗？	确定工作内容	
人员——谁做合适？	明确责任人	改进需要改进的环节
时间——何时做合适？	确定工作时间	
地点——何处做合适？	制定岗位	
方法——如何做更合适？	确定方法与程序	

改进企业过程可采用 ECRS 四原则，即取消(Eliminate,E)、合并(Combine,C)、重排(Rearrange,R)、简化(Simplify,S)。

1. 取消

取消所有不必要的工作环节。某个处理、某个渠道手续是否会因为采用信息系统可以取消？比如数据核对环节采用了信息系统后，日记账与记账凭证核对环节就可以取消。

2. 合并

对不能取消的工作环节，考虑是否可以合并；合并可以合并的工序。为了做好某项复杂工作，自然要有分工和合作。分工的目的，或是因为工作量超过负担，或是出于专业的要求，或是从增加工作效率来考虑。采用信息系统后，针对由工作量进行的分工，可以考虑合并。对于专业分工的问题，也考虑是否可以合并。

3. 重排

取消和合并一些工序后，要将所有过程按业务的逻辑或信息的流向进行重排顺序，在这一步还可以进一步发现可以取消和合并的内容，使作业更有条理，工作效率更高。

4. 简化

简化所必需的工作，这种简化是对工作内容和处理环节本身的简化。

4.4.3　系统规划与企业形象系统

企业形象系统(Corporate Identity Systems,CIS)是企业精神和物质的表现，它不仅有神，也有形，达到形神的统一。一个整洁高雅的企业环境，一定会有高质量的产品和高素质的职工。CIS 实际上也是信息系统，而计算机化的信息系统也是形象系统。信息系统规划要考虑企业的文化。每个公司均有一个不同于其他企业的公司文化。它包括办事和决策的方式、交流中未写出的规则、共享的价值观、企业变革的引入等。企业文化各种各样，总起来分为两大类：进取型的和稳健型的。进取型的企业领导喜欢冒风险，在信息系统方面他们愿意用先进的不太成熟的技术；而稳健型的则厌恶风险，在信息系统方面愿用成熟的技术，并愿意开发能立即见效的项目。

信息系统同样应适应于企业的组织原则。许多企业具有清楚的权威线和决策的责任线，这样的企业采用分散型的由各部控制信息资源的方式较合适。有些企业权威线模糊，采用非私有的共享的信息系统较合适。某些企业强调合作和混合编组工作，采用一个统一的数据库，一组输入数据方式较适合。有些企业在部门之间提倡竞争，信息中心分散也许最佳。有些企业强调道德观念，强调信息的私有和安全，强调审计和领导的评价，它所要求的信息系统又不同。

总之，企业的习惯不同，规划的方式和内容就不同，信息系统规划和企业形象规划均需要很好地研究企业的文化和习惯。

4.5 系统规划报告

学生学籍管理信息系统规划示例。

1. 系统的意义与目标

学生学籍管理系统是一个教育单位不可缺少的部分，它的内容对于学校的决策者和管理者来说都至关重要，但一直以来人们使用传统人工的方式管理学生学籍工作，这种管理方式存在着许多缺点。随着科学技术的不断提高，计算机科学的日渐成熟，其强大的功能已经为人们深刻认识，它已进入人类社会的各个领域并发挥着越来越重要的作用。MIS为计算机应用的一部分，使用计算机对学生的有关信息进行管理，具有手工管理所无法比拟的优点，开发学籍管理系统能帮助教研人员利用计算机，快速方便的对学生学籍管理进行管理、输入、输出、查找的所需操作，使散乱的人事档案能够具体化、直观化、合理化。

2. 系统的用户需求

学生学籍管理功能需求如下：

(1) 记录学生档案的相关情况。

(2) 记录学生课程成绩的相关情况。

(3) 管理学生的异动情况。

(4) 管理学生上课情况。

(5) 统计辅助功能，如登录、用户管理等。

(6) 大的决策分析功能。例如，学校可以分析本校的入学质量。

教务管理人员使用这个系统可以管理学生的基本情况、学生的学习情况。学生使用这个系统可以查看自己的学习成绩。教师使用这个系统可以查看开课情况和所教学生的基本情况。

学生学籍管理系统的性能要求如下：

(1) 遵循管理规范，技术先进、安全可靠、系统开放、经济实用的原则。

(2) 本系统以独立运行为主，但同时又可与学生管理系统挂接。

(3) 界面简洁、统一、友好。

(4) 操作简便，向导式操作，可以提供非计算机操作人员使用。

(5) 相关数据显示功能。

(6) 数据导入功能。

(7) 根据日常学籍工作流程设计系统，完全根据工作流程进行系统设计，配合新生入学工作流程。

(8) 提供程序的稳定与安全功能。

(9) 完善的数据打印和报表功能。

3. 系统经费概算

初步估算约需人民币 20 万元，包括硬件资源、技术资料、开发费用、培训费用等。其中，开发期间约需人民币 8 万元，调试与运行期间约需人民币 6 万元。

4. 系统开发计划

系统计划由开发小组(开发人员 4 人)用 12 个月完成，具体时间计划如下：

系统调研、系统分析：3 个月。

系统设计：2 个月。

系统程序设计：3 个月。

系统调试：2 个月。

系统试运行：2 个月。

本章小结

MIS 的战略规划是关于 MIS 长远发展的规划。这项工作的好坏往往是管理信息系统成败的关键，因此，必须首先认真地制定好发展管理信息系统的战略规划。通过本章的学习应达到以下学习目标：

(1) 了解管理信息系统规划的内容、组织、特点、原则。

(2) 理解诺兰阶段模型、三阶段模型。

(3) 掌握企业系统规划法。

(4) 掌握关键成功因素法。

(5) 掌握战略目标集转移法。

习 题

1. 选择题

(1) 在诺兰模型中，开始对计算机的使用进行规划与控制是在(　　)。

A. 集成阶段　　B. 成熟阶段　　C. 控制阶段　　D. 数据管理阶段

(2) 企业系统规划法是(　　)地进行系统规划和(　　)地付诸实施。

A. 自上而下，自下而上　　B. 自下而上，自上而下

C. 自上而下，由总到分　　D. 由总到分，自上而下

(3) 计算机的作用主要用于学习和培训，真正用于管理的尚属少数，这是诺兰模型中计算机应用的(　　)。

A. 初始阶段　　B. 数据管理阶段

C. 普及阶段　　D. 成熟阶段

(4) 信息系统规划的主要方法不包括(　　)。

A. 战略集合转移法　　B. 关键成功要素法

C. 企业系统规划法　　D. 业务流程法

(5) 在诺兰模型中，建成完全一体化数据库是(　　)的标志。

A. 扩展阶段　　B. 控制阶段

C. 整体化阶段　　D. 数据管理阶段

(6) 关于U/C矩阵说法错误的是(　　)。

A. 每一列至少有一个C　　B. 每一列至少有一个U

C. 每一列不能没有U和C　　D. 不能出现空行

(7) 诺兰阶段模型把信息系统的成长过程划分为(　　)个阶段。

A. 三　　B. 四　　C. 五　　D. 六

(8) BSP法的优点在于能保证(　　)独立于企业的组织机构。

A. 信息系统　　B. 数据类　　C. 管理功能　　D. 系统规划

(9) (　　)指的是企业管理中必要的、逻辑相关的，为了完成某种管理功能的一组活动。

A. 管理功能　　B. 业务过程　　C. 系统规划　　D. 开发方法

(10) U/C矩阵是用来进行(　　)的方法。

A. 系统开发　　B. 系统分析　　C. 子系统划分　　D. 系统规划

2. 填空题

(1) 诺兰阶段模型把信息系统的成长过程划分为________、________、________、________、________和________六个阶段。

(2) 诺兰阶段模型的控制阶段是实现以计算机管理为主到________管理为主转换的关键。

(3) BSP法的优点在于利用它能保证信息系统独立于________。

(4) 关键成功因素指的是对企业成功起________作用的因素。

(5) U/C矩阵中的数据类是指支持业务过程所必需的________数据。

(6) BSP法是将________和________两者作为定义企业信息系统总体结构的基础。

3. 思考题

(1) U/C矩阵的正确性由哪些方面检验？

(2) 简述BSP方法的步骤。

(3) 简述关键成功因素法的步骤。

(4) 简述三阶段模型。

(5) 简述战略目标集转移法的基本步骤。

(6) 简述管理信息系统规划的内容。

(7) 简述管理信息系统规划的组织。

(8) 简述管理信息系统规划的特点。

(9) 简述管理信息系统规划的原则。

实验：管理信息系统的规划

1. 实验目的

通过旅行社管理信息系统开发，让学生了解管理信息系统规划工作的重点，掌握系统规划报告说明书的写作能力。

2. 实验背景材料

中原旅行社是20世纪90年代成立的一家中型旅行社，目前共有员工30人，年营业额达到400万。近年来，随着旅行社业务扩大，公司王总希望开发一套适合本公司的旅行社管理信息系统。王总首先请信息管理专家对其进行信息系统基本知识培训。深刻认识到旅行社管理信息系统的职能是对旅行社生产服务过程的管理实现信息化，从而提高旅行社的生产率和管理效率，同时提高旅行社的市场竞争能力，满足现代人的个性化服务要求。设计旅行社管理系统的目的是提高旅行社管理效率。增加效益。简单的定义为旅行社管理信息系统是利用计算机技术和通信技术，对旅行社经营的所有信息进行综合管理和控制的以人为主体的人机综合系统。为了使开发的信息系统能为企业创造更好的经济效益，王总决定成立中原旅行社管理信息系统开发领导小组，并且聘请了富有开发经验的张工做项目经理，同时给予10万元的开发预算，希望开发的管理信息系统能解决当前公司面临的以下几个问题：①各部门信息不能共享；②手工信息管理混乱，容易出错，致使对游客的服务不到位；③各部门统计报告提交延迟，致使销售部门不能及时得到信息反馈，公司工作重心不能快速转移。

基于此要求，张工首先对旅行社进行了一个月的实地调查，发现中原旅行社的各类人员有以下主要职能：①组团职能；②接团职能；③导游职能；④散客职能；⑤交通职能；⑥计调职能；⑦财务职能；⑧综合业务职能。

同时还必须具备对数据资源信息、客户资源、旅行社物资供应链进行管理与利用的功能。旅行社还必须包含内部管理的功能需求，具体如下：①办公室管理；②人事管理；③外联管理。

再进行深入调查，发现主要职能的业务流程如下：

(1) 组团的信息流程

旅行社团中心的业务主要是组团报价与组团核算部分。组团报价的业务过程是：根据境外旅行社预报的中国境内旅游线路和旅游日期进行预算，将报价寄回境外旅行社；境外旅行社同意方案后，编制旅游计划，下发到旅游路线上的各个旅行社；将报价及团队人数报组团中心进行核算。

(2) 接待的信息流程

旅行社接待部门的工作主要是接待是接待旅行消费者。其接待过程比饭店的接待要简单。由于接待部门主要业务是进行接团核算，而且核算过程比较复杂。

(3) 计调部的信息流程

计调部的主要业务是接收各组团社的计划书，指示各接待部门及旅行社的交通部门订机票和火车票，下达用车计划，负责订餐、订房等，这些计划一般是以各种报表的形式体现的。

(4) 综合业务部的信息流程

在旅行社经营管理中，与综合业务部有业务温暖过来的部门比较多。而且该部门与本地的景点。饭店等联系也比较多/综合业务部通过统计及检查等方式。完成各旅行社的总体报表，并把这些报表提供给有关主管部门和领导。

(5) 财务部的信息流程

财务部是旅行社企业经营管理的核心部门。主要的业务是根据各业务部门送达的费用单和收入单做收入和支出现金或银行存款凭证；根据费用单或收入单制作收支凭证；分句业务内容做转账凭证；根据平整证记账，分别记日记账和明细账及总账。月底根据总账记各科目发生额制作内部表和外部表。旅行社财务部的主要业务是账务处理与成本核算。①账务处理流程；②成本核算流程。

3. 实验内容

假如你是张工，领导小组成员 5～6 人进行该项目的开发工作，选择了结构化开发方法，第一步骤是进行中原旅行社管理信息系统总体规划工作，所谓总体规划是开发管理信息系统的第一阶段，在开发初期必须以整个系统为分析对象，确定系统的总体目标、总要求、主要功能结构、性能要求、投资规模、资源分配、可行性等，对系统进行全面规划。

本规划内容要求小组完成以下内容：①背景；②现行业务状况，存在的问题；③说明项目开发的目标(功能、服务范围和质量)；④项目的可行性分析；⑤拟采用的信息系统的方法；⑥项目小组的角色分配；⑦项目开发过程时间进度、人员、资金安排。

4. 实验任务

撰写中原旅行社管理信息系统规划，须包含以下内容：①背景，现行业务状况，存在的问题；②项目开发的目标和约束；③项目的可行性分析；④拟采用的信息系统的方法；⑤项目小组的角色分配；⑥项目开发过程时间进度、人员、资金安排。

第5章 系统分析

管理信息系统分析是管理信息系统开发的基础,它在管理信息系统开发过程中处于重要的地位。管理信息系统分析的任务是:在充分认识原信息系统的基础上,通过初步调查、可行性分析、详细调查、系统化分析,最终完成新系统的逻辑方案设计。本章主要采用结构化分析方法详细研究管理信息系统分析。从某种程度上讲,管理信息系统分析的成功与失败决定了管理信息系统开发的成功和失败。

5.1 系统的初步调查和可行性分析

初步调查与可行性研究是系统开发工作展开前的前期准备工作,它决定了该系统能否立项,以及立项后大致按什么规模、什么模式进行开发。所以初步调查与可行性研究工作主要是根据系统开发可行性的要求,从企业内部对信息系统开发实际需求、企业基础数据管理工作对于支持将要开发的信息系统的可能性、企业管理现状和现代化管理的发展趋势、现有的物力、财力对新系统开发的承受能力、现有的技术条件以及开发新系统在技术上的可行性、管理人员对新系统的期望值以及对新系统运作模式的适应能力等。

5.1.1 系统的初步调查

信息系统的开发一般都是由用户提出要求开始的,而对于这种开发要求是否具有可行性,以及原有信息系统是否真是到了必须推倒重来的地步等,都需要在系统开发之前认真考虑。在没做这些考虑之前提前进入后续任何一项工作都是很不明智的。为了使系统开发工作更加有效地展开,有经验的开发者往往将系统调查分为两步:第一步是初步调查,即先投入少量人力对系统进行大致的了解,然后再看有无开发的可行性;第二步是详细系统调查,即在系统开发具有可行性并已正式立项后,再投入大量人力展开大规模、全面的系统业务调查。在第一步中,初步调查的范围大致包括如下几个方面。

1. 用户需求分析

初步调查的第一步就要从用户提出新系统开发的缘由,以及用户对新系统的要求入手,考查用户对新系统的需求,预期新系统要达到的目的。因为信息系统将会涉及组织管理工作的各个方面,故这里所说的用户指的是上上下下各级管理人员。他们对新系统开发的需求状况、新系统的期望目标、是否愿意下大力气参与和配合系统开发、在新系统改革涉及用户业务范围和习惯做法时,用户是否有根据系统分析和整体优化的要求调整自己职权范围和工作习惯的心理准备,上一层管理者有无参与开发工作,协调下一级管理部门业务和职能关系的愿望等都是首先要着手了解的内容。

2. 现有企业的运行状况

现有企业的基本状况包括：企业的性质、企业内部的组织结构、物流生产过程（对企业整体情况的了解）、厂区各办公楼或车间（或连锁商店总店与分店之间）的布局（为今后处理各种模型之间的关系和网络分布，以及分布式数据库所准备）、上级主管部门、横向协作部门、下设直属部门等（了解系统的对外信息流通渠道）。这些都是与系统开发可行性研究、系统开发初步建议方案，以及下一步详细调查直接相关，所以应该在初步调查中弄清楚。除这些现存的基本状况外，还有一点必须调查清楚的就是企业近期预计变化发生的可能性，它是今后制定以不变应“万变”措施的基础。这些可能的变化包括企业兼并、产品转向、厂址（店址）迁移、周围环境的变化等。

3. 管理方式和基础数据管理状况

现有企业的管理方式和基础数据管理状况是整个系统调查工作的重点，它与将要开发的系统密切相关。但是在初步调查阶段只需要对这些做大致的了解，并定性了解对今后系统开发能否支持即可。进一步深入地了解留待今后详细调查去解决。对管理方式的大致了解包括：企业整体管理状况的评估、组织职能机构与管理功能、重点职能部门（如计划、生产、财务、销售等）的大致管理方式，以及这些管理方式今后用计算机系统来辅助人管理的可行性，可以预见得到的将要更改的管理方法以及这些新方法将会对新系统以及实现管理问题所带来影响和新的要求等。

另外，在初步了解管理方式的同时还必须了解相应的基础数据管理状况，如基础数据管理工作是否完善，相应的管理指标体系是否健全，统计手段方法和程序是否合理，用户对于新系统的期望值有无实际的数据支持。如果没有的话，让企业增设这些管理数据指标和统计方法是否具有可行性。基础数据管理工作是实现信息系统和各种定量化管理方法的基础，如果不牢靠，后续各部分开发就无从做起。

4. 现有信息系统的运行状况

信息系统是一个人机结合式的开放式系统，广义地说，它并不是因计算机和网络等应用而存在的。所以说在决定是否开发新系统之前一定要了解一下现有系统（不论它是手工处理信息的系统还是计算机辅助人工处理的系统）的运行状况、特点、所存在的问题、可利用的信息资源、可利用的技术力量以及可利用的信息处理设备等。这部分调查是提出新系统开发设想方案以及论证这个方案在技术上是否具有可行性的原始资料。

5.1.2 可行性分析

初步调查的目的就是要事先了解一下系统的基本状况，开发者应根据实际情况对下述问题做出决择：现在系统是否具有完全推倒重来的必要性？如果完全推倒重来的话系统应该按何种方式、什么样的规模开发，以及这些方案执行的可行性如何等。

可行性分析就是要根据系统环境、资源等条件，判断所提出的项目是否具有实际开发的可行性。

可行性分析可以从如下三个方面着手进行。

1. 从技术上来考察

这就是分析所提出的要求在现有技术条件下是否有可能实现。例如，管理模型的要求、对定量化分析方法的要求、对处理精度方面的要求、对加快速度的要求、对存储能力的要求、对通信功能的要求等，都需要根据现有的技术水平进行认真的考虑。这里所说的现有水平，应是指社会上已经比较普遍地使用了的技术。不应该把尚在实验里的新技术和尚不确定的管理方法作为分析的依据。

2. 经济上的可行性

主要是预估费用支出和对项目的经济效益进行评价。在预估费用支出时，不仅要考虑主机费用，而且要计算外围设备费用、软件开发费用、人员培训费用和将来系统投入运行后的经常费用（如管理、维护费用）和备件费用。经济效益应从两方面综合考虑：一部分是可以用钱衡量的效益，例如加快流动资金周转，减少资金积压等；另一部分是难以用钱表示的，例如提供更多的更高质量的信息，提高取得信息的速度等。

3. 组织管理的可行性

从组织管理上分析新系统开发的可行性，内容包括：

（1）企业主管、部门主管对新系统开发是否支持，态度是否坚决。

（2）管理人员对新系统开发的态度如何，配合情况如何。

（3）管理基础工作如何，现行管理系统的业务处理是否具有标准运作程序等。

（4）新系统的开发执行导致管理模式、数据处理方式及工作习惯的改变，这些工作的变动数量如何，管理人员能否接受。

总之，需要从以上三个方面来判断项目是否具备开始进行的各种必要条件，这就是可行性分析。

5.1.3 可行性分析报告

可行性分析的结果要用可行性分析报告的形式编写出来，内容主要包括以下几个部分。

1. 引言

说明系统的名称、系统目标和系统功能、项目的由来等。

2. 系统开发的背景、必要性和意义

报告要用详细说明现行系统调查研究、需求调查和分析的全过程，要使人信服调查是真实的、可信的。

3. 拟定新系统的候选方案

系统候选方案应包括：拟建系统的目标、系统规模及初步方案、系统的实施方案、投资方案、人员培训等，还可以提出其他可供选择的方案。

4. 可行性研究

从技术、经济和组织管理方面对项目进行论证。

5. 方案的比较分析

如果有一种以上的方案对几种方案进行比较分析。

6. 结论

根据以上的可行性分析，得出项目是否可行的结论。一般有如下5种可能：

(1) 可以立即进行系统开发。

(2) 需要增加一定资源后才能进行开发。

(3) 要推迟到某些条件具备以后才开始进行开发。

(4) 需对系统的目标进行重大修改。

(5) 不能或不必要对系统进行开发。

可行性分析报告要尽量取得有关管理人员的一致认识，并在主管领导批准之后方可实施，进入对系统进行详细调查的阶段。

5.2 系统的详细调查

在系统开发正式立项后，就应该立刻着手对组织的管理业务工作进行详细的调查。详细调查是系统开发工作中的一项十分重要的工作，它是开发人员弄清实际情况。制定合理方案、开发信息系统的基础。同时它也是一项十分繁杂、工作量很大的工作。对此必须加以充分的重视。

5.2.1 系统详细调查概述

1. 详细调查的目的

详细调查就是研究目前的业务系统，弄清用户对新系统的功能及信息要求。新系统产生的基础是现有的系统。因此，对现行系统进行详细调查是系统分析中的一个环节。开发一个新系统之前，一般都有一个用于企业信息处理的现行系统。它可能是人工的，或是计算机化的，也可能是部分计算机化的。不管是什么形式，现行系统是一个在实际运行中经受过考验的、可行的系统。现行系统的工作流程、信息需求都将成为新系统设计的依据，现行系统存在的缺点和不足正是新系统进行改进和提高的依据。因此，对现行系统了解的程度直接影响新系统方案的制定。

详细调查与初步调查不同，初步调查的任务是了解企业的概貌，如企业规模、目标、机构、供销、人员、设备、资金、管理水平等；目的是确定企业有无必要和可能建立新系统，并合理地确定新系统的目标、系统总体方案及进行系统可行性分析。初步调查在系统开发的准备阶段进行，是一种概括的、粗略的调查。详细调查是在初步调查的基础上进行的深入、细致、详尽的调查。它涉及企业内部各部门业务信息处理工作的功能及各功能之间的信息流动的关系。详细调查在系统分析阶段进行，其目的是为了设计出新系统的功能及逻辑模型。显然，详细调查的工作量要比初步调查大得多。

2. 详细调查的方法

调查的方法有多种多样，经常使用的有：

(1) 问卷调查法。可以用来调查系统普遍性的问题。由初步调查结果可得到组织的基本情况。

(2) 召开调查会。这是一种集中调查的方法，适合于了解宏观情况。

调查人员直接参加业务实践。开发人员亲自参加业务实践，不仅可以获得第一手资料，而且便于开发人员和业务人员的交流，使系统的开发工作接近用户，用户更了解新系统。

(3) 个别访问。某些特殊问题或细节的调查，可对有关的业务人员作专题访问，仔细了解每一步骤、方法等细节。

(4) 其他还有专家调查等方法，可以根据系统调查的具体需要确定调查方法。

总的原则是，以了解清楚现状为最终目标。

3. 详细调查的内容

详细调查也可以称为系统的功能与数据调查。其内容主要由两个方面组成：一是现行系统管理业务的功能调查；二是现行系统的信息及信息流程调查。这两方面的问题是紧密联系的。调查时，必须注意它们之间的关系。

详细调查的内容包括：

(1) 组织机构及业务功能。

(2) 各部门的工作目标和发展战略。

(3) 业务信息处理流程。

(4) 数据调查。

(5) 处理逻辑调查。

(6) 查询与决策要求调查。

(7) 存在问题调查。

下面对详细调查的主要内容进行介绍。

5.2.2 组织结构分析

组织结构分析就是对组织结构与功能进行分析，弄清组织内部的部门划分，以及各部门之间的领导与被领导关系、信息资料的传递关系、物资流动关系与资金流动关系，并了解各部门的工作内容与职责。此外，还应详细了解各级组织存在的问题以及对新系统的要求等。通常可用组织结构图来表示，如图 5-1 所示。

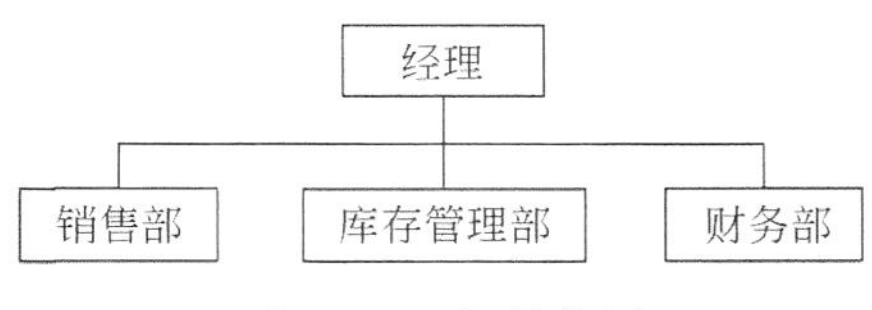

图 5-1 组织结构图

5.2.3 业务流程分析

业务流程分析的基础是业务流程调查和现有信息载体的相关调查。业务流程分析的目的是通过剖析现行业务流程，经过调整、整合以及重构目标系统的业务流程。业务流程分析的基本工具是业务流程图，业务流程图通过标准的符号进行绘制。业务流程分析是数据流程分析的基础，对整个系统分析具有基础性作用。

1. 业务流程分析的任务

业务流程调查是工作量大、烦琐而又细致的工作。它的主要任务是调查系统中各环节的业务活动，掌握业务的内容、作用及信息的输入、输出、数据存储和信息处理方法及过程等，为建立系统的数据模型和逻辑模型打下基础。在此基础上，尽量用标准的符号描述出来，绘制成现行系统业务流程图。

2. 业务流程图

业务流程图(Transaction Flow Diagram，TFD)是用一些规定的符号及连线来表示某个具体业务处理过程。业务流程图的绘制基本上按照业务的实际处理步骤和过程绘制。换句话说，就是一"本"用图形方式来反映实际业务处理过程的"流水账"，绘制出这本"流水账"对于开发者理顺和优化业务过程是很有帮助的。

有关业务流程图的画法，目前尚不太统一，但大同小异，只是在一些具体的规定和所用的图形符号方面有些不同，而在准确明了地反映业务流程方面是非常一致的。

(1) 基本符号

业务流程图的基本图形符号非常简单，只有 6 个。有关 6 个符号的内部解释则可直接用文字标于图内。这 6 个符号所代表的内容与信息系统最基本的处理功能一一对应，如图 5-2 所示。圆圈表示业务处理单位；方框表示业务处理内容；报表符号表示输出信息(报表、报告、文件、图形等)；不封口的方框表示存储文件；卡片符号表示收集资料；矢量连线表示业务过程联系。

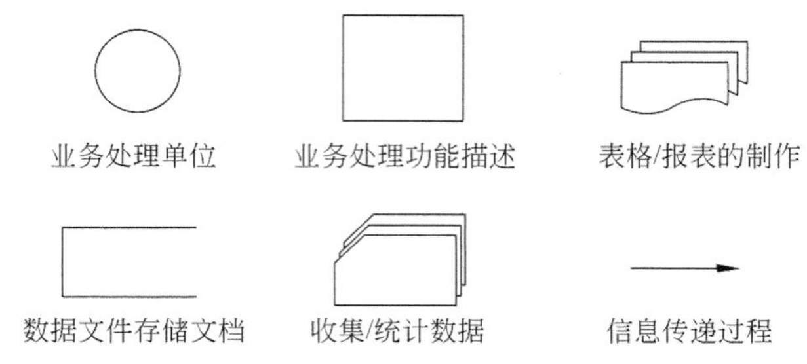

图 5-2　业务流程图的基本图形符号

(2) 绘制举例

业务流程图的绘制是根据系统调查表中所得到的资料和问卷调查的结果，按业务实际处理过程将它们绘制在同一张图上。例如，某工厂库存管理的业务流程图如图 5-3 所示，其处理过程如下：

① 商品入库。采购员采购货物后，发出入库单给库房。库房管理员进行验货入库处理，如发现有不合格货品，将不合格的入库单返回给采购员，如果合格则登记购入流水账。

② 商品出库。销售员提交出库单，库房保管员对出库单进行审核，将不合格的出库单返回给销售员，如果合格则登记销售流水账。

③ 库存统计。库房统计员根据购入流水账和销售流水账登记库存台账，并定期统计分析各种产品每月出入库数量等综合数据，产生月报表，上报主管部门。

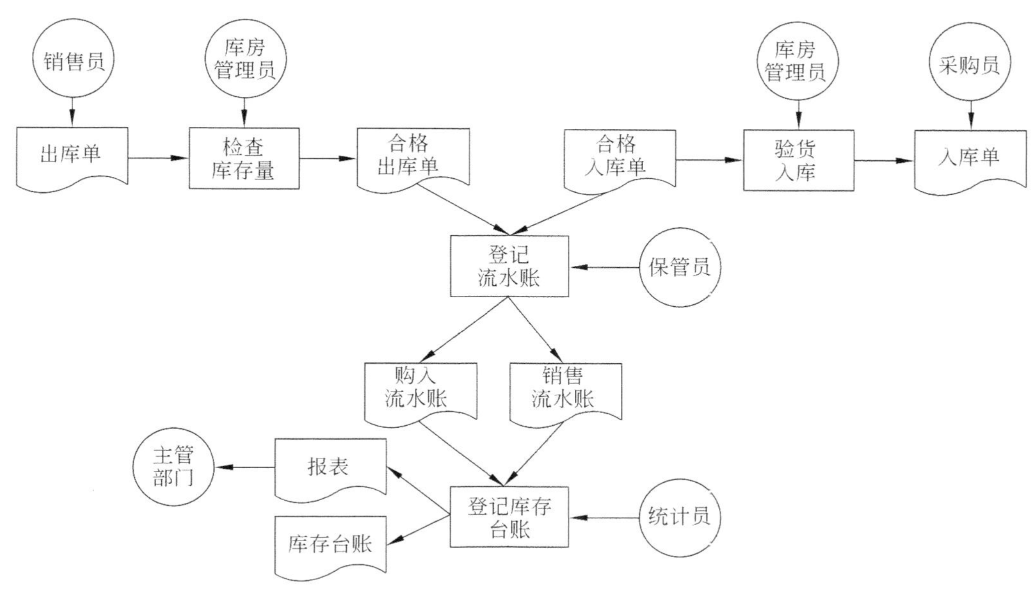

图 5-3 库存管理的业务流程图

业务流程图是一种用尽可能少、尽可能简单的方法来描述业务处理过程的方法。由于它的符号简单明了，所以非常易于阅读和理解业务流程。但它的不足是对于一些专业性较强的业务处理细节缺乏足够的表现手段，它比较适用于反映事务处理类型的业务过程。

5.2.4 数据流程分析

数据是系统要处理的对象。人们要把现实的业务抽象为数据，信息系统也是模拟现实业务的系统。在业务流程分析以后，就应该以数据为中心分析，确定信息的各种属性、信息流向以及信息处理的各个方面。数据流程分析是建立数据库系统和设计功能模块的基础。通常以数据流图作为分析的主要工具。

数据流程的分析，即把数据在组织(或原系统)内部的流动情况抽象地独立出来，舍去了具体组织机构、信息载体、处理工作、物资、材料等。单从数据流动过程来考查实际业务的数据处理模式。数据流程分析主要包括对信息的流动、传递、处理、存储等的分析。

1. 数据收集与分析

系统数据流分析的基础是数据或资料的收集，其原则是一切从实际出发。数据收集和数据分析工作没有明显的界限，数据收集常伴以分析，而数据分析又常需要补充收集数据。收集的数据包括各部门的正式文件，如各种卡片、报表、各种会议记录；现行系统的说明文件，如各种流程图、程序；各部门外的数据来源，如上级文件、计算机公司的说明书、外单位的经验材料等。

数据资料收集是数据流程调查过程中的一项重要任务，其主要工作包括以下几点：

(1) 按业务过程收集原系统全部输入单据(如入库单、收据、凭证)、输出报表和数据存储介质(如账本、清单)的典型格式。

(2) 弄清各环节上的处理方法和计算方法。

(3) 在上述各种单据、报表、账本的典型样品上或用附页注明制作单位、报送单位、发生频度(如每月制作几张)、发生的高峰时间及发生量等。

(4) 在上述各种单据、报表、账册的典型样品上注明各项数据的类型(数字、字符)、长度、取值范围(指最大值和最小值)。

2. 数据汇总

汇总是一项较为繁杂的工作，通常按如下4个步骤进行：

(1) 数据分类编码。将收集到的数据资料按业务过程进行分类编码，按处理过程的顺序排列。

(2) 数据完整性分析。按业务过程自顶向下对数据项进行整理，从本到源，直到记录数据的原始单据或凭证，确保数据的完整性和正确性。例如，对于成本管理业务，应从最终成本报表开始，检查报表中每栏数据的来源，一直查到最初的原始统计数据(如生产统计、成本消耗统计、产品统计、销售统计、库存统计等)或原始财务数据(如单据、凭证等)。

(3) 将所有原始数据和最终数据分类整理出来。原始数据是新系统确定关系数据库基本表的主要内容，而最终输出数据则反映管理业务所需要的主要指标。

(4) 确定数据的长度和精度。根据用户对数据的使用情况以及预计该业务的发展规模，统一确定数据的字长和精度。

3. 数据流图

数据流程分析是通过数据流图(Data Flow Diagram, DFD)来实现的。数据流图是一种能全面地描述信息系统逻辑模型的主要工具，它可以用少数几种符号综合地反映出信息在系统中的流动、处理和存储的情况。数据流图具有抽象性和概括性。抽象性表现在它完全舍去了具体的物质，只剩下数据的流动、加工处理和存储；概括性表现在它可以把信息处理过程中的各种不同业务处理过程联系起来，形成一个整体。无论是手工操作部分还是计算机处理部分，都可以用它表达出来。

数据流图通常用如图5-4所示的符号来表示。

(1) 外部实体。外部实体用一个小方框并外加一个立体轮廓线表示，在小方框中用文字注明外部实体的编码属性和名称。如果该外部实体还出现在其他数据流程中，则可在小方框的右下角划一斜线，标出相对应的数据流程图编号。

(2) 数据流。是一束按特定的方向从源点流到终点的数据，它指出了数据及其流动方

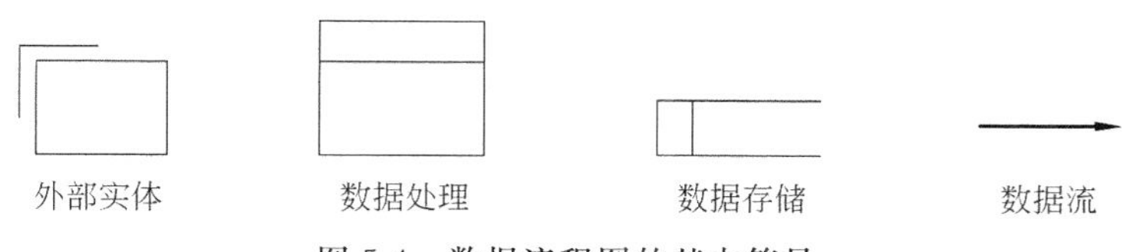

图 5-4　数据流程图的基本符号

向。数据流可以由某一外部实体产生，也可以由处理过程或数据存储产生。对每一条数据流都要给予简单的描述，以便使用户和系统设计人员能够理解它的含义。

(3) 数据处理。数据处理用圆角小方框来表示。方框内必须表示清楚三个方面的信息：一是综合反映数据流程、业务过程及本处理过程的编号；二是处理过程文字描述；三是该处理过程的进一步详细说明。因为处理过程一般比前几种图例所代表的内容要复杂得多，故必须在它的下方再加上一个信息注释，用它来指出进一步详细说明具体处理过程的图号。

(4) 数据存储。是对数据记录文件的读写处理，一般用一个右边不封口的长方形。

注意：关于数据流图的符号，不同的教科书有不同的规定。

4. 数据流图绘制

对于一个完整的信息系统，需要处理的数据很多，不可能在一张数据流图里完整表达所有数据的处理过程，解决的办法是先把整个信息系统分解成若干个子系统。若子系统还是太大，可以继续分解更小的子系统，直到每个数据处理过程可以画在一张图上为止。在此过程中，实际上是把整个流程图分解成若干个层次来画。把上述分解过程中得到的一套由抽象到具体的数据流图称为分层数据流图，绘制时采取自顶向下逐层分解的办法。

首先画出顶层数据流图。顶层(第 0 层)通常由一个数据处理和若干个输出/输入数据组成，它规定了系统的边界和范围，描述的是系统的概貌。顶层是由一些不必要细分的数据处理组成，这些数据处理过程称为基本数据处理过程。某厂库存管理系统的顶层数据流图如图 5-5 所示。

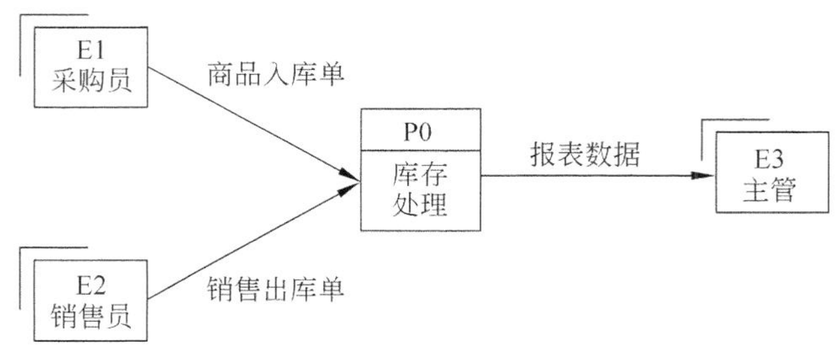

图 5-5　库存管理系统的顶层数据流图

下一步是对顶层数据流程图中的“处理”进行分解，也就是将“库存管理”分解为更多的“处理”。图 5-6 是分解后的第 1 层数据流图，图中包括三个“处理”，分别是：采购入库管理、销售出库管理及报表制作。图 5-7 和图 5-8 分别是采购入库管理和销售出库管理的第 2 层数据流图。

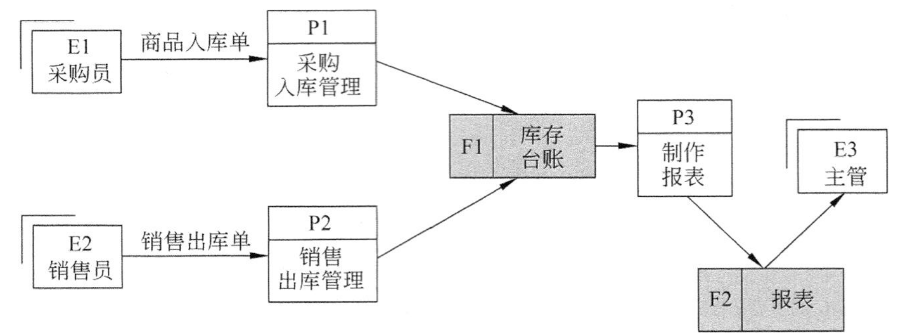

图 5-6　第 1 层数据流图

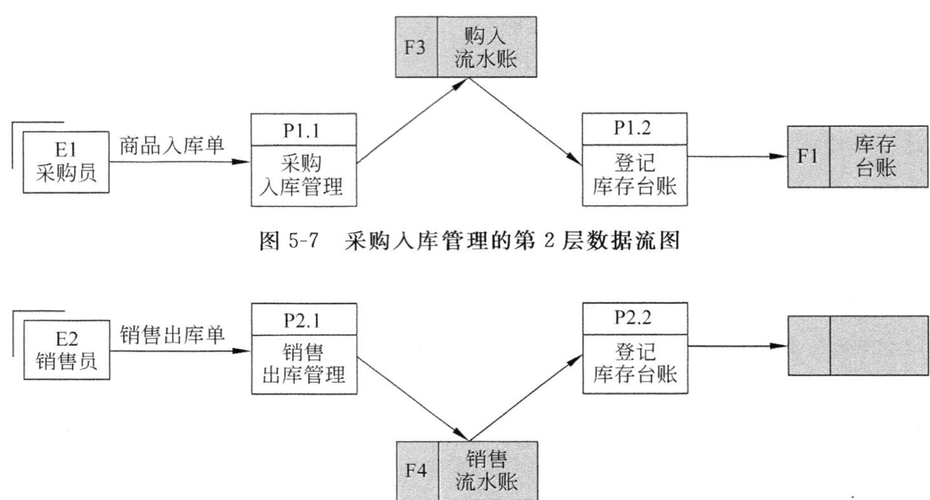

图 5-7　采购入库管理的第 2 层数据流图

图 5-8　销售出库管理的第 2 层数据流图

在逐层分解的过程中，要保证分解前后的输入数据流、输出数据流数目相等。它保证了一个数据流图在分解前后的功能不变。

数据流程图分多少层次应根据现实际情况而定，对于一个复杂的大系统，有时可分至七八层之多。为了提高规范化程度，有必要对图中各个元素加以编号。通常在编号之首冠以字母，用以表示不同的元素，可以用 P 表示处理，D 表示数据流，F 表示数据存储，E 表示外部实体。例如，P3.1.2 表示第三子系统第一层图的第二个处理。

5.2.5　数据字典

为了对数据流程图中的各个元素做出详细的说明，有必要建立数据字典。数据字典的内容主要是对数据流程图中的数据项、数据结构、数据流、数据存储、处理逻辑和外部实体六个方面进行具体的定义。数据流程图配以数据字典，就可以从图形和文字两个方面对系统的逻辑模型进行完整的描述。

数据字典把数据流图上所有数据都加以定义，并按特定格式予以记录，以备随时查询和修改。因此，数据字典是数据流图的辅助资料，对数据流图起注解作用。结构化系统分析中，数据字典主要用于描述数据流和数据存储的逻辑内容，以及外部实体和处理过程的某些数据特性。

数据字典中把数据的最小组成单位定义为数据项，而若干个数据项可以组成一个数据结构。数据字典是通过以数据项和数据结构的定义来描述数据流、数据存储的逻辑内容。

下面介绍数据字典中各元素的定义内容和定义方法。

1. 数据项

数据项是数据的最小组成单位，即不可再分的数据单位。分析数据特性应从静态和动态两个方面去进行。在数据字典中，仅对数据的静态特性作了定义，具体包括：①数据项的名称、编号、别名和简述；②数据项的长度；③数据项的取值范围。下面给出一个数据项定义示例。

例：数据项定义。

数据项编号：　I10
数据项名称：　库存量
别名：　实际库存量
概述：　某种商品的实际库存
类型；　数值型
长度：　4 位整数
取值范围：　0～9999

2. 数据结构

用来定义数据项之间的组合关系。数据字典中的数据结构，是对数据的一种逻辑描述，与物理实现无关。一个数据结构可以是若干个数据项的组合，也可以由若干个数据结构组成，还可以由若干个数据项和数据结构混合组成。在数据字典中，对数据结构的定义如下：数据结构的名称、编号、数据结构的组成、数据结构的简单描述、与之相关的数据流、数据结构或处理过程以及该数据结构可能的组织方式。下面给出一个数据结构定义示例。

例：数据结构定义。

数据结构编号：　DS03-01
数据结构名称：　客户信息
简述：　定义了一个客户的有关信息
数据结构组成：　客户编号＋客户名＋客户分类＋所在地区＋客户网址＋电子邮件＋客户地址＋客户来源

3. 数据流

数据流由一个或一组固定的数据项组成。定义数据流时，不仅要说明数据流的名称、组成等，还应指明它的来源、去向和数据流量等。下面给出一个数据流定义示例。

例：数据流定义。

数据流编号：　D1

数据流名称：　商品入库单

简述：　采购人员填写的商品入库凭单

数据流来源：　采购人员

数据流去向：　登记商品购入流水账处理功能

数据流组成：　日期＋入库单编号＋商品号＋单位＋购入数量

数据流量：　30份/天

高峰流量：　50份/天

4. 数据存储

数据存储是数据结构保存的场所，它在数据字典中只描述数据的逻辑存储结构，而不涉及它的物理组织。下面给出一个数据存储定义示例。

例：数据存储定义。

数据存储编号：　F1

数据存储名称：　库存台账

简述：　记录商品的编号、名称单价与库存数量等信息

数据存储组成：　商品号＋商品名称＋购入单价＋销售单价＋库存数量

相关联的处理：　登记库存台账、制作报表

数据字典中，强调的是对数据存储结构的逻辑设计，并用数据结构表达数据项之间的逻辑关系。但是，这种结果并不能满足系统分析阶段的要求。任何一个信息系统中，都可能有成百上千个数据项，仅仅描述这些数据项是不够的，更重要的是如何把它们以最优的方式组织起来，以满足系统对数据的要求。

5. 处理逻辑

数据字典中，对处理逻辑的描述有以下几项内容：名称、编号、简单描述、该处理逻辑的输入数据流、输出数据流及其来源与去向。下面给出一个处理逻辑定义示例。

例：处理逻辑定义。

处理逻辑编号：　P1.1

处理逻辑名称：　登记购入流水账

简述：　采购员根据入库单信息登记流水账

输入的数据流：　F1 商品入库单

处理：　读入商品入库单

读取商品入库单中的商品编号

打开购入流水账

按商品号查找入库单、商品编号、入库数量

如果存在

库存数量＝原来库存数量＋入库数量

否则

在流水账中添加一条新记录

将商品入库单上的商品编号、入库数量等写入购入流水账显示“入库完成!”信息

返回

输出的数据流： 如果入库单数据检验不合格,拒绝登记,并给出出错的原因和可能的改正方法;如果登记过程完成,除将数据写入购入流水账中,还要在屏幕上给出登记操作完成的提示。

处理频率： 30份/天

6. 外部实体

数据字典中,对外部实体的定义包括:外部实体的名称、对外部实体的简述及有关数据流。一个信息系统的外部实体不应过多,设法减少外部实体,否则系统的独立性不好。下面给出一个外部实体定义示例。

例:处理逻辑定义。

外部实体编号： E1

外部实体名称： 采购人员

简述： 负责商品的购入、与库房的商品交接

外部实体组成： 编码+姓名+性别+年龄+所属部门

输出的数据流： F1 商品入库单

上述6个方面的定义构成了数据字典的全部内容,在实际应用中,常常将数据存储和处理过程的描述另立报告,而不在数据字典中描述。另外,有时也可省去一些内容,如外部实体的描述。但是,数据项、数据结构和数据流必须列入数据字典中并加以详细说明。

5.2.6 处理逻辑的描述工具

数据流图中每个处理已在数据字典中进行了定义,在定义中除了指出其他特征外,还描述了每个处理所具有的功能。但是这种描述毕竟比较粗糙,不能充分作为系统设计员和程序员工作的依据,因而有必要采用一定的工具进行更为详细的描述。处理逻辑描述从另一个侧面刻画了系统的局部和细节,对数据流图进行了必要的补充。数据流图、数据字典和处理逻辑说明三者构成了系统的逻辑模型。能够清楚表达处理逻辑的工具主要有判断表、判断树和结构化语言。

1. 判断表(决策表)

当某个动作的执行不是只依赖于一个条件,而和若干个条件有关,在这种情况下用判断表较为合适。判断表是采用表格方式来描述处理逻辑的一种工具。直观地表达具体条件、决策规划和应当采取的行动策略之间的逻辑关系。判定表由4个部分组成,如表5-1所示。

表 5-1 判定表的基本组成

条件所指对象	各种条件的组合
所有的操作	在对应的条件组合下,某个操作是否要执行

实例:某公司的销售折扣政策如下:

当顾客的交易额少于 50 000 元(包括 50 000 元),则折扣率 $R=0$。

当顾客的交易额大于 50 000 元时,假若该客户最近三个月无欠款,则折扣率 $R=15\%$,否则看该客户是否为 20 年以上老客户,是则折扣率 $R=10\%$,不是则折扣率 $R=5\%$。

该方案的判定表如表 5-2 所示。

表 5-2 判定表

决策规则号		1	2	3	4
条件	交易额小于等于 50 000	Y	N	N	N
	客户无欠款	—	Y	N	N
	客户是 20 年以上的老顾客	—	—	Y	N
采取的行动	$R=0$	×			
	$R=5\%$				×
	$R=10\%$			×	
	$R=15\%$		×		

2. 判断树

判断树是用来表示逻辑判断问题的一种图形工具。它用"树"来表达不同条件下的不同处理。判断树的左边为树根,从左向右依次排列各种条件,左边的条件比右边的优先考虑。根据每个条件的取值不同,树可以产生很多分支,各分支的右端(即树梢)即为不同的条件取值状态下采取的行动,也称策略。

上面实例的判定树如图 5-9 所示。

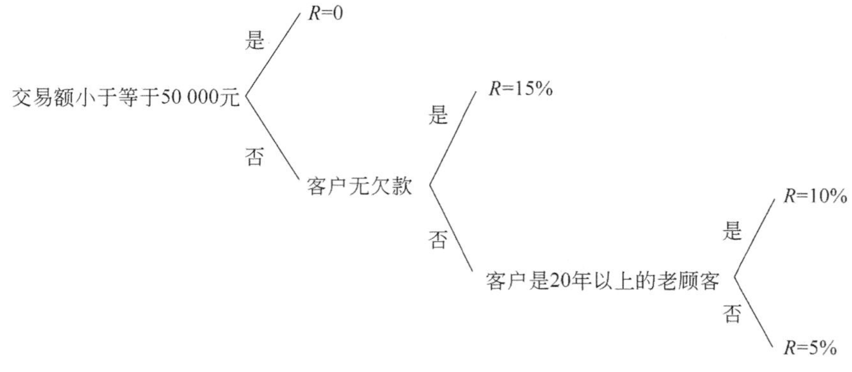

图 5-9 判定树

判定树是判定表的变种，本质完全一样，判断树比较直观，容易理解，但当条件多时，不容易清楚地表达出整个判别过程。

3. 结构化语言表示法

结构化语言是专门用来描述功能单元逻辑功能的一种规范化语言，它不同于自然语言，也不同于任何一种程序设计语言。结构化语言与自然语言的最大不同是它只使用极其有限的词汇和语句，以便简洁而明确地表达功能单元的逻辑功能。它使用了由 IF、THEN、ELSE 等词组成的规范化语言。下面是销售折扣政策逻辑过程的结构英语表示法。为了使用方便，这里将条件和应采取的行动用中文表示：

```
IF 交易额≤50 000 元
    THEN R=0
    ELSE
        IF 客户无欠款
        THEN R=15%
        ELSE
            IF 客户是 20 年以上的老客户
            THEN R=10%
            ELSE
                R=5%
```

5.3 系统化分析

5.3.1 分析系统目标

根据详细调查对可行性分析报告中提出的系统目标再次进行考察，对项目的可行性和必要性进行重新考虑，并根据对系统建设的环境和条件的调查修正系统目标，使系统目标适应组织的管理需求和战略目标。由于系统目标对系统建设具有举足轻重的意义，因此，必须经过仔细论证才能修改。要解决系统做什么的问题，可以从两个方面确定系统需求。

(1) 功能需求。功能需求是列出所开发信息系统在功能上应做什么，然后逐步细化所有的系统功能，找出系统各个元素之间的联系、接口特性和设计上的限制，分析它们是否满足客户要求，是否合理。

(2) 非功能需求。非功能需求包括系统性能、可靠性、安全/保密性、运行限制、适应性、成本消耗与开发进度需求、扩展性等。

在确定系统目标时，由于很难全面了解所涉及的一切因素以及达到此目标的所有不同途径，因此较合理的思路是把系统的功能限制在较少的基本指标或目的上，因为只要这些指标或目的达到了，其他许多变化就有可能实现，用不着过早地限制或讨论其细节。

5.3.2 分析业务流程

组织的业务是由时间上、逻辑上相关的一系列活动组成的业务流程，每个活动即为业务功能。在调查研究中已经明确了每个活动所要完成的工作、需要资源以及与其他活动的联系，但各个活动是分别考虑的，没有考虑到各个活动之间的依存关系，为了发现问题、分析不足，还需要进行业务关系分析。分析内容包括：根据流程中各个活动间的逻辑关系、时序关系、数据联系、资源约束和活动的相关性等，分析各个活动之间的关系。业务流程分析可以帮助人们了解该业务的具体处理过程，发现和处理系统调查工作中的错误或疏漏，修改和删除原系统中不合理的部分，在新系统基础上优化业务处理流程。例如，过去某工厂仓库由管理人员凭印象确定订货量，新系统改为根据各种备件的库存量和订货点来确定订货量。这时的信息处理流程就有了很大的变化。

业务流程分析的内容包括以下几个方面。

(1) 原有流程的分析。分析原有的业务流程的各处理过程是否具有存在的价值，其中哪些过程可以删除或合并，原有业务流程中哪些过程不尽合理，可以进行改进或优化。

(2) 业务流程优化。原有业务流程中哪些过程存在冗余信息处理，可以按计算机信息处理的要求进行优化，分析流程的优化可以带来哪些好处。

(3) 确定新的业务流程。画出新系统的业务流程图。

(4) 确定新系统的人机界面。新的业务流程中人与机器的分工，即哪些工作可由计算机自动完成，哪些必须有人的参与。

5.3.3 分析数据流程

与业务流程的改进和优化相对应，数据流程的分析和优化一直是系统分析的重要内容。数据流程分析主要包括对信息的流动传递、处理、存储等的分析。数据流程分析的目的是要发现和解决数据流程中的问题。例如，前后数据不匹配、数据处理过程不合理、数据存储存在冗余或不一致等。数据流程是系统中的信息处理的方法和过程的统一，一个畅通的数据流程是今后新系统用以实现这个业务处理过程的基础。数据流程分析包括以下内容。

(1) 原有数据流程的分析。分析原有的数据流程的各处理过程是否具有存在的价值，其中哪些过程可以删除或合并，原有数据处理流程中哪些过程不尽合理，可以进行改进或优化。

(2) 数据流程的优化。原有数据流程中哪些过程存在冗余信息处理，可以按计算机信息处理的要求进行优化，流程的优化可以带来哪些好处。

(3) 确定新的数据流程。画出新系统的数据流程图。

(4) 新系统的人机界面。新的数据流程图中人与机器的分工，即哪些工作可由计算机自动完成，哪些必须有人的参与。

5.3.4 功能分析和划分子系统

为了实现系统目标，系统必须具备一定的功能。一般系统是由多个子系统组成，而子系统又可以包含若干个功能模块。把系统划分为子系统可以大大简化设计工作，因为划分以后，只要子系统之间的接口关系明确，每一个子系统的设计、调试，基本上可以是独立进行的。将来如果修改或扩充系统，可以在有关子系统范围内进行而不至于牵动全局。对于大系统来说，划分系统的工作应在系统规划阶段进行，常用的是 U/C 矩阵。划分系统的下一步工作就是确定各子系统的目标和下属功能。为此，有必要分析原系统的数据流程图，由此来确定应当增加、取消、合并或改进的功能。

5.3.5 数据属性分析

数据属性分析包括静态特性分析和动态特性分析两部分。数据的静态特性分析只分析数据的类型(字符型、数值型、日期型等)、数据的长度(位数、小数位数)、取值范围(最大、最小值)和发生业务的业务量(如每天发生多少笔业务数据)。数据的动态特性分析是分析数据属性的动态特性。数据的属性按动态特性可以分为3类:固定值属性(具有固定值属性的数据,其值基本上固定不变)、固定个体变动属性(这类数据项,对总体来说具有相对固定的个体集,但其值是变动的属性)、随机变动属性(这种数据项,其个体是随机出现的,值也是变动的)。

分析数据属性的动态特性的目的是正确地确定数据和文件的关系,有助于数据组织、存储和数据库的设计。针对数据的特性,结合计算机技术对数据很好地进行规划,以利于方便、快捷、安全、有效地利用数据,为企业管理和决策服务。

5.3.6 数据存储分析

数据存储分析是数据库设计在系统分析阶段要做的工作,其内容首先是分析用户的要求,也就是调查清楚用户希望从管理信息系统中得到哪些有用信息,然后通过综合抽象,用适当的工具(如E-R图等)进行描述。因为这是从用户角度看到的数据库,所以称为数据库的概念模型。有关E-R图的画法详见第6章。

5.3.7 数据查询要求分析

企业的各管理层的人员根据自己的需要常常要查询一些信息,如销售员经常要查询库存总账,了解可供资源以满足客户购货的需要;采购员常常要了解各种物资的库存量以便及时向有关部门提出采购申请;公司经理常常要了解未来季度某种物资的期货数量,以便预计下季度的进销额;公司经理常常要了解公司各种经济指标的完成情况,做出长远的战略发展规划。这些查询有的经常发生,有的偶尔发生。

通过调查和分析,将用户需要查询的问题列出清单或绘出查询方式示意图,如图5-10所示。用户可能查询的问题包括:"X产品已完成计划的百分之几?"、"X课题组已花费了

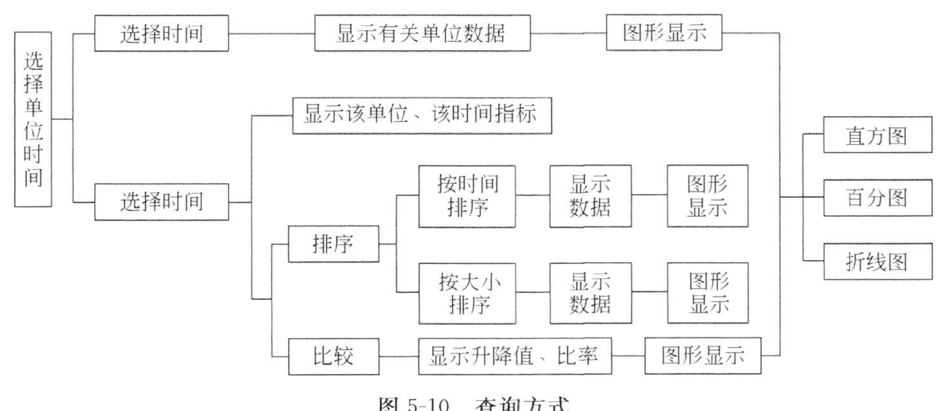

图5-10 查询方式

多少研究费用”等。

5.3.8 数据的输入/输出分析

分析各种数据输入的目的和适用范围、数据量的大小以及存在的问题。例如，输入的数据是否都得到了有效的利用，哪些数据的输入是多余的或者是不符合实际需要的，现在的数据输入方式是否能满足要求，输入速度是否能完成数据量的要求，是否需要改变输入方式和增加输入设备，还要分析数据的精确程度和数据间的相互联系等。

除明确数据查询要求外，还应对各种输出报表(包括手工填写的)的目的和使用范围进行分析，弄清哪些报表是多余的或者是不符合实际要求的，系统的处理速度和打印速度是否能满足输出的要求等。

5.3.9 绘制新系统的数据流图

经过以上分析，需要把调整、优化的数据流程重新绘制。这项工作需要经过多次反复，去伪存真，其具体内容包括：

(1) 请用户确认最终的数据指标体系和数据字典。确认的内容主要是指标体系是否全面合理，数据精度是否满足要求并可以统计得到这个精度等。

(2) 删去或合并了哪些多余的或重复的数据处理过程?

(3) 对哪些数据处理过程进行了优化和改动? 改动的原因是什么? 改动(包括增补)后将带来哪些好处?

(4) 给出最后确定的数据流程图。

(5) 指出在数据流程图中哪些部分新系统(主要指计算机软件系统)可以完成，哪些部分需要用户完成(或是需要用户配合新系统来完成)?

5.3.10 确定新系统的数据处理方式

数据处理方式可分为两类：成批处理方式和联机实时处理方式。成批处理方式是按一定时间间隔把数据积累成批后一块处理。例如，计算工资时，是将所有职工的相关信息都收集完成，并作汇总后，才进行加工处理。批处理方式适用于以下几种情况。

(1) 固定周期的数据处理。

(2) 需要大量的来自不同方面的数据的综合处理。

(3) 需要在一段时间内累积数据后才能进行的数据处理。

联机实时处理方式是指随时对接收到的数据进行及时处理，并将结果直接传给用户。这种方式适用于以下几种应用。

(1) 需要反应迅速的数据处理。

(2) 负荷容易产生波动的数据处理。

(3) 数据收集费用较高的数据处理。

5.4 提出新系统的逻辑方案

对现行系统的业务流程、数据流程、处理逻辑等进行深入的分析后，就应提出系统建议方案，即建立新系统逻辑模型。建立新模型是系统分析中重要的任务之一，它是系统分析阶段的重要成果，也是下个阶段系统设计工作的主要依据。借助系统逻辑模型可以有效地确定系统设计所需的参数，确定各种约束条件；还可预测各个系统方案的性能、费用和效益，以利于各种方案的比较分析。新系统方案主要包括：新系统目标、新系统的业务处理流程、数据处理流程、新系统的总体功能结构及子系统的划分和功能结构，是上述分析结果的综合体现。具体过程参考[案例分析：某工厂库存管理系统的系统分析]。

5.5 系统分析说明书

系统分析阶段的成果就是系统分析报告，它反映了这一阶段调查分析的全部情况，是下一步设计与实现系统的纲领性文件。系统分析报告形成后必须组织各方面的人员（包括组织的领导、管理人员、专业技术人员、系统分析人员等）一起对已经形成的逻辑方案进行论证，尽可能地发现其中的问题、误解和疏漏：对于问题、疏漏要及时纠正；对于有争论的问题要重新核实当初的原始调查资料或进一步地深入调查研究；对于重大的问题甚至可能需要调整或修改系统目标，重新进行系统分析。总之系统分析报告是一件非常重要的文件，必须非常认真地讨论和分析之。

一份好的系统分析报告应该不但能够充分展示前段调查的结果，而且还要反映系统分析结果——新系统的逻辑方案，这是非常重要的（特别是后者）。系统分析报告要包括以下内容。

1. 组织情况简述

主要是对分析对象的基本情况做概括性的描述，它包括组织的结构、组织的目标、组织的工作过程和性质、业务功能、对外联系。组织与外部实体间有哪些物质以及信息的交换关系，研制系统工作的背景如何等。

2. 系统目标和开发的可行性

系统的目标是系统拟采用什么样的开发战略和开发方法、人力、资金以及计划进度的安排，系统计划实现后各部分应该完成什么样的功能，某些指标预期达到什么样的程度，有哪些工作是原系统没有而计划在新系统中增补的，等等。

3. 现行系统运行状况

（1）现行系统现状调查说明。现行系统流程和概况图表及说明，包括现行系统的规模、界限、主要功能、组织结构、业务流程、数据流和数据存储以及存在的薄弱环节等。

(2) 系统需求说明。主要存在问题的分析与用户要求等。

4. 新系统的逻辑方案

新系统的逻辑方案是系统分析报告的主体。这部分主要反映分析的结果和人们对今后建造新系统的设想。它应包括本章各节分析的结果和主要内容：

(1) 新系统拟定的业务流程及业务处理工作方式。

(2) 新系统拟定的数据指标体系和分析优化后的数据流程，以及计算机系统将完成的工作部分。

(3) 新系统在各个业务处理环节拟采用的管理方法、算法或模型。

(4) 与新的系统相配套的管理制度和运行体制的建立。

(5) 系统开发资源与时间进度估计。

本章小结

系统分析的主要任务是通过调查了解现行系统的状况，理解和表达用户对系统的应用需求，从而确定新系统的功能。

新系统的功能在很大程度上取决于新系统的目标，目标设定的合理性将影响系统的成功与否，因此有人建议在可行性分析乃至系统分析中应该对系统设定的目标的科学性、合理性进行深入分析，从而制定出系统的、合理的目标。目标确定之后，涉及系统分析的相关内容有：了解企业或组织的内外环境、企业的主体业务和业务流程，反映业务活动的数据及其结构以及对新系统进行效益分析，从而建立新的信息系统的逻辑模型，并形成在分析阶段应提供的最后文档，即系统分析报告。

业务分析应从业务调查入手，首先了解企业的组织结构，绘制组织结构图，从与企业生产经营直接相关的机构开始，进行业务流程调查，绘制业务流程图，并逐步扩大到系统边界内的其他机构。在进行系统业务流程的重点和全面的调查后，对收集的材料进行整体和全面分析，并在新系统目标的规定下，重新确定新系统的功能。

数据能全面地刻画信息系统的全部活动和活动间的内在联系。数据分析构成了信息系统分析的主体内容。数据分析的主要内容和方法是数据流图的绘制及数据字典的编制。数据流图是业务流程图的数据抽象，描述了数据在业务活动中的运动状况，数据字典是对数据流图中所有数据的准确描述。数据流图为系统设计提供支持，它将转换成系统设计中的控制结构图，数据字典将为数据库设计提供支持。新系统数据流图和数据字典的形成不是对现行系统的简单描述，而是按照系统目标所进行的对数据的进一步分析和加工，体现了对业务活动和流程的改进。

新系统逻辑模型的建立，包括新系统的总体结构、业务流程图、数据流图、数据字典、基本处理过程说明等。

系统分析阶段的成果是系统分析报告，一份好的系统分析报告应该充分展示前段调查的结果，还要反映系统分析的结果，即新系统的逻辑方案，并且提出新系统的设想。

习　　题

1. 选择题

(1) 以下各点中,(　　)不是描述处理逻辑的工具。

A. 结构英语描述　B. 数据字典　C. 判断树　D. 决策表

(2) 以下各点中,(　　)不属于构造数据流程图的要素。

A. 外部实体　B. 数据存储　C. 处理　D. 处理部门

(3) 系统可行性分析的主要内容是(　　)。

A. 经济可行性　B. 技术可行性　C. 管理上的可行性　D. 以上全部

(4) 在以下各点中,(　　)不是数据流程分析的主要内容之一。

A. 数据存储分析　B. 数据流程的优化

C. 原有数据流程的分析　D. 新系统的人机界面

(5) (　　)是新系统的逻辑方案的主要内容。

A. 新系统的业务流程　B. 新系统的数据流程

C. 新系统的逻辑结构　D. 新系统的数据资源分布

E. 新系统中的管理模型　F. 以上全部

2. 判断题

(1) 在系统分析阶段纠正系统开发错误的相对费用最低。　(　　)

(2) 通常把具有固定值属性的数据存放在周转文件中。　(　　)

(3) 负荷易产生波动的数据处理适宜采用批处理的方式。　(　　)

(4) 对于大系统来说,划分子系统的工作应在系统规划阶段进行。　(　　)

(5) 在进行子系统的划分时,应使子系统之间的数据联系尽可能地少。　(　　)

(6) 通常,投资较少的管理信息系统没有必要制定应急计划。　(　　)

3. 简答题

(1) 什么是业务流程图？业务流程图的主要作用是什么？

(2) 什么是数据流程分析？数据流程分析的主要目的和工具是什么？

(3) 什么是数据字典？数据字典的主要作用是什么？

(4) 什么是新系统的逻辑方案？新系统的逻辑方案包括哪些内容？

(5) 什么是系统化分析？系统化分析的主要内容是什么？

4. 综合题

(1) 若库房里的货品由于自然或其他原因而破损,且不可用的,需进行报损处理,即这些货品清除出库房。具体报损流程如下：

由库房相关人员定期按库存计划编制需要对货物进行报损处理的报损清单,交给主管确认、审核。主管审核后确定清单上的货品必须报损，则进行报损处理，并根据报损清单登记流水账，同时修改库存台账；若报损单上的货品不符合报损要求，则将报损单退回库房。

试根据上述背景提供的信息，绘制出“报损”的业务流程图、数据流程图。

(2) “生产资料出库”主要指生产部门员工到仓库中领取生产原料和各种生产工具等产品，其流程描述如下：

首先由生产部门员工向仓库主任提交原料提货单；然后仓库主任根据当前库存情况和用料计划对提货单进行审核，将不合格的提货单返回给生产部门员工，并将合格原料提货单交给库管员，库管员根据合格原料提货单更新库存台账并记录出库流水账。

① 根据以上描述，绘出生产资料“出库”的业务流程图。

② 根据上题的业务流程绘出生产资料“出库”的数据流程图。

(3) 某公司加班申报及核对流程描述如下：

班组长每天在加班前填写本组人员加班申报表，由部门主管签字批准后提交给行政助理修改加班记录；班组长填报前日加班异常表，由部门主管签字批准后提交给行政助理调整前日加班记录。行政助理在每周三上报上周加班情况，并填写加班汇总表提交给人力资源部，人力资源部根据汇总表核对员工考勤记录情况，导出异常加班情况表交行政助理核对，并修改加班记录。

根据以上描述，绘制出“加班申报及核对”的业务流程图和数据流程图。

(4) 邮寄包收费标准如下：若收件地点在 1000 千米以内，普通件每千克 2 元，挂号件每千克 3 元。若收件地点在 1000 千米以外，普通件每千克 2.5 元，挂号件每千克 3.5 元；若重量大于 30 千克，超重部分每千克加收 0.5 元。请绘制收费的原始决策表，并对其进行优化，得到优化后的决策表，再绘制出决策树(重量用 W 表示)。

案例分析：某工厂库存管理系统的系统分析

1. 开发背景

企业的库存管理是一个企业单位不可缺少的部分，它的内容对于企业的决策者和管理者都至关重要。但某零售商店一直以来使用传统人工的方式来管理，这种管理方式存在许多缺点，如效率低、保密性差，另外，时间一长将产生大量的文件和数据，这对于查找、更新和维护都带来了不少的困难。该公司急需编制一套库存管理信息系统，实现计算机化操作。

2. 对现有系统进行详细调查

在 5.2.2 节对现有系统的组织结构进行了分析；在 5.2.3 节对现有系统的对业务处理流程进行了分析；在 5.2.4 节对现有系统的数据处理流程进行了分析。

通过调查分析，发现现有系统存在的问题有以下几点：

(1) 不能及时获得库存信息

在企业运作过程中，管理人员必须获知各种商品当前的库存量，在库存数量小于商品的最低库存限度的时候，向供应商进行订货；在库存数量大于商品的最高库存限度的时候，即商品积压的时候，应该停止商品的进货活动。但在实际操作中，由于商品的种类多、数量大，需要进行仔细地核算，这不仅费时，而且易出错，从而影响企业快速有效地运转。

(2) 商品需求预测分析不及时

现在的社会已成为信息社会，信息扮演着非常重要的角色。为了使企业能够在激烈的竞争中取得更好的业绩，管理者希望及时得到产品的市场预测及需求分析。

3. 系统化分析

(1) 新系统的目标

因为传统企业库存管理存在以上的问题难以适应现代库存管理要求，所以现代企业库存管理系统要具有以下的特点：

① 库存异常报警。当库存数量小于商品的最低库存限度的时候，系统发出警报，提醒管理人员应该向供应商进行订货；在库存数量大于商品的最高库存限度的时候，即商品积压的时候，系统也会发出警报，提醒管理人员应该停止商品的进货活动或制订销售计划。也就是说企业库存管理信息系统既能防止商品供应滞后于车间对它们的需求，也能防止商品过早地生产和进货，以免增加库存。对企业的生产起了保障作用，同时节省了企业的流动资金。

② 产品需求预测分析。在当今信息社会，产品信息对企业非常重要。信息部专门负责收集商品信息，经处理后，做出市场预测及新商品的需求分析。这样可以弥补原系统信息滞后的缺点。同时，有利于高层决策者据此做出正确决策，及时调整计划。

(2) 新系统的业务处理流程

新系统的业务流程主要是多了库存预警和产品需求分析两个的业务环节，如图 5-11 所示(虚框内为改进处)，统计员对库存数据进行需求分析，制订出产品的需求预测报告提交给采购员。库存保管员检查库存情况，发出相应的预警信息。

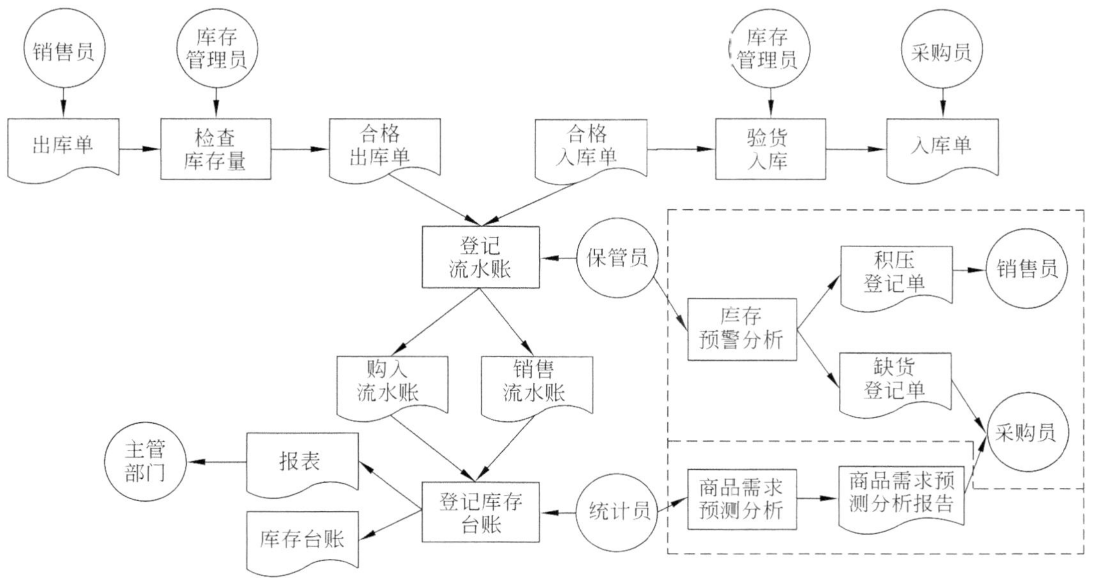

图 5-11　新系统库存管理业务流程图

(3) 新系统的数据流图

新系统的顶层数据流图如图 5-12 所示。

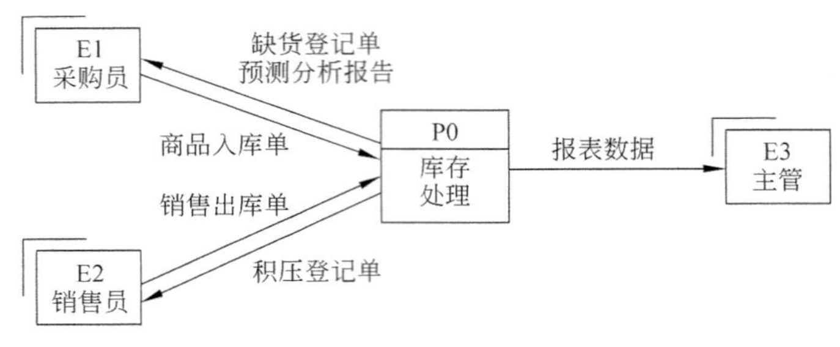

图 5-12 新系统的库存处理顶层数据流程图

库存统计员提供商品需求及市场预测信息。采购员可以拟订相应的进货计划。对于超市原来已经引进的商品,由计算机控制库存。当库存量达到系统所设定的上下线时,系统将发出预警,提示相关人员做出决策。具体处理过程如图 5-13 所示。

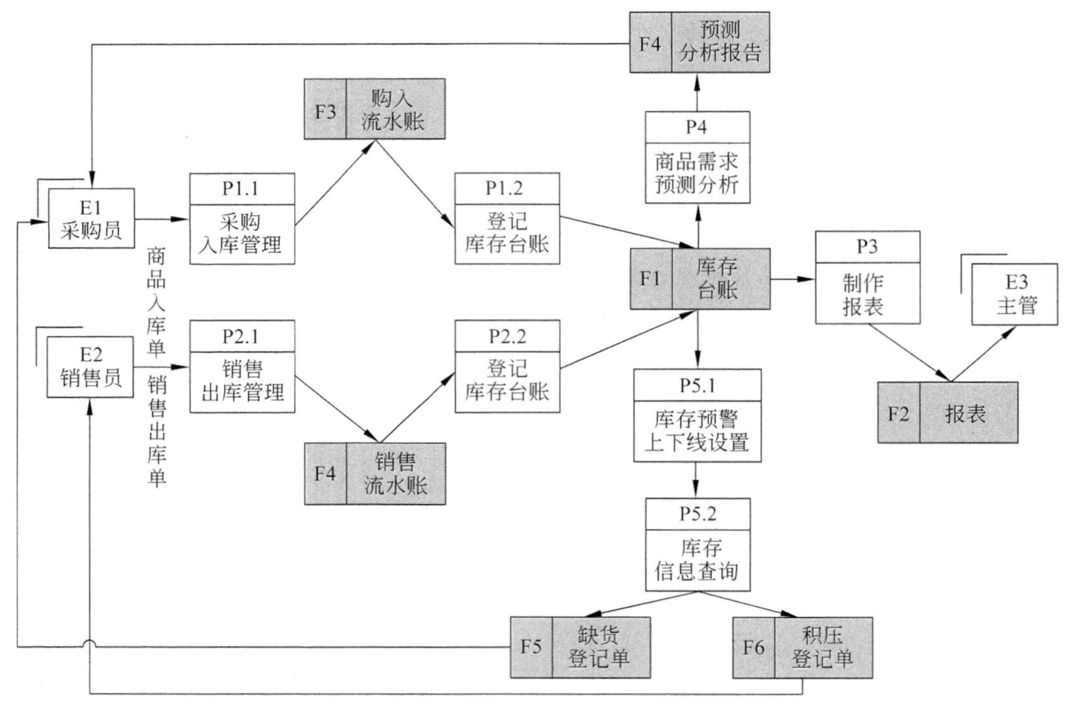

图 5-13 图 5-12 的展开图

(4) 新系统的总体功能结构

库存管理信息系统的目标是保障企业生产所需的所有商品供给,并通过有效的管理,提高库存周转率,降低资金占用。根据系统分析结果,得出本系统的功能结构图如图 5-14 所示。

库存基本操作模块中的各子模块都由数据录入、修改、删除、查询等模块构成。其中数

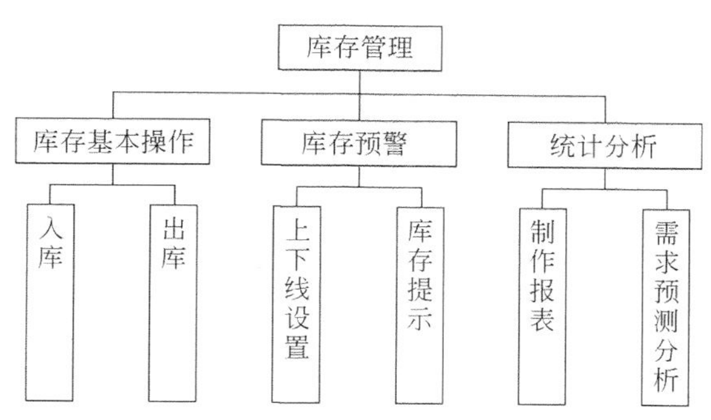

图 5-14　新系统的功能结构图

据录入模块包括对商品库存文件的数据录入、商品购入文件的数据录入、商品出库文件的录入；数据修改是对上述三种文件中的数据进行修改；数据删除同数据修改基本上是一样的，只不过这里是将记录从相应的数据库文件中删除掉。

库存预警模块主要是库存上下线设置和库存提示两个功能组成，当库存商品的数量小于预警系统的下线时，就会发出警告，提醒管理人员，这样就可以制定采购订单，以满足仓库的库存下限需求；当库存商品的数量小大预警系统的上线时，同时也会提醒工作人员。

统计分析模块的主要功能是根据库存情况进行产品的需求预测分析，以便管理者及时，修改产品计划。

实验：利用 Visio 绘制数据流图

1. 实验目的

(1) 理解数据流程图的一般绘制方法和工具。
(2) 学习使用 Visio 工具进行数据流程图的绘制。

2. 实验任务与过程

本节主要是以本章中的图 5-6 为例，介绍怎样利用 Visio 2003 来绘制数据流图。读者可以参考本节中提供的方法绘制出其他数据流图。

数据流图的绘制过程可以分为 4 步：绘制图元、编辑图元文字、连接图元、调整布局。具体步骤如下：

(1) 单击【开始】/【程序】/Microsoft Office/Microsoft Office Visio 2003 命令，启动 Visio 2003，然后单击【文件】/【新建】/【流程图】/【数据流图表】，即可打开内置的 Gane-Sarson 形状任务栏，操作菜单如图 5-15 所示。

(2) 绘制图元。Visio 2003 支持拖曳式绘图，即将所需要的图元拖到绘图窗口上。除了使用软件提供的现成的图元之外，绘图者还可以根据需要制作个性化的图元。例如，对于表示过程(进程)的圆角矩形往往带有一条横线，在其上标识过程编号，其下标识过程说明，这种类型的图元需要绘图者自己来完成。拖曳进程图元和直线图元如图 5-16 放置，然后右击，在弹出菜单中选择【形状】/【组合】，把两者组合成一个图元。

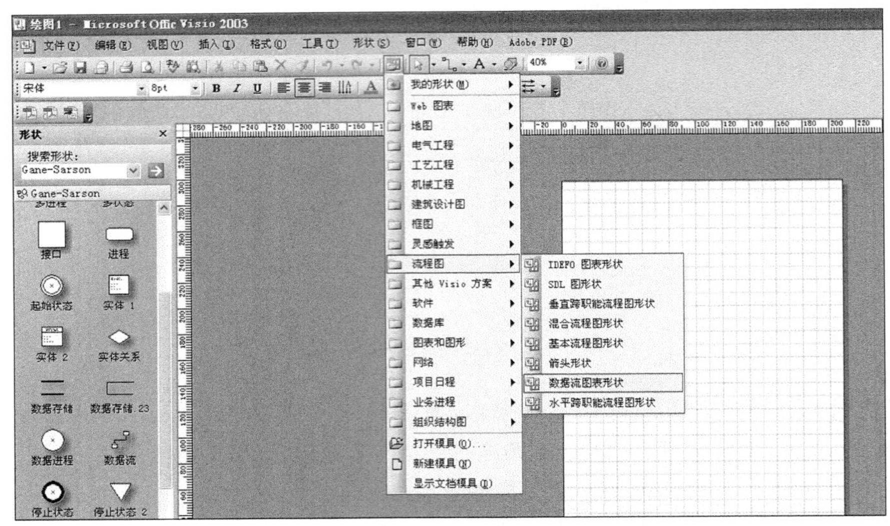

图 5-15　选择数据流模型图

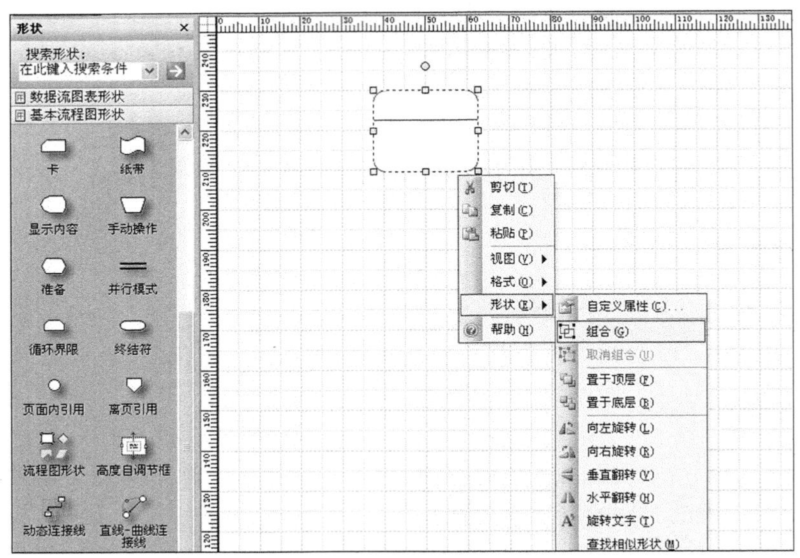

图 5-16　绘制图元

(3) 编辑图元。双击每个图元，进入文本编辑状态后，输入相应的文字信息。对于组合后的图元不能双击进入文本编辑状态，可先选中组合的图元，右击选择【格式】/【行为】，打开的“行为”对话框如图 5-17 所示，在【双击】选项卡中选中“编辑形状的文字”，单击“确定”按钮即可双击图元进行文本编辑状态了。

(4) 连接图元。依据数据在各图元之间的流动关系，将相关图元用数据流连线连接起来。双击“数据流”图元，可以输入数据流所表示的详细信息，如图 5-18 所示。

(5) 布局。先选中多个图元，然后利用菜单栏里的【形状】/【对齐形状】和【形状】/【分

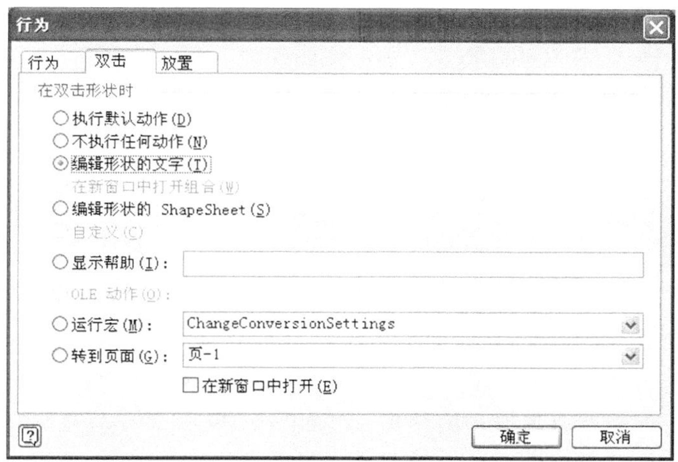

图 5-17 “行为”对话框

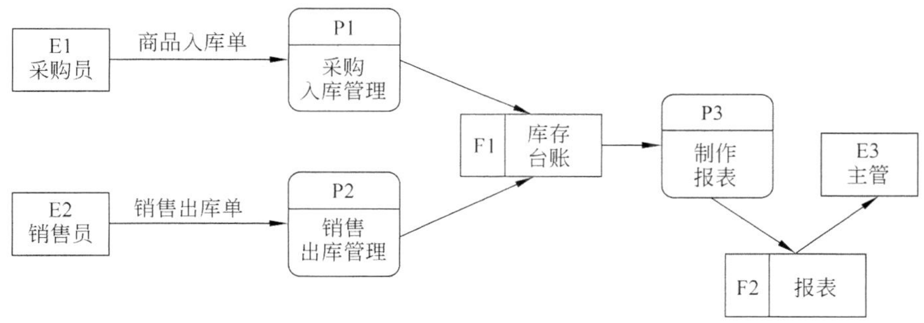

图 5-18 连接图元

布形状】对图形进行布局。最后,便可得到完整的数据流图。

3. 实验小结

在绘制数据流图时,应注意以下几个问题。

(1) 数据流图层次的划分。

(2) 数据流图上层输入/输出必须在下层体现。

(3) 数据流图的数据流命名应为名词,避免动宾词组出现。

第6章 系统设计

系统分析结束后，进入系统设计阶段。经过系统分析，对原系统的业务处理过程、数据流程、数据特征、处理功能以及存在的问题等有了较明确的了解，从而建立系统的逻辑模型。从建立模型的角度来看，系统分析提供的逻辑模型只是解决了系统要“做什么”的问题，而究竟如何做才能达到系统的目标，在系统分析阶段并没有得到解决。系统设计就是详细定义基于计算机的各种活动的解决方案，主要解决系统“如何做?”的问题。在系统设计阶段，把系统分析过程当中得到的逻辑模型结合相应的网络技术、数据库技术等详细的描述出来，并为系统实施阶段的各项工作准备必要的技术资料和有关文件。

6.1 系统设计概述

系统设计阶段的任务是根据系统分析阶段的结果，确定系统的实施方案。经过系统设计，设计人员应为程序开发人员提供完整、清楚的设计文档，并对设计规范中不清楚的地方做出解释。以书面的正式文件——系统设计说明书提出，批准后将成为系统实施阶段的工作依据。

6.1.1 系统设计的依据

(1) 系统分析的成果。主要是依据系统分析阶段形成的系统分析报告。

(2) 现行技术。

(3) 现行的信息管理和信息技术的标准、规范和有关法律制度。

(4) 用户需求。

(5) 系统运行环境。

6.1.2 系统设计的内容

系统设计包括总体设计和具体的详细设计。

1. 总体设计

总体设计(Architectural Design)也称为概要设计(Preliminary Design)，是指在系统分析的基础上，对整个系统的划分(子系统)、机器设备(包括软、硬件设备)的配置、数据的存储以及整个系统实现规划等方面进行合理的安排。总体设计包括功能结构图设计、信息系统流程图设计、系统平台设计等。其基本任务包括以下几个方面。

(1) 将系统划分为模块，并决定每个模块的功能。在这个过程中必须考虑以下几个问题：如何将一个系统划分成多个子系统；每个子系统如何划分成多个模块。

(2) 决定模块之间的调用关系及模块之间的信息传递关系。如何确定子系统之间、模块之间传送的数据及其调用关系；如评价并改进模块结构的质量。

(3) 信息系统平台设计，包括计算机处理方式、网络结构设计、软件及硬件平台设计等。要进行计算机物理系统具体配置方案的设计，要解决计算机软硬件系统的配置、通信网络系统的配置、机房设备的配置等问题。计算机物理系统的具体配置方案要经过用户单位和领导部门的同意才可以实施。

2. 详细设计

详细设计就是为系统总体设计中提出的各个的具体任务选择适当的技术手段和处理方法。它主要包括处理过程设计、编码设计(Data Code Design)、界面设计、数据库设计、输出/输入设计，以及编写程序设计说明书等。

处理过程设计用以确定每个模块内部的详细执行过程，包括局部数据组织、控制流、每一步的具体加工要求等。一般来说，处理过程模块详细设计的难度不太大，关键是用一种合适的方式来描述每个模块的执行过程，常用的有流程图、问题分析图、IPO 图和过程设计语言等。表 6-1 列出了系统设计各部分的主要内容。

表 6-1　系统设计各部分的主要内容

系统功能结构	子系统、功能模块划分、功能模块之间关系的确定
系统平台设计	网络结构设计，计算机软件、硬件选择，数据库管理系统选择
编码设计	编码结构的设计、使用范围、期限和维护修改权限、编码编制
系统输出设计	决定输出设备和输出介质、确定输出内容、格式和精度、确定输出时间
系统输入设计	数据源的确定，输入检查纠错、数据输入格式、内容和精度选择数据输入设备和输入方式
用户界面设计	用户界面风格的设计、编写联机帮助、错误信息提示与处理
数据库设计	逻辑数据模型设计、数据一致性、物理数据模型
安全性设计	设备备份与数据备份、用户权限设定、事故处理与灾难恢复
文档编写	系统设计报告、用户操作手册编写

6.1.3　系统设计的原则

系统设计的目标是在保证实现系统逻辑模型的基础上，尽可能提高系统的各项指标，如系统的工作效率、可靠性、工作质量、可变性和经济性等。系统设计应遵循的原则如下：

(1) 功能性。这是系统开发最基本的要求。它包括系统是否解决了用户希望解决的问题，是否有较强的数据校验功能，是否进行所需的运算，能否提供符合用户需要的信息输出等。

(2) 系统性。系统是作为统一整体而存在的，因此在系统设计中，要从整个系统的角度进行考虑，系统的代码要统一，设计规范要标准，传递语言要尽可能一致，对系统的数据采集要做到数出一处、全局共享，使一次输入得到多次利用。

(3) 灵活性。为保持系统的长久生命力，要求系统具有很强的环境适应性，为此，系统应具有较好的开放性和结构的可变性。在系统设计中，应尽量采用模块化结构，提高各模块的独立性，尽可能减少模块间的数据耦合，使各子系统间的数据依赖减至最低限度。这样，既便于模块的修改，又便于增加新的内容，提高系统适应环境变化的能力。

(4) 可靠性。可靠性是指系统抵御外界干扰的能力及受外界干扰时的恢复能力。一个成功的管理信息系统必须具有较高的可靠性，如安全保密性、检错及纠错能力、抗病毒能力等。

(5) 经济性。经济性指在满足系统需求的前提下，尽可能减小系统的开销。一方面，在硬件投资上不能盲目追求技术上的先进，而应以满足应用需要为前提；另一方面，系统设计中应尽量避免不必要的复杂化，各模块应尽量简洁，以便缩短处理流程、减少处理费用。

(6) 规范性。在 MIS 开发过程中要制定统一的规范。要做到规范的数据、规范的编码、规范的程序设计、规范的文档等。这样才能保证不同的开发阶段之间和各小系统之间能有机地衔接起来。

(7) 实用性。管理信息系统的根本目的是实用，系统不应过于追求大而全。实用性主要包括两层含义：从实用出发、从实际出发；另外应从技术、设备、用户、管理者的实际考虑，不应追求硬件设备的先进性。

(8) 高效性。高效性是指系统的运行效率，包括：处理能力，即单位时间内处理的事务个数；处理速度，即处理单个事务的平均时间；响应时间，即从发出处理要求到给出回答所需的时间。

6.2 系统总体结构设计

系统总体设计又称为系统初步设计。从工程实践看，系统总体设计通常包括需求说明、系统处理流程设计、总体技术方案设计、应用系统设计、接口设计、开发环境设计、测试环境设计、运行环境设计和应用系统维护设计等。总体设计的核心任务是完成系统模块结构设计，即在目标系统逻辑模型的基础上，把系统功能划分为若干子系统，再将子系统分解成功能单一、彼此相对独立的模块，形成具有层次关系的模块结构，包括系统模块的组成、模块的功能和模块间的相互关系。实际上，就是为了设计新系统的总体框架。系统结构设计的基本特点是：用分解的方法简化复杂系统；采用图表表达工具；有一套基本的设计准则；有一组基本的设计策略；有一组评价标准和质量优化技术。

6.2.1 系统划分的原则与方法

1. 系统划分的原则

总体设计的任务就是系统的划分，系统的划分应遵循以下几个原则：

(1) 子系统要具有相对独立性。系统划分必须使得子系统内部功能、信息等各方面的凝聚性较好，尽量减少各种不必要的数据调用和控制联系，并将联系比较密切、功能近似的模块相对集中，这样对于以后的搜索、查询、调试、调用都比较方便。

(2) 要使子系统之间数据的依赖性尽量小。子系统之间的联系要尽量减少，接口要简单、明确。一个内部联系强的子系统对外部的联系必然很少，所以划分时应将联系较多者列入子系统内部。相对集中的部分均已划入各个子系统的内部，剩余的一些分散、跨度比较大的联系，成为这些子系统之间的联系和接口。这样划分的子系统，将来调试、维护和运行都是非常方便的。

(3) 子系统的划分应使数据冗余较小。如果忽视这个问题，可能会使程序结构紊乱，数据冗余，不但给软件编制工作带来很大的困难，而且系统的工作效率也会大大降低。

(4) 子系统的设置应考虑今后管理发展的需要。子系统的设置光靠系统分析的结果是不够的，由于这样或那样的原因，现在的系统很可能没有考虑到一些高层次管理决策的要求；应考虑今后管理发展的需要，具有一定的可扩展性。

(5) 子系统的划分应便于分阶段实现。信息系统的开发实现一般都要分期分步进行，所以子系统的划分应能适应这种分期分步的实施。另外，子系统的划分还必须兼顾组织机构的要求，以便系统实现后能够符合现有的情况和人们的习惯，更好地运行。

(6) 子系统的划分应考虑到各种资源的充分利用。系统划分应该既考虑有利于各种设备资源在开发过程中的搭配使用，又考虑到各类信息资源的合理分布和充分使用，以减少系统对网络资源的过分依赖，减少输入、输出、通信等设备压力。

2. 系统划分方法的分类

有关系统划分的方法目前主要有 6 类，如表 6-2 所示。

表 6-2 系统划分方法

序号	方法分类	划 分 方 法	连接形式	可修改性	可读性	紧凑性
1	功能划分	按业务处理功能划分	好	好	好	非常好
2	顺序划分	按业务先后顺序划分	好	好	好	非常好
3	数据划分	按数据拟合的程度划分	好	好	较好	较好
4	过程划分	按业务过程划分	中	中	较差	一般
5	时间划分	按业务处理时间划分	较差	较差	较差	一般
6	环境划分	按实际环境和网络分布划分	较差	较差	较差	较差

在实际开发中，常用的是一种功能/数据分析结果为主，兼顾组织实际情况的划分方法。

6.2.2 系统功能结构设计

系统功能结构设计是从计算机实现的角度出发，对前一阶段划分的功能子系统进行校核，使其界面更加清楚和明确，并在此基础上，将子系统进一步逐层分解，直至划分到模块。20 世纪 70 年代以来，出现了许多种先进的系统结构设计方法，比较有代表性的是杰克逊方法、帕纳斯方法、结构化设计方法等。在众多的系统结构设计方法中，结构化设计方法是应用比较广泛的一种。下面重点讨论这种方法的应用。

MIS 的各子系统可以看做是系统目标下层的功能。对其中每项功能还可以继续分解为第三层、第四层……甚至更多的功能。从概念上讲，上层功能包括或控制下层功能，越上层的功能越笼统，越下层的功能越具体。功能分解的过程就是一个由抽象到具体、由复杂到简单的过程。功能模块可以根据具体情况分得大一点或小一点。分解得最小的功能模块可以是一个程序中的每个处理过程，而较大的功能模块则可以是完成某一任务的一组程序。

1. 系统结构化设计的主要工具

功能结构图是按照功能从属关系画成的图表，图中每一个框称为一个功能模块。

系统结构化设计的主要工具是结构图。结构图的构成主要有以下几个基本部分：

(1) 模块，用矩形方框表示。矩形方框中要写有模块的名称，模块的名称应恰当地反映这个模块的功能。

(2) 调用，用从一个模块指向另一个模块的箭头线表示前一个模块中含有对后一个模块的调用关系。

(3) 数据，用箭头线旁边带圆圈的小箭头线表示从一个模块传送给另一个模块的数据。

(4) 控制信息，用箭头线旁边带圆点的小箭头表示从一个模块传递给另一个模块的控制信息。

例：图 6-1(a)的结构图说明了模块 A 调用模块 B 的情况。当模块 A 调用模块 B 时，同时传递数据 x 和 y，处理完后将数据 z 返回模块 A。如果模块 B 对数据 y 修改后，再送回给模块 A，则数据 y 应该出现在调用箭头线的两边，如图 6-1(b)所示。图 6-1(c)表示模块 A 调用模块 B，且模块 A 把数据 x 和 y 及控制信息 C 传送给模块 B，模块 B 把数据 z 返回到模块 A。

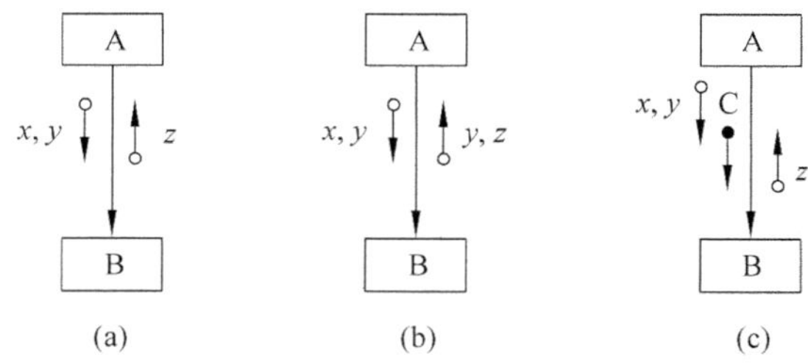

图 6-1　结构图的简单示例

在结构图中，除了以上几个基本符号之外，还有表示模块有条件调用和循环调用的符号。图 6-2(a)表示模块 A 有条件地选择调用模块 B、C 或 D，图中的菱形符号表示选择调用关系。图 6-2(b)表示模块 A 循环地调用模块 B 、C 和 D，图中的弧形箭头表示循环调用关系。

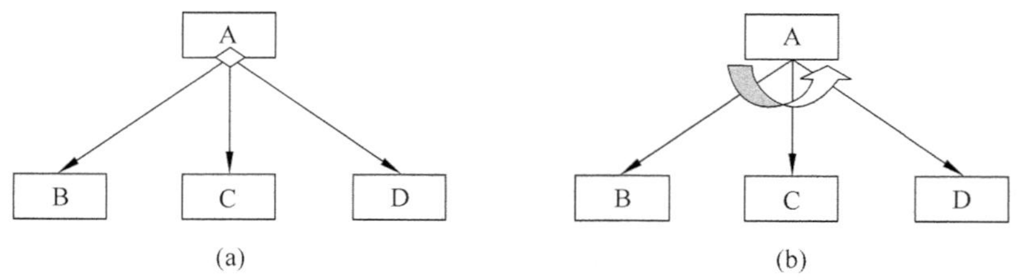

图 6-2　选择调用和循环调用示意图

把结构图设定为树状组织结构，以保证系统的可靠性。一个模块只能有一个上级，但可以有几个下级。在结构图中，一个模块只能与它的上一级模块或下一级模块进行直接联系，而不能越级或与它同级的模块发生直接联系。若要进行联系时，则必须通过它的上级或下级模块进行传递。

2. 功能结构图设计的步骤

系统功能结构图的设计可以分成两个步骤进行：

(1) 从新系统数据流程图出发导出初始结构图。即首先把整个系统看做一个模块；然后对其逐层分解。分解时，要遵守划分模块的基本原则和完成数据流程图所规定的各项任务及其处理顺序。每分解出一层模块，都要标明信息传递情况并考虑每一模块的实现方法，同时还要考虑系统结构的层数。

(2) 对系统结构图进行改进。即从提高模块的独立性目标出发，检查每一个模块，是否还可以降低关联度，提高聚合度，如果可以，就要对其改进，直到理想为止。

3. 功能结构图设计的方法

对于任何一个系统，都可以根据新系统的数据流程图，画出新系统的功能结构图，功能结构图设计的方法有以下三种：

(1) 变换分析

变换分析是从变换型结构数据流程图中导出模块的结构图的一种方法。变换型结构的数据流程图是一种线状结构，它可以明显地分为输入、主处理和输出三部分，其主要功能是完成对输入数据的变换。变换分析的过程一般可以分为三步。

① 把数据流程图划分为主处理、逻辑输入和逻辑输出三部分。在数据流程图中，往往几股数据流的汇合处就是主处理部分，而在它两边所对应的分别就是逻辑输入和逻辑输出。

② 以主处理为中心，设计结构图的最上层模块和最下层模块。数据流程图的主处理，决定了结构图的最上层模块的功能和位置。有了最上层模块之后，就可以分别按输入、变换和输出设计下一层的模块。

③ 进一步设计结构图的中、下层模块。这一步是从上向下对模块组成进行分解和细化的过程。对输入和输出部分，要一直分解到数据流程图的输入端和输出端为止。根据数据流程图中相应的主处理组成部分的实际情况，再进行分解模块的设计。

(2) 事务分析

事务分析是根据事务型结构的数据流程图导出结构图的一种方法。在事务型结构的数据流程图中，是通过某一个主处理将它的输入分隔成一串平行的数据流，然后有选择地执行后面的某个处理。在应用事务分析方法设计结构图时，也是从上向下逐步细化的过程，即首先分析事务型结构的数据流程图，找出事务处理中心，并据此设计主模块和第一层模块。第一层模块一般包括输入检查和选择处理两部分。然后为每一种类型的事务处理设计一个事务处理模块，再为每个事务处理模块设计下面的操作模块，再继续分解，直到每项事务处理都有一个具体的操作模块为止，就形成了一个完整的系统功能结构图，如图 6-3 所示。

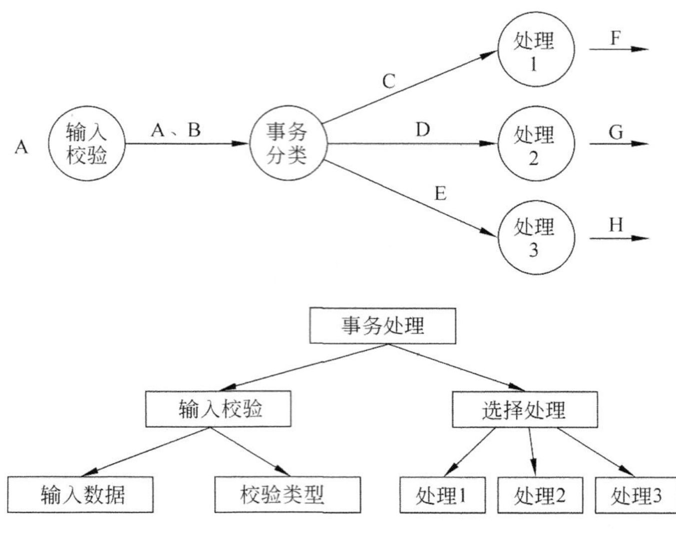

图 6-3　事务分析的功能结构图

（3）混合结构分析

规模较大的数据处理系统，其数据流程图往往是变换型和事务型的混合结构。在这种情况下，通常以变换分析为主，事务分析为辅进行设计，先找出系统的输入、主处理的输出，用变换分析法设计系统模块结构图的上层，然后，根据数据流程图各部分的特点，适当进行变换分析或事务分析，就可以导出初始模块结构图。

例：一个业务的数据流程图如图 6-4 所示。导出的模块结构图如图 6-5 所示。

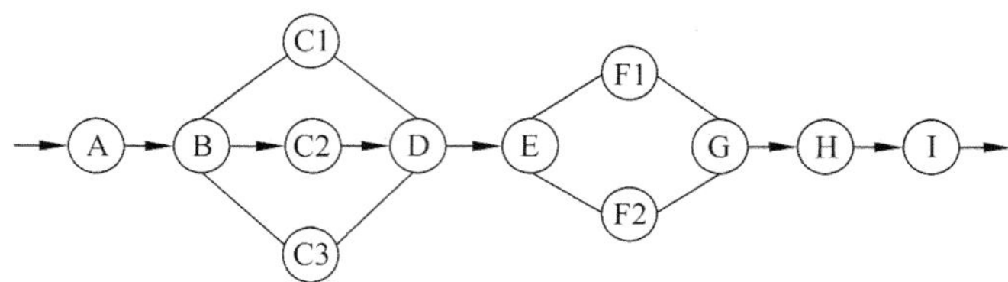

图 6-4　混合类型的数据流程图

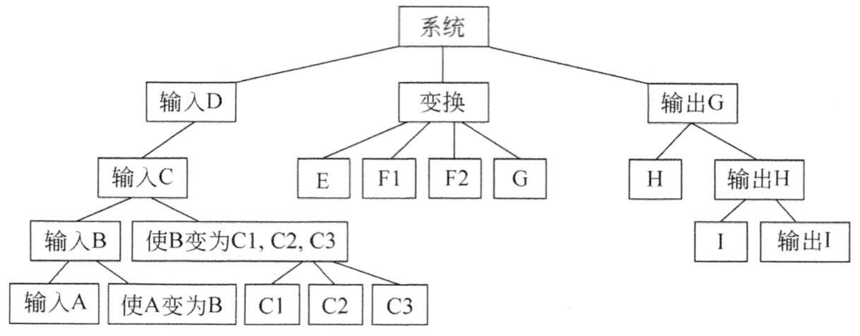

图 6-5　混合类型的模块结构图

注意：导出的模块结构图可以不唯一。

6.2.3　系统信息处理流程设计

功能结构图主要从功能的角度描述了系统的结构，但并未表达各功能之间的数据传送关系，系统中许多业务或功能都是通过数据存储文件联系起来的。功能模块之间的关系可以通过绘制信息系统处理流程图来表达。模块间的处理关系一般包括两种情况。

(1) 某一功能模块向某一数据文件中存入数据；而另一个功能模块则从该数据文件中取出数据。

(2) 虽然在数据流程图中的某两个功能模块之间原来并没有通过数据文件发生联系，但为了处理方便，可在两个处理功能之间设立一个临时的中间文件以便把它们联系起来。

系统处理流程图是以新系统的数据流程图为基础绘制的。从数据流程图到系统处理流程图并非单纯的符号改换，系统处理流程图表示的是计算机的处理流程，而并不像数据流程图那样还反映了人工操作那一部分。因此绘制系统处理流程图的前提是已经确定了系统的边界、人机接口和数据处理方式，同时还要考虑哪些处理功能可以合并，或进一步分解，把有关的处理看成是系统流程图中的一个处理功能。首先为数据流程图中的处理功能画出数据关系图。其次，把各个处理功能的数据关系图综合起来，形成整个系统的数据关系图，即系统处理流程图。

图 6-6 是数据关系的一般形式，它反映了数据之间的关系，即输入什么数据、产生什么中间数据和输出什么信息之间的关系。

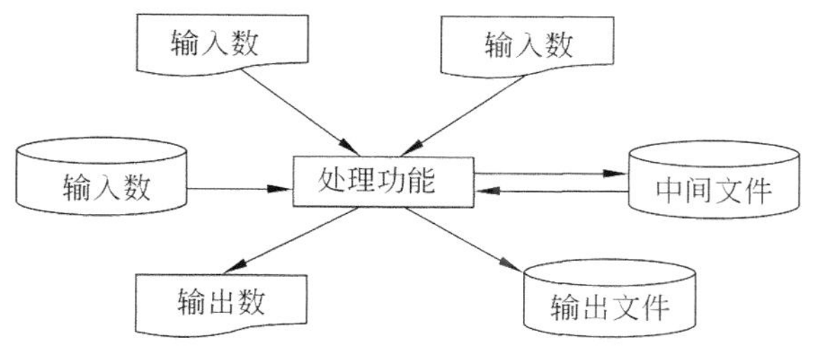

图 6-6　数据关系的一般形式

绘制系统处理流程图应当使用统一符号。目前我国国家标准 GB 1526-1979 信息处理流程图符号和国际标准化组织标准 ISO 1028 以及美国国家标准协会 ANSI 的图形符号大致相同，常用的符号如图 6-7 所示。

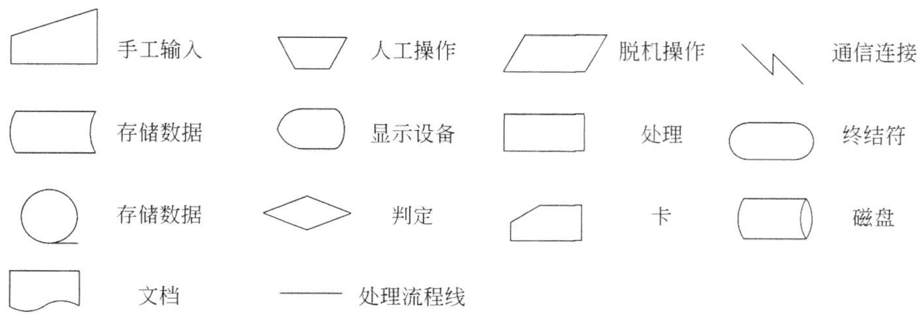

图 6-7　常用的系统处理流程图符号

图 6-8 为由系统数据流程图转换为系统流程图的示例图。

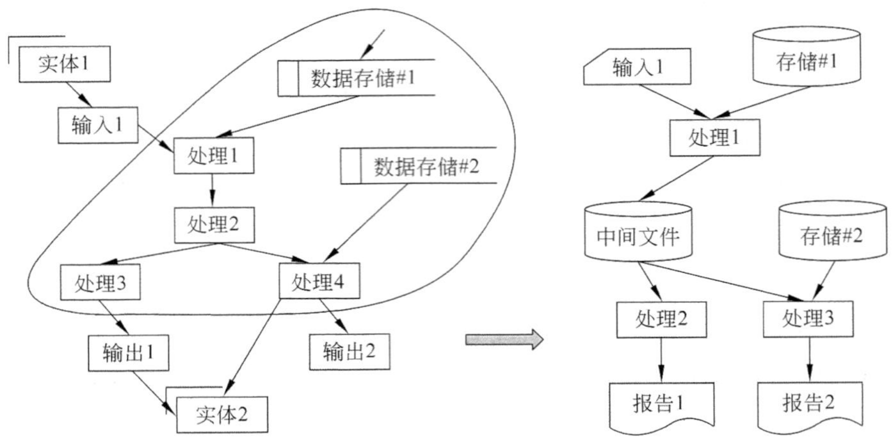

图 6-8 由系统数据流程图转换为系统处理流程图示例图

6.2.4 系统模块结构设计

1. 模块及层次模块结构图

模块是指这样的一组程序语句(或描述),它包括输入与输出、逻辑功能描述、内部信息及其运行环境。

(1) 输入与输出。模块的输入来源和输出去向在正常的情况下都是同一个调用者,即模块。从调用者处获得输入信息,经过模块本身的处理后,再把输出回送给调用者。

(2) 逻辑功能。模块的逻辑功能描述了该模块能够做什么样的事情,具备什么样的功能,即对于输入信息能够加工成什么样的输出信息。

(3) 内部信息。模块的内部信息是指模块执行的指令和在模块运行时所需要的属于该模块自己的数据。

(4) 运行环境。模块的运行环境说明了模块的调用与被调用的关系。

在系统设计中,一般只关心模块的外部信息,即研究模块能完成什么样的信息,具体的实现将在系统实施阶段完成。

2. 模块之间的关联度

模块之间的关联度,是用来表示一个模块与其他模块之间联系的紧密程度。关联度越低则说明模块之间的联系越少,模块的独立性就越强,就越容易独立地进行编程、调试和修改,一个模块中产生的错误对其他模块的影响也就越小。对于模块之间的关联度,可以从以下三个方面来衡量和评价。

(1) 模块之间的联系方式。如果一个模块直接调用另一个模块内部的数据或指令,这说明被调用模块内含有多方面不相关的内容,导致模块间联系增多,修改一个模块将直接影响其他的模块,降低了模块的独立性。因此在系统设计中,应尽量避免使用这种联系方式。另一种联系方式是通过被调用的模块的名称来调用整个模块，使其完成一定的功能，这样可以降低模块间的联系，增加其独立性。因此在系统设计中，应尽量采用这种联系方式。

(2) 模块之间使用控制信息的数量。由于控制信息直接影响程序的运行过程，所以过多地使用控制信息，必然会增加模块之间的联系，影响模块的独立性。因此，在模块之间尽可能不用或少用控制信息。图 6-9(a)是应用控制信息的一个例子。模块 A 将计算“平均工资/工资总额”的控制信息传送给模块 B，模块 B 根据这个控制信息求出平均工资或者工资总额，然后再将数据传送给模块 A。由于控制信息的存在，增加了模块之间的关联度，从而影响了模块的独立性。图 6-9(b)是消除控制信息的例子。把模块 B 分成 B1 和 B2 两个功能单一的模块，模块 A 根据要求，有条件调用 B1 或 B2。而模块 B1 和 B2 可以分别按照模块 A 的要求发送数据，B1 和 B2 两者之间互不影响。

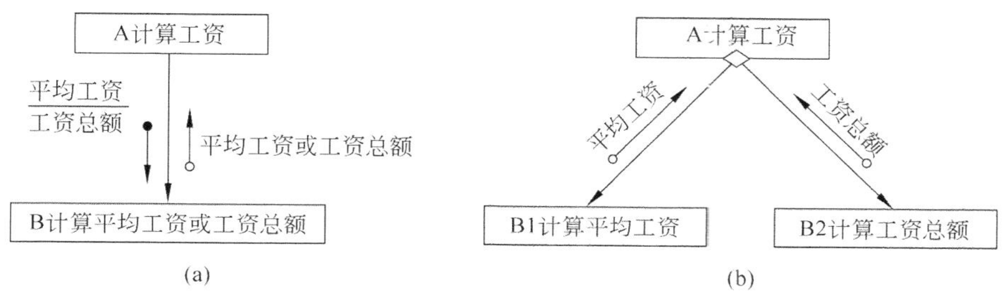

图 6-9　消除控制信息的图例

(3) 模块之间传送数据的数量。模块之间通过调用关系传送数据，是一种比较理想的联系方式。但是，如果模块之间传送的数据过多，同样会给理解和修改模块带来困难，降低系统的可变更性。一个模块同其他模块之间传递的数据越少，模块间的相互独立性就越强，也就越便于系统的设计和维护。

要降低模块之间的关联度，除了从以上几方面考虑之外，还可以从模块界面的清晰性来考虑。模块之间的界面越简单、清晰、易于理解，则关联度越低，模块的独立性也就越强。

3. 模块内部的聚合度

模块内部的聚合度，是用来描述和评价模块内部各个组成部分之间联系的紧密程度的。一个模块内部的各个组成部分之间联系得越密切，其聚合度越高，模块的独立性也就越强。模块的聚合度是由模块的聚合方式决定的。根据模块内部的构成情况，其聚合方式可以分成以下七种形式：

(1) 偶然性聚合。将几个毫无联系的功能组合在一起，形成一个模块，叫偶然性聚合模块。这种模块内部的各个组成部分之间几乎没有什么联系，只是为节省存储空间或提高运算速度而结合在一起，因此聚合度最低。

(2) 逻辑性聚合。将几个逻辑上相似，但彼此并无联系的功能组合在一起所形成的模块，叫逻辑性聚合模块。这种聚合形式，其聚合度也非常低，模块中的各种功能要通过控制变量选择执行。

(3) 时间性聚合。将几个需要在同一时段进行处理的各项功能组合在一起所形成的模块,叫时间性聚合模块。如系统的初始化模块、结束处理模块等均属于时间性聚合方式。

(4) 过程性聚合。将为了完成某项业务处理过程而执行条件受同一控制流支配的若干个功能组合在一起所形成的模块,叫过程性聚合模块。这类模块的聚合度较前几个要高一些。

(5) 数据性聚合。将对同一数据加工处理的若干个功能组合在一起所形成的模块,叫数据性聚合模块。这种模块能合理地定义功能,结构也比较清楚,因此其聚合度也较高。

(6) 顺序性聚合。把若干个顺序执行的、一个处理的输出是另一个处理的输入的功能组合在一起所构成的模块,叫做顺序性聚合模块。这种模块的聚合度要更高一些。

(7) 功能性聚合。为了完成一项具体任务,由简单处理功能所组成的模块,叫做功能性聚合模块。这种模块功能单一,内部联系紧密,易于编程、调试和修改,因此其独立性最强,聚合度也最高。

在上述七种模块聚合方式中,其聚合度是依次升高的,如图 6-10 所示。

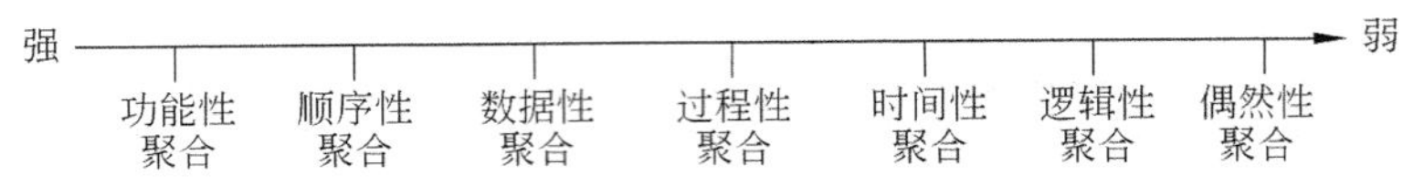

图 6-10　模块内聚合程度的比较

由于功能性聚合模块的聚合度最高,所以在划分模块的过程中,首先应尽量采用功能性聚合方式。其次根据需要可以适当考虑采用顺序性聚合或数据性聚合方式,但要避免采用偶然性聚合和逻辑性聚合方式,以提高系统的设计质量和增加系统的可变更性。

在进行系统模块划分设计时,除了要考虑降低模块之间的关联度和提高模块的聚合度这两条基本原则之外,还要考虑到模块的层次数和模块结构的宽度。如果一个系统的层数过多或宽度过大,则系统的控制和协调关系也就相应复杂,系统的模块也要相应地增大,结果将使设计和维护的困难增大。

6.3　系统配置方案设计

6.3.1　设计依据

1. 系统的吞吐量

每秒钟执行的作业数称为系统的吞吐量,用 TPS(Transaction Per Second)表示。系统的吞吐量越大,则 TPS 的值越大,同时也说明系统的处理能力越强。

2. 系统的响应时间

从用户向系统发出一个作业请求开始,经系统处理后,再给出应答结果的时间称为系统的响应时间。如果一个系统的响应时间越快,则计算机的运算速度越快,并且通信线路的传递速率也越高。

3. 系统的可靠性

系统的可靠性可以用连续工作的时间来表示。例如,每天需要 24 小时连续工作的系统,则系统的可靠性就应该很高,这时可以采用双机双工系统结构方式。

4. 数据管理方式

如果用文件系统管理数据,则操作系统应具备文件管理功能;如果用数据库方式管理数据,那么系统中应配备 DBMS 或分布式 DBMS 系统软件和其他网络管理软件。

5. 集中式还是分布式

如果一个系统的处理方式是集中式的,既可以是单机系统,也可以是网络系统。如果一个系统的处理方式是分布式的,则必须采用网络方案。

6. 单机系统还是多机系统

如果一个系统的功能比较简单,并且规模不大,那么采用单用户或多用户的单机系统可以满足要求;否则就要采用多机系统,以便解决资源共享问题,通常为网络结构形式。

7. 地域范围

需要根据系统覆盖的地域范围来决定是采用广域网还是局域网。

6.3.2 系统总体布局设计

1. 系统总体布局分类

系统的总体结构是指整个系统由哪些部分组成,以及各部分在物理上、逻辑上的相互关系,包括硬件部分和软件部分。而系统的总体布局是指系统的硬、软件资源以及数据资源在空间上的分布特征。

系统总体布局分类:从信息处理的方式来看主要有批处理方式和联机处理方式;从信息资源管理的集中程度来看主要有集中式系统和分布式系统。

(1) 集中式系统

这是一种集设备、软件资源、数据于一体的集中管理系统,主要有以下几种类型:单机批处理系统、单机多终端分时系统(终端无处理功能)、主机—智能终端系统(终端有辅助处理功能)。

① 优点:管理与维护控制方便;安全保密性能好;人员集中使用,资源利用率高。

② 缺点:应用范围与功能受限制;可变性、灵活性、扩展性差;对于终端用户来说,对用户需求的响应并不很及时,因此不利于调动他们的积极性。

(2) 分布式系统

整个系统被分成若干个在地理上分散设置、在逻辑上具有独立处理能力,但在统一的工作规范、技术要求和协议指导下进行工作、通信和控制的一些相互联系且资源共享的子系统。目前,分布式系统都是以网络方式进行相互通信的,根据网络组成的规模和方式,又分为局域网(LAN)、广域网(WAN)、局域网+广域网(混合形式)。分布式系统具有如下优缺点:

① 优点:资源的分散管理与共享使用,可减轻主机的压力,与应用环境匹配较好;各结点机具有一定的独立性和自治性,利于调动各结点机所在部门的积极性;并行工作的特性使负荷分散,因而对主机要求降低;可行性高,某个结点机的故障不会导致整个系统的瘫痪;可变性、灵活性高,易于调整。

② 缺点:由于资源的分散管理,其安全性降低,并给数据的一致性维护带来一定困难;由于地理上的分散设置,使系统的维护工作难以进行;由于管理分散,使管理工作负担加重。

作为系统总体布局来说,一般应考虑以下几个问题:

① 系统类型是采用集中式还是分布式。

② 处理方式是采用一种,还是混合使用。

③ 数据存储是分布存储还是集中存储,数据量有多少,要求何种存储方式。

④ 硬件配置机器类型、性能指标、价格指标、工作方式。

⑤ 软件配置购买还是自行开发。

根据以上要考虑的问题,可以给出系统布局方案的选择原则:

① 处理功能和存储功能应满足系统要求。

② 使用方便。

③ 可维护性、可扩展性、可变更性好。

④ 安全性、可靠性高。

⑤ 经济实用。

2. C/S 结构与 B/S 结构

(1) C/S 结构

C/S 结构即是指 Client/Server (客户机/服务器)体系,如图 6-11 所示。客户机/服务器模式将任务划分为由“客户机”和“服务器”分别分担的部分,虽然两者都是连接在网络上,但各自承担并完成各自的功能。在企业网中,客户机/服务器模式是一种能够最充分发挥台式计算机能力的主要手段,数据及其处理能力被分布在企业的各个部门或计算机站点,而不是集中式的控制。C/S 系统是一种以用户为中心的系统,它强调用户与数据的交互作用。对

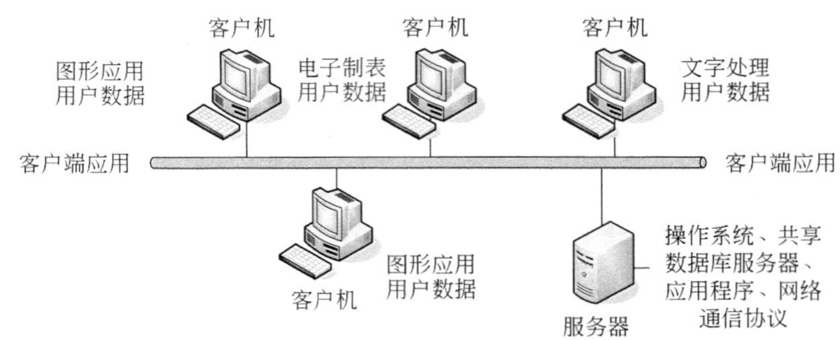

图 6-11　C/S 结构示意图

用户来说，在网上所感觉到的就类似一个具有全部功能的独立系统，客户机和服务器被集成在一起而且能够相互访问。

(2) B/S 结构

B/S 结构即 Browser/Server(浏览器/服务器)结构，是随着 Internet 技术的兴起，对 C/S 结构的一种变化或者改进的结构。在这种结构下，用户界面完全通过 WWW 浏览器实现，一部分事务逻辑在前端实现，但是主要事务逻辑在服务器端实现，形成所谓三层结构。B/S 结构主要是利用了不断成熟的 WWW 浏览器技术，结合浏览器的多种 Script 语言和 ActiveX 技术，用通用浏览器就实现了原来需要复杂专用软件才能实现的强大功能，并节约了开发成本，是一种全新的软件系统构造技术。随着 Windows 98/Windows 2000 将浏览器技术植入操作系统内部，这种结构更成为当今应用软件的首选体系结构。

(3) C/S 结构与 B/S 结构的综合应用

由于 Internet 技术正处在发展之中，现有浏览器、Web 服务器的商品软件在功能上还有待进一步完善，安全性能不是很稳定，所以，目前通常情况在 Web 服务器上一般是用于查询、检索和公告发布等，而对较为复杂的应用软件开发，较为重要的数据交互操作，则必须由 C/S 结构来完成，所以数据库服务器在 Web 上的应用，应该说是有限制的应用。

6.3.3 信息系统硬件与软件配置方案设计

1. 系统软硬件的配置应满足的要求

计算机软件、硬件配置应能满足系统的要求，这些要求主要包括：

(1) 功能要求。能满足新系统的各种功能要求，包括联网要求。

(2) 性能要求。根据用户提出的对系统的处理速度、准确度等要求，确定计算机的运行速度、网络的传输速度等指标。

(3) 容量要求。根据新系统近期所要处理的最大数据量以及若干年以后的发展规划，配置计算机内存、外存容量。

(4) 安全性和可靠性的要求。应保证系统的数据、信息等资源安全可取，防止信息的破坏和丢失，确保系统的正常运行。

2. 软硬件配置应遵循的原则

计算机系统(软件、硬件及其附属设备)的配置，总的原则应该是：技术上具有先进性，实现上具有可能性，使用上具有灵活性，发展上具有可扩充性，投资上具有受益性。

(1) 系统硬件的选择应服从于系统软件的选择。技术上成熟可靠；处理速度快；数据存储容量大；良好的兼容性与可扩充性、可维护性；良好的性能价格比；售后服务与技术服务好；操作方便，在一定时间内保持一定的先进性。

(2) 系统软件、硬件的选择在技术上应具有一定的先进性。系统的软件和硬件应尽量符合国际标准或某些开放系统标准，使系统便于扩充或与其他系统集成。

(3) 系统的软件和硬件应尽量选用成熟的产品，保证系统运行的安全性和可靠性。供应厂家应具有较好的信誉和技术服务，能获得及时、有效的技术支持。坚持效益驱动的原则。设备的配置不宜贪大求全。系统配置力争做到最佳的性能价格比。

3. 计算机硬件的选择

计算机硬件的选择取决于数据的处理方式和运行的软件。管理对计算机的基本要求是速度快、容量大、通道能力强、操作灵活方便。但是计算机的性能越高，其价格也就越昂贵，因此，在计算机硬件的选择上应全面考虑。一般来说，如果系统的数据处理是集中式的，系统应用的主要目的是利用计算机强大的计算能力，则可以采用主机—终端系统，以大型机或中小型机作为主机，可以使系统具有较好的性能。若对企业管理等应用，其应用本身就是分布式的，使用大型主机主要是为了利用其多用户能力，则不如微机网络更为灵活、经济。

确定了数据的处理方式后，在计算机机型的选择上则主要考虑应用软件对计算机处理能力的需求，包括计算机主存、CPU 时钟、输入/输出和通信的通道数目、显示方式、外接转储设备及其类型。

对于硬件设备的选择，应列出硬件设备明细表并绘制硬件配置图。并且，最好准备几种设备配置方案，召开各种方案论证会，请各方面有关人员和专家参加分析讨论，提出意见。

4. 计算机软件的选择

MIS 系统中配置的软件一般包括操作系统、数据库管理系统、系统开发工具、网络服务器系统软件等。

(1)操作系统的选择

服务器上，操作系统一般选择多用户网络操作系统，如 UNIX、Netware、Windows Server 2000、Windows 2003 等。这些系统各有特点。

其中 UNIX 的特点是稳定性和可靠性非常高。缺点是系统维护困难、系统命令枯燥。Netware 适用于文件服务器/工作站工作模式，在以前市场占有率很高，但现在应用得较少。Windows NT 安装、维护方便，具有很强的软硬件兼容能力，并且同 Windows 系列软件的集成能力也很强，一般认为是最有前途的网络操作系统。

在客户端上使用的操作系统和应用软件，与服务器上使用的操作系统应当相互匹配，这样客户端计算机设备的可用性、可靠性和使用效率才能得到保障。

客户机上的操作系统一般是采用易于操作的图形界面的操作系统，现在多数选择 Windows 系列，如 Windows 9X、Windows XP 等。

(2) 数据库系统软件的选择

管理信息系统中，数据库服务器是必不可少的网络组成部分，数据库管理系统的选择是一个关键问题。MIS 的核心任务是信息的采集、存储、加工处理。选择时，应着重考虑所选数据库管理系统的数据存储能力、数据查询速度、数据恢复与备份能力、分布处理能力以及与其他数据库的互联能力。因此，数据库管理系统软件的选择对管理信息系统的建设具有举足轻重的影响。目前市场上流行的数据库管理系统有 Oracle、Sybase、SQL Server、My SQL、DB2 及 Foxpro 等。其中 Oracle、Sybase、SQL Server 是开发大型管理系统时数据库系统软件的首选，而 My SQL、FoxPro 在小型管理信息系统建设中选用较多。在数据库选择方面，另一个要注意的因素是数据库软件的行业占有性。如果在某一行业中企业采用 Oracle 的比例很高，那么同一行业中的其他企业建立管理信息系统时一般也应采用相应的数据库系统软件，这样有利于相互的数据交换。

(3) 应用服务器系统软件及开发工具的选择

系统软件结构中的另一个方面是应用服务器软件及系统开发工具的选择。系统开发工具的选取首先依据的是管理信息系统应用的模式，即是 C/S 模式还是 B/S 模式。若系统确定开发采用 B/S 模式，就应选择支持 B/S 模式的应用服务器软件及开发工具。如果网络操作系统选择的是 Windows NT，则微软公司的 IIS 是建立支持 Web 应用的首选应用服务器软件。目前 B/S 模式应用的开发工具很多，如 Delphi、ASP、Power Builder 的较高版本都支持 B/S 模式应用的开发。当然，若管理信息系统采用 B/S 模式，则客户端计算机上还需安装浏览器软件，现在用得最多的是微软公司的 IE 8.0 及以上版本。C/S 模式的开发工具及运行环境一般安装在客户端计算机上，用于 C/S 模式应用开发的系统工具软件用得较多的是 Power Builder。

6.3.4 网络结构设计

1. 概述

计算机网络是利用通信线路把分布在不同地点的多个独立的计算机系统连接起来的系统。联网的目的有二：①让广大用户共享网络中的硬件、软件和数据等资源；②让广大用户可以方便地通信。目前，计算机网络已发展到较高水平，应用也十分普遍。绝大多数 MIS 都是运行于计算机网络之中。因此，网络设计已成为 MIS 设计的重要组成部分。

计算机网络设计是将初步规划中的各个子系统从内部用局域网连接起来，以及合理地与外部系统相连接，但并不是去设计或开发出一个网络，而是根据实际业务的需要去考虑如何配置和选用一个网络产品。主要包括确定建设目标、网络主干设计、办公大楼网络设计、实时系统与联网设计、相关子网设计、零散用户联网设计、软硬件平台的选择等。

2. 网络设计准备

在进行计算机网络设计之前，应该在 MIS 的系统分析阶段完成以下工作：

(1) 调查并分析系统内部组织机构及信息处理功能的物理分布情况。包括其所处的建筑物名称、各部门(子系统)之间的实际布线距离。

(2) 确定使用计算机网络的相关组织与人员。

(3) 确定网络的处理能力。包括数据传送能力的确定和网络响应时间的确定。

数据传送能力是指单位时间内能够传送的数据量。在计算数据量和传送时间时，应考虑到以下几个方面情况：

① 传送的字符除数据外，还应包括各种传输控制字符。

② 应包括从发送点到接收点在信道上的延迟时间。

③ 应包括在主机和通信处理机之间进行控制的主机处理时间。

④ 在一个信道上有多个传送终端时，要包括同时送出数据而发生竞争的等待时间。

⑤ 当线路可靠度降低时，应考虑到因再发送造成的传送能力下降。

⑥ 使用半双工线路时，要包括载波控制时间。

响应时间一般是指某一要求从产生到得到回答的时间。在网络中，响应时间是从终端输入动作完了开始，到中心处理完将电文输出这段时间。基于传感器的实时系统，要求保证严格的响应时间。由于此类系统的事件产生在几秒以下，往往要求在几十毫秒内迅速应答，因此在网络设计上要避免发生等待。主机系统的程序应常驻内存，使用高速网络，以保证快速响应。大多数实时系统，如银行信息系统，对80%～90%事务的响应时间在2～3秒就可以了，但要充分考虑包括线路在内的各种资源的利用率，网络的选择要与所连接的终端的输入或输出速度相匹配。

3. 网络设计

(1) 确定网络建设目标。要充分考虑建网单位的生产、经营与管理特点，地理分布状况以及未来发展需要来确定网络建设目标。如一跨行业多种经营的国有特大型企业，已形成了以水电为主，兼顾十多个工业和服务企业的集团。其MIS网络建设的目标是：在集团内部建成以浏览器/服务器结构为基础的Intranet，通过卫星与国家部门信息网相连，并通过ISDN(综合服务数字网)或宽带等多种方式连入Internet。

(2) 网络主干设计。网络主干作为整个系统的数据交换中心，应具有较强的数据交换能力。设计依据是数据量与响应时间的具体要求。可选FDDI(Fiber Distributed Data Interface，光纤分布数据接口)，其数据传输率为100Mbps，媒体传输波特率为125Mbps，最大节点数为500个，环网长度可达200km。具有传输效率高，不因为互联而形成传输的瓶颈现象、互联结构简单等特点，适用于中小型企业的MIS、校园网或多校园网一类的应用环境。也可选择快速(100Mbps)以太网。由于该网能够无缝扩充到ATM(Asynchronous Transfer Mode，异步传输模式，传输率为155Mbps，其数据传输率可从51.84Mbps调至2.488Gbps，基本传输速率为155.52Mbps)和千兆以太网，所以被大量地用于主干网。主干网的连接方式包括串行主干、分布式主干、层叠式主干以及平行主干等。

(3) 办公大楼网络设计。一般单位的办公大楼是信息中心所在地，服务器的信息流量较大。在网络设备的选择与连接上，要解决通信瓶颈问题。办公大楼网络通常采用结构化布线与分级的星型结构，其优点是可提供互相独立的信道，便于集中式管理，易于重组，支持多种应用。布线工程多选用超五类系统布线产品。

(4) 实时系统与网络的互联设计。随着我国改革开放和科教兴国等国策的深入人心，大部分企业近年来已建设了计算机监控系统、计算机调度系统以及计算机过程控制等系统。这些系统的实时数据应能连接到企业MIS上，供有关管理部门共享。一般可采用网关，通过专线将实时系统与企业MIS相连。网关可保护实时系统数据安全，同时收集实时系统数据，并将其写入服务器供企业共享。

(5) 相关子网建设。部分企事业单位还包括下属二级单位。为了各自的相对独立性和全网的安全性，可在二级单位内部建立局域网络。考虑到距离较远、室外须严防雷击、电磁干扰等因素，多用单模光纤将相关子网与主干网连接起来。

(6) 零散用户联网设计。距离远、规模较小的二级单位或零散用户可采用集团程控电话网与网络中心相连。为提高访问速度，可采用远程访问服务器。

(7) 软硬件平台的选择。目前，可供选择的软硬件平台产品较多。原则上要按网络的响应时间、数据传输率及用户工作需要和投资额来选择。硬件平台的关键是服务器的配置。根据用户需要和功能上、容量上的可扩展性，可采用模块组合式多服务器配置方案，如可选运行稳定的机型作为主域服务器；选用运算速度快、数据存储容量大的双 CPU 的服务器作为 SQL Server；选用运算功能、处理能力稳定的机型作为 WWW、E-Mail 服务器。此外，还应选用性能稳定、具有较大存储容量的计算机作为代理服务器。

网络操作系统、网络数据库软件、邮件服务器软件以及代理服务器软件可选微软的系列软件，也可选 Linux 系列软件或 Novell 系列软件。如可用 Windows NT Server 作为网络操作系统，用 MS SQL Server 作为网络数据库软件，用 Microsoft Exchange Server 作为邮件服务器软件，用 Microsoft Proxy Server 作为代理服务器软件。

例如，某集团公司是跨行业多种经营的国有特大型企业，涉及水电开发、冶炼、机械、化工、贸易等行业的生产经营活动，形成了以水电为主、兼顾十多个工业和服务企业的企业集团。该公司的下属企业中具有计算机监控、检测和生产过程控制等计算机实时系统。另外，各企业分布距离远，既有固定的办公大楼，也有零散用户。经综合分析，联网主要方案如下：

网络主干第一期采用快速以太网，第二期的升级拟选择千兆以太网或 155Mbps 的 ATM。网络系统的中心交换设备选用了 3COM 公司的第三层高功能交换机 CoreBuilder 3500，该产品采用了先进的 ASIC＋RISC 技术和可编程的灵活智能路由引擎(FIRE)，总数据吞吐量可以超过每秒 400 万包。通过 CB 3500 连接了 4 台服务器、1 台主控服务器、1 台 MS SQL Server、1 台 DNS Server 和 Web Server、1 台 Proxy 代理服务器。

办公大楼采用 3COM Super stack Ⅱ 3300 作为接入交换机，与主交换机 CB 3500 相连，实现了 100Mbps 交换到桌面，较好地解决了通信瓶颈问题。布线工程选用了美国 AMP 公司的超五类布线产品。其余部分不再赘述，安泰集团公司网络拓扑结构图如图 6-12 所示。

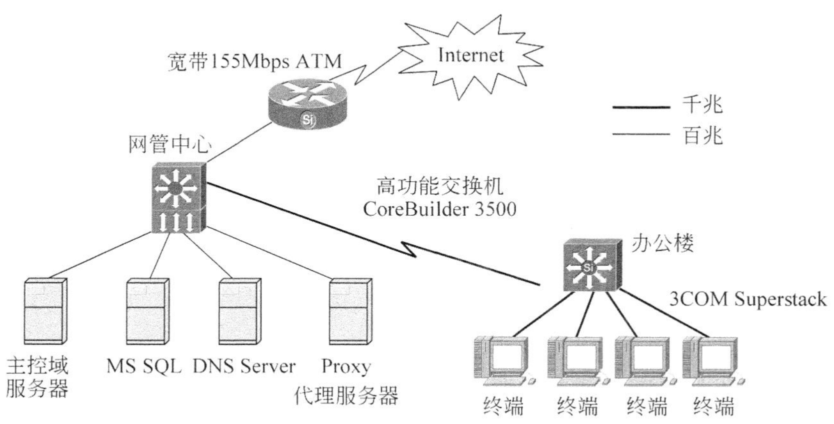

图 6-12　某集团公司网络结构拓扑图

6.4 系统详细设计

6.4.1 代码设计

代码是代表客观存在的事物名称、属性和状态等的符号。代码的符号可以是数字、字母或者是由数字和字母混合组成。

1. 代码的功能

(1) 使用代码可以提高计算机处理的效率和精度。按代码对事物进行分类、合并、更新、检索,可以十分迅速。

(2) 利用代码可以节省计算机的存储空间,提高运算速度。例如,在物资管理系统中,通过相应的代码就可以反映出物资的种类、规格、型号等内容,因此可以减少计算机处理的数据量,提高处理速度,并可以节省存储空间。

(3) 利用代码可以提高系统的可靠性。通过在代码中加入校验码,可以在输入数据时利用计算机进行检验,以保证输入的数据准确可靠,从而可以提高整个系统的可靠性。

(4) 利用代码可以提高数据的全局一致性。对同一事物,即使在不同场合有不同的叫法,都可以用代码统一起来,减少了因数据不一致而造成的错误。

(5) 代码是人和计算机的共同语言,是两者交换信息的工具。

现代企业的编码系统已由简单的结构发展成为十分复杂的系统。为了有效地推动计算机应用和防止标准化工作走弯路,我国十分重视制定统一编码标准的问题,并已公布了GB 2260—1980 中华人民共和国行政区划代码、GB 1988—1980 信息处理交换的七位编码字符集等一系列国家标准编码,在系统设计时要认真查阅国家和部门已经颁布的各类标准。

代码设计在系统分析阶段就应当开始。由于代码的编制需要仔细调查和多方协调,是一项很费事的工作,需要经过一段时间,在系统设计阶段才能最后确定。

2. 代码设计的原则

合理的编码结构是信息处理系统是否具有生命力的一个重要因素,在代码设计时,应遵循以下基本原则。

(1) 唯一性。每一个代码只能唯一地代表系统中的一个实体或实体属性。一个实体或实体属性也只能唯一地由一个代码来表示。

(2) 标准性。代码设计时要尽量采用国际或国家的标准代码,以方便信息的交换和共享,并可为以后对系统的更新和维护创造有利条件。

(3) 合理性。代码设计必须与编码对象的分类体系相适应,以使代码对编码对象的分类具有标识作用。

(4) 可扩充性。编码时要留有足够的备用代码,以适应今后扩充代码的需要。但备用代码也不能留得过多,以免增加处理的难度。

(5) 简单性。代码结构要简单,要尽量缩短代码的长度,以方便输入,提高处理效率,并且便于记忆,减少读写的差错。

(6) 适用性。代码设计要尽量反映编码对象的特点,以便于识别和记忆,使用户容易了解和掌握。

(7) 规范化。代码的结构、类型、编码格式必须严格统一,以便于计算机处理。

3. 代码的种类

代码的种类如图 6-13 所示,图 6-13 中列出了最基本的代码,实际应用中,常常根据需要采用两种或两种以上基本代码的组合。

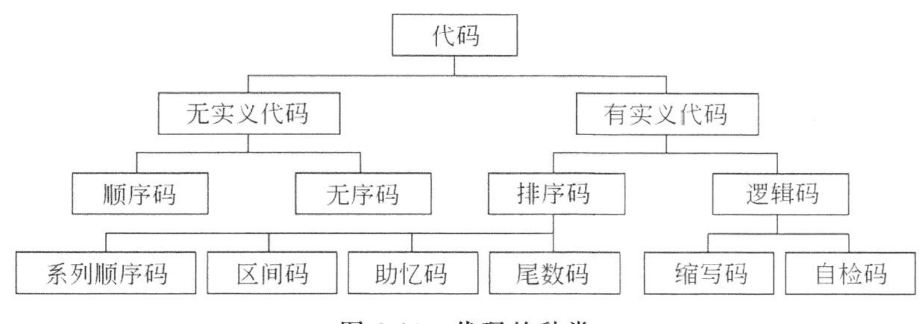

图 6-13 代码的种类

从编码对象实际状况和使用方便两个方面进行考虑,常用的代码主要有以下几种。

(1) 顺序码

顺序码是用一串连续的数字来代表系统中的客观实体或实体属性。例如,一个企业里面的各个部门可以采用顺序编码:

01 人事部

02 财务部

03 库存部

04 销售部

……

顺序码的优点是简单、易处理。缺点是不能反映编码对象的特征,代码本身无任何含义。另外,由于代码按顺序排列,新增加的数据只能排在最后,删除数据则要产生空码、缺乏灵活性。所以通常作为其他编码的一个组成部分。

(2) 区间码

区间码是按编码对象的特点把代码分成若干个区段,每一个区段表示编码对象的一个类别。例如,全国行政区邮政编码即为典型的区间码。这种代码共有 6 位数字组成,分成三个区段:第 1 位和第 2 位表示省或直辖市级顺序码;第 3 位和第 4 位表示地或市级顺序码;第 5 位和第 6 位表示县或区级顺序码。因此,通过一个代码就可以反映出一个地区所在的省、地和县。还有我国目前使用的居民身份证就是采用的 18 位的数字区间码。

区间码的优点是从结构上反映了数据的类别,便于计算机分类处理,排序、分类,插入和删除也比较容易。它的缺点是代码的位数一般都比较多。区间码往往和顺序码混合使用。

(3) 多面码

一个数据项可能具有多方面的特性,在码的结构中,为这些特性各规定的一个位置,就形成了多面码。

例如，对于机制螺钉，可做表 6-3 的规定，代码 2342 就表示材料为直径为 2.5 毫米的黄铜方形头镀铬螺钉。

表 6-3　多面码示例

材料	螺钉直径	螺钉头形状	表面处理
1 不锈钢	1　0.5 毫米	1 圆头	1 未处理
2 黄铜	2　1.0 毫米	2 平头	2 镀铬
3 钢	3　2.5 毫米	3 六角形状	3 镀锌
		4 方形头	4 上漆

(4) 助忆码

助忆码是指用可以帮助记忆的字母和数字来表示编码对象。例如，表示电视接收机可以用代码：

TV—B—30 表示 30cm 黑白电视机。

TV—C—51 表示 51cm 彩色电视机。

助忆码的优点是直观、便于记忆和使用。缺点是不利于计算机处理，当编码对象较多时，也容易引起联想出错，所以这种编码主要用于数据量较少的人工处理系统。

(5) 缩写码

缩写码是把人们习惯使用的缩写字直接用于代码。例如，

kg—千克；cm—厘米。

缩写码的优点是简单、直观，便于记忆和使用。但是，由于缩写字有限，所以它的使用范围也有限。

(6) 尾数码

使末尾位的数字码具有一定含义，可以不增加主要代码位数而进行分类，即利用尾位数字修饰主要代码。例如，用 02301 表示 230 毫米，用 02302 表示 230 厘米。

4. 代码的校验

代码作为数据的一个组成部分，是系统的重要输入内容之一，它的正确与否直接影响整个处理工作的质量。特别是人们需要重复抄写代码和通过手工将它输入到计算机中时，发生错误的可能性就比较大。为了保证输入代码的正确性，人们在设计代码时，可以在原有代码的基础上再加上一个校验位，使其成为代码的一个组成部分。校验位通过事先规定好的数学方法计算出来，当带有校验码的代码输入到计算机中时，计算机也利用同样的计算方法计算代码的校验位，并将它和输入的代码校验位进行比较，以检验输入是否正确。

利用代码校验位可以检测出以下各种在代码使用中产生的错误：

抄写错误，如 1 写成 4。

易位错误，如 12345 写成 12354。

双易位错误，如 123456 写成 132546。

随机错误，由以上两种或三种错误综合形成的错误。

(1) 校验码的设计

校验码的设计过程可以分为以下步骤。

① 对原代码的每一位乘以一个权数，然后求它们的乘积之和。

设原代码有 n 位：$C_1C_2C_3\cdots C_n$。

对应的权数因子：$P_1P_2P_3\cdots P_n$。

它们的乘积之和：$S=C_1P_1+C_2P_2+C_3P_3+\cdots+C_nP_n$。

其中：权数因子可以取自然数列 1,2,3,…,N；几何级数 2,4,8,…,2N；或质数等其他数列。

② 对乘积之和取模：

$$R=S_{\text{mod}}(M)$$

其中：R 表示余数，S 为乘积之和，M 为模数，可选用 11 或 12 等数。

③ 用模减去余数即得校验码：

$$C_{n+1}=M-R$$

其中：C_{n+1} 表示校验位，M 表示模，R 表示余数。

例：校验码的设计过程。

设原代码为：12345

对应的权数：32,16,8,4,2

求乘积之和：$S=1\times32+2\times16+3\times8+4\times4+5\times2=114$

取模(设模为 11)：$R=S_{\text{mod}}(11)=4$

得校验码：$C_6=11-4=7$

最后得到带校验位的代码 123457，其中 7 是校验码。

(2) 对输入的代码进行校验

利用校验码对输入的代码进行校验的过程是上述校验码设计的逆过程。因此可利用下面的公式对输入的代码进行检验，若

$$(\text{原代码与权数乘积之和}+\text{校验码})\div\text{模}=\text{整数}$$

则认为输入是正确的，否则认为输入有错。

6.4.2 数据库设计

1. 数据库设计过程

数据库设计是在选定的数据库管理系统基础上建立数据库的过程。使用原型法开发 MIS，进行数据库设计是在用户需求分析的基础上，进行概念结构设计、逻辑结构设计和物理结构设计。此阶段与系统分析和设计的阶段相对应，如图 6-14 所示。

(1) 数据库的需求分析。需求分析是整个数据库设计过程的基础，也是最困难、最耗时的一步。作为“地基”的需求分析是否做得充分与准确，决定了在其上构建数据库大厦的速度与质量。需求分析做得不好，甚至会导致整个数据库设计返工重做。

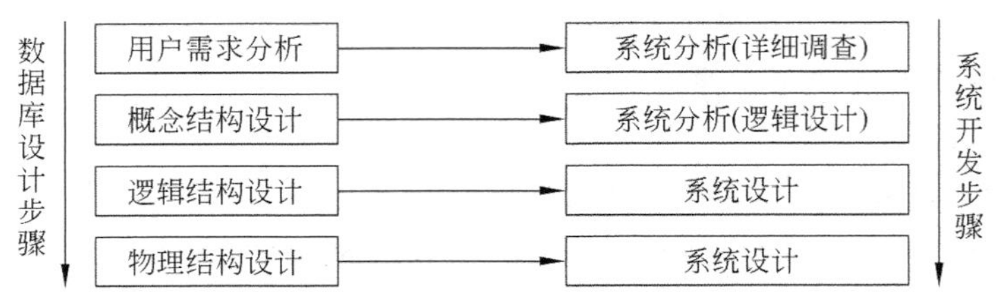

图 6-14 数据库设计与系统开发阶段对照

(2) 数据库的概念结构设计。其任务是根据用户需求设计数据库的概念数据模型(简称概念模型)。概念模型是从用户角度看到的数据库,它可用 E-R 模型表示,也可用 3NF 关系群来表示。

(3) 数据库的逻辑结构设计。是将概念结构设计阶段完成的概念模型转换成能被选定的数据库管理系统(DBMS)支持的数据模型。将 E-R 模型转换为关系型数据模型的规则如下:

① 每一实体集对应于一个关系模式。其中实体名作为对应的关系名,实体的属性作为对应关系的属性。

② 实体间的联系一般对应一个关系,联系名作为对应的关系名,不带有属性的联系可以去掉。

③ 实体和联系中关键字对应的属性在关系模式中仍作为关键字。

逻辑结构设计阶段提出的关系数据模型应符合第三范式(3NF)的要求。如果选用的 DBMS 是支持层次、网络模型的 DBMS,则还需将关系模型转换成层次或网络模型。逻辑结构设计的最后一步,是使用 DBMS 提供的数据描述语言 DDL 对数据模型进行模式定义,如数据库名、表名、字段名、字段类型,字段宽度及小数位等。

(4) 数据库的物理结构设计。是为数据模型在设备上选定合适的存储结构与存储方法,以获得数据库的最佳存取效率。具体包括库文件的组织形式(顺序、索引);存储媒体的分配(高速与低速存储媒体的选择)以及存储路径的选定等。

使用原型法设计的数据库与系统一起,需不断改进、优化,直至用户满意为止。

2. 数据库的规范化设计

数据库的规范化设计理论是关系数据库的创始人之一——E. F. Codd 提出的。他将数据库中的数据结构进行了五种规范化定义,并命名为规范化模式,称为范式。在这五种范式中,对于常用的系统只用前三种就足够了,而且这五种范式是“向上兼容”的。

(1) 第一范式(First Normal Form,1NF)。是指一个表中每个数据项不可再分,每个表必须满足 1NF。

(2) 第二范式(Second Normal Form,2NF)。就是指在表中不存在非主属性(不属于任何关键字的属性)对于主属性(关键字中的各属性)的部分函数依赖。

(3) 第三范式(Third Normal Form,3NF)。就是指在表中不存在非主属性对于主属性的传递函数依赖。

3. 数据库的安全性设计

数据库的安全是指数据库的任何部分都不允许受到恶意侵害，或未经授权的存取与修改。数据库是 MIS 的核心部分，有价值的数据资源都存放在其中。这些共享的数据资源即要面对必需的可用性要求，又要面对被篡改、损坏和被窃取的威胁。一般来说，数据库的破坏来自下列四个方面：系统故障、并发操作所引起的不一致、转入或更新数据库的数据有错误，更新事务未遵守保持数据库一致的原则、人为的破坏，例如，数据被非法访问，甚至被篡改或破坏。前三个方面属于数据库的可靠性问题，通常从硬件，软件与运行规程三个方面综合考虑加以解决。第四个方面属于数据库安全性问题，可通过以下措施加以防范。

(1) 制定切实可行的安全计划制度和用户手册。尽量使此计划愿意为大家接受，落到实处。该计划要经得起测试、在保密状态下执行。

(2) 限制可移动介质的访问。主要指限制通过磁带、磁盘、光盘等可移动介质对数据库的存取。窃取、计算机病毒对数据库的威胁大都是通过这些可移动介质加以实施的。

(3) 访问限制。设立 DBA(数据库管理员)岗位。数据库用户及其访问权限应由 DBA 根据 DBMS(数据库管理系统)所提供的功能进行控制，DBA 的特权不能转让。

(4) 数据加密。

(5) 跟踪审查。是一种监视措施，它对某些保密的数据实施跟踪，记录有关数据的访问活动。一旦发现潜在的窃密企图，如重复的、相似的查询，可以根据这些数据进行事务分析和调查。跟踪审查的结果记录在一个特殊的文件上，该文件称跟踪审查记录(Audit Trail)，一般包括以下内容：操作类型(如修改、查询等)；操作日期和时间；操作终端标识与操作者标识；所涉及的数据(如表、视窗、记录、属性等)。

6.4.3 输出设计

输出设计的目的是使系统能输出满足用户需要的有用信息。对于大多数用户来说，输出是系统开发的目的和评价系统开发成功与否的标准。因此，输出设计的出发点是保证系统输出的信息能够方便地为用户使用，能够为用户的管理活动提供有效的信息服务。

1. 输出设计的内容

(1) 确定输出内容。确定输出设计的内容需要考虑以下几个方面。

① 输出信息使用方面的内容。包括信息的使用者、使用目的、报告量、使用周期、有效期、保管方法和复写份数等。

② 输出信息的内容。包括输出项目、位数、精度、数据形式(文字、数字)、数据来源与生成算法等。

(2) 确定输出格式。如表格、图形或文件。输出信息的格式设计，是为了给用户提供一种清晰、美观、易于阅读和理解的信息，如图 6-15 所示。因此，输出信息的格式必须考虑到用户的要求和习惯，要尽量与现行系统的表格形式相一致。如果必须做出更改，则要由系统设计人员、系统分析人员和使用人员共同协商后，经过各方面人员的同意才能进行。表格的输出设计工作可由专门的表格生成器软件完成，图形的输出设计也有专门的软件。

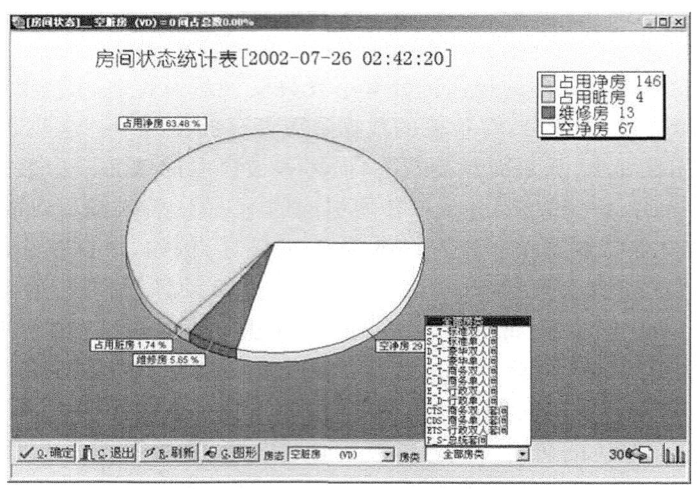

图 6-15　管理信息系统的房间状态统计输出

(3) 选择输出设备和确定输出媒体。信息的用途决定了输出设备和输出媒体。需要送给其他有关人员或者需要长期存档的材料,必须使用打印机打印输出;若是需要作为以后处理用的数据,可以输出到磁带或者磁盘上;如果只是需要临时查询的信息,则可以通过屏幕显示。输出设备主要是指打印机和显示器。表 6-4 为输出设备和媒体一览表。

表 6-4　输出设备和媒体一览表

输出设备	行式打印机	磁盘机	终端	绘图仪	缩微胶卷输出机
媒体	打印纸	磁盘	屏幕	图纸	缩微胶卷
用途和特点	便于保存,费用低	容量大,存取更新方便	响应灵活的人机对话	精度高,功能全	体积小,易保存

2. 输出报告

输出报告是系统设计的主要内容之一,它定义了系统的输出。输出报告中既标出了各个常量、变量的详细信息,也给出了各种统计量及其计算公式、控制方法。

设计输出报告时应考虑以下几点:

(1) 方便使用者。能为使用者提供及时、准确、全面的信息,输出的图形或表格,便于用户阅读和理解。

(2) 要考虑系统的硬件性能。

(3) 尽量利用原系统的输出格式,如需修改,应与有关部门协商,征得用户同意。

(4) 输出的格式和大小要根据硬件能力,认真设计,并试制输出样品,经用户同意后才能正式使用。

(5) 输出表格要考虑系统的发展。输出表格中是否为新增项目留有相应的位置。设计输出报告之前应收集好各项的有关内容,填写到输出设计书上,这是设计的准备工作。

为了提高系统的规范化程度和编程效率,在输出设计上应尽量保持输出流内容和格式的同一性，也就是说，同一内容的输出，对于显示器、打印机、文本文件和数据库文件应具有一致的形式。显示器输出用于查询或预览，打印机输出提供报表服务，文本文件格式用于为办公自动化系统提供剪辑素材，而数据库文件可满足数据交换的需要。

在打印输出时，报告纸有专用纸和通用白纸两种。专用纸上事先印有表头和文字说明等格式，使用时可直接套打；通用白纸则需打印表头、格式及说明信息。

6.4.4 输入设计

输入设计是整个系统设计的关键环节之一，对系统的质量起着决定性的影响。输入数据的正确性直接决定处理结果的正确性，如果输入数据有误，即使计算和处理十分正确，也无法获得可靠的输出信息。

输入界面是管理信息系统与用户之间交互的纽带，输入设计的任务是根据具体业务要求，确定适当的输入形式，使管理信息系统获取管理工作中产生的正确的信息。输入设计的目的是提高输入效率，减少输入错误。

1. 输入设计的原则

输入设计包括数据规范和数据准备的过程，在输入设计中，提高速度和减少错误是两个最根本的原则。以下是指导输入设计的几个原则。

(1) 设计好原始单据的格式。原始单据的格式设计，必须按照便于填写、便于归档保存和便于操作的基本原则进行。输入的单据，可以是专门为输入数据设计的记录单，但这样要经过一次抄转和编码；也可以直接从原始单据上输入数据，这样可以减少填写输入记录单的工作量和抄写错误。不管采用哪一种形式，作为输入的数据其内容要和屏幕上显示的内容一致，格式也要尽量一致，以便提高输入速度和减少输入差错。

(2) 控制输入量。在输入设计中，应尽量控制输入数据总量。在输入时，只需输入基本的信息，而其他可通过计算、统计、检索得到的信息则由系统自动产生。

(3) 减少输入延迟。输入数据的速度往往成为提高信息系统运行效率的瓶颈，为减少延迟，可采用周转文件、批量输入等方式。

(4) 输入过程应尽量简化。输入设计在为用户提供纠错和输入检验的同时，要保证输入过程简单易用，不能因为查错、纠错而使输入复杂化，增加用户负担。

(5) 减少输入错误。输入设计中应采用多种输入校验方法和有效性验证技术，减少输入错误。

2. 输入检验

输入设计的目标是要尽可能减少数据输入中的错误。因此，对于输入数据的过程中可能出现的错误，要采取相应的检验措施，以保证输入数据的正确性。

(1) 输入错误的种类

在输入数据的过程中，由于各种原因可能会出现这样或那样的错误。因此在输入设计时，必须要充分考虑可能会出现的各种错误，并采取有效的防范和补救措施。在输入数据时，常见的错误可以分成以下几类。

① 数据本身的错误。主要是指原始单据的填写错误或者在输入数据时产生的错误。

② 数据不足或多余。在数据收集过程中产生的差错，如数据(单据、卡片等)的散失、遗漏或重复等引起的数据差错。

③ 数据的延误。这是指在数据收集过程中，由于提供数据的时间延误所产生的错误。虽然它在数据量和内容上都可能是正确的，但是由于数据在时间上延误，可能会使输出的信息变得毫无价值。

(2) 数据出错的校验方法

数据的校验方法有人工直接检查、计算机用程序校验以及人与计算机两者分别处理后再相互查对校验等多种方法。常用的方法是以下几种，可单独地使用，也可组合使用。

① 重复输入检验。将同一数据由两个人先后输入一次，由计算机比较两次输入的结果，以判断输入的数据是否正确。如两次输入的数据不一致，计算机显示或打印机打印出错信息。

② 视觉检验。输入的同时，由打印机打印或屏幕显示出输入的数据，并由人工逐一核对，以检查输入的数据是否正确。

③ 控制总数检验。先由人工计算出输入数据的某数据项总值；然后在输入过程中再由计算机统计出该数据项的总值，比较两次计算结果以验证输入是否正确。

④ 记录数统计检验。通过计算输入数据的记录个数来检验输入的数据是否有遗漏和重复。

⑤ 格式校验。校验数据记录中各数据项的位数和位置是否符合预先规定的格式。例如，姓名栏规定为 18 位，而姓名的最大位数是 17 位，则该栏的最后一位一定是空白。该位若不是空白，就认为该数据项错误。

⑥ 逻辑校验。根据业务上各种数据的逻辑性，检查有无矛盾。例如，月份最大不会超过 12，否则出错。

⑦ 界限校验。检查某项输入数据的内容是否位于规定范围之内。例如，商品的单价，若规定在 100 元至 500 元范围内，则检查是否有比 100 元小及比 500 元大的数目即可。凡在此范围之外的数据均属出错。

⑧ 顺序校验。检查记录的顺序。例如，要求输入数据无缺号时，通过顺序校验，可以发现被遗漏的记录。又如，要求记录的序号不得重复时，即可查出有无重复的记录。

⑨ 平衡校验。平衡校验的目的在于检查相反项目间是否平衡。例如，会计工作中检查借方会计科目合计与贷方会计科目合计是否一致。又如银行业务中检查普通存款、定期存款等各种数据的合计，是否与日报表各种存款的分类合计相等。

⑩ 对照校验。对照校验就是将输入的数据与基本文件的数据相核对，检查两者是否一致。例如，为了检查销售数据中的用户代码是否正确，可以将输入的用户代码与用户代码总表核对。当两者的代码不一致时，就说明出错。

(3) 出错的改正方法

出错的改正方法应根据出错的类型和原因而异。

① 原始数据错。发现原始数据有错时，应由产生错误的单位进行改正，不应由操作员想当然地予以修改。

② 机器自动检错。当由机器自动检错时，出错的恢复方法如下：

a. 将错误改正后再进行处理。

b. 将错误数据剔出，只处理正确的数据。这种方法适用于做趋势调查分析的情况，这时不需要太精确的输出数据，例如，预测求百分比等。

c. 只处理正确的数据，出错数据待修正后再进行处理。

(4) 出错表的设计

为了保证输入数据正确，数据输入过程中通过程序对输入数据进行校验，如果发现数据有错时，程序应当自动地打印出错信息内容(即出错表)。

3. 输入媒介和装置

数据必须通过一定的媒介或装置才能被输入到系统中去，常用的输入媒介和装置主要有以下几种。

(1) 键盘。键盘是计算机系统中最主要的输入设备，通过键盘可以将数据直接输入到计算机中或者记录在磁性媒体上，因此使用起来非常方便，是应用最为广泛的输入设备。

(2) 读卡机。这是一种将光电卡、磁卡和 IC 卡所载信息转变为计算机可识别的电信号的机器。

(3) 磁带机和磁盘机。通过磁带机或者磁盘机可以非常方便地将记录在磁性媒体上的数据输入到计算机中进行各种各样的处理，并且可以将计算机处理过的数据直接记录在磁性媒体上，因此它们是重要的输入/输出设备。目前正向着大容量、小体积的方向发展，并且新的技术和材料也不断出现。例如，激光磁盘机也开始广泛投入使用。

(4)其他输入设备。在计算机系统中还有其他许多种输入设备，如磁性字体阅读机，光学读字机，语音输入设备、光笔、图形数字化仪、黑白和彩色扫描仪等。可以根据系统的需要选择相应的输入装置。

6.4.5 用户界面设计

从屏幕上通过人机对话输入是目前广泛使用的输入方式。因为是人机对话，既有用户输入，又有计算机的输出，通常有以下几种。

1. 菜单式

通过屏幕显示出可供选择的功能和功能代码，由操作者根据需要进行选择。将菜单设计成层次结构，则可以通过层层调用引导用户使用系统的每一个具体功能。随着软件技术的发展，菜单设计也向着既美观又方便的方向发展，如图 6-16 所示。

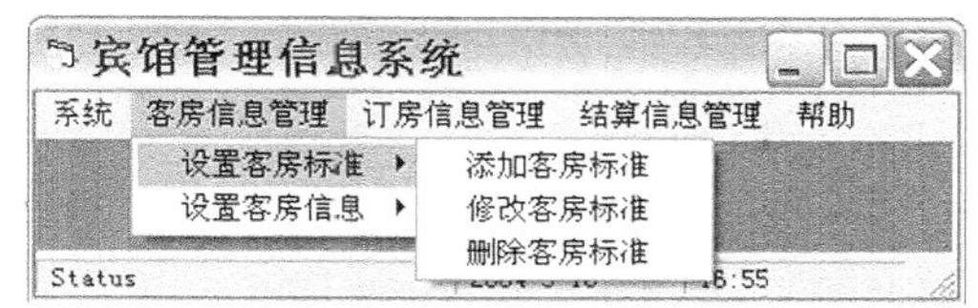

图 6-16　菜单方式界面

目前，在系统设计中常用的菜单设计方法主要有以下几种。

(1) 一般菜单。在屏幕上显示出各个选择项，并为每个选择项指定一个代号，然后根据操作者通过键盘输入的代号，由计算机决定响应何种后续操作。

(2) 光带菜单。这是由于在屏幕上以一条光带来提示菜单中的当前候选项而得名。通过光标控制键把光带移到所需的功能项目上，然后按下 Enter 键即执行相应的操作。

(3) 下拉菜单。这是一种两级菜单：第一级是选择栏；第二级是选择项。各个选择栏横排在屏幕的第一行上，用户可利用光标的左右移动键选定当前选择栏，在当前选择栏下立即显示出该栏中的各项功能，用户可利用光标的上下移动键进行选择。

2. 填表式

填表式屏幕设计通常用于需要通过终端向系统中输入数据，如图 6-17 所示。系统将要输入的项目显示在屏幕上，然后由用户逐项填入有关的数据。

填表式屏幕设计也可以用于系统的输出。如果要查询系统中的某些数据，可以将数据的名称按一定的方式排列在屏幕上，然后由计算机将数据的内容自动填写在相应的位置上。由于这种方法设计的画面简单易读，并且不容易出错，所以它是通过屏幕进行输入/输出的主要形式。

3. 选择性问答式

选择性问答式屏幕设计是指当系统运行到某阶段时，通过屏幕向用户提问，系统根据用户回答的结果决定下一步执行什么操作。这种方法通常用在提示操作人员确认输入数据的正确性，或者询问用户是否继续某项处理等方面。例如，当用户输入完一条记录后，可以通过屏幕向用户询问"要继续吗?"，计算机根据用户的回答(Y/N)来决定是否继续输入数据，如图 6-18 所示。

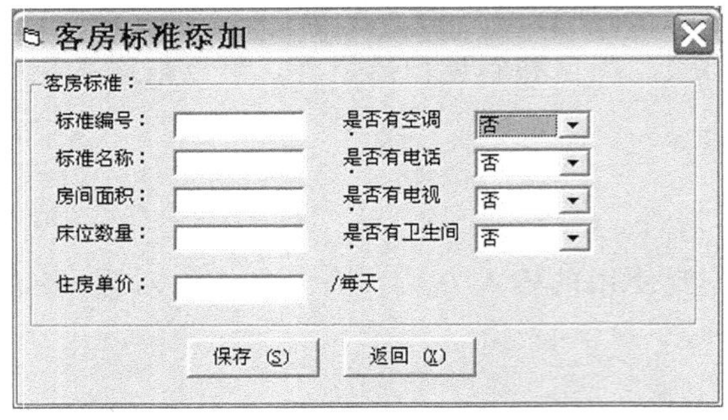

图 6-17　填表式界面

图 6-18　问答式界面

6.4.6 处理过程设计

系统结构设计重点在于描述系统的功能特征及其各功能模块之间的调用关系。但是，它并没有详细地表达各功能模块的输入数据、处理过程和输出数据之间的逻辑关系。为了进一步表达各功能模块的处理过程，以及处理过程中的各种输入和输出数据，还必须进行现行系统处理流程的设计和程序框图的设计，如图 6-19～图 6-21 所示，为程序设计做好准备。

提示： N-S 流程图是对传统流程图的改进，试比较图 6-20 与图 6-21 所示的两种同一问题的流程图，体会两者的区别及特点。

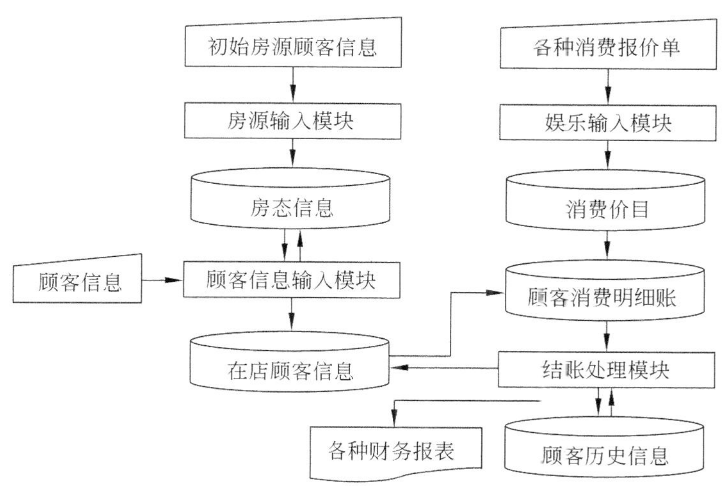

图 6-19　酒店管理信息系统的系统流程图

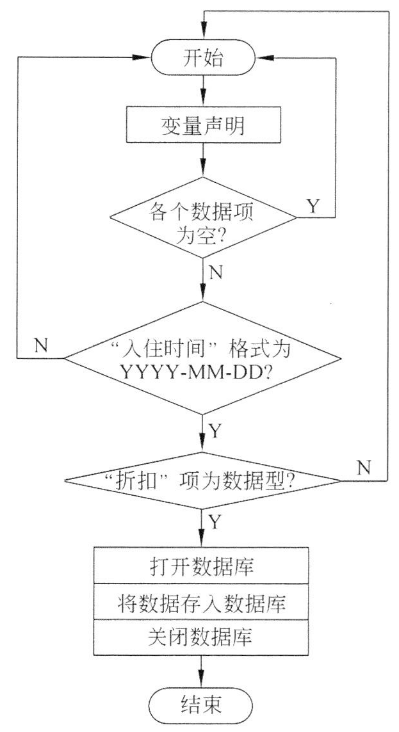

图 6-20　客房信息登记模块流程图

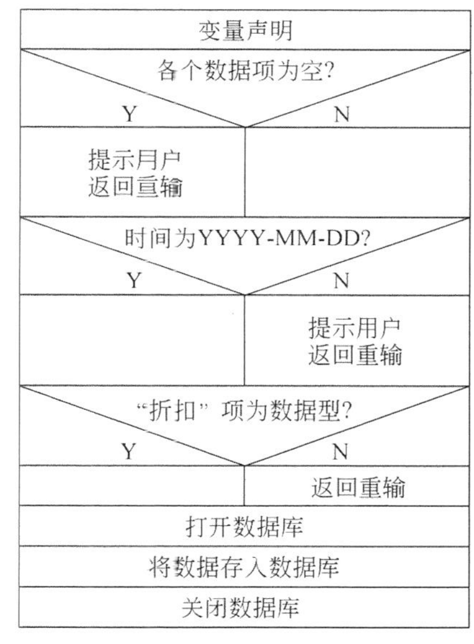

图 6-21　客房信息登记模块 N-S 流程图

通过对系统的总体结构、编码方式、数据库结构以及输入/输出形式进行了设计,一旦这些确定之后,就可以具体考虑与程序编制有关的问题了,这就是详细设计。即不但要设计出一个个模块和它们之间的连接方式,而且还要具体的设计出每个模块内部的功能和处理过程。这一步工作通常是借助于 HIPO 图来实现的。有了上述各步的设计结果(包括总体结构、编码等)再加上 HIPO 图,任何一个程序员即使没有参加过本系统的分析与设计工作,也能够较轻松地编制出系统所需要的程序模块。

HIPO(Hierarchy plus Input/Processing/Output)图是 IBM 公司于 20 世纪 70 年代中期在层次结构图的基础上推出的一种描述系统结构和模块内部处理功能的工具(技术)。HIPO 图由层次结构图和 IPO 图两部分构成:层次结构图描述了整个系统的设计结构以及各类模块之间的关系,IPO 图描述了某个特定模块内部的处理过程和输入/输出关系。

HIPO 图一般由一张总的层次化模块结构图和若干张具体模块内部展开的 IPO 图组成。

IPO 图主要是配合层次化模块结构图详细说明每个模块内部功能的一种工具。IPO 图的设计可因人因具体情况而异。但无论怎样设计它都必须包括输入、处理、输出,以及与之对应的数据库/文件、在总体结构中的位置等信息。

IPO 图中的处理过程描述部分较为困难。目前用于描述模块内部处理过程的主要方法有如下几种:结构化英语方法、决策树方法、判定表方法和算法描述语言工具方法。几种方法各有其长处和不同的适用范围,在实际工作中究竟用哪一种方法,需视具体的情况和设计者的习惯而定。

1. 结构化英语

它是专门用来描述各个功能单元逻辑要求的,不同于自然英语语言,也区别于任何一种特定的程序语言,而是一种介于两者之间的语言。

2. 决策树

用决策树来描述一个功能模块逻辑处理过程,其基本思路与结构化英语一脉相承.是结构化英语的另一种表现形式,也是更为直观、方便的表现形式。

3. 判断表

它是另一种表达逻辑判断的工具。与结构化英语和决策树方法相比,判断表的优点是能够把所有的条件组合充分地表达出来。但其缺点是判断表的建立过程较为繁杂,且表达方式不如前两者简便。

4. 算法描述语言方法

它是一种具体描述算法细节的工具,只面向读者,不能直接用于计算机。它在形式上非常简单,类似程序语言,因此非常适合那些以算法或逻辑处理为主的模块功能描述。

6.5 系统设计报告

系统设计阶段的最后一项工作是将系统设计的各项成果编辑成一套完善的文档资料,即系统设计说明书。设计说明书是整个系统设计的完整描述,也是系统实施的最重要依据。系统设计说明书的内容一般包括下面几个方面。

1. 系统总体设计方案

系统的模块化结构及其说明，各主要模块处理流程图及其说明等。

2. 物理系统配置和实施方案

说明所选网络软硬件平台、线路种类以及联网的目标和具体方案等，可画出网络的拓扑结构图。

3. 输入/输出界面设计方案

输入/输出设备的选择，输入/输出的格式，以及输入数据的编辑校验方法等。

4. 代码设计方案

说明编码对象的名称、代码结构、校验位的设计方法和相应的编码表等。

5. 数据文件和数据库的设计方案

说明各数据文件和数据库的命名、功能、结构等。

6. 安全设计方案

说明系统安全设计措施及细节，说明数据完整性设计的具体内容，给出系统安全计划文本。

本章小结

系统设计也称为系统的逻辑设计。这一阶段的任务是在系统分析的基础上，给出系统实施方案，建立系统的物理模型，解决管理信息系统"怎么干"的问题。系统设计包括总体设计和详细设计两部分。

总体设计对系统功能进行规划，给出系统的功能逻辑结构。这一阶段的主要任务是划分子系统，通常用模块结构图来表示。

详细设计是确定每个模块内部的执行过程。主要包括代码设计、数据库设计及输入/输出设计等。代码设计是为了使数据的表达方式标准化，节省存储空间，将研究的实体用特定的符号来表示。处理流程图确定了信息处理的具体步骤。数据库设计主要是构造最优的数据库模式，一般应达到3NF。输入/输出设计主要是为用户提供方便的人机交互手段，为管理人员提供实用、快捷的信息，因此，特别强调输入/输出界面的设计。这一阶段，还应制定严格的设计规范，具体地规定文件名和程序名的统一格式、编码结构、代码结构、统一的度量手段，为管理人员提供实用、快捷的信息，因此，特别强调输入/输出界面的设计。

系统设计阶段的成果是给出了系统设计说明书，为系统实施阶段的工作提供具体的方案。

习　题

1. 选择题

(1) 系统设计的工作不包括(　　)。

A. 代码设计　　B. 程序设计　　C. 输入/输出设计　　D. 数据库设计

(2) 系统设计的目的是(　　)。

A. 设计系统的逻辑方案

B. 将系统的逻辑方案转换成系统的物理方案

C. 系统中的程序设计

D. 程序流程图的设计

(3) 控制结构图中的模块,应该对应于相应数据流程图中的(　　)。

A. 数据流　　B. 数据结构　　C. 数据存储　　D. 数据处理

(4) 我国的邮政编码属于(　　)。

A. 顺序码　　B. 层次码　　C. 区间码　　D. 自检码

(5) 描述系统中各模块的层次及其输入/输出功能的图是(　　)。

A. HIPO 图　　B. 系统流程图　　C. 数据流程图　　D. 程序流程图

(6)变换分析的首先应(　　)。

A. 确定系统的物理输入和物理输出

B. 确定主处理和逻辑输入和输出

C. 确定模块结构的顶层

D. 确定系统的逻辑输入和输出

(7) 模块间的调用关系不包括(　　)。

A. 直接调用　　B. 选择调用　　C. 变换调用　　D. 循环调用

(8) 企业产品种类增加后,需要对管理信息系统进行(　　)。

A. 程序维护　　B. 功能维护　　C. 代码维护　　D. 设备维护

2. 填空题

(1) 在模块耦合中,应消灭非法耦合,尽量避免________耦合。

(2) 模块的两种分解方式是以________为中心和以________为中心的方式。

(3) 输入设计中最重要的是确保输入信息的________。

(4) 处理流程图是根据________画出来的。

(5) ________表示系统自顶向下分解所得的模块层次结构。

(6) 模块内部耦合最好采用________耦合形式,模块间耦合最好采用________耦合形式。

3. 问答题

(1) 系统设计的任务、依据、原则各是什么?

(2) 如何提高系统的灵活性?

(3) 如何参考数据流程图画出信息系统流程图?

(4) 身份证号码属于什么代码?它有何优点?

(5) 一所大学里有 8 个学院,每个学院有 2～5 个系,每个系有 2～4 个专业,每个专业每年招收 1～5 个班,每个班有 30～150 人。请设计学生档案管理系统中的学生代码。

(6) 列举常用的系统输入与输出的主要设备。

(7) 简述系统设计报告的主要内容。

实验:学生学籍管理系统设计

1. 实验目的

(1) 能够运用管理信息系统的系统设计方法,结合分组选择的实际系统,完成学生学籍管理系统的系统设计。

(2) 熟悉系统设计的各个环节,包括子系统划分、系统环境设计、代码设计、数据库设计、输入/输出设计等。

(3) 熟悉系统设计报告的编制。

2. 实验任务与过程

(1) 根据系统分析报告,完成子系统的划分和系统环境设计,使用 Visio 绘制类似图 6-22 所示的功能结构图。

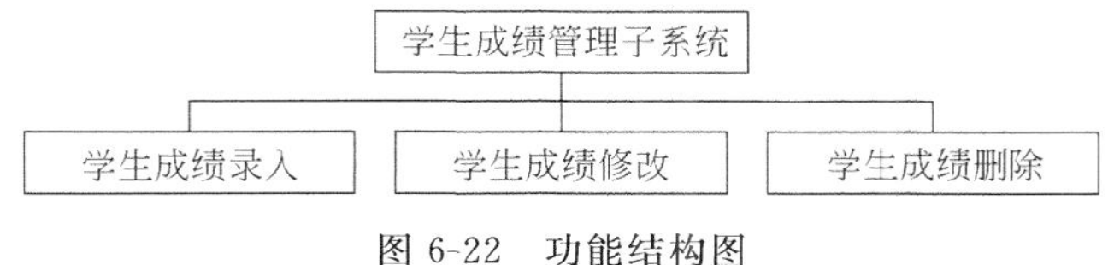

图 6-22 功能结构图

(2) 对实际系统进行代码设计。

(3) 对实际系统进行数据库设计,使用 Visio 绘制类似图 6-23 所示的 E-R 图。

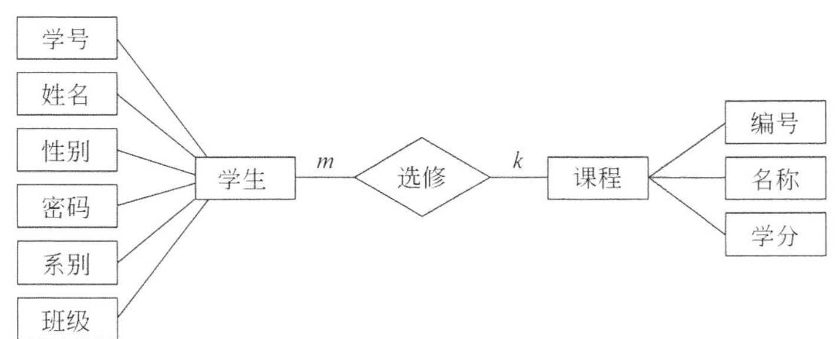

图 6-23 “学生”与“课程”的 E-R 图

(4) 对实际系统进行输入/输出设计。

(5) 设计出程序运行界面。

3. 实验小结与思考

使用 Visio 画图时,可以先制作几种常用图形的模板,模板中的元素尽可能详尽。以后再使用 Visio 绘制图形时,可使用模板进行扩充。

4. 拓展练习

完成实验"学生学籍管理系统设计"中的设计说明书。

第7章　管理信息系统的实施

在系统分析和系统设计完成后，就进入了管理信息系统开发的系统实施阶段。系统实施根据设计文档中的逻辑系统建立能够真正运行的实际系统。系统实施的主要内容包括物理系统的实施、程序设计与调试、人员培训、数据准备与录入、系统切换与评价等。

7.1　管理信息系统实施概述

系统实施的工作重点从创造性思考的阶段转入具体的实践阶段。它可分为两个阶段：第一阶段是系统技术实现和对这个过程的管理；第二阶段是用户转化阶段，即系统交付用户使用的过程。系统实施阶段既是成功地实现新系统的阶段，又是取得用户对系统信任的关键阶段。MIS 规模越大，实施阶段的任务就越复杂。为此在系统正式实施之前，就要制订周密的计划，确定出系统实施的方法、步骤、所需的时间和花费。还要监督计划的执行，做到既有计划又有检查，以保证系统实施工作的顺利进行。

7.1.1　系统实施的任务

系统实施是新系统付诸实现的阶段，是在系统所做的分析、设计工作的基础上，完成系统硬件环境的建立、程序设计、程序和系统测试、人员培训、系统转换、系统管理等一系列工作，最后经过验收把一个可以实际运行的系统交给用户。

系统实施的任务：实现系统设计阶段提出的物理模型，按照实施方案完成一个可以实际运行的信息系统（计算机模型），交付用户使用。在系统开发中的次序如图 7-1 所示。

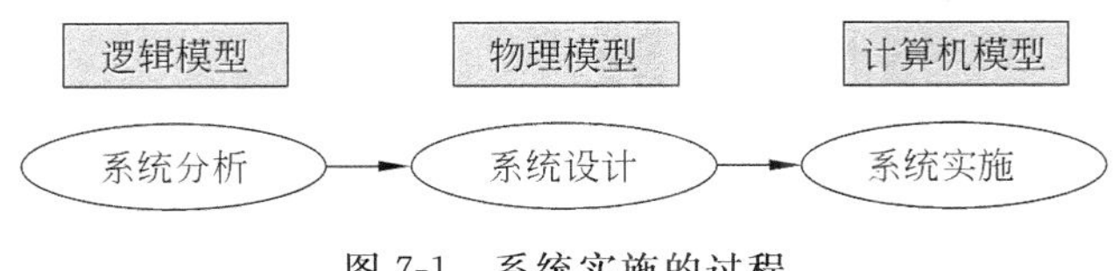

图 7-1　系统实施的过程

系统实施的第一阶段在开发组织中完成，它着重技术实现，完成的系统完全符合需求，达到系统目标和指标，即从技术角度实现系统，满足用户需求。主要包括系统硬件环境的建立、程序设计、测试、数据整理与录入，这是交付前的工作。第二阶段着重于管理，在用户端完成。主要包括用户培训、业务流程重组实施、系统转换及系统验收。

7.1.2　系统实施的步骤

系统实施的步骤如图 7-2 所示。

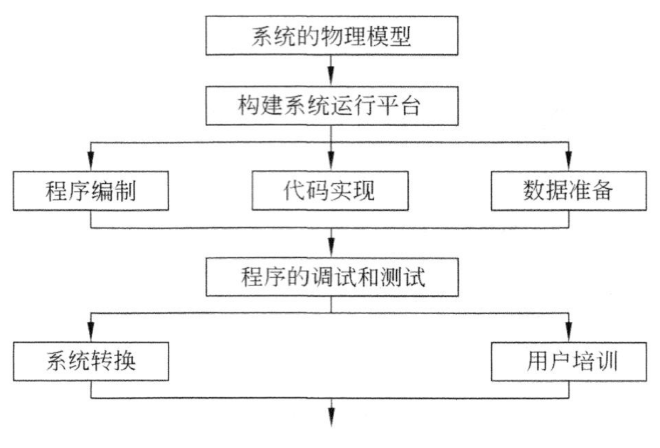

图 7-2　系统实施的步骤

7.2　MIS 物理系统的实施

MIS 物理系统的实施是计算机系统和通信网络系统设备的订购、机房的准备和设备的安装调试等一系列活动。

7.2.1　MIS 计算机系统的实施

1. 计算机品牌选择

(1) 国外品牌目前有 IBM、HP、Compaq、Sun、NEC、Dell 等。

(2) 国内品牌目前有联想、新浪潮、方正等。

2. 计算机购置的基本原则

(1) 能够满足 MIS 的设计和运行的基本要求。

(2) 合理的性价比。

(3) 良好的可扩充性。例如,主板上几个内存插槽?是否支持二代内存、三代内存?内存最大可扩充到多少?

(4) 良好的技术支持。

3. 计算机的环境要求

(1) 机房要安装双层玻璃门窗,并且要求无尘。

(2) 硬件通过电缆线连接至电源,防止静电感应。

(3) 防止由于突然停电造成的事故发生,应安装备用电源设备,如功率足够的不间断电源(UPS)。

7.2.2 MIS 网络系统的实施

1. 局域网(Local Area Network，LAN)

通常指一定范围内的网络，可以实现楼宇内部和临近的几座大楼之间的内部联系。

2. 广域网(Wide Area Network，WAN)

能连接多个城市，国家或大洲——广域网不仅仅只是连接许多节点中的计算机，它还必须能使得计算机之间能同时通信。

3. 常用的通信介质的选择

传输介质分为有线传输介质和无线传输介质两大类：有线传输介质包括双绞线、同轴电缆和光纤；无线传输介质包括微波、激光、红外线等各种通信介质。用户可根据网络的性能需求、权衡各种通信介质的优缺点，为网络系统选择合适的通信介质。

(1) 同轴电缆(Coaxial Cable)

① 基本结构。同轴电缆由同轴的内外两个导体组成，内导体是一根金属线，外导体是一根圆柱形的套管，是细金属线编制成的网状结构，内外导体之间有绝缘层，如图 7-3 所示。

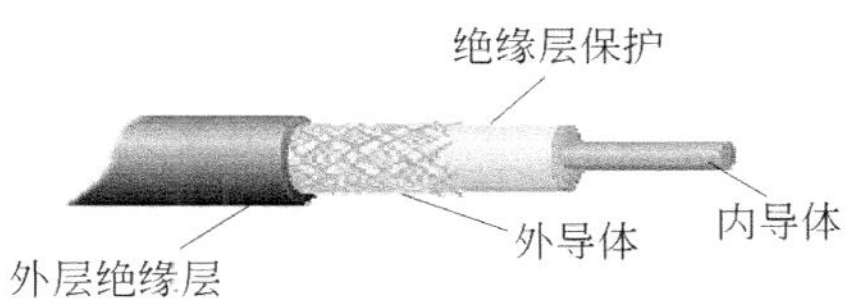

图 7-3 同轴电缆的结构

② 分类。同轴电缆分为基带同轴电缆和宽带同轴电缆。

基带同轴电缆一般用于二进制数据信号的传输，多用于计算机局域网；宽带同轴电缆主要用于频分多路复用的模拟信号发送，用于远距离数据传输。

基带同轴电缆根据直径的不同又分为粗缆和细缆。粗缆多用于局域网主干，支持 2500m 的传输距离，但其价格较高；细缆多用于与用户桌面连接。

基带同轴电缆构成的计算机网络都是总线结构，即一根电缆上连接多台计算机。当总线上一点发生故障，整段局域网都无法通信，所以基本已被非屏蔽双绞线所取代。

(2) 双绞线

每一对双绞线由绞合在一起的相互绝缘的两根铜线组成，每根铜线的直径大约 1mm。绞在一起是为了减少电磁干扰，提高传输质量。双绞线电缆可由两对或四对双绞线构成。双绞线可以用于模拟传输或数字传输。

① 基本结构如图 7-4 所示。

② 分类。计算机局域网中经常使用的双绞线有屏蔽双绞线(Shielded Twisted Pair，STP)和非屏蔽双绞线(Unshielded Twisted Pair，UTP)之分。

屏蔽双绞线：图 7-4 就是屏蔽双绞线，有屏蔽层。抗干扰性好，性能高，但成本也较高，所以一直没有广泛使用。

非屏蔽双绞线：没有箔屏蔽、铜屏蔽，如图 7-5 所示。

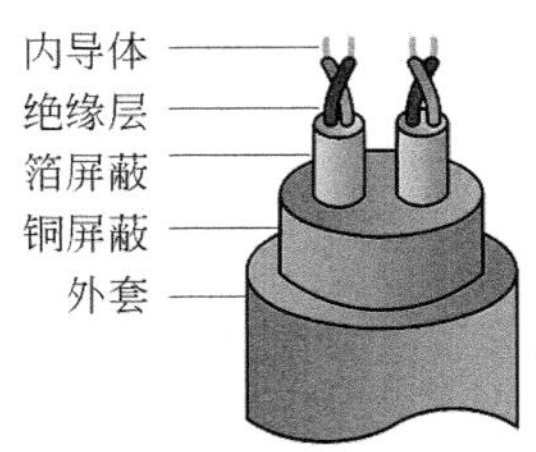

图 7-4　双绞线的结构

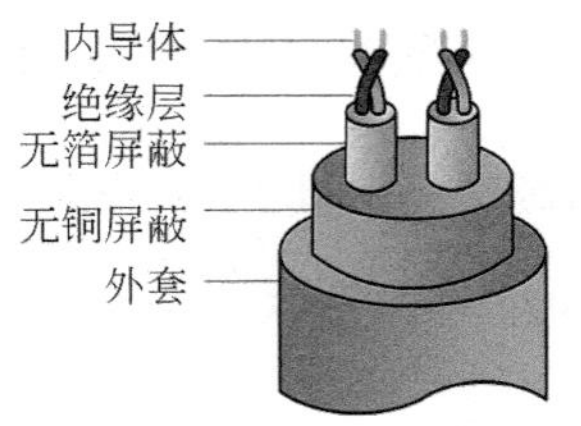

图 7-5　非屏蔽双绞线的结构

由于非屏蔽双绞线较好的性价比，目前被广泛使用。非屏蔽双绞线按电气性能可分为三类、四类、五类、超五类、六类等。数字越大、技术越先进、带宽越宽、价格也越贵。三类、四类用在 10Mbps 的以太网中，五类用在 100Mbps 的以太网中，超五类和六类可用在 1000Mbps 的以太网中。目前，局域网中常见的五类和超五类。

(3) 光纤

光纤即光导纤维，是一种能传输光信号的介质，通常由非常透明的石英玻璃构成。它是由玻璃内芯、玻璃封套和塑料外套构成，如图 7-6 所示。

① 基本结构。

多根光纤加上保护外壳即可组成光缆，如图 7-7 所示。

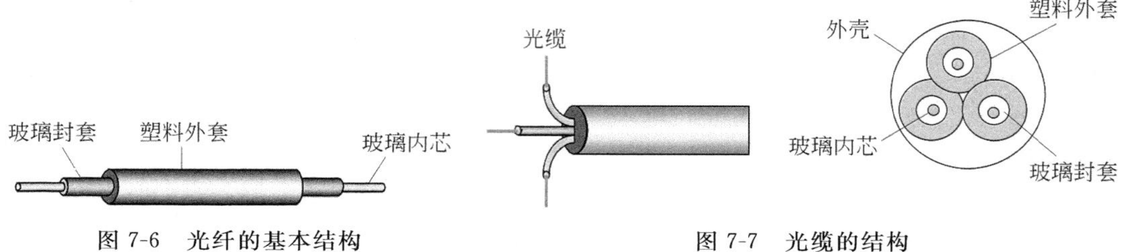

图 7-6　光纤的基本结构

图 7-7　光缆的结构

② 特点。

优点：传输速率高，抗电磁干扰能力强，重量小，体积轻。

缺点：价格昂贵。

当通信线路要通过一些高山、岛屿或河流时，铺设线路就非常困难，而且成本非常高，这时就可以考虑使用无线传输介质。

(4) 无线传输介质

在自由空间利用电磁波发送和接收信号进行通信就是无线传输。无线传输所使用的电磁波的频段很广，现在已经利用了好几个波段进行通信：无线电、微波、红外线，如图 7-8 所示。

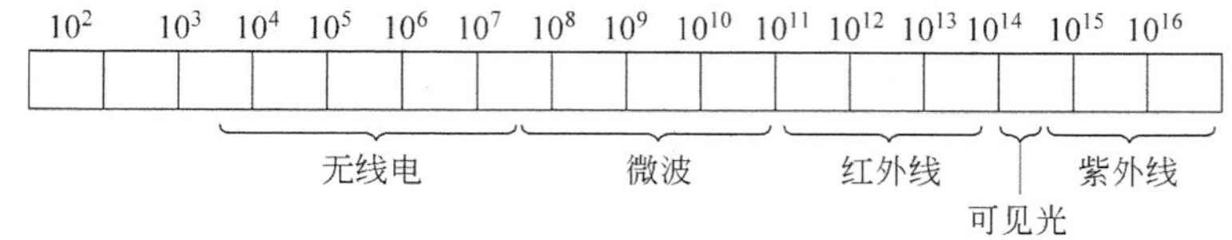

图 7-8　无线传输所用的电磁波段

① 无线电波又可以分为如下几种、它们的用途如下所示。

a. 超长波(甚低频) VLF。

用途：海岸——潜艇通信；海上导航。

b. 长波(低频) LF。

用途：大气层内中等距离通信；地下岩层通信；海上导航。

c. 中波(中频) MF。

用途：广播；海上导航。

d. 短波(高频) HF。

用途：远距离短波通信；短波广播。

② 微波。

a. 地面微波通信。由于微波在空间是直线传播，而地球表面是个曲面，微波在地面传播，传播距离会受到限制。为实现远距离传播，就要在微波信道的两个站点之间建立若干个中继站，中继站把前一个站点的信号放大后再传输到下一站，如图 7-9 所示。

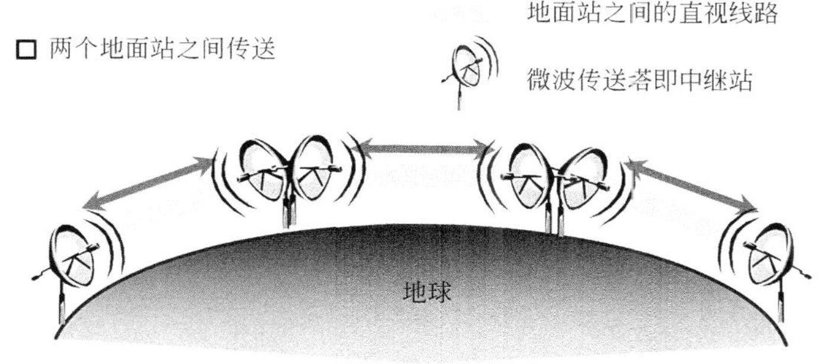

图 7-9 地面微波通信

b. 卫星微波通信。卫星微波通信实际上是使用人造卫星为微波中继站，它是微波通信的特殊形式。通信卫星通常被定为在几万千米高空，因此卫星作为中继器可使信息的传输距离很远。一个同步卫星就可以覆盖地球的三分之一以上表面。3 个同步卫星就可以覆盖地球上的全部通信区域，如图 7-10 所示。

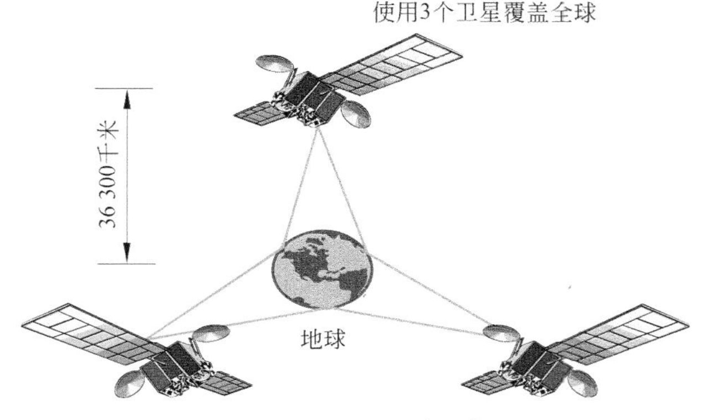

图 7-10 卫星微波通信

③ 红外线(Infrared)。用于短距离通信,如手机、电视、录像机等的遥控。

优点:不受电磁干扰和射频干扰的影响。

缺点:不能穿透固体。

4. 网络通信设备的选择

网络通信设备有网卡、中继器、交换机、路由器等。用户可根据网络的性能需求为网络系统选择合适的网络通信设备。

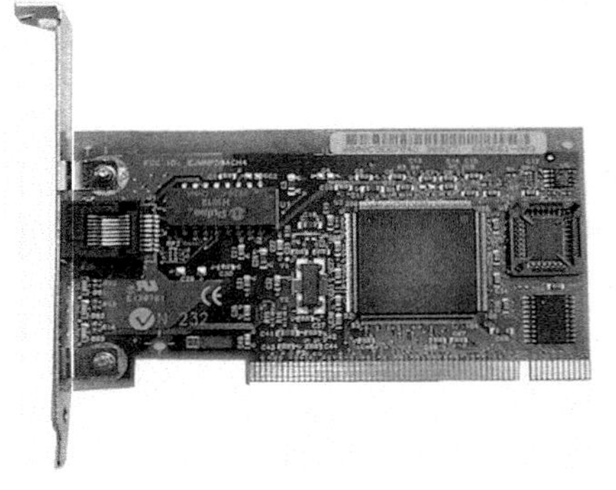

图 7-11 网卡

(1) 网卡

① 网卡是网络中提供主机与通信介质相连的网络组件,其性能和质量直接影响网络运行性能,如图 7-11 所示。

② 网卡的功能。一是将计算机里的数据通过网线(对无线网络来说就是电磁波)将数据发送到网络上去;二是接收网络上传过来的数据,保存到计算机中。

③ 网卡与 OSI 模型。网卡的功能包括了物理层(Physical Layer)与数据链路层(Data Link layk),我们通常将其归入数据链路层设备,如图 7-12 所示。

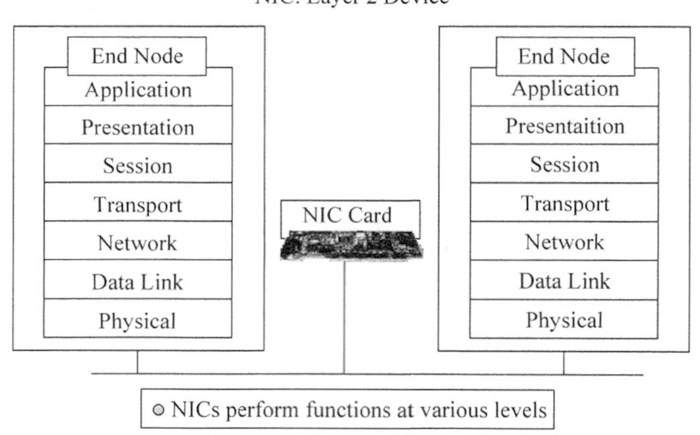

图 7-12 网卡与 OSI 模型

图 7-12 中以上到下对应的中文含义是应用层、表示层、会话层、传输层、网络层、数据链路层和物理层。

④ 网卡地址。每一块网卡在出厂时均获得一个唯一的地址,称为网卡地址。网卡地址有许多别名:物理地址/硬件地址/MAC(Media Access Control)地址或称为 MAC 地址、硬件地址,用来定义网络设备的位置。网卡地址的长度为 48 位的二进制数,或 12 位的十六进制数,前 24 比特代表厂商标识;后 24 比特为产品的序列号,如图 7-13 所示。

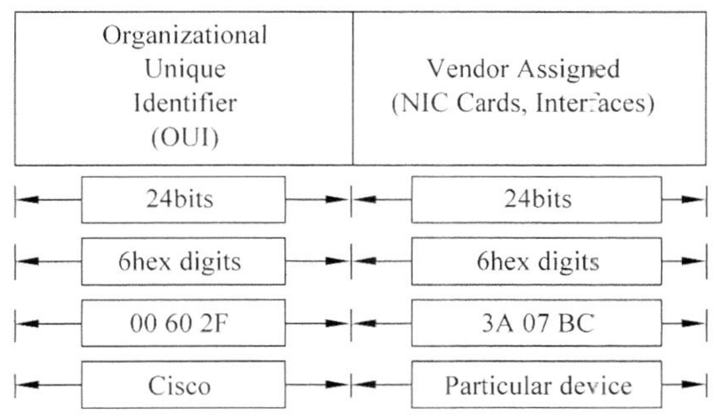

图 7-13　网卡地址

(2) 中继器(Repeater)

由于存在损失,在线路上传输的信号功率会逐渐衰减,衰减到一定程度时将会造成信号失真,会导致接收错误。中继器就是为了解决这一问题而设计的。它完成物理线路的连接,对衰减的信号进行放大,保持与原数据相同,如图 7-14 所示。

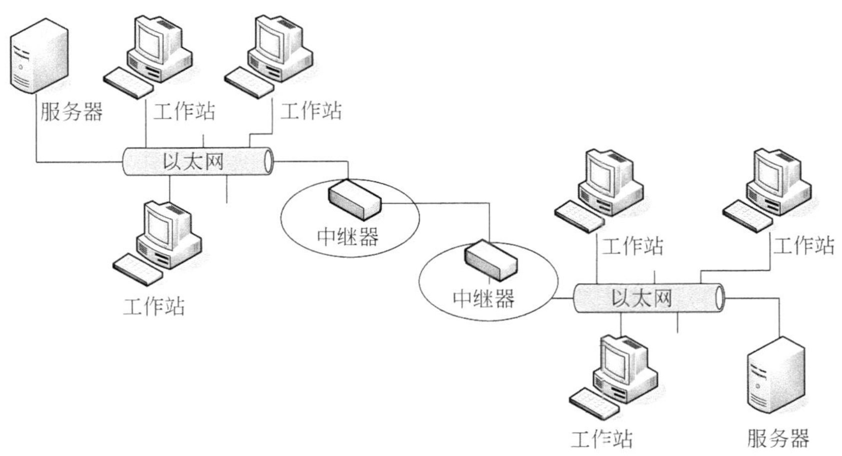

图 7-14　中继器

(3) 网桥

网桥工作在数据链路层,其主要功能是将两个相同类型的 LAN 连起来,根据 MAC 地址来转发帧,网桥可以看做一个低层的"路由器"。最简单的网桥是在一台计算机中插入两块网卡,每一块网卡与一个局域网连接,再在这台计算机上运行相应的网桥软件而形成的。

(4) 交换机

高档集线器,不影响局域网内部带宽。工作在数据链路层,如图 7-15 所示。

图 7-15　交换机

(5) 路由器

路由器是在网络层实现网络互联的设备,处理网络层的数据分组或通过网络地址决定数据分组的转发，决定网络中信息通信的最佳路径。路由器主要用于相同类型或不同类型的局域网与广域网的互联。

(6) 网关

网关(Gateway)就是一个网络连接到另一个网络的“关口”。网关工作在应用层。

7.3 MIS程序设计

编程(Coding)就是为系统各个模块编写程序。根据结构化方法设计了详细方案，又有了高级语言，初级程序员都可以参加这一阶段的工作。

7.3.1 程序设计的目标

1. 可维护性

由于信息系统需求的不确定性，系统需求可能会随着环境的变化而不断变化，因此，就必须对系统功能进行完善和调整，为此，就要对程序进行补充或修改。此外，由于计算机软硬件的更新换代也需要对程序进行相应的升级。

2. 可靠性

程序应具有较好的容错能力，正常情况下能正确工作。意外情况下应便于处理，不致产生意外的操作，从而造成严重损失。

3. 可理解性

程序不仅要求逻辑正确，计算机能够执行，而且应当层次清楚，便于阅读。

4. 效率

程序能否有效地利用计算机资源。程序效率的地位已不像以前那样举足轻重了，因为硬件价格大幅度下降，而其性能却不断完善和提高。程序设计人员工作效率的地位日益重要。不仅能降低软件开发成本，而且可明显降低程序的出错率，进而减轻维护人员的工作负担。为了提高程序设计效率，应充分利用各种软件开发工具。

7.3.2 结构化程序设计方法

结构化程序设计由迪杰斯特拉(E. W. dijkstra) 在 1969 年提出，是以模块化设计为中心，将待开发的软件系统划分为若干个相互独立的模块，这样使完成每一个模块的工作变单纯而明确，为设计一些较大的软件打下了良好的基础。

1. 自顶向下的模块化设计

功能结构图中有很多大大小小的模块，先实现哪些模块呢?

结构化方法主张自顶向下实现，尽量先实现上层模块，逐步向下，最后实现下层最基本的模块。首先调试整个系统的结构及各个模块之间的接口，确保系统结构和各模块接口的正确性，如图 7-16 所示。

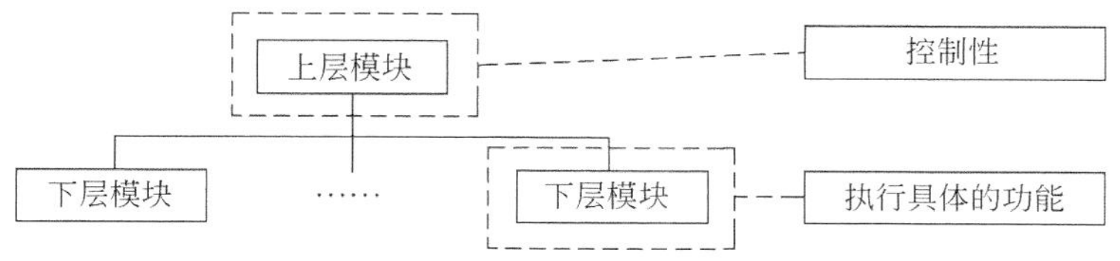

图 7-16　模块实现的先后顺序

自顶向下模块化程序设计中应注意以下几点。

(1) 模块应该具有独立性

在系统中模块之间应尽可能地相互独立，减少模块间的耦合，即信息交叉，以便于将模块作为一个独立子系统开发。

(2) 模块大小划分要适当

模块中包含的子模块数要合适，既便于模块的单独开发，又便于系统重构。

(3) 模块功能要简单

底层模块一般应完成一项独立的处理任务。

(4) 共享的功能模块应集中

对于可供各模块共享的处理功能，应集中在一个上层模块中，供各模块引用。

2. 结构化程序设计方法(Structured Programming)的基本结构

采用顺序结构、循环结构、选择结构三种基本逻辑结构来编写程序。

(1) 顺序结构

顺序结构表示含有多个连续的处理步骤，按照书写的先后顺序执行，如图 7-17 所示。

典型代码(C 语言形式)示例如下：

```
int i=0;
int s=1;
s=100+i;
```

(2) 循环结构

循环结构是由一个或几个模块构成，程序运行时重复执行，直到满足某一条件为止，如图 7-18 所示。

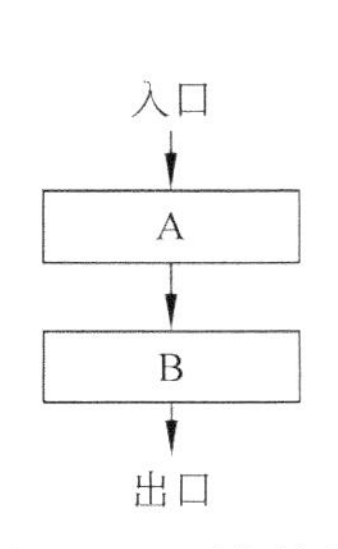

图 7-17　顺序结构

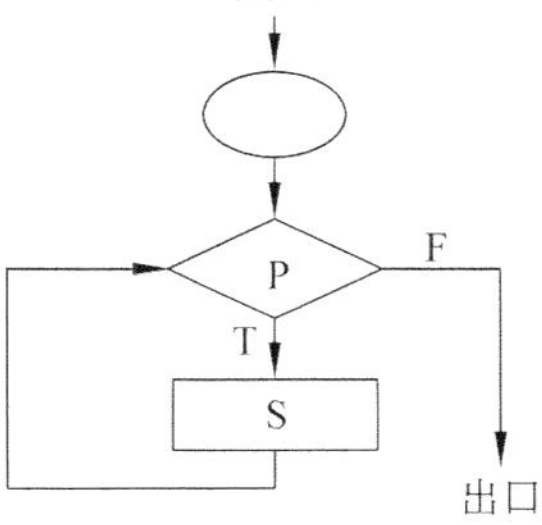

图 7-18　循环结构

典型代码(C 语言形式)示例如下:

```
int i=1;
int s=0;
while(i=<100){
 s=s+i;
 i=i+1;
}
```

(3) 选择结构

由某个逻辑表达式的取值决定选择两个处理加工中的一个,如图 7-19 所示。

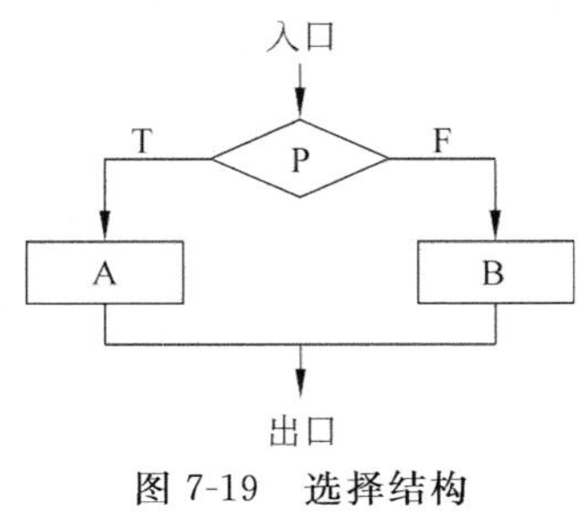

图 7-19 选择结构

典型代码(C 语言形式)示例如下:

```
int x=0;
int  y;
if(x==0)then y=0;
else  y=1;
```

7.3.3 开发工具的选择

1. 程序设计语言

程序设计语言也称为计算机语言(Computer Language),是用于人与计算机之间通信的语言。计算机语言是人与计算机之间传递信息的媒介。为了使电子计算机进行各种工作,就需要有一套用以编写计算机程序的数字、字符和语法规划,由这些字符和语法规则组成计算机各种指令(或各种语句)。随着计算机应用技术的发展,程序设计语言也不断发展,种类也越来越多,按照程序设计语言的描述对象来划分,程序设计语言可划分为面向机器语言、面向过程语言、面向问题语言及面向对象语言。

(1) 面向机器语言是为特定的某一种或某一类计算机而设计的语言,如机器语言和汇编语言。

(2) 面向过程语言是独立于计算机设备之外,按数据处理过程而设计的语言,也称为高级语言。可适用于各种类型的计算机,典型的有:

① Basic 语言。是一种简单易学的程序设计语言,但执行速度较慢,可用于一般数值计算与事务处理,完全支持结构化程序设计,适用于非专业计算机编程人员。

② Pascal 语言。它是第一个系统体现结构化程序设计概念的高级语言,控制结构完备,有丰富的数据结构和数据类型,语言表达能力强,移植容易,在科学计算、数据处理以及系统软件开发中都有较广泛的应用。

③ C 语言。这是一种使用广泛、影响很大的高级语言。它提供了丰富的控制结构以支持结构化程序设计,有丰富的运算符和数据类型。C 语言最初是在 UNIX 操作系统下研制的,现已成功地移植到多种微机与小型机上,所以 C 语言程序可移植性极好。而且 C 语言又具有汇编语言的功能,可以处理计算机直接操作的大多数数据,直接完成硬件的算术或逻

辑运算，因而C语言程序在空间和时间效率上都能和汇编语言程序媲美，绝对高于其他高级语言。它特别适合编写系统软件，并且也广泛用于应用软件的开发。

(3) 面向问题语言是面向各种专门的问题，在程序设计中只告诉计算机"做什么"，无须告诉它"怎么样做"，这种语言通常被称为第四代程序设计语言(4GL，高级语言被称为第三代程序设计语言)，4GL是非过程化的。具有以下一些特征：

① 提供一组高效、非过程化的命令基本语句，编程时设计人员只需用这些命令说明"做什么"，而不必描述实现细节。

② 具有很强的数据管理能力，能对数据库进行有效的存取、查询和相关操作。

③ 多功能、一体化的语言，除必须含有控制程序逻辑和实现数据库操作的语句外，还应有报表生成处理、表格处理、图形图像处理以及实现数据运算和统计分析功能的语句，以适应各种应用开发的需要。

关系数据库的结构化查询语言SQL就是典型的第四代语言。SQL语言是事实上的数据库操作语言标准。它是Oracle、SQL Server、DB2等一系列大中型关系数据库管理系统的基本语言，具有较强的数据操作能力。SQL语言一般不独立使用，而是嵌入在其他语言的程序中使用，帮助完成数据库操作。

(4) 面向对象的程序设计语言是与面向对象的程序设计方法配套的计算机语言，它主要分为两大类：一类是在传统的面向过程的高级语言基础上加入面向如面向对象的语言成分而形成的，如C++语言；另一类是完全的面向对象的程序设计语言，如Java、SmallTalk。

2. 数据库软件工具

管理信息系统开发常用的另一类开发工具是数据库软件工具产品。目前，常见的数据库软件产品有两类，一类是以微机关系数据库为基础的XBASE系统；另一类是适宜在各种类型计算机上运行的大型数据库系统。

大型数据库系统工具是指规模大、功能齐全的大型数据库系统。目前较典型的有：Oracle、SQL Server、DB2、Infomix等。这类系统功能强大，容量巨大，适合于大型综合类网络分布式数据库应用系统的开发。它们一般均使用SQL语言作为数据库操作语言，配有专门的接口允许各类常用的程序设计语言(称为宿主语言，如C语言等)访问数据库内数据。

3. 客户机/服务器与浏览器/服务器应用开发工具

根据开发工具所支持的应用程序运行模式的不同，可以将开发工具分为传统开发工具类、客户机/服务器工具类、浏览器/服务器工具类等。

当前大部分开发工具均支持客户机/服务器模式应用系统开发，如微软的Visual Studio系列开发工具、Borland公司的Delphi、C++ Builder等，可以根据需要选择。这一类开发工具大部分不仅仅是程序设计语言的编译器，而是一个完整的开发平台。特别是目前流行的Windows环境下的开发工具，提供了良好的可视化开发环境，可以方便构造图形用户界面、连接各种类型的数据库，减少了应用系统开发的工作量。

4. 开发工具的选择原则

首先应该考虑所选择的开发工具所适用的领域,除此之外还应该遵守下面的基本原则:

(1) 最少工作量原则。使用最小代价让系统工作。

(2) 最少技巧性原则。最好无须培训或很少培训就能编制程序。

(3) 最少错误原则。对常用的高级语言来说,要提供结构化控制结构、类型检查、数据结构描述、易于检验测试等机制。

(4) 最少维护原则。对一般的高级语言来说,应提供独立编译能力和系统软件包。独立编译意味着可分别编译各个程序单元,无须因修改了一个程序单元而重新编译所有的程序。软件包意味着系统工具能提供较多功能,以减轻开发强度,提高开发效率。如用于实时检查语法错误的功能、调试排错功能、随机提示功能、提供程序框架功能等。

(5) 减少记忆原则。

5. 在选择开发工具时还应考虑的几个因素

(1) 项目的应用领域。大部分信息系统需要进行大量的数据库操作,所以选择的开发工具应该具有强大的数据库操作能力。传统的高级语言如 C、Pascal 等这方面能力较差,一般不宜选择。通常可选择数据库开发工具,如 Visual FoxPro 或大型数据库系统工具,如 SQL Server、Oracle 等。

(2) 用户的要求。有时用户要求使用它们熟悉的语言。

(3) 程序员的经验和知识。如果条件允许,应尽量选择程序员熟悉的开发工具。

(4) 软件可移植性要求。如果目标系统需要运行于不同的环境,应选择可移植性好的程序设计语言,如 Java 语言。

7.3.4 程序设计风格

程序实际上也是一种供人阅读的文章,有一个文章的风格问题。应该使程序具有良好的风格。

1. 源程序文档化

(1) 标识符的命名

符号名即标识符,包括模块名、变量名、常量名、标号名、子程序名、数据区名以及缓冲区名等。这些名字应能反映它所代表的实际东西,应有一定实际意义。例如,表示次数的量用 Times,表示总量的用 Total,表示平均值的用 Average,表示和的量用 Sum 等。名字不是越长越好,应当选择精炼的意义明确的名字。必要时可使用缩写名字,但这时要注意缩写规则要一致,并且要给每一个名字加注释。同时,在一个程序中,一个变量只应用于一种用途。

(2) 安排注释

夹在程序中的注释是程序员与日后的程序读者之间通信的重要手段。注释绝不是可有可无的。一些正规的程序文本中,注释行的数量占到整个源程序的 1/3 到 1/2,甚至更多。

注释分为序言性注释和功能性注释。

① 序言性注释。通常置于每个程序模块的开头部分，它应当给出程序的整体说明，对于理解程序本身具有引导作用。有些软件开发部门对序言性注释做了明确而严格的规定，要求程序编制者逐项列出。

有关项目包括：

a. 程序标题。

b. 有关本模块功能和目的的说明。

c. 主要算法。

d. 接口说明：包括调用形式、参数描述、子程序清单。

e. 有关数据描述：重要的变量及其用途，约束或限制条件，以及其他有关信息。

f. 模块位置：在哪一个源文件中，或隶属于哪一个软件包。

g. 开发简历：模块设计者、复审者、复审日期、修改日期及有关说明等。

② 功能性注释。功能性注释嵌在源程序体中，用以描述其后的语句或程序段是在做什么工作，或是执行了下面的语句会怎么样。而不要解释下面怎么做。

使用时注意以下要点：

a. 描述一段程序，而不是每一个语句。

b. 用缩进和空行，使程序与注释容易区别。

c. 注释要正确。

2. 程序的视觉组织空格、空行和移行

(1) 恰当地利用空格，可以突出运算的优先性，避免发生运算错误。

例如，将表达式(A＜－17)&&(B＜＝49)‖C 写成(A＜－17)&&(B＜＝49)‖C

(2) 自然的程序段之间可用空行隔开。

(3) 移行也叫做向右缩格。它是指程序中的各行不必都在左端对齐，都从第一格起排列。这样做使程序完全分不清层次关系。

对于选择语句和循环语句，把其中的程序段语句向右做阶梯式移行，使程序的逻辑结构更加清晰。

例如，两重选择结构嵌套，写成下面的移行形式，层次就清楚得多。

```
if(...) {
  if(...) {
          ⋮
  } else{
          ⋮
  }
  ⋮
      }else{
  ⋮
}
```

3. 数据说明

在设计阶段已经确定了数据结构的组织及其复杂性。在编写程序时，则需要注意数据说明的风格。为了使程序中数据说明更易于理解和维护，必须注意以下几点。

(1) 数据说明的次序应当规范化。

(2) 说明语句中变量安排有序化。

(3) 使用注释说明复杂数据结构。

4. 语句结构

(1) 在设计阶段确定了软件的逻辑流结构，但构造单个语句则是编码阶段的任务。

(2) 语句构造力求简单、直接，不能为了片面追求效率而使语句复杂化。

(3) 在一行内只写一条语句，并且采取适当的移行格式，使程序的逻辑和功能变得更加明确。

(4) 许多程序设计语言允许在一行内写多个语句，但这种方式会使程序可读性变差，因而不可取。

例如，有一段排序程序：

```
FOR I:=1 TO N-1 DO BEGIN T:=I;FOR J:=I+1 TO N DO IF A[J]<A[T] THEN T:=J;IFT<>I THEN
BEGIN WORK:=A[T];A[T]:=A[I];A[I]:=WORK;END END;
```

由于一行中包括了多个语句，掩盖了程序的循环结构和条件结构，使其可读性变得很差。

```
FOR  I:=1 TO N-1 DO                    //改进布局
 BEGIN
  T:=I;
  FORJ:=I+1 TO N DO
      IF A[J]<A[T] THEN T:=J;
  IF  T<>I  THEN
      BEGIN
          WORK:=A[T];
          A[T]:=A[I];
          A[I]:=WORK;
      END
  END;
```

5. 输入/输出方法

输入和输出信息是与用户的使用直接相关的。输入和输出的方式和格式应当尽可能方便用户的使用。一定要避免因设计不当给用户带来的麻烦。因此，在软件需求分析阶段和设计阶段，就应基本确定输入和输出的风格。系统能否被用户接受，有时就取决于输入和输出的风格。不论是批处理的输入/输出方式，还是交互式的输入/输出方式，在设计和程序编码时都应考虑下列原则：

(1) 对所有的输入数据都要进行检验，识别错误的输入，以保证每个数据的有效性。

(2) 检查输入项的各种重要组合的合理性,必要时报告输入状态信息。

(3) 使得输入的步骤和操作尽可能简单,并保持简单的输入格式。

(4) 输入数据时,应允许使用自由格式输入。

(5) 应允许默认值。

(6) 输入一批数据时,最好使用输入结束标志,而不要由用户指定输入数据数目。

(7) 在交互式输入时,要在屏幕上使用提示符明确提示交互输入的请求,指明可使用选择项的种类和取值范围。同时,在数据输入的过程中和输入结束时,也要在屏幕上给出状态信息。

(8) 当程序设计语言对输入/输出格式有严格要求时,应保持输入格式与输入语句的要求的一致性。

(9) 给所有的输出加注解,并设计输出报表格式。输入/输出风格还受到许多其他因素的影响,如输入/输出设备(例如,终端的类型、图形设备、数字化转换设备等)、用户的熟练程度以及通信环境等。

7.4 MIS测试

人们(外行)常常有一种错觉,认为程序编写出来就"万事大吉",但是这是远远不够的。在完成程序设计之后,还要测试程序的正确性,进行大量而艰巨的系统调试。为了保证新系统运行的正确性和有效性,将一切可能发生的问题和错误尽量在正式运行之前排除,需要进行系统测试。系统测试是对要使用的整个系统进行检测,发现问题,解决问题。没有经过检验的系统是不可靠的系统,尽管在开发周期的各个阶段均采取了严格的技术审查。一般情况下,系统测试与调试约占系统实施工作量的40%~50%。

软件测试过程包括测试设计、测试执行及测试结果分析等。测试设计根据软件开发各阶段的文档资料和程序的内部结构,利用各种设计测试用例技术精心设计测试用例。测试执行利用这些测试用例执行程序,并得到测试结果。测试结果分析是将预期的结果与实际测试结果进行比较分析,如果两者不符,则对于出现的错误进行纠错,并修改相应文档。修改后的程序还要进行再次测试,直到满意为止。

【相关概念辨析】 系统调试

系统测试的目的是为了找出错误,而系统调试的目的一是为了找到错误的位置和性质;二是为了改正错误。因此,调试也称为排错。排错的一般步骤为:①确定出错位置;②找出错误原因;③纠正错误;④确定错误是否排除、是否引入了新的错误;⑤修改系统开发文档的相应部分。排错的一般方法有试探法、跟踪法、分段查找法、归纳法、演绎法等。

7.4.1 系统测试的原则与方法

1. 系统测试的基本原则

(1) 开发者不参与原则。

(2) 系统输入与结果并重原则。

(3) 测试用例设计全面原则。

(4) 无效功能严格剔除原则。

(5) 软件中仍存在错误的概率和已经发现错误的个数成正比。

(6) 保留测试用例,作为软件文档的组成部分。

2. 系统测试方法

系统测试方法如下:

(1) 穷举测试。只包含所有可能情况的测试。

(2) 选择测试。指从大量的测试用例中精心挑选出一部分进行系统测试,从而获得以最少的测试数据发现最多错误的一种测试方法。选择测试包括人工测试(也称静态测试)和机器测试(也称动态测试)两种方法。

人工测试的目的在于检查程序的静态结构,找出程序设计的逻辑错误。组织良好的人工测试可以发现程序中 40%～70%编码和逻辑设计错误。机器测试则先设计测试用例,然后以事先设计好的测试用例执行被测程序,对比运行结果与预期结果,分析差别发现错误。机器测试只能发现错误的症状,还需进一步进行问题定位;而人工测试一旦发现错误,同时就确定了错误位置、类型和性质。人工测试是机器测试的准备,是测试中必不可少的环节。对于机器测试,主要有黑盒测试法和白盒测试法。

【相关概念辨析】 程序的正确性证明

正确性证明是利用数学方法证明程序的正确性,该技术还处于初级阶段。

1. 静态测试

人工评审软件的文档或程序,发现其中的错误。手续简单,是一种行之有效的检验手段。

(1) 代码审查:通过阅读程序发现软件错误和缺陷。

(2) 静态分析:主要对程序进行控制流分析、数据流分析、接口分析和表达式分析。

2. 动态测试

有控制地运行程序,从多种角度观察程序运行时的行为,发现其中的错误(测试就是为了发现错误而执行程序)。图 7-20 所示程序共有 5^{20} 条路径,不可能把所有的路径全都执行一遍。

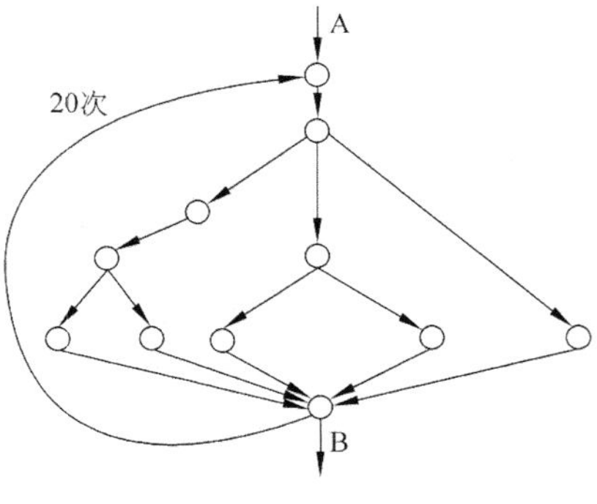

图 7-20 程序执行路径

动态测试只能证明程序有错误,而不可能证明程序没有错误。动态测试方法有黑盒测试和白盒测试两种,如图 7-21 所示。

(1) 黑盒测试。不考虑系统内部结构而运行系统,以检查在一定的输入下,系统的输出是否与期望相同。测试主要针对以下内容:①程序是否按照需求完整正确地实现了功能;②程序的接口是否正确有效;③程序输出的数据或外部数据库访问是否正确；④程序性能是否符合需求；⑤程序初始化和终止是否正确。

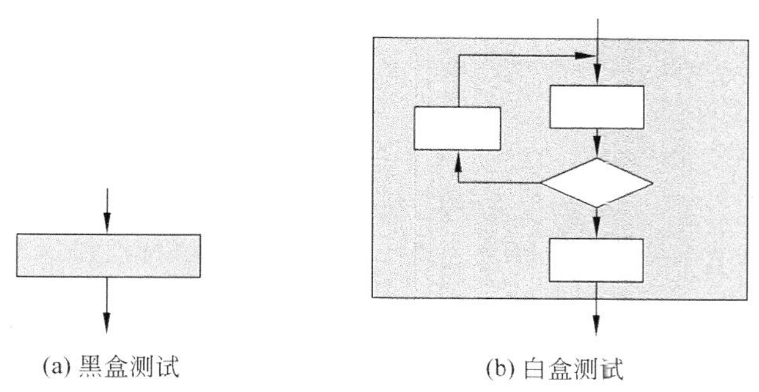

图 7-21　白盒测试和黑盒测试

（2）白盒测试。把测试对象看做一个透明的盒子，它允许测试人员利用程序内部的逻辑结构及有关信息，设计或选择测试用例，对程序所有逻辑路径进行测试。不仅要完成前者的内容，还要检查输入的数据是如何通过系统内部设定的结构，达到输出的。白盒测试又称为结构测试或逻辑驱动测试。白盒测试方法主要检查以下方面：①对程序模块的所有独立的执行路径至少测试一次；②对所有的逻辑判定，取"真"与取"假"的两种情况都至少测试一次；③在循环的边界和运行界限内执行循环体；④测试内部数据结构的有效性等。

7.4.2　系统测试的步骤

系统测试过程一般包括 5 个步骤：单元测试、组装测试、确认测试、系统测试和验收测试。每一个步都是在前一步的基础之上进行，其中前 3 部分是属于软件测试内容，如图 7-22 所示：

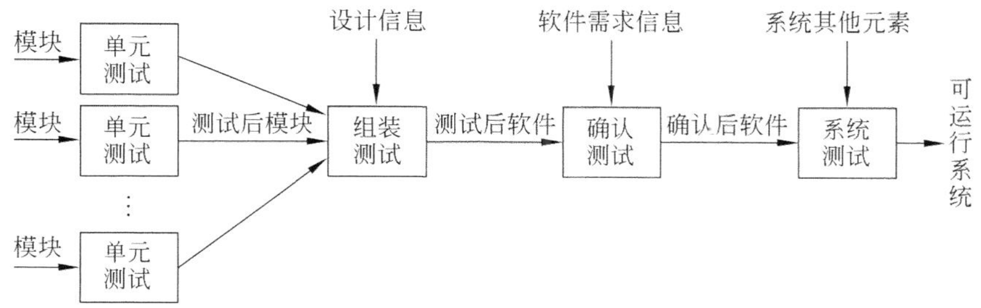

图 7-22　系统测试的步骤

1. 单元测试

单元测试是针对程序设计的最小可编译单元进行的正确性检验。其目的在于发现各单元内部可能存在的各种差错，保证每个单元能正确运行。单元测试需要从程序单元的内部结构出发设计测试用例。多个单元可以平行地独立进行单元测试。在这个测试步骤中所发现的往往是编码和详细设计的错误。单元测试主要包括单元接口测试、局部数据结构测试、路径测试、出错处理测试、边界测试。此外，如果对单元运行时间有要求的话，还要专门进行关键路径测试，以确定最坏情况下和平均意义下影响单元运行时间的因素。这类信息对进行性能评价是十分有用的。

通常单元测试在编码阶段进行。在源程序代码编制完成，经过评审和验证，确认没有语法错误之后，就开始进行单元测试的测试用例设计。利用设计文档，设计可以验证程序功能、找出程序错误的多个测试用例。对于每一组输入，应有预期的正确结果。

程序单元并不一定是一个独立的程序，在考虑测试单元时，同时要考虑它和外界的联系，用一些辅助单元去模拟与被测单元相联系的其他单元，这些辅助单元分为两种。

(1) 驱动程序相当于被测单元的主程序。它接收测试数据，把这些数据传送给被测单元，最后输出实测结果。

(2) 桩程序用以代替被测单元调用的程序单元。桩程序可以做少量的数据操作，不需要把程序单元所有功能都带进来，但不允许什么事情也不做。

被测试单元、与它相关的驱动程序及桩程序共同构成了一个测试环境。

2. 组装测试

在单元测试的基础上，需要将所有单元按照设计要求组装成为系统，进行组装测试。

一般情况下进行组装和测试，有如下几种方法。

(1) 衍变的自顶向下的增殖测试。它的基本思想是强化对输入/输出模块和引入新算法模块的测试，并自底向上组装成为功能相当完整且相对独立的子系统，然后由主模块开始自顶向下进行增殖测试。

(2) 自底向上—自顶向下的增殖测试。它首先对包含读操作的子系统自底向上直至根节点模块进行组装和测试，然后对包含写操作的子系统做自顶向下的组装与测试。

(3) 回归测试。这种方式采取自顶向下的方式测试被修改的模块及其子模块，然后将这一部分视为子系统，再自底向上测试，以检查该子系统与其上级模块的接口是否适配。

组装测试主要测试各模块是否正确连接；数据有效传输及数据的完整性和一致性；人机界面及各种通信接口能否满足设计要求；与硬件的设备连接。组装测试应由专门测试小组来进行，测试小组由有经验的系统设计人员和程序员。在完成预定的组装测试工作后，测试小组应负责对测试结果进行整理、分析，形成测试报告。

3. 确认测试

在组装测试完成后，在各模块接口无错误并满足软件设计要求的基础上进行确认测试。确认测试是要进一步检查整个软件是否符合软件需求规格说明书的全部要求，主要是系统功能测试。

确认测试包括功能、性能、限制条件的测试。功能测试主要是测试系统输入、处理、输出是否满足要求；性能测试则测试系统的数据精确度、响应时间、更新处理时间、数据转换及传输时间、运行环境适应性；限制条件的测试则测试可使用性、安全保密性、可维护性、可移植性，故障处理能力等。

4. 系统测试

经过确认测试后，软件本身已测试完毕，然而软件还要与系统中的其他部分配套进行。

系统测试是将系统的所有组成部分(包括软件、硬件、用户以及环境等)综合在一起进行测试,以验证系统的各组成部分是否协调运行,是对整个系统进行的综合测试。

5. 验收测试

系统测试完成,在系统转换并且系统试运行了一定的时间后,最后和用户企业应进行验收测试。确认软件能否达到验收标准,作为开发单位和用户单位的合同执行情况的最后验收手续。此时应在软件实际工作环境下进行验收。验收测试主要以合同为准,包括系统分析报告、系统设计报告、审查验收文档资料的全面性和内容、系统功能、性能指标测试等。

7.4.3 测试用例的设计

测试是用精心设计的数据运行程序,从而发现程序中的错误。

1. 测试用例的选择原则

(1) 设计测试用例时,应同时确定程序的预期结果。
(2) 要选择合理的数据及不合理的数据。
(3) 检查程序应做的事情及是否做了不应做的事。
(4) 千万不能幻想程序是正确的。
(5) 保留有用的测试用例,以便再测试时使用。
(6) 测试用例要系统地进行设计,不可随意拼凑。

2. 几种测试用例的设计方法

(1) 白盒测试

通过在不同点检查程序的状态,确定实际的状态是否与预期的状态一致。主要采用逻辑覆盖技术,以程序内部的逻辑结构为基础设计测试用例。由于覆盖测试的目标不同,逻辑覆盖又可分为语句覆盖、判定覆盖、条件覆盖、判定—条件覆盖、条件组合覆盖及路径覆盖。

(2) 黑盒测试

黑盒测试方法不需要考虑程序内部的逻辑结构和内部特性,完全把测试对象看做一个黑盒子。黑盒测试常用的方法有等价类划分、边值分析、错误推测、因果图和功能图等。

7.5 人员培训

在系统实施过程中,人员因素也是系统实施成功的关键因素之一。尤其是人员的组织与技术培训,直接影响系统的顺利运行。

1. 人员培训的意义

人员是 MIS 的重要组成部分,包括企业的各级管理人员及管理与维护信息系统的专业人员。每一个与新系统有关的人都应该了解管理信息系统的运作方式和运作过程。培训就是使有关管理人员和技术人员了解和掌握新系统的有效途径之一。因此,培训工作关系到新系统的成败。

(1) 如果管理人员对即将使用的新系统的管理过程不了解，不能确定新系统是否适用于自己的工作，那么就有可能消极地对待新系统，甚至阻碍系统的推广应用。

(2) 管理信息系统的开发与应用不仅是计算机在企业中的应用，同时也是一种企业变革。由于企业管理的传统思想及方法与管理信息系统的要求之间有着巨大的差异，企业管理人员对这种新的管理思想和管理方法有一个熟悉、适应和转变观念的过程。

(3) 对于自行开发管理信息系统的企业来说，通过系统开发过程来培养一批既懂管理业务，又懂信息系统的企业专业人员也应是企业开发信息系统的主要目标之一。

2. 人员培训的内容

培训内容包括：系统整体结构和系统概貌；系统分析设计思想；计算机系统操作与使用；软件工具的使用；汉字输入方式、系统输入方式和操作方式培训；可能出现的故障以及故障的排除；文档资料的分类以及检索方式；数据收集、统计渠道、统计口径；其他注意事项。

信息系统的知识非常广泛，企业管理人员与企业信息系统专业人员的培训内容应各有侧重。

(1) 管理人员的培训

管理人员的培训重点应该是信息技术基本概念与一些结合具体项目的基础知识。

① 信息系统的基本概念，包括信息概念、性质与作用、系统概念与特点、信息系统开发方法与开发过程等。

② 计算机基本知识，包括计算机硬件与软件基础知识、常用管理软件的功能与人机界面、网络与通信基本概念等。

③ 管理方法，例如，现代管理的基本思想、数据分析与管理决策的基本概念与常用方法。

④ 本企业信息系统介绍，包括信息系统目标、功能及总体描述、开发计划、主要事项与配合要求等。

⑤ 本企业信息系统的操作方法。

(2) 技术人员的培训

对企业信息管理专业人员的培养应把重点放在系统知识与系统规范方面，培养方法除强调在实践中学习外，还可采取委托培养、进修与外聘专家进行系统授课等方法。

(3) 培训管理

为了保证培训能真正获得成效，培训工作应与管理人员的工作绩效评定结合起来，对培训的效果进行考核。具体操作可以分阶段地在培训后进行考试，也可以采用竞争上岗等方式，促使管理人员处理好当前工作与未来知识储备两者的关系。

7.6 系统切换

系统实施阶段的准备工作完成，即计算机系统的安装与调试、应用程序的编写与调试和人员培训工作都已顺利结束，并且得到系统开发领导小组批准后，新系统交付使用的工作就可以开始。这项工作包括既相对独立又彼此联系的两项任务，首先要完成数据的整理与录入；其次完成系统转换任务，即用新系统代替老系统。

7.6.1 数据的准备与录入

数据的准备与录入是关系新系统成功与否的重要工作。数据准备就是按照新系统对数据要求的格式和内容统一进行收集、分类、编码和预处理。录入就是将准备好的数据送入计算机内，存入相应的文件中，作为新系统的文件，还要完成运行环境的初始化工作。在数据的准备与录入工作中，要特别注意对变动数据的控制，一定要使它们在系统转换时保持最新状态。

新系统的数据准备与录入工作量特别庞大，而给定的完成时间又很短，所以要集中一定的人力和设备，争取在尽可能短的时间内完成这项任务。为了保证录入数据的正确性，数据准备要正确，尽量利用各种输入检验措施保证录入数据的质量，利用新的输入技术和输入设备来提高输入效率。

7.6.2 系统切换

新系统通过系统测试后，必须通过系统转换，才能正式交付使用。因此，系统转换的任务就是完成新老系统的平衡过渡，这个过程需要开发人员、系统操作员、用户单位领导和业务部门协作，才能顺利交接。新老系统的交替可以采用直接式、并行式、阶段式和试点式等不同的切换方式。

1. 直接转换方式

在指定的时间点，停止原系统的使用，启动新系统，如图 7-23 所示。

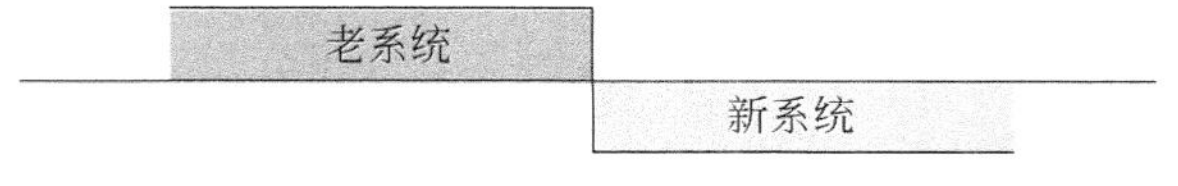

图 7-23　直接转换

优点是转换简单，费用最省；缺点是风险较大。

2. 并行切换方式

新系统投入运行时，老系统并不停止运行，而是与新系统同时运行一段时间，对照两者的输出，利用老系统对新系统进行检验，如图 7-24 所示。

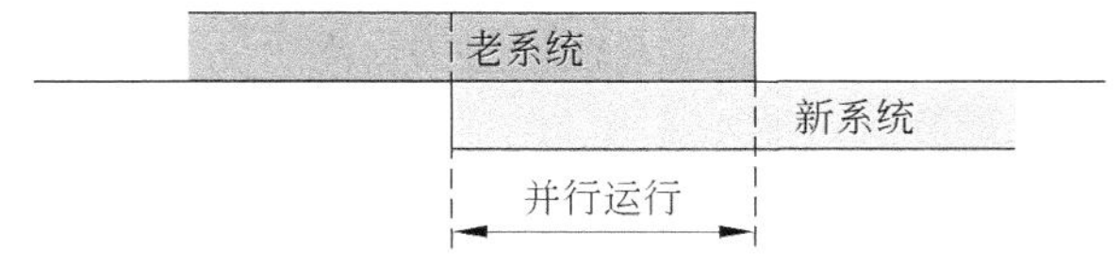

图 7-24　并行切换

并行切换方式的优点是风险小、安全系数大。缺点是开销大（需要同时运行两套系统）；

而且用户随着并行期的延长而失去热情，甚至拒绝使用新系统；并且该切换方法的隐含假设是原系统是正确的。

3. 试点过渡方式（逐步转换法）

新系统一部分一部分地替换老系统，直到全部替代老系统，如图 7-25 所示。

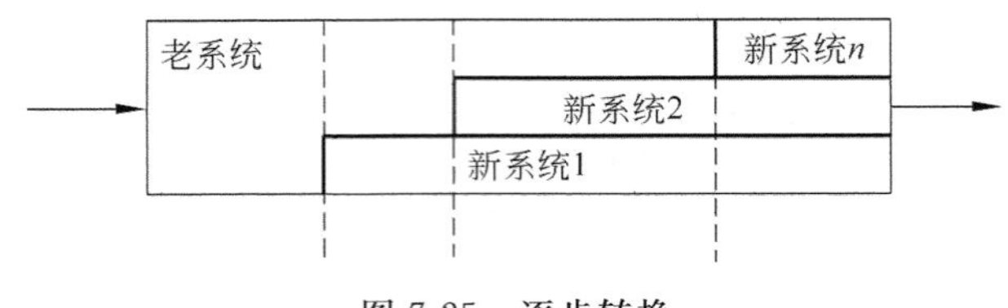

图 7-25　逐步转换

试点过渡方式避免了直接转换方式的危险性，费用也比并行转换方式省，但是这种转换方式接口复杂，当新老系统差别太大时不宜采取该方法。

在实际的系统切换工作中，并行切换方式用得较多，该方式既安全，技术也简单。也有不少系统将几种方式配合使用。无论采用何种切换方式，都应该保持系统的完整性。新老系统交替前，必须为系统建立验证控制，如用户应掌握新、老系统处理的全部控制数据记录，验证系统切换是否破坏了系统完整性。

7.7　系统实施阶段的文档

系统实施阶段最后形成的文档包括程序设计报告、系统测试报告和系统使用说明书，下面分别加以介绍。

7.7.1　程序设计报告

程序设计报告是对程序设计过程的总结，包括以下几个方面的内容。

(1) 程序设计的工具和环境概述。

(2) 系统程序模块的组成及总体结构描述。

(3) 程序之间的控制关系及其描述。

(4) 各程序模块中采用的算法及其描述。

(5) 各程序流程及其描述。

(6) 系统程序的源代码清单及有关注释的说明。

7.7.2　系统测试报告

系统测试报告是对系统测试过程的总结，包括以下几个方面的内容。

(1) 系统测试的环境。

(2) 系统测试的方法。

(3) 系统测试的用例。

(4) 系统测试的步骤。

(5) 系统测试的结果及其分析。

7.7.3 系统使用说明书

系统使用说明书是提供给用户的系统操作指南,包括以下主要内容。

(1) 系统运行环境介绍。

(2) 系统安装说明。

(3) 系统的操作步骤、操作方法和数据的输入/输出方式等。

本章小结

系统实施是开发信息系统的最后一个阶段。这个阶段的任务是实现系统设计阶段提出的物理模型,按照实施方案完成一个可以实际运行的信息系统(计算机模型),交付用户使用。通过本章的学习,学生应达到以下学习目标:

(1) 了解管理信息系统的实施任务、步骤。

(2) 了解物理系统的实施。

(3) 了解程序设计的目标,风格。

(4) 掌握程序设计方法、软件开发工具。

(5) 掌握信息系统的测试方法。

(6) 理解系统切换的过程。

习　　题

1. 选择题

(1) 结构化开发方法中,其系统开发的主导原则是(　　)。

A. 自底向上　　B. 自顶向下　　C. 由具体到抽象　　D. 由外向内

(2) 系统切换的任务是(　　)。

A. 将总体设计转换为详细设　　B. 测试系统

C. 验收系统　　D. 保证新老系统平稳而可靠的交换

(3) 系统新系统取代旧系统,风险较大的转换方法是(　　)。

A. 平行转换方式　　B. 直接切换方式

C. 逐步转换方式　　D. 逐个子系统转换方式

(4) 在银行的核心系统中,新旧系统的切换方式通常采用(　　)。

A. 直接切换　　B. 并行切换　　C. 分段切换　　D. 定时切换

(5) 网络互联设备中,具有流量控制功能的是(　　)。

A. 网桥　　B. 路由器　　C. 中继器　　D. 集成

(6) 下列不属于物理配置方案设计的依据的是(　　)。

A. 系统吞吐量　　B. 系统响应时间

C. 系统处理方式　　　　D. 系统的输出方式

(7) 下列不属于系统转换方式的是(　　)。

A. 直接转换　　B. 并行转换　　C. 垂直转换　　D. 分段转换

(8) 下列可以放大增强信号的网络互联设备是(　　)。

A. 中继器　　B. 集线器　　C. 网桥　　D. 路由器

(9) router 是指(　　)。

A. 中继器　　B. 集线器　　C. 网桥　　D. 路由器

(10) 具有连接两个或多个网络,将局域网与广域网连接,并可充当企业内部网的管理和安全防护的设备是(　　)。

A. 中继器　　B. 路由器　　C. 集线器　　D. 放大器

(11) 软件测试用例不全面的问题属于(　　)。

A. 系统分析阶段的问题　　B. 系统设计阶段的问题

C. 系统实施阶段的问题　　D. 系统维护阶段的问题

(12) 不属于信息系统培训对象的人员是(　　)。

A. 系统开发人员　　B. 业务管理人员

C. 系统操作人员　　D. 系统维护人员

2. 填空题

(1) 常用的网络通信介质有________、________、________和________。

(2) 常用的网络互联设备有________、________、________和________。

(3) 程序的动态测试方法有________和________。

(4) 常用的测试数据类别有________、________和________。

(5) 系统实施阶段的文档有________、________和________。

3. 思考题

(1) 简述程序设计的目标。

(2) 简述结构化程序设计的三种基本结构。

(3) 简述测试程序正确性的三种方法。

(4) 简述白盒测试用例设计方法。

(5) 简述黑盒测试用例设计方法。

(6) 简述系统切换的方法。

实验:电子商务系统的实施

1. 实验目的

(1)了解电子商务应用软件的主要开发工具。

(2) 掌握系统测试的内容。

(3) 理解系统测试的方法。

(4) 理解系统运行维护的内容。

(5) 了解电子商务系统评价的作用。

2. 实验运行环境

(1) Windows XP 系统。

(2) 网页三剑客(Dreamweaver、Fireworks、Flash)或 Frontpage。

(3) SQL server 或 Access。

(4) 互联网。

3. 实验任务

以同学们熟悉的电子商务系统的一部分业务为背景,进行系统应用软件的调试、系统转换、系统运行和维护。

4. 实验内容和步骤

(1) 说明此电子商务系统空间的运行准备;域名申请与注册;接入互联网的方式。

(2) 系统运行环境准备情况。包括系统运行的机房、电力、空调等设备的安装调试情况,计算机与网络设备的安装调试情况。

(3) 程序实现,以同学们熟悉的电子商务系统的一部分业务为背景,进行系统应用软件的运行调试(选择一个网站,下载其源代码,进行运行调试)。

阐述说明此网站选择的编程语言与数据库。

(4)系统测试。

① 用户界面测试:如测试站点地图、导航条、内容、颜色、背景、图像、表格等。

② 功能测试。如检查各个 URL 所链接的页面是否正确;检查非法数据或者错误数据输入后,系统能否正常工作。检查系统的各个功能是否能够满足需求。

③ 接口测试:再次理解接口测试,目前也有一些专门的系统接口测试工具(了解)见 http://zhulan118.blog.163.com/blog/static/1028923182010626113957831。

④ 兼容性测试:如检验网站能否在不同的浏览器、操作系统中使用,运行结果是否一致。

⑤ 安全性测试:检验系统能够正确、可靠安全地进行处理,例如,网络是否提供了安全的通信,是否使用了防火墙或入侵检测设备(略)。

说明:进行截图,必须有首页、网站各个主要功能界面、后台管理界面、用户注册界面、数据库界面。

(5) 对系统使用人员及维护人员的培训。

(6) 系统转换和系统说明书。

5. 实验分析和总结

E-C 系统实施阶段是在系统设计的指导下，确定实施方案，将纸面上的设计蓝图转变为实际的电子商务系统，将技术设计转化为物理实现，因此系统实施的成果是系统分析和设计阶段的结晶。电子商务系统运行维护、评价对于电子商务系统的质量、可靠性和可维护性具有至关重要的作用，也必须加以重视。

第8章　管理信息系统的维护与管理

管理信息系统在完成系统实施、投入正常运行之后，就进入了系统运行与维护阶段。一般信息系统的使用寿命短则4～5年，长则可达10年以上，在信息系统的整个使用寿命中，都将伴随着系统维护与管理工作的进行。信息系统的管理从广义上讲，涉及管理信息系统的整个生命周期，包括从无到有的系统开发管理，系统投入运行后的运行管理及系统评价等。本章将对这些问题展开讨论。

8.1　系统维护

管理信息系统不同于其他产品，它不是一劳永逸的最终产品，需要在使用中不断的完善。实践表明，无论系统的分析、设计、实施测试如何完善，信息系统都不可避免地会存在一些缺陷、错误等。即使精心设计、精心实施、经过调试的系统，也难免会有不尽如人意的地方，或者效率还需提高，或者使用不够方便，或者还有错误，这些问题只有在实践中才能暴露。另外，随着管理环境的变化，会对信息系统提出新的要求。系统维护的目的是要保证管理信息系统正常而可靠地运行，并能使系统不断得到改善和提高，以充分发挥作用。因此，系统维护的任务就是要有计划、有组织地对系统进行必要的改动，以保证系统中的各个要素随着环境的变化始终处于最新的、正确的工作状态。

系统维护工作在整个系统生命周期中常常被忽视，往往热衷于系统开发；当开发工作完成以后，多数情况下开发队伍被解散或撤走，而在系统开始运行后并没有配置适当的系统维护人员。这样，一旦系统发生问题或环境发生变化，最终用户将无从下手，这就是为什么有些信息系统在运行环境中长期与旧系统并行运行不能转换，甚至最后被废弃的原因。随着信息系统应用的深入，以及使用寿命的延长，系统维护的工作量将越来越大。系统维护的费用往往占整个系统生命周期总费用的60%以上，因此有人曾以浮在海面的冰山来比喻系统开发与维护的关系，系统开发工作如同冰山露出水面的部分，容易被人看到而得到重视，而系统维护工作如同冰山浸在水下部分，体积远比露出水面的部分大得多，由于不易被人看到而常被忽视：从另一方面来看，相对具有“开创性”的系统开发来讲，系统维护工作属于“继承性”工作，挑战性不强，成绩不显著，使很多技术人员不安心于系统维护工作，这也是造成人们重视开发而轻视维护的原因。但系统维护是信息系统可靠运行的重要技术保障，必须给予足够的重视。

【概念辨析】　计算机系统维护

为保证计算机系统能够正常运行而进行的定期检测、修理和优化。主要从硬件和软件方面入手。硬件包括计算机主要部件的保养和升级，软件包括操作系统等软件的更新和杀毒。

8.1.1 系统维护的内容

系统维护是面向系统中各个构成因素的，按照维护对象的不同，系统维护的主要内容可分为以下几类。

1. 系统应用程序的维护

系统的业务处理过程是通过运行 MIS 程序来实现的，一旦程序出现了问题或业务发生了变化或用户提出了新的需求，都需要对所使用的程序进行修改和调整。因此，系统维护的主要内容是对程序进行维护。

2. 数据文件的维护

企业的环境是不断变化的，为了适应变化，企业要不断地改变经营策略，调整业务处理过程。当业务处理过程发生变化时，数据要不断更新和补充，有时需要重新建立相应的数据文件，或修改现有文件的结构以及数据的备份与恢复等都是数据维护的主要内容。

3. 代码的维护

随着系统应用范围的扩大、应用环境的变化，系统中各种代码都需要进行一定程度的增加、修改和删除，甚至需要编写新代码或设置新的代码体系。

4. 设备的维护

主要包括对计算机系统、计算机配套设备的日常维护和管理。主要有两种类型的维护活动：一种是定期的设备保养性维护，保养周期可以是一周或一个月不等，维护的主要内容是进行例行的设备检查与保养；另一种是突发性的故障维修，即当设备出现突发性故障时，由专职的维修人员或请厂商来排除故障，这种维修活动所花时间不能过长，以免影响系统的正常运行。为了提高硬件系统的可靠性一般可采取双机备份的形式，当一组设备出现故障时立即启动另一组备用设备投入运行，故障排除后再一次进入双机备份状态。另外，随着业务的不断扩展，有时还要对硬件设备进行调整和补充。

5. 文档的维护

根据应用系统、数据、代码及其他维护的变化，对相应文档进行修改，并对所进行的维护进行记载。

8.1.2 系统维护的类型

系统维护的主要工作是系统应用程序的维护，按照软件维护的不同性质划分为 4 种类型。

1. 完善性维护（Perfective Maintenance）

完善性维护是为扩充功能和改善性能而进行的修改，指对已有的软件系统增加一些在软件需求规范书中没有规定的功能与性能特征，还包括对处理效率和编写程序的改进。在使用系统的过程中，用户往往要求扩充原有系统的功能，提高其性能，如增加数据输出的图形方式、增加在线帮助功能、调整用户界面等。

2. 适应性维护（Adaptive Maintenance）

为了适应外界环境的变化而增加或修改系统部分功能的维护。由于，计算机科学技术的迅速发展，必然要求管理信息系统能够适应新的软硬件环境，以提高系统的性能和运行效率。另外，管理信息系统的应用对象也在不断发生变化，机构的调整、管理体制的改变、数据与信息需求的变更，这也要求管理信息系统去适应各方面的变化，以满足用户的实际需求。

3. 纠错性维护（Corrective Maintenance）

纠错性维护用来改正在系统开发阶段已发生的而系统测试阶段未发现的错误。由于系统测试不可能发现系统中存在的所有问题，因此在系统投入使用后的实际运行过程中，系统内隐藏的错误就有可能暴露出来。

4. 预防性维护（Preventive Maintenance）

预防性维护是为减少或避免以后可能需要的前三类维护而对软件配置进行的修改，从而减少以后的维护工作量维护时间和维护费用。

根据以往维护工作的统计，这 4 种维护工作所占的比例，如图 8-1 所示。

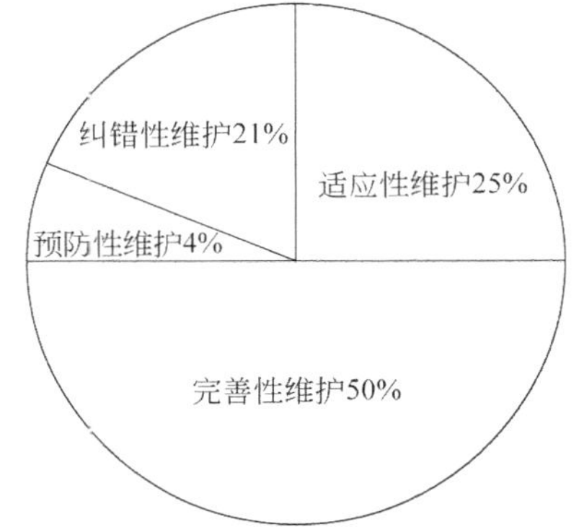

图 8-1　系统维护成本的比例

8.1.3　提高 MIS 可维护性的方法

系统的可维护性对于延长系统的生存期具有决定性意义，因此必须考虑如何才能提高系统的可维护性，为此，需从 5 个方面入手。

(1) 建立明确的软件质量目标和优先级

一个可维护的程序应是可理解的、可靠的、可测试的、可修改的、可移植的、高效率的、可使用的。对管理信息系统，更强调可使用性、可靠性和可修改性等目标，同时规定其优先级。这样有助于提高软件的质量，并对软件生存期的费用产生很大的影响。

(2) 使用提高软件质量的技术和工具

模块化是系统开发过程中提高软件质量，降低成本的有效方法之一，也是提高可维护性的有效技术，其优点是如果需要改变某个模块的功能，只要改变这个模块，而对其他模块影响很小，如果需要增加某些功能，仅增加完成这些功能的新的模块或模块层，同时程序错误也容易定位和纠正。结构化程序设计则把模块化又向前推进了一步，不仅使得模块结构标准化，而且将模块间的相互作用也标准化了，采用结构化程序设计可以获得良好的程序结构，提高现有系统的可维护性。

(3) 进行明确的质量保证审查

质量保证审查对于获得和维持系统各阶段的质量，是一个很有用的技术。审查还可以检测系统在开发和维护阶段内发生的质量变化，可对问题及时采取措施加以纠正，以控制不断增长的维护成本，延长系统的有效生命期。

(4) 选择可维护的程序设计语言

程序是维护的对象，要做到程序代码本身正确无误，同时要充分重视代码和文档资料的易读性和易理解性。因此，要注意编码规则，编码风格，尽量采用结构化程序设计和通用性高的程序设计语言，把与机器和系统相关的部分减少到最低限度。

(5) 改进系统的文档

系统文档是对程序总目标、程序各组成部分之间的关系、程序设计策略、程序实现过程的历史数据等的说明和补充。因此，在开发过程中各阶段产生的文档资料要尽可能采用形式描述语言和自动的文件编辑功能。文档是维护工作的依据，文档的质量对维护有着直接的影响。好的文档资料应能正确地描述程序的规格，描述的内容局部化，并且易读、易理解。

完成各项系统维护工作后，应及时提交系统维护报告，就所作的系统维护的具体内容进行总结，加入到系统维护的有关文档中。

8.1.4 系统维护的管理

在系统维护工作中，由于系统各功能模块之间的耦合关系，局部的修改都可能会影响系统的其他部分。因此，系统维护需要合理的组织与管理。通常系统维护工作按以下步骤进行。

1. 提出维护要求

由系统操作人员或某业务部门的负责人根据系统运行中发现的问题，向系统主管领导提出具体项目工作的修改申请。

2. 领导批准

系统主管人员在进行一定的调查后，根据系统目前的运行情况和工作人员的工作情况，考虑这种修改是否必要、是否可行，并做出是否进行这项修改工作，何时进行修改的明确批复。

3. 分配维护任务

维护工作得到领导批准后，系统主管人员就可以对程序人员或系统硬件人员下达维护任务，并制订出维护工作的计划，明确要求，完成期限和复审标准等。

4. 实施维护

程序人员和系统硬件人员接到维护任务后，按照实施维护的工作计划和要求，在规定的期限内实施维护工作。

5. 验收成果

由系统主管人员对修改部分进行测试和验收。若通过了验收,由验收小组写出验收报告,并将该修改的部分嵌入到系统中,取代原来相应的部分。

6. 登记维护情况

登记所做的修改,作为新的版本通报用户和操作人员,说明新的功能和修改的地方,使他们尽快地熟悉并使用好修改后的系统。

对于某些重大的修改,可以看做是一个小型的开发项目,要按照系统开发的步骤进行。另外,应注意系统维护的限度问题。系统维护是在原有系统的基础上进行修改、调整和完善。使系统能够不断适应新环境、新需要。当对系统的修改不再奏效,或修改的困难很多且工作量很大、花费过大,以及改进、完善的内容远远超出原系统的设计要求时,就应提出研制新系统的要求,从而开始一个新的系统生命周期。

8.2 管理信息系统的运行管理

有些人认为管理信息系统实现之后,开发工作就结束了,这种想法是不对的。管理信息系统是一种特殊的产品,信息系统的开发不仅是产生信息系统的过程,而且还包括信息系统服务工作。信息系统运行和支持阶段研究的主要内容包括信息系统维护、信息系统恢复、信息系统技术支持和信息系统增强等。

系统运行和支持阶段的工作包括两大部分,即系统运行工作和系统支持工作。系统运行是指管理信息系统的日常运行,正式运行的信息系统也称为生产系统。系统支持实际上是为信息系统提供的各种服务。与信息系统分析、设计、实现等阶段不同的是,系统支持阶段的工作不能简单地按照先后顺序排列;它的许多工作是日常的、独立的。一般可以把系统支持活动分成:程序维护(由程序缺陷、毛病触发)、系统恢复(由系统崩溃触发)、技术支持(用户需要得到帮助)、系统增强(新业务需求触发)等类型。每一种类型的活动都由特定的问题、事件、机会等触发。本节将要主要讨论 MIS 运行管理的相关内容。

8.2.1 日常运行管理

MIS 运行管理的一个首要问题是运行的组织。

1. 信息管理机构

(1) 主要职责是信息的管理与信息系统的管理。

(2) 一般应命名为信息管理部、信息管理中心等,而不应以计算机工具来命名。

(3) 根据其所涉及的部门范围及信息的重要性,在企业中的地位应高于其他部门。

(4) 信息系统管理机构除了负责系统的运行管理外,还要承担信息系统的长远发展建设、通过信息的开发与利用推动企业各方面的变革等工作。

目前各企业(组织)中负责系统运行的大多是信息中心、计算中心、信息处等信息管理职能部门，从信息系统在企业中的地位来看，目前常用的有以下几种形式，如图 8-2 所示。

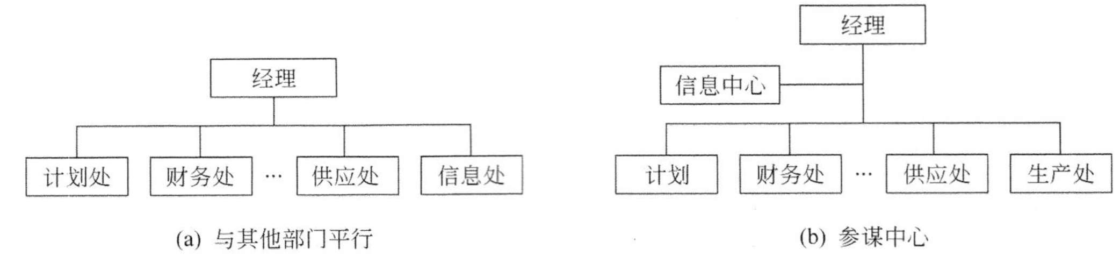

图 8-2 信息系统在组织中的地位

图 8-2(a)方式，信息处与其他职能部门平级，尽管信息资源可以为整个企业共享，但信息处的决策能力较弱，系统运行中有关的协调和决策工作将受到影响。图 8-2(b)方式，信息中心在经理之下，各职能部门之上，有利于信息资源的共享，并且在系统运行过程中便于协调和决策，但容易造成脱离管理或服务较差的现象。由于目前计算机、网络、通信等各项技术的发展，客户/服务器体系结构的运用，信息系统在组织中的地位最好是将上述两种方式结合在一起，各尽其责。信息中心主任最好是由组织中的副总经理兼任，这样更有利于加强信息资源管理。

由于信息系统在企业中作用越来越重要，越来越多的企业设立了信息主管(Chief Information Officer, CIO)的职位。以 CIO 为首的信息主管部门的工作任务主要有：信息系统的日常运行和维护，建立并实施企业信息系统使用和管理制度，向企业的各部门提供信息技术服务，新项目的开发和研究。

信息管理部门内部人员大致可以分为三大类：第一类是系统管理或维护人员，包括网络管理人员、数据库管理员、软件开发与维护人员。网络管理员负责硬件系统的维护、网络系统配置和调试等项工作；数据库管理员则主要负责数据库的安全性、完整性和一致性，负责数据字典的建立与维护、数据的备份和恢复等工作；软件开发与维护人员负责接受用户提出的信息需求，开发相应的应用系统，并负责应用软件的运行维护工作。软件开发与维护人员包括了系统分析员、系统设计员、高级程序员、程序员以及系统操作员等。他们在企业或组织中承担双重任务，一方面要负责开发新的应用信息系统；另一方面要负责维护已有的信息系统，因此在信息管理部门中这类人员所占的比例较大。一般来说，在中小型企业或组织中信息管理部门中的人员较少，常常是一人身兼数职，而在大型企业或组织中的信息管理部门的构成比较复杂，人员较多，分工较细；主要由管理需求和信息系统的规模而定。

第二类是管理人员，包括培训人员、机房值班人员、资料管理员和耗材管理员。其中培训人员负责全面的技术和管理培训工作，特别是系统管理人员和操作人员的培训，对于系统管理人员的培训一般由参加系统规划设计开发实施的专家担任，对于操作人员的培训一般有系统管理人员完成。

第三类是系统的操作使用人员，这类人员的数量最大，分布于整个企业或组织之中，绝大部分属于具体的业务部门，因此信息系统管理部门的主要成员由前两类人员组成。

目前我国企业在信息管理机构的组建上所面临的主要问题是缺乏信息管理人才，从现在的实际情况看，较可行的办法是在信息系统的开发过程中培养一批企业自己的信息管理专门队伍，从小到大的逐步扩展信息管理机构。

2. 系统运行情况的记录

每天应详细记录工作站点计算机打开、应用系统进入、功能项的选择与执行等，直到每天下班前的数据备份与存档、关机。记录内容包括：对系统软硬件及数据等的运作情况，运行情况有正常、不正常与无法运行等，后两种情况应将所见的现象、发生的时间及可能的原因作尽量详细的记录。运行情况的记录对系统问题的分析与解决有重要的参考价值。

由于该项工作较烦琐，在实际工作中往往会流于形式，因此可在系统中设置自动记录功能。作为一种责任与制度，一些重要的运行情况及所遇到的问题，如多人共用或涉及敏感信息的计算机及功能项的使用等仍应作书面记录。

8.2.2 运行管理机制

系统运行管理体制主要是指一个信息系统研制工作基本完成后的工作。运行管理体制主要包括如下4个

1. 系统运行管理的组织机构

系统运行管理的组织机构包括各类人员的构成、各自的职责、主要任务及其内部组织结构。保持机构的稳定性和权威性，最好有统一的权威信息管理机构。

2. 基础数据的管理

基础数据管理包括对数据收集和统计渠道的管理；计量手段和计量方法的管理；原始数据的管理；系统内部各种运行文件和历史文件的归档管理等。

3. 运行管理制度

运行管理制度包括系统操作规程、系统安全保密制度、系统修改规程、系统定期维护制度，以及系统运行状况记录和日志归档等。

4. 系统运行结果分析

系统运行结果分析就是得出某种反映组织经营生产方面发展趋势的信息，以提高管理部门指导企业的经营生产的能力，如综合分析运行情况，写出分析报告，才可充分发挥人-机结合辅助管理的优势。

8.2.3 系统文档管理

管理信息系统的文档，记录了系统的建设过程；完整、规范的文档，能有力保障系统的运行维护工作，是系统维护人员的指南。系统文档不是事先一次性形成的，它是在系统开发、运行与维护过程中不断地按阶段依次推进编写、修改、完善与积累而形成的。如果系统的文档欠缺，不规范，将给系统的维护、升级等工作带来许多麻烦。因此，系统文档常常被认为是信息系统的生命线，在信息系统项目的开发建设过程中，要做好文档的整理、管理工作。目

前我国对文档内容与要求基本上已有了较统一的规定。根据不同的性质，可将文档分为技术文档、管理文档及记录文档等类型，表 8-1 列出了这些文档的类别、名称及产生阶段。

表 8-1　文档类型一览表

文档类别	文档内容	产生阶段	备　注
技术文档	系统总体规划报告	系统规划	
	系统分析报告	系统分析	
	系统设计说明书	系统设计	
	程序设计说明书	系统设计	
	数据设计说明书	系统设计	
	系统测试说明书	系统设计	
	系统使用说明书	系统实施	
技术文档	系统测试报告	系统实施	
	系统维护手册	系统实施	运行中继续完善
管理文档	系统需求报告	系统开发前	
	系统开发计划	系统规划	
	系统开发合同书	系统规划	委托或合作开发时
	系统总体规划评审意见	系统规划	
	系统分析审批意见	系统分析	
	系统实施计划	系统设计	
	系统设计审核报告	系统设计	
	系统试运行报告	系统实施	
	系统维护计划	系统实施	
	系统运行报告	系统运行与维护	
	系统开发总结报告	系统运行与维护	
	系统评价报告	系统运行与维护	
	系统维护报告	系统运行与维护	
记录文档	会议记录	各阶段	
	调查记录	各阶段	
	系统运行情况记录	系统运行与维护	
	系统日常维护记录	系统运行与维护	
	系统适应性维护记录	系统运行与维护	

文档管理的内容包括：文档标准与规范的制定，文档编写的指导与督促，文档的收存、保管与借用手续的办理等。文档的标准与规范要按国家规定并结合具体系统的特点在系统

开发前或至少在所产生的阶段前制定，用于指导与督促系统开发人员及系统使用人员及时编写有关的文档资料。为保持文档的一致性与可追踪性，所有文档都要收集齐全，集中统一保管。在信息系统的建设过程中，要得到高质量的文档，必须加强对文档的管理，可以从以下几方面入手。

（1）文档管理制度化

制定、形成一套完整的文档管理制度，如文档标准、文档修改、编制条件、开发人员在系统建设不同阶段对其文档编制工作应该承担的任务、责任等。在MIS建设过程中，可以依据完整的文档管理制度来协调、控制系统开发工作，并据此对每个开发人员的工作进行评价。

（2）文档要规范化、标准化

在信息系统项目正式开发建设之初，应该选择制定文档标准，在统一标准的制约下，各类开发人员负责整理、编制相应工作任务的文档资料。

（3）维护文档的一致性

信息系统项目的开发建设过程是一个不断变化的动态过程，一旦需要对某一个文档进行修改，要及时准确地修改与之相关的文档，否则会引起系统开发工作的混乱。在项目建设过程中，各类开发人员可以根据工作需要，在自己手中保存一些个人文档（一般为主文本的复印件），若确实需要修改，应先修改主文本，并注意与主文本保持一致。在项目开发结束时，文档管理人员要收回各类开发人员的个人文档，若发现个人文档与主文本有差别，应及时着手解决；当新文档取代了旧文档时，要及时注销旧文档。对文档修改工作，必须谨慎行事，严格履行文档修改手续，以免造成不良后果。

（4）维护文档的可追踪性

鉴于信息系统项目开发建设的动态性特点，系统的某种修改是否合理、有效，往往要经过一段时间检验，因此，对文档要分成不同的版本来实现。

（5）专人负责制

专人负责文档资料的管理，负责集中保管项目开发中形成的文档资料。

作为文档管理的另一个重要问题，是文档使用者在需要时，如何迅速、准确、全面地从文档中检索出所需要的内容呢？

文档管理可以采取手工管理方式和计算机管理方式；采用手工方式很难适应不断修改、不断完善的客观需求，随着信息技术的飞速发展，采用计算机管理的成本不断降低，优势表现得越来越明显。充分利用现有的辅助开发工具和一些文字处理软件，建立信息系统的电子文档，可以减少手工劳动强度，提高信息系统文档的编制效率和质量，方便管理；也有利于提高对文档的查询、检索速度，提高工作效率，充分发挥电子文档的作用。

8.3 管理信息系统的评价

管理信息系统建成并运行一段时间后，就要对进行作技术性能及经济效益等方面的评价。评价的目的是检查系统是否达到设计要求，系统的各种资源是否得到充分利用，经济效益是否理想，指出系统的长处与不足，为以后的改进与扩展提出意见。目前对信息系统的评价方法，一般都采用多指标评价体系的方法，首先提出信息系统的若干评价指标；其次对各指标评出表示系统优劣程度的值；最后用加权等方法将各指标组合成一个综合指标。

8.3.1 管理信息系统的评价指标

信息系统的评价是一项难度较大的工作，它属于多目标评价问题，目前大部分系统评价还处于非结构化的阶段，只能就部分评价内容列出可度量的指标，不少内容还只能用定性方法做出叙述性的评价。

1. 系统性能指标

(1) 人机交互的灵活性与方便性。

(2) 系统响应时间与信息处理速度满足管理业务的需求程度。

(3) 输出信息的正确性与精确度。

(4) 单位时间内的故障次数与故障时间在工作时间中的比例。

(5) 系统结构与功能的调整、改进及扩展，与其他系统交互或集成的难易程度。

(6) 系统故障诊断、排除、恢复的难易程度。

(7) 系统安全保密措施的完整性、规范性与有效性。

(8) 系统文档资料的规范、完备与正确程度。

2. 直接经济效益指标

(1) 系统投资额

① 系统硬件、系统软件的购置、安装。

② 应用系统的开发或购置所投入的资金。

③ 企业内部投入的人力、材料等。

④ 系统维护所投入的资金(对验收评价后所做的阶段评价)。

(2) 系统运行费用

① 消耗性材料费用：系统所耗用的电费、系统管理人员费用等，如存储介质、纸张与打印油墨等。

② 系统投资折旧费，由于 MIS 的技术成分较高，更新换代快，一般折旧年限取 5～8 年。

③ 硬件日常维护费等。

(3) 系统运行新增加的效益

① 成本降低。

② 库存积压减少。

③ 流动资金周转加快与占用额减少。

④ 销售利润增加及人力的减少等方面。

新增效益可采用总括性的在同等产出或服务水平下有无信息系统所致的年生产经营费用节约额来表示，也可分别计算上述各方面的效益，然后求和表示。由于引起企业效益增减的因素相互关联错综复杂，新增效益很难做精确的计算。投资回收期是通过新增效益，逐步收回投入的资金所需的时间，也是反映信息系统经济效益好坏的重要指标。经简化后不考虑贴现率的投资回收期的计算公式：$T=t+I/(B-C)$

其中，T 为投资回收期(年)，t 为资金投入到开始产生效益所需的时间(年)，I 为投资额(万元)，B 为系统运行后每年新增的效益(万元/年)，C 为系统运行费用(万元/年)。

3. 间接经济效益指标

间接经济效益是通过改进组织结构及运作方式，提高人员素质等途径，促使成本下降、利润增加而逐渐、间接地获得的效益。由于成因关系复杂，计算困难，只能做定性的分析，所以间接经济效益也称为定性效益。间接效益对企业的生存与发展所起的作用往往要大于直接经济效益。间接经济效益指标主要体现在以下几点。

(1) 能显著地改善企业形象，对外可提高客户对企业的信任程度；对内可提高全体员工的自信心与自豪感。

(2) 对组织为适应环境所做的结构、管理制度与管理模式等的变革会起巨大的推动作用，这种作用一般无法用其他方法实现。

(3) 对企业的规章制度、工作规范、定额与标准、计量与代码等的基础管理产生很大的促进作用，为其他管理工作提供有利的条件。

(4) 可使管理人员获得许多新知识、新技术与新方法，进而提高他们的技能素质，拓宽思路，进入学习与掌握新知识的良性循环。

(5) 系统信息的共享与交互，使部门之间、管理人员之间的联系更紧密，加强协作精神，提高企业的凝聚力。

8.3.2 评价内容

系统评价的内容主要是从技术与经济两方面进行。

1. 技术评价

技术上的评价内容主要是系统性能，具体内容为如下。

(1) 系统的质量。例如，系统的可使用性、正确性、可扩展性、可维护性、通用性等。

(2) 信息系统的总体水平。例如，系统的总体结构、地域与网络的规模、所采用技术的先进性等。

(3) 系统功能的范围与层次。例如，功能的多少与难易程度或对应管理层次的高低等。

(4) 信息资源开发与利用的范围与深度。例如，企业内部与外部信息的比例、外部信息的利用率等。

(5) 系统的安全性与保密性。

(6) 系统文档的完备性。

2. 经济评价

在经济上的评价内容主要是系统的效果和效益，包括直接的与间接的两个方面。

(1) 直接的评价内容包括：系统的投资额、系统运行费用、系统运行所带来的新增效益、投资回收期。

(2) 间接的评价内容包括：对企业形象的改观、员工素质的提高所起的作用，对企业的体制与组织机构的改革、管理流程的优化所起的作用，对企业各部门间、人员间协作精神的加强所起的作用。

信息系统在运行与维护的过程中不断发生变化，因此评价工作不是一项一次性的工作，系统评价应定期地进行或每当系统有较大改进后进行。信息系统的第一次评价一般安排在开发完成并投运一段时间，进入相对稳定状态后，通常第一次评价的结论将作为系统验收的最主要的依据。

文档的管理对系统的质量至关重要，必须由专人负责，并形成制度化。文档的标准与规范要按国家规定并结合具体系统的特点在系统开发前或至少在所产生的阶段前制定，用于指导与督促系统开发人员及系统使用人员及时编写有关的文档资料。为保持文档的一致性与可追踪性，所有文档都要收全，集中统一保管。有时信息系统的评价有重计算机轻信息的倾向，计算机、通信网络等是信息系统的一个构件，信息系统好坏的评价依据主要是信息开发与利用的效度，是对企业发展所起的作用。

8.4 管理信息系统开发的项目管理

什么是项目呢？

项目(Project)是一件事情、一项独一无二的任务，也可以理解为是在一定的时间和一定的预算内所要达到的预期目的。在日常生活中经常可以遇到的一些事情，例如，安排一个演出活动；开发和介绍一种新产品；设计和实现一个管理信息系统；进行工厂的现代化改造等都可以称为项目。项目侧重于过程，它是一个动态的概念，例如，可以把 MIS 的建设过程视为项目，但不可以把 MIS 本身称为项目。项目是在一定时间内，满足一系列特定目标的多项相关工作的总称。项目的定义包含三层含义：第一，项目是一项有待完成的任务，且有特定的环境与要求；第二，在一定的组织机构内，利用有限资源(人力、物力、财力等)在规定的时间内完成任务；第三，任务要满足一定性能、质量、数量、技术指标等要求。这三层含义对应这项目的三重约束——时间、费用和性能。项目的目标就是满足客户、管理层和供应商在时间、费用和性能(质量)上的不同要求。

管理信息系统的建设项目所具有自身的特点，它是一次性的任务，有明确的任务和质量要求，有时间或进度的要求，有经费或资源的限制。要用项目管理的思想和方法加以指导。

项目管理(Project Management，PM) 是管理科学与工程学科的一个分支，是介于自然科学和社会科学之间的一门边缘学科。曾是美国的曼哈顿计划开始的名称，于 20 世纪 50 年代由华罗庚教授引进中国大陆(由于历史原因叫统筹法和优选法)，在中国台湾地区称为项目专案。

项目管理是基于被接受的管理原则的一套技术方法，这些技术或方法用于计划、评估、控制工作活动，以按时、按预算、依据规范达到理想的最终效果。项目管理的主要内容有范围管理、时间管理、费用管理、质量管理、人力资源管理、风险管理、沟通管理、采购与合同管理和综合管理。项目管理的主要目标如下。

① 满足项目的要求与期望。

② 满足项目利益相关各方不同的要求与期望。

③ 满足项目已经识别的要求和期望。

④ 满足项目尚未识别的要求和期望。

对于一个确定的项目，其任务范围是确定的，项目管理就转化为在一定的任务范围下，如何处理好质量、进度和成本三者之间的关系的问题，即如何处理好"好中求快"、"好中求省"的问题。项目管理中往往以各种图表、数学计算以及其技术手段为主要工具，进行管理，同时，项目管理往往受到人际关系因素以及组织因素的制约，相互沟通、协商谈判以及解决矛盾等工作中，充满着艺术的成分。项目管理既是一门科学，又是一门艺术。

MIS 开发是在用户和各类开发人员的共同努力下完成的，如何处理、协调好各类人员的关系，将直接影响开发工作的进度、质量。信息系统开发的项目管理是一项复杂的系统工程，它要负责协调、处理各类开发人员和各级用户的关系，做好文档管理工作，负责制定、控制系统开发进度、负责对项目经费开支的预算和使用监督等一系列工作。项目的管理过程一般分为项目启动过程、计划过程、执行过程、控制过程、收尾过程五个过程，如图 8-3 所示。

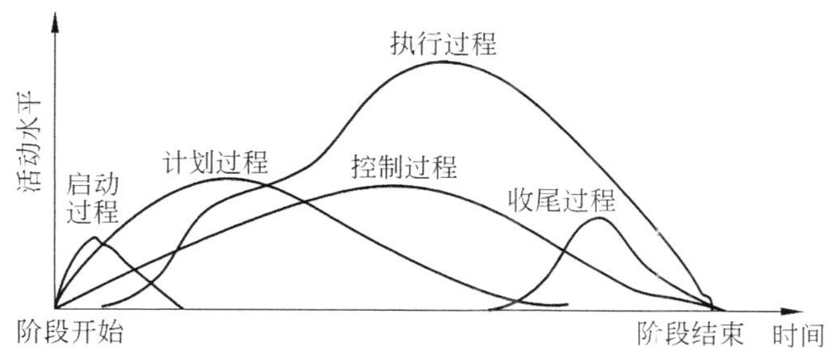

图 8-3　一个项目阶段内管理过程的顺序、重叠和强度

8.4.1　管理信息系统开发中的项目组织

MIS 开发是智力密集、劳动密集型的项目，受人力资源的影响较大，项目组的组织形式和人员稳定性以及项目成员的结构、责任心、能力等，对信息系统项目的质量以及是否成功有决定性的影响。建立项目组是保证信息系统开发工作顺利进行的基础。项目组由负责项目管理和开发的不同方面的人员组成，由项目组长(或项目经理)领导。根据工作需要项目组可设若干小组，小组的数目和每个小组的任务可以根据项目规模、复杂程度和周期长短来确定。

1. 项目经理

项目经理是项目管理的实施人和带头人。项目经理的责任重在管理，同时也应具备相应的技术能力。管理能力包括组织能力、沟通能力、协调能力、项目控制能力、资源管理与控制能力、服务意识和能力以及个人的人格魅力；技术能力包括计算机和网络技术的应用能

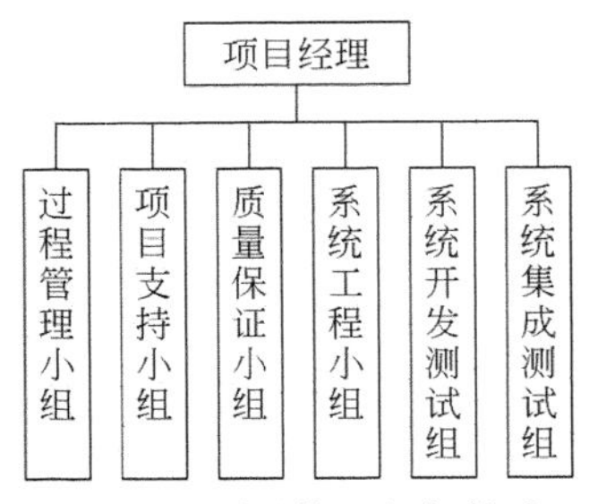

图 8-4　项目管理组织构成

力、对信息技术的接受和了解能力、较强的自我更新能力。

在 MIS 开发管理中，项目经理的职责主要有需求获取与确认、计划制订与执行、团队分工与协作、后勤供应与保障、产品测试与交付、开发标准与规范、员工绩效考核、奖励与技术教育。可以参考图 8-4 结构进行组织。

在实施项目管理工作过程中，项目经理要时刻注意系统的开发工作是否符合最初制定的目标规划；是否运用了预先选择的正确开发方法，人员分工是否合理，能够充分发挥个人才能等。只有目标明确、技术手段适用，用人合理，才能保证系统开发的顺利进行。

2. 过程管理小组

过程管理小组是一个综合机构，负责整个项目的成本及其进度控制，完成过程管理，安装调试、技术报告的出版、用户培训等任务，以保证整个项目开发的顺利进行。

3. 项目支持小组

项目支持小组的任务是后勤支持，及时提供系统开发所需要的材料、设备；负责对项目开发成本进行核算；负责合同管理和安全保证等。尤其对于大型开发项目，由于涉及的资金多，开发人员多，材料消耗大，更要抓好科学管理。

4. 质量保证小组

质量保证小组的任务是及时发现影响系统开发的质量问题，着手解决。问题发现越早，对整个项目的影响越小，解决起来难度越小，对系统开发的成本影响也越小，项目成功的把握就越大。一些信息系统项目，开发失败就是因为在整个开发过程中，产生了一些影响开发质量的问题没有被及时发现和解决，这些问题一直隐含在系统开发过程中，直到开发完毕投入试运行或运行时才被发现，此时已消耗掉了大部分资金和人力，损失巨大。

5. 系统工程小组

信息系统开发是一项系统工程，可以按照工程的一般特性，用系统的观点制订出各开发阶段的任务。系统工程小组的任务是将各开发过程按阶段划分出若干任务，规定好每项任务的负责人，任务目标，检验验收标准，最后完成期限等。只有明确了每项任务的责、权、利，才能保证开发工作得以顺利进行。

6. 开发测试小组

开发测试小组的任务是利用系统开发的一些关键技术，开发模型以及一些成熟的商品软件，进行各子系统的开发、集成，并对各子系统进行测试，这是整个项目开发的关键，要组织好该小组的每一位成员，采用统一的方法和标准进行工作。

7. 系统集成与测试小组

系统集成与测试小组是把整个信息系统进行综合的过程，该小组的成员在充分注意软件、硬件产品与所开发的信息系统之间的结合，注意最大限度地保证系统的可靠性和高效率的前提下，完成对信息系统的软件、硬件的集成工作，并做好测试。一般来说，对于项目管理的力度，项目管理机构的组织，根据信息系统项目的规模大小来决定。

对于小型项目，项目经理可以独立进行工作，直接管理各类开发人员；必要时可以求得外部机构的支持。对于中型项目，应该划分出各个任务的界限，由不同人去管理，项目经理通过这些人来实现各项管理工作。对于大型项目，应该设立专门的管理机构进行辅助管理，项目经理应该能够保证其思想得以实施，并通过管理机构对各类开发人员的工作实施管理，同时对其工作成果进行审核。一个好的项目管理组织不一定能保证信息系统项目开发的成功，但一个差的管理组织将导致项目的失败。因此，在建立项目管理组织时，要充分利用每个组织成员的特长，坚持把正确的开发方法贯穿开发过程的始终。

8.4.2 管理信息系统开发中的项目管理的内容

项目管理的内容大体涉及任务划分、时间进度计划、资金管理与成本计划质量管理和风险分析与管理。

1. 任务划分

任务划分就是把整个信息系统项目的开发工作定义为一组任务的集合，这组任务进一步划分为若干个子任务，子任务进一步进行细化，最后形成具有层次结构的任务群。进行任务划分主要基于以下考虑：①任务划分是整个工作计划和监督工作执行的基础，将整个信息系统项目的开发工作划分成较细的任务群，并将这些任务落实到人头上，才能进行有效的项目管理，否则系统开发过程将是一种无序的状态；②任务划分是进行资金分配的基础，有效的资金控制是项目管理的法宝；③任务划分是与工作责任心和可靠性密切相连的，要保证系统开发工作按时完成，就必须分清每个人的职责。

(1) 任务划分的内容

进行任务划分是实施项目管理的第一步，也是关键的一步。具体的内容包括：

① 任务设置。在统一文档格式的基础上，详细说明每项任务的内容，应该完成的文档资料，以及任务的验收标准等。

② 资金划分。根据任务的大小、复杂程度，需要的软件、硬件以及技术等因素，确定完成该任务所需的资金、资金使用分配情况。

③ 任务计划时间表。根据所设置的任务确定各任务的完成时间及计划。

④ 协同过程与保证完成性。主要是指在进行任务划分时，考虑为了完成该任务所需要的外部、内部条件，即哪些人要协助、参与该项任务，确定保证任务按时完成的人员、设备、技术支持等。

(2) 进行任务划分的主要方法

① 按信息系统项目的结构和功能进行划分，将整个系统分为硬件系统、软件系统和应用软件系统。对于硬件系统，可以进一步划分为服务器、工作站、计算机网络环境等，考虑这些硬件的选型方案、购置计划、购置管理、检验标准、安装调试计划等内容，制定相应的任务；对于软件系统，可以进一步划分为网络操作系统软件、后台数据库管理系统、前台开发平台

等，考虑这些软件的选型、配置、购置、安装调试等内容，并制定出相应的任务；对于应用软件系统，可以进一步划分为输入、显示、查询、打印、处理等功能，并考虑与之相关的需求分析，进行编程、设计的工作内容，以及如何保证质量和进行验收等内容，制定出相应的任务。

② 按系统开发阶段进行划分，按照系统开发经历的可行性分析、总体规划、系统分析、系统设计、系统实施、系统测试、系统安装调试、系统试运行、系统运行等各个阶段，划分出每个阶段应该完成的任务、技术要求、软件硬件系统的支持、完成的标准、人员的组织及其责任、质量保证、检验及审查标准等内容，同时还可以根据完成各阶段任务所需的步骤将这些任务进行更进一步的细划。

③ 上述两种方法结合使用，考虑信息系统项目的实际情况，兼顾两种方法的特点，利用优点，摒弃缺点和不足，结合进行。

(3) 任务划分过程中应注意的问题

① 任务划分的数量应该适中，不能过多，也不能过少。任务划分过多，容易引起项目管理的复杂性和系统集成的难度；任务划分过少，将会使对项目成员的要求提高，特别是对各项任务的负责人，要求会更高。

② 在任务划分后，对于各项任务的负责人，应该赋予他们一定的权力，明确其权利和义务，加强管理。

任务划分是实现项目管理科学化的基础，尽管进行任务划分，将花费一定的时间和精力，但是在整个信息系统项目的开发过程中，其优越性会表现得越来越明显。

2. 时间进度计划

时间是系统开发中的宝贵因素，也是系统开发成功与否的关键因素。要想保证信息系统项目成功实现，必须做好时间计划，使开发工作在一定的时间内按计划保质保量完成。时间计划主要是指工作进度计划，即将划分完毕的各项任务分配到具体的项目小组或人员，按时间来排定进度。常用的制订工作进度计划的方法有甘特图法和网络图法。

(1) 甘特图法

甘特图(Gantt Chart)又称线条图，是基于二维坐标的项目进度图示表示法。甘特图以时间为横轴，以系统的各项工作任务为纵轴，以条形或水平线段表示子任务的工作进度。图中每一条线段，表示某项具体任务，线段的始点、终点分别对应着这一任务的开工时间和完成时间，线段的长度表示完成该任务所需的时间。例如，用甘特图法表示的某一信息系统项目的开发工作计划如图 8-5 所示。

使用甘特图可以形象地描绘出系统开发中各项任务的时间进度情况，它具有简明直观、容易掌握、容易绘制等优点。由于甘特图本身的限制，图中尚不能明显描绘出各项任务间的依赖关系，对于项目的关键步骤描述不明确，难以反映多个任务之间存在的复杂逻辑关系。

注意：甘特图的画法有多种，可以进行适当的简化或细化，也可以加入一些约定的符号。在图 8-7 中，左半部是工作项目的名称和预计进行的工作时数，右半部是各项任务预计占用的时间。时间区段的单位根据项目来确定，可选择天、周、月、年等单位。如图 8-6 和图 8-7 所示，用甘特图表示的另外两个项目的进度计划。

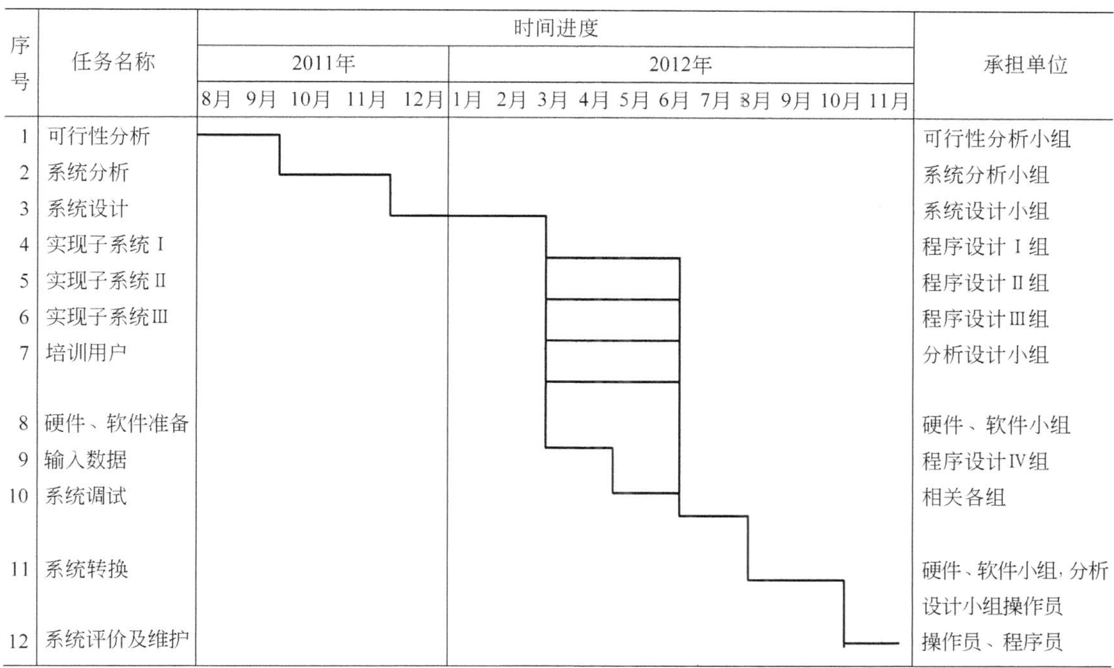

图 8-5　甘特图

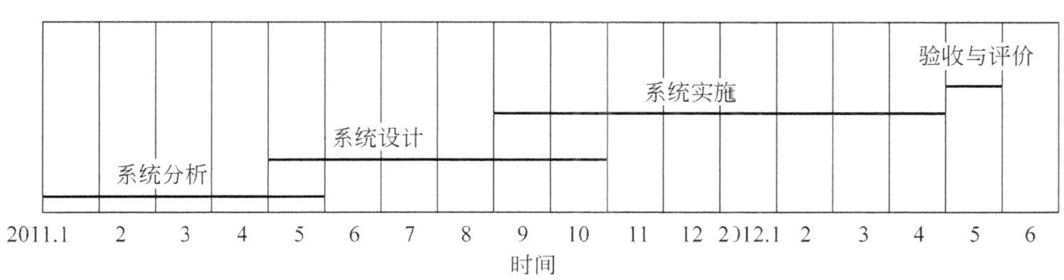

图 8-6　用甘特图编制的工作进度计划

工作项目	工作时数	周次																				
		1	2	3	4	5	6	7	8	9	10	11	12	13	14	15	16	17	18	19	20	21
调查研究	80																					
系统分析	120																					
系统设计	200																					
子系统1编程测试	200																					
子系统2编程测试	120																					
软、硬件环境配置	122																					
建立数据库	160																					
系统调式	155																					
系统转换	75																					
系统转换	80																					

图 8-7　用甘特图编制的工作计划

(2) 网络图法

网络图(Program Evaluation and Review Technique, PERT)是制订进度计划的另一种常用工具,它可以描绘任务分解后,各项任务的开始时间和结束时间,同时还能突出各项任务之间的依赖关系,一般适用于工作步骤密切相关的复杂项目的计划管理。常用的符号及含义如图 8-8 所示。

注意:事件只表明时间点,并不消耗时间和资源,对于时间资源的消耗,在箭线上用相应数字表示。

例如,一项活动及一个事件也可以表示为如图 8-9 所示的形式,圆圈代表任务的终点事件。

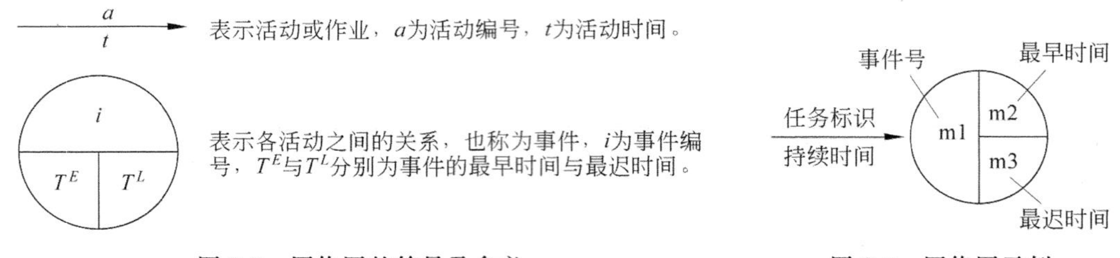

图 8-8　网络图的符号及含义　　图 8-9　网络图示例

注意:网络图画法的灵活性,节点的大小、线长、方向、标注的位置等都可灵活表示。有的书中采用运筹学中的表示方法也是可以的。

一个简单的网络图法示例,如图 8-10 所示。

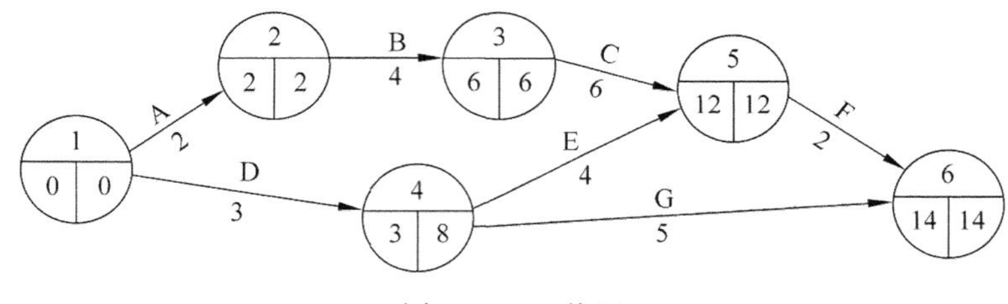

图 8-10　网络图

图 8-10 中,箭头线上标出各任务的名称,如 A,箭头旁的数字表示完成此任务所需的时间,圆圈节点表示作业的起点或终点,图中节点 1 表示整个网络的起点,节点 6 表示网络的终点。

利用网络计划法对项目进度进行控制,要计算每个事件的最早时间与最迟时间。

事件最早时间:由始点事件顺向计算,事件 i 的最早时间等于前一事件的最早时间加上先行活动的时间。当事件的先行活动有两个以上时,事件的最早时间按其中时间最大的活动计算。

$$T_{i+1}^E = T_i^E + t_{i,j+1}$$

例如,图 8-10 中事件 2 与事件 3 的最早时间分别为:0+2=2,2+4=6。

事件最迟时间:由终点事件逆向计算,终点事件的最迟时间等于终点事件的最早时间,事件 i 的最迟时间等于后继事件的最迟时间减去事件的开始活动时间。当事件的后续活动有两个以上时，事件的最迟时间取对应路线中时间的最小值。

$$T_i^L = T_{i+1}^L - t_{i,i+1}$$

例如，图 8-10 中事件 5 的最迟时间为：14－2＝12。事件 4 的最迟时间为 8。

如果两个事件的最早时间与最迟时间相等，则称其为关键事件。由关键事件连接的各个活动所组成的路线成为关键路线(路径)。

下面用图表作业法，对网络图进行分析。

首先，从节点 1 开始，计算各节点上最早完工时间(即下一工作步的最早开工时间)。节点 1 的最早完工时间计为 0。其他各节点计算方法，以图中节点 5 为例，从起点 1 到该节点有2 条路径：1→2→3→5，共需要 12 个单位时间；1→4→5，需要 7 个单位时间。按此方法，直到计算完所有各节点的最早完工时间。然后，从网络图的终点 6 号节点开始，逆向计算出各节点的最迟完工时间，标记在该节点内。6 号节点的最迟完工时间计为 14，和该节点的最早完工时间一致。5 号节点的最迟完工时间为 14－2＝12。其他节点的最迟完工时间类似，可以计算出来。当同一节点可以沿不同路径逆向计算其完工时间时，该节点的最迟完工时间必须能够保证该节点后的各工步能按期完成。通过以上计算，可以发现，在节点 1、2、3、5、6 的最早完工时间和最迟完工时间相同，表明该节点上没有时间潜力作为机动时间。沿这些节点构成的路径，是整个信息系统项目进行开发的最短路径，它是影响开发过程时间进度的最关键步骤。图中其他节点上最早完工时间和最迟完工时间不相等，表明该节点上有机动时间，可以适应调整开发过程中工作布置，充分挖掘各子任务中的开发潜力。

(3) 项目进度的控制

项目进度的控制是通过计划执行的监督和检查，根据项目的进度情况，对计划进行不断调整和修改，实现预期的目标任务。信息系统开发是一个随时间展开的过程。由于各阶段的顺序性、连续性，一环扣一环，任何一个环节出现问题，都会影响整个项目的进度。在系统开发过程中，进度延误情况时有发生。其原因除了环境变化、资金不到位、人员变动外，主要的一方面是系统开发的正常进度本来就难以估计，许多因素难以定量化，而可能影响开发进度的因素往往又是随机的、难以预测的；另一方面，也可能由于对进度的重要性缺乏认识，对控制进度缺乏经验和方法。开发进度的难以估计主要是分析与设计工作，由于是创造性的劳动，没有两个完全一样的开发进度，况且进度与质量是有矛盾的，当质量要求高时，进度就得放慢。而质量更不能定量化，所以难以由以前的项目推出本项目的进度。

针对导致阶段性计划延误的不同原因，要认真分析，采取必要的措施，主要包括：

① 对开发中的不确定性问题，可事先在工作计划中留有一定的宽裕度，如工作步骤的工作量取上限、预设机动时间等。

② 开发过程中经常性地与用户交换意见，及时明确遗留的不确定问题，以减少返工现象。

③ 进行人员的合理调整。

④ 对原定计划进行调整，如子项目先后次序的调整，部分工作步骤提前或推后，必要时也可在不影响总体目标的前提下，删减个别子项目，或降低局部的功能指标。

信息系统是一个复杂的人机系统，开发项目工作计划进度的控制也必然是一项难度极大的工作，目前已有的方法也不是很成熟，从根本上说，信息系统开发进度的解决还有赖于企业管理的规范化、系统开发的标准化等问题的解决。

3. 资金管理与成本计划

资金管理是指对系统开发与运行中所需要的资金的预算、使用和监督工作。资金预算主要涉及系统开发各阶段成本的计算。在系统计划期，经费支出主要是进行系统开发规划、初步调查、系统的初步设计等一些调研费。在系统的开发期，经费支出主要受系统规模、开发期长短以及开发人员技术水平和工作效益的影响。开发期越长，成本会越高。交付用户使用以后，经费支出主要集中在对系统所进行的维护工作上，如改正错误、完善系统功能、对系统进行优化等。系统开发各阶段的成本费用，对于不同项目是不同的，但从总体上呈现出一定的规律。计划期费用约占系统总费用的 10%，开发期约占 30%，运行维护期约占 60%。

管理信息系统项目开发建设过程中，人员成本往往是总成本中最大的部分。统计表明，对于一个信息系统项目，其总成本的 60%～80%是人员成本。为了降低系统开发的成本，必须降低人员成本，采取标准化和自动化方法。标准化就是对系统的开发和维护过程使行标准化，使得系统开发人员的创造性沿着一个标准的方向发展，表现在系统开发中的结构模块化、程序化，进一步提高开发人员之间的分工与协作。自动化就是在系统的开发过程中，对于一些可以使用辅助开发工具的工作(如文档编写、代码编制等)，尽量使用，这样可以减轻人们的烦琐的重复性劳动，并且能够保证较高开发效率。

(1) 信息系统成本构成

信息系统项目的成本随着系统的类型、范围及功能要求的不同而异。可以从信息系统生命周期的各阶段划分为开发成本与运行维护成本两大类，在各类中又根据费用的目的进行逐级细分，如图 8-11 所示。

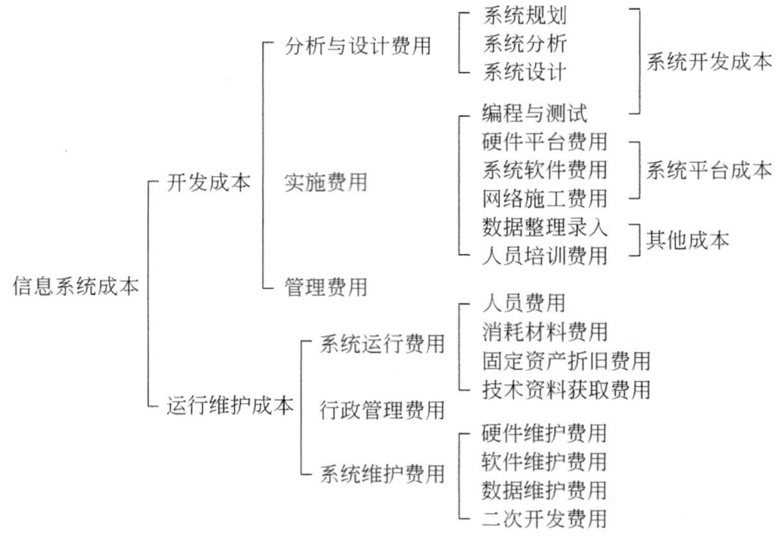

图 8-11　信息系统项目的成本

信息系统项目的成本测算，就是根据待开发的信息系统的成本特征以及当前能够获得的有关数据和情况，运用定量和定性分析方法对信息系统生命周期各阶段的成本水平和变动趋势做出尽可能科学的估计。信息系统项目成本测算的重点是软件开发成本，在图 8-11 中，最难确定的也是开发成本中的软件开发成本，而硬件成本和其他成本相对容易确定。对于信息系统项目的用户来讲，项目开发成本的不确定性因素较大，而项目的运行维护成本由于多次发生，且在自身的使用中发生，相对来讲容易控制一些。

(2) 信息系统开发成本测算的一般过程

信息系统开发成本测算的一般过程如图 8-12 所示。从图中可以看出，信息系统开发成本测算首先应该建立在对过去项目成本情况进行数据分析的基础上，历史的经验和教训对于成本测算的各个阶段均有参考价值；其次，进行硬件成本及用户方面(培训、数据收集、系统转换等)成本的测算，这是因为它们对软件成本的分析有着一定的影响，比如开发人员对所采用的硬件或数据库系统的使用经验将明显影响软件生产率，从而影响着软件成本，对此先做测算可以减少软件成本测算中的不确定因素，然后是软件成本测算，通常分两步进行：第一步，测算软件的规模或程序量；第二步，利用有关的经验参数模型测算出该种规模的软件成本。当然，也可运用专家判定等方法将上述两步合并直接测算成本。

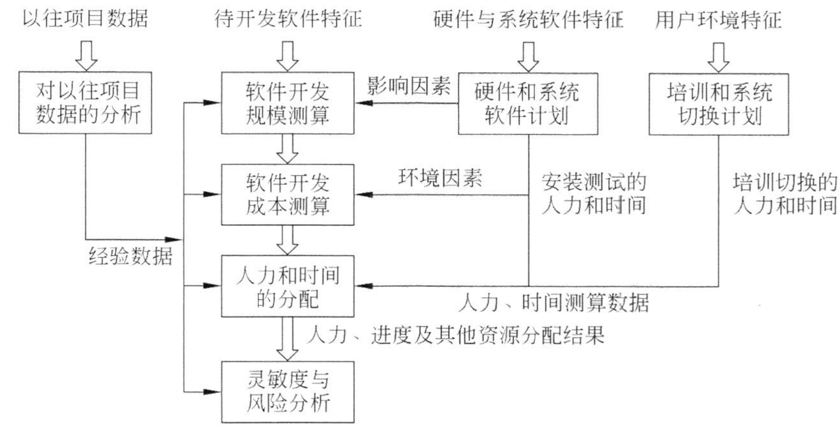

图 8-12　信息系统开发成本测算的一般过程

在测算软件开发成本、硬件成本和其他成本的同时，对各种任务所需的人力、时间等资源也做出安排，即人力计划和进度计划。软件开发成本测算出来以后，与硬件成本和其他成本累加则构成信息系统项目的开发成本，在此基础上，根据运行维护成本与开发成本之间比值的经验系数导出信息系统的运行维护成本。开发成本与运行维护成本之和为信息系统开发的总成本。

(3) 成本估计方法

软件开发成本主要是人力消耗(计算平均工资则得到开发费用)。下面简单介绍 3 种估计技术。

① 代码行技术。代码行技术是比较简单的定量估计方法，它把开发每个软件功能的成本和实现这个相应功能所需要的源代码行联系起来。通常根据经验和历史数据估计实现一

个功能需要的源程序行数。一旦估计出源代码行数以后，用每行代码的平均成本乘以行数就可以确定软件的成本。每行代码的平均成本主要取决于软件的复杂程度和工资水平。当有以往开发类似项目的历史数据可供参考时，这个方法是非常有效的。

② 任务分解技术。任务分解技术首先把软件开发项目分解为若干个相对独立的任务，再分别估计每个单独的开发任务的成本，最后累加起来得出软件开发的总成本。估计每个任务的成本时，通常先估计完成该项任务需要用的人力（以人月为单位），再乘以每人每月的平均工资而得出每个任务的成本。

任务分解的常用方法是按开发阶段划分任务，如果软件系统很复杂，由若干个子系统组成，则可以把每个子系统再按开发阶段进一步划分成更小的任务。

③ 自动估计成本技术。采用自动估计成本的软件工具可以减轻人的劳动，使得估计的结果更客观。但是，采用这种技术必须有长期搜集的大量历史数据为基础，并且要有良好的数据库系统支持。

太多的变化常常影响软件的最终成本及开发所需的工作量，使成本及工作量无法精确计算。在项目开始之前必须先估算一下：需要多长时间、需要多少工作量以及需要多少人员，预测所需要的资源（硬件及软件）和包含的风险。可以使用一种或多种技术进行估算以相互校验，这些技术主要分为分解和经验建模两大类。分解技术需要划分出主要的软件功能，接着估算实现每一个功能所需要的程序规模或人数。经验技术使用根据经验导出的公式来预测工作量和时间。自动估计成本技术实现某一特定的经验模型的成本估计。

4. 质量管理

质量管理是为了保证和提高产品质量而进行的调查、计划、组织、协调、控制等一系列活动的总称。无论是企业管理，还是在工程项目的管理，质量管理都是重要的组成部分。对于MIS项目的质量管理，应该着眼于系统开发的各阶段。对于管理信息系统项目的质量，不同人员会有不同的标准。对于用户来说，往往只关心其提出的要求能否得到满足，软件运行是否可靠，运行效率的高低以及系统的适应性强弱等问题；至于系统内部结构如何、是如何开发实现的等他们并不关心。对于开发人员，要求在系统开发的各阶段，工作高质量，同时亦应是在总体目标约束下满足系统的质量要求。对于系统维护人员来说，对质量的要求往往是系统各阶段的文档资料清楚完整，系统的维护工作简便、易行。

一个管理信息系统项目，从立项直到投入运行，其质量受各种因素的影响。如何保证系统开发中各阶段的工作质量是一个重要问题。目前，世界上广泛推广的全面质量管理思想，就是一个有效的解决途径。

全面质量管理的工作方式是由美国的管理专家戴明（Deming）最早提出来的 PDCA 循环，亦称戴明环。它由计划（Plan）、实施（Do）、检查（Check）和处理（Action）四个阶段组成，在质量管理工作过程中，四阶段往复循环。

全面质量管理的特点突出在“全”字上：为了保证使广大用户满意，一切从用户的需要出发，对产品质量进行全面管理；从保证和提高产品质量的各个环节出发，对产品的生产、项目的开发工作进行全过程的监督和控制；在产品的生产过程中，将质量目标层层分解和落实，充分调动广大职工的积极性，实行全员管理；在对产品质量的监督、控制上，广泛应用各种先进技术和手段，进行全面的质量分析和控制。

5. 风险分析与管理

风险是指不幸事件发生的可能性，或者说风险是一个事件产生人们不希望的后果的可能性（或概率）。在信息系统开发中，风险是指在信息系统开发的生命周期全过程中，影响系统目标实现的不确定性产生的积极（或消极）影响的事件发生的机会。风险分析是分析处理由不确定性产生的各种问题的一套方法，包括风险的辨识、风险的估计和风险的控制和管理。风险管理是指在风险分析的基础上，为了将风险控制在最低限度而进行的各项目管理工作的总称。

（1）风险的特征

客观必然性，天有不测风云，人有旦夕祸福。无论是自然界中的风暴、洪水、地震、雪灾、海啸等天灾，还是人类社会中战争、犯罪、意外事故等人祸，都是不以人的意志为转移的客观存在。无论过去、现在还是将来，风险都是客观存在的必然现象。

偶然性，也叫不确定性，是指风险的发生在时间上、地点上、种类和损失程度上，完全是不确定的。例如，发生在世界各地的水灾、旱灾、地震等。

可变性是指风险的产生及其后果在一定的条件下是可以发生变化的。随着科学技术水平的提高，风险因素的变化和识别风险、抵御风险的能力的提高，风险是可以发生变化的。

相对性是指对于不同的主体风险的含义是不同的。例如，发生暴雨对于野外作业的项目将会带来很大的风险，但它对于在室内施工的项目风险却很小；外币汇率的变化，将会对有外贸业务的企业产生很大影响，而对于没有外贸业务的企业影响甚微。所以，在风险的分析与管理工作中，应具体问题具体分析。

风险的可测量性是指项目的某种风险发生的概率以及可能造成的损失程度是可以进行判断、统计、测量的。

风险与效益共存性指风险不仅会给项目造成损失，也可以带来效益。有些风险不一定是灾难性的，通过采取合适的措施（如风险分担、进行保险等），一些风险是会被限定在最小的程度之内，甚至会得到一定的收益。

（2）风险分析

风险分析主要通过风险辨识与风险估计，对项目风险做出全面的、综合的分析。风险的辨识工作的主要内容是对风险进行分类。

按风险的严峻程度，风险可分为特殊风险和非特殊风险。特殊风险也称为非常风险，主要是指由于战争、政变等政治原因引起的政权更迭，从而导致项目合同作废，承包商财产被没收等后果的政治风险，以及由于地震、洪水、火灾等导致项目无法继续进行，财产遭受损失的自然风险。这类风险一般是致命，几乎无法弥补的。非特殊风险是指除以上特殊风险之外的风险，一般通过采取必要的防范措施，可以进行转移或避免的。

按风险的来源性质，风险可以分为社会环境风险、经济风险、技术风险、公共关系风险和管理风险五类。社会环境风险是指由于国际、国内政治、经济政策的波动，或由于自然界产生的灾害，给信息系统项目的开发带来的后果。经济风险是指由于与信息系统项目开发相关的经济因素变化，而给项目开发带来的可能后果。主要指价格、税收、工资水平等经济因素的变化。技术风险是指由于与信息系统开发相关的技术因素的变化，从而给开发带来的可能后果。例如，软件、硬件水平的提高，开发工具的更新等变化对项目的影响。公共关系风险是指由于与信息系统开发相关的各种内部、外部关系因素的变化，给项目开发带来的可能后果；主要指在各类开发人员内部关系、开发商与用户、开发商之间的关系等因素的变化，对系统开发的影响。管理风险是指由于信息系统开发的管理职能或管理对象等因素的变化，给开发带来的可能后果；主要是指管理组织、开发监督等因素的变化，对系统开发的影响。

风险辨识是以风险分类为基础，对各种风险因素的细划与归类，找出该项目将会遇到的风险因素是什么，为风险分析做准备。

（3）风险估计

风险估计是指对风险辨识得到的各种风险因素进行测量，得到项目的各风险因素发生的概率以及导致的后果的严重程度和概率。风险估计是对未来风险不确定因素的测量，是一种定量估计，其结果是一个近似值。常用的估计方法有概率统计法、蒙特卡罗模拟法、外推法、逻辑树法等。

信息系统的风险管理是一个贯穿于系统开发全过程的管理过程，包括立项过程的风险管理、开发过程的风险管理和总结过程的风险管理。在风险分析的基础上，可以对系统开发中的各类风险，采用不同的风险管理策略。风险管理策略一般分为风险控制策略和风险融通策略两类。风险控制策略是指采取旨在避免或降低风险发生的可能以及造成危害的策略；风险融通策略是指采取旨在弥补风险可能产生的损失的策略。具体方法有以下四种：

① 风险回避。风险回避是指充分利用合同的条款，尽量减少风险的方法。一般是采取增设保险条款、选择合适的外汇计价结算方式和减少预、垫付资金等策略。

② 风险的分散与转移。是指将风险向其他部门分散、转移，从而减少项目风险的方法。具体有两种方式：一种方式是向保险公司投保转移风险，主要是将一些不可抗拒的特殊风险通过投保，转移给保险公司来承担，例如，人身事故险、机械安全险、货物运输险以及战争保险等。这种方法虽然需要支付一定数额的保险费，但相对于风险可能造成的损失来说，要小得多。在具体操作过程中，是否参加保险，可以使用生存风险度这一技术指标来引导决策。

$$\text{生存风险度 SD}=\frac{\text{决策可能带来的最大损失}}{\text{致命损失}}$$

式中，分子上决策可能带来的最大损失，是指决策进行投保时，所支付的保险费；分母上的致命损失是指投保资产的总价值。当生存风险度 SD≪1 时，就应该考虑投保。

另一种方式是向子项目分包商转移风险，是指在签订子项目分包合同时，要求分包商接受合同中的各项条件，使得分包商分担风险的方法。这是目前国际通用的一种风险转移方法。

③ 风险损失的控制。风险损失的控制是指通过工程项目内部的经营与管理对风险的控制而达到减少经济损失的方法，包括控制成本和提出索赔两方面。控制成本是指将信息系统的各项开发费用控制在总成本之内。首先，要制订成本计划，并且要为不可预见的风险

因素留有余地，在投标中应该考虑增加一定比例的风险费，通常称其为不可预见费；其次，要加强信息系统开发过程中的成本管理，进行成本统计和指标核算，密切注意风险发生发展的征兆，以便及时采取控制措施。提出索赔是指根据合同条款向项目的所有权单位、保险公司、子项目承包商等要求经济赔偿的方式。

④ 风险的投机与利用。在系统开发中，风险分为两类：一类是纯粹风险；另一类是可利用风险。纯粹风险是有害的，是不受项目开发者控制的，应该想尽一切办法尽量减少或转移；可利用风险也叫可投机风险，它存在着有利和不利两个方面，只要充分认识这种风险的有利的一面，及时准确地做好预测，主动创造索赔条件，就可以变不利为有利，使风险因素成为获利的来源。

6. 资源配置

资源配置就是运用一定的方法、技术和组织结构，实现对有限资源的合理调度和整合，提高资源利用效率，实现项目目标。资源配置需要定义项目所需的资源及其优先级。对于MIS项目而言，资源配置是人力资源、资金、时间和开发环境等；资源配置的另一方面(除时间因素以外)是计划和进度。在许多项目中，实施各种项目工序得到的各类资源的数量是有限的。某些工序可能同时需要同一种资源，但往往不可能得到充分的资源来满足所有的需要。换句话说，这些工序对同一种资源具有竞争性。如果得到充分的资源，某些工序就不得不重新计划，等到它们所需要的资源可以得到时才能开始。资源配置的一种方法是在利用网络图的形式在考虑资源的情况下画出各工序之间的逻辑关系，即除了表示各工序之间的技术限制之外，网络逻辑图也要考虑资源限制。画出工序的顺序就能反映有限数量资源的可得性。如果在计划中考虑了资源，还必须表示每道工序所需资源的数量和类型。为此，常要研究资源组合。

资源平衡或均衡方法(Resource Leveling Or Smoothing)是制订资源需求波动最小化的进度计划的一种方法。这种平衡资源的方法是为了尽可能均衡地利用资源，满足项目要求完成的进度。反复试验法是为了保持资源需求均衡水平而推迟了那些非关键(即时差为正值)的工序最早开工时间的一种方法，但只能推迟到所有时差为正值的工序结束为止，否则会使项目超过预定完工日期。资源平衡是在不延长项目要求完工时间的情况下，建立资源均衡利用的进度计划。

资源约束进度安排方法(Resource-Limited Schedule)是在各种可得资源的数量不变的情况下，制订最短进度计划的一种方法。这一方法适用于项目可得到的资源是有限的且不能超过该资源约束的情况。由于必须遵守资源约束条件，应用这种方法会导致延长项目完工时间。这是在最小时差的原则下反复地将资源分配到各个工序的一种方法。在几个工序同时需要同一个有限资源的情况下，按最小时差的要求将这些资源分配给最优先的工序。一旦资源空闲，就分配给次优先的工序，依次类推。对大多数项目来说，资源的约束是复杂的，需要经过反复权衡。无论采用哪种配置方法，都必须把资源约束体现在基准计划中，根据配置平衡的结果，更新网络图与项目进度表，可以借助项目管理软件进行资源配置。

8.5 管理信息系统的安全与保证

计算机资源的浪费、计算机犯罪和保密问题，以及信息道德等问题的出现，除了由于广泛使用信息系统外，更主要的是网络技术的普遍应用，给网络入侵者和蓄意破坏者提供了可乘之机。管理信息系统的安全已经成为 MIS 建设中一个非常重要的问题。

1. 管理信息系统安全的内容

从技术角度来看，信息系统安全一般包括计算机安全、网络安全、信息安全三个方面。

(1) 计算机安全

计算机安全的主要目标是保护计算机资源免受毁坏、替换、盗窃和丢失。计算机资源涵盖了计算机设备、存储介质、软件、输出材料和数据等。

(2) 网络安全

相对于计算机安全，网络安全主要关注联网设备上的系统、程序和数据的安全。计算机系统的互连在扩展信息资源的共享空间的同时，也将其本身暴露在更多的能够损坏或毁坏计算机系统和数据的攻击之下，正是由于这一网络特点增加了网络安全问题发生的可能性。

(3) 信息安全

信息安全是指防止信息财产被故意的或偶然的非授权泄露、更改、破坏，或是信息被非法系统所辨识和控制，即确保信息的完整性、保密性、可用性和可控性。信息安全主要包括信息的存储安全和信息的传输安全两个方面。

2. 对管理信息系统安全构成威胁的因素

威胁信息系统的因素包括硬件故障、软件故障、人员行为、终端访问渗透、数据窃取、程序错误、远程通信以及灾难和供电问题等，可以将这些威胁概括为灾难、系统安全问题、系统错误问题和信息系统质量问题等。

(1) 灾难

有人为引起的或者自然的灾难，包括水灾、火灾、雷电、电力故障及其他导致 MIS 瘫痪的灾难。

(2) 系统安全问题

系统安全问题是指未经授权的任何个人或者组织利用任何手段进入信息系统，并且修改、窃取数据文件，对系统的软硬件或者数据文件进行破坏所引发的问题。计算机黑客入侵、计算机病毒泛滥是目前信息系统最为突出、最为严重的系统安全问题。

(3) 系统错误与质量问题

系统错误问题是指由于数据处理错误、数据传输错误、程序错误、计算机硬件以及软件错误等引发的系统本身的错误。系统的质量问题是指由于系统软件或者数据存在缺陷而引发的系统问题。这会导致产生错误的信息，严重的还会导致整个系统的瘫痪。

3. 管理信息系统的安全保证措施

为了最大程度地减少灾难、安全问题以及系统软件和数据质量问题给信息系统带来的各种破坏和损害,需要对信息系统进行有效的控制。控制是指为了确保管理信息系统的顺利实施,以及保证信息系统的正常运转而进行的全过程的人工或者自动化或者两者相结合的一系列措施。

(1) 严格按照工程化的方法开发系统,在系统开发过程中如果能严格按照前面所述的系统开发方法开发系统,就可能消除在系统开发过程中可能带来的问题和隐患。

(2) 配置和安装设备时应考虑安全问题,让设备和磁介质避开火、水、碰撞、强电磁波等危险区域。

(3) 重视系统的安全设计,建立安全机制。

在系统设计时,重视系统的安全设计,例如,用户级别设计、数据保密设计等,还应建立安全机制,制定安全方案。一个完善的计算机信息系统安全方案至少应该包括访问控制、检查安全漏洞、攻击监控、备份和恢复、加密、多层防御和建立必要的管理机制等。

(4) 管理信息系统的安全控制

系统的安全控制主要包括:

① 硬件设备控制。是指企业信息系统中的计算机硬件设备的物理安全保障。要检查信息系统硬件设备的故障并及时排除,还应该具备防止和应付水灾、火灾、电力等引起的系统灾难的能力。

② 软件控制。通过监控阻止任何未经授权的对企业信息系统的系统软件、应用软件以及程序等的进入。这对于信息系统的安全来说十分必要。

③ 数据安全控制。通过人工或者自动化手段,保证信息系统存储介质上的数据和文件不被任何未经授权的个人或者组织访问、改变和破坏。

④ 系统实施控制。是贯穿于管理信息系统整个实施过程的控制。在企业信息系统的整个实施过程中的不同开发阶段,设定正式的检查点,审查和评价每一个阶段系统实施的情况。

⑤ 管理控制。通过制定正式标准、规则程序和纪律等来确保其他控制的执行和实施。为了确保资产的安全,必须进行职能隔离;另外,要制定正式的政策和准则来控制信息系统的正常运转。这就要求必须清楚地阐明权力、责任和义务,还必须具有良好的和足够的监督。

4. 数据备份与系统恢复

当系统中的数据或系统本身遭到破坏后,系统将不能正常运行。此时数据的备份就显得非常重要,通过恢复网络和系统所需的数据和系统信息,以保证信息系统的正常运行。

(1) 数据备份

备份是指在某种介质上(如磁带、磁盘、光盘等)存储数据的副本。备份的内容包括操作系统、编译和配置系统的文件、网络软件和应用程序等。数据备份的方案有多种,例如,Symantee公司的 Ghost 系列产品、PowerQuest 公司的 Drive Image 和 Drive Keeper(它现在是 Drive

Image Pro 的一个组件)、磁带机、CD 盘、网络上的某个存储设备(如 Snap Server)等。

(2) 系统恢复

恢复也称为重载,是指当磁盘损坏或系统崩溃时,通过转储或卸载的备份重新装入数据和系统的过程。系统恢复一般需要周期性地对数据和系统文件进行转储,把它复制到备份介质中,作为后备副本,以备恢复之用。转储又可分为静态转储和动态转储两种:静态转储是指转储期间不允许对数据库进行任何存取、修改活动;动态转储是指在存储期间允许对数据库进行存取或修改。

本章小结

本章讲解了信息系统的维护与管理,包括系统维护、日常运行管理、系统评价与安全保证等内容。日常管理维护是系统正常运行的基础,必须有健全的机制保障其正常运转,也为系统的维护奠定了良好的基础。系统维护通常是系统生命周期中最长的一段,从系统投入运行开始,直至系统生命周期结束,该阶段的重要性不言而喻;其难度有时要超过开发工作,但是工作的成就感很小,所以管理者要讲究管理策略。在组织中强调维护工作的重要性,维护工作要一丝不苟,严肃认真;系统要走向良性循环还必须做好系统的评价与安全保证工作。

本章重点探讨了项目管理的相关问题,包括:①系统开发中人员的组织和管理,涉及开发中各类人员的组织工作;②管理信息系统开发中的文档管理工作;③管理信息系统开发中的项目管理工作,重点讲解了在信息系统开发中,对项目的组织管理工作,如项目组织的管理、任务划分、时间进度安排、资金管理、质量管理以及风险分析和管理等。管理信息系统项目管理方面的内容十分丰富,项目管理的知识体系如图 8-13 所示。有兴趣的读者可参阅相关的参考资料。

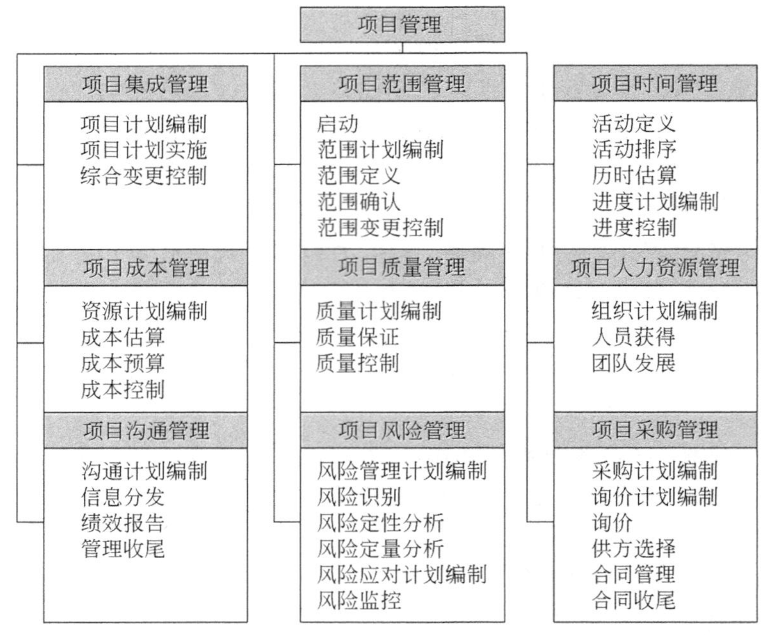

图 8-13　项目管理的体系

习　　题

1. 选择题

(1) 系统文档的管理工作主要有(　　)。

A. 文档标准与规范的确定
B. 文档编写的指导与督促
C. 文档的收存、保管与借用手续的办理
D. 以上全部

(2) 信息系统的评价应由(　　)参加。

A. 系统开发人员、系统管理与维护文员、外部专家
B. 系统用户、企业领导、系统管理与维护人员
C. 外部专家
D. 以上全部

(3) 信息系统的安全性问题随着信息技术及其应用的普及,其造成原因也在发生变化。在目前阶段看,最主要的是(　　)。

A. 自然现象或电源不正常引起的软件、硬件损坏与数据破坏
B. 操作失误导致的数据破坏
C. 病毒侵扰导致的软件与数据的破坏
D. 对系统软硬件及数据的人为破坏

(4) MIS 的评价内容有系统性能、直接经济效益与间接经济效益等方面,系统性能又由许多指标表示。以下不属于性能指标的是(　　)。

A. 可操作性和处理速度
B. 可靠性和稳定性
C. 可复制和可推广性
D. 可扩展和可维护性

(5) 下列选项正确的是(　　)。

A. 系统实施同系统设计一样,也是自顶向下逐步完成的
B. 由于 MIS 的寿命一般是 3～10 年,因此程序的维护工作量相当大
C. 由于硬件系统投资较大,因此在选用时应做长期考虑,采用一步到位的策略
D. 为了分散计算机系统的投资风险,应尽可能采用多家供应商集成的策略

(6) 下列选项正确的是(　　)。

A. 除正本数据外,只要要求两个或两个以上的备份。数据正本与备份副本应分别存放于不同的介质,而且要异地存放
B. 信息系统的维护与运行始终并存,而且维护的成本往往要低于系统开发的成本
C. 信息系统的信息共享性与安全保密性是一对不可调和的矛盾
D. 由于信息系统在间接效益方面无法定量评测,因此无须将其列入评价指标体系

2. 填空题

(1) MIS 维护工作的主要内容包括________维护、________维护、________维护和机器(设备)维护。

(2) 信息系统的生命周期主要有________和________两大阶段,相应的信息系统管理也有这两大阶段的管理。

(3) 信息系统________所付出的代价往往要超过信息系统________的代价。

(4) 信息系统的防灾难性保护一直备受重视。为在遇到灾难性破坏后,系统能得到________,系统的数据就要备份到________。

(5) 按照程序维护的不同性质,系统维护可以划分为________维护、________维护、________维护和________维护四种类型。

3. 问答题

(1) 日常运行管理的主要内容是什么?

(2) 系统维护的要求与内容是什么?

(3) 简述信息系统的运行管理与开发管理在目的与内容上有什么区别。

(4) 信息系统运行管理的主要任务有哪些?

(5) 管理信息系统评价的目的和指标有哪些?

(6) 为什么说系统文档是信息系统的生命线?

(7) 信息系统的安全与保密分别是指什么?如何保障系统的安全性?

(8) 什么是风险?有什么特征?风险管理工作的主要内容是什么?

4. 应用题

(1) 求出图 8-14 所示的网络图中各个事件的最早开始时间与最迟开始时间,并求出关键路径。

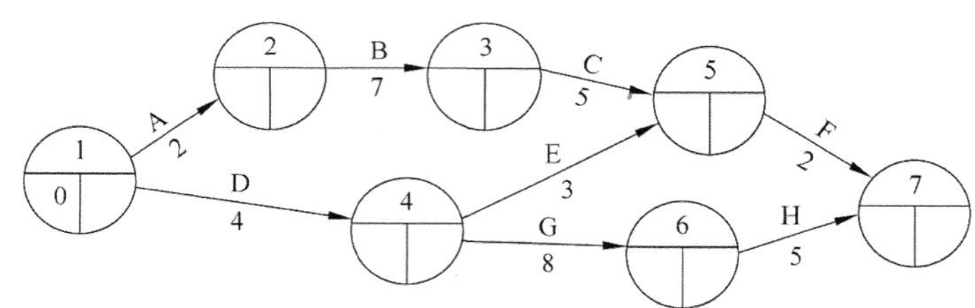

图 8-14 网络图(一)

(2) 求出图 8-15 所示的网络图中关键路径(图中方框内标记最早完工时间,节点上三角形内表示最迟完工时间)。

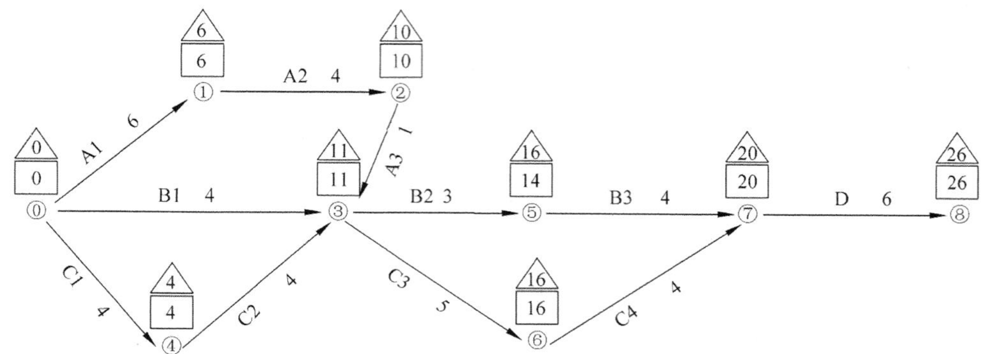

图 8-15 网络图(二)

(3) 求出图 8-16 所示的网络图中关键路径。

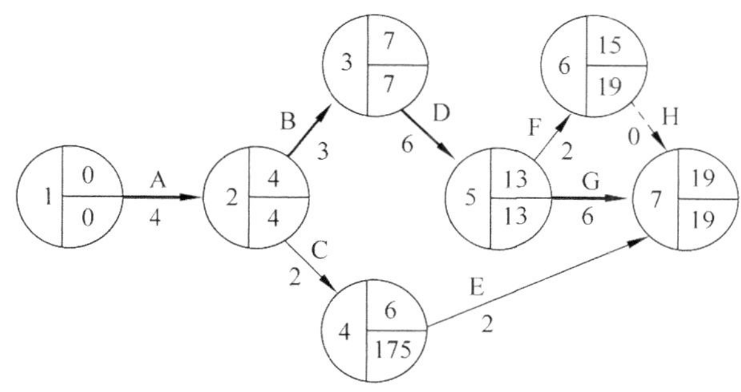

图 8-16　网络图(三)

实验：管理信息系统的维护与管理

1. 实验目的

(1) 理解管理信息系统维护的内容,掌握系统维护的方法。
(2) 理解管理信息系统日常管理的内容及方法。
(3) 掌握系统的运行管理及系统评价方法。
(4) 了解管理信息系统的风险及安全。

2. 实验任务与过程

(1) 实地了解实验室管理信息系统维护的内容与方法。
(2) 实地了解计算机实验中心系统管理的内容及方法。
(3) 针对学校教务管理信息系统进行系统评价分析。
(4) 试分析实验中心信息系统的风险及安全保证。

3. 实验作业

认真完成实验报告。

第9章 管理信息系统的典型应用

信息系统与现代化管理思想及相关技术相结合，逐步产生了一系列应用于不同领域的信息管理系统，例如，决策支持系统、企业资源计划系统（ERP）、供应链管理系统（SCM）、客户关系管理系统（CRM）、电子商务和电子政务的典型应用。

目前，信息系统的发展趋势，一方面体现为集成范围越来越大，紧密性越来越高，出现了组织内部一体化集成的信息管理系统；另一方面则体现为信息系统的智能化程度不断提升，例如，决策支持系统（Decision Support System，DSS）的应用不断深化。

9.1 决策支持系统

自20世纪60年代以来，管理信息系统已经得到比较深入的研究和广泛的应用，它对企业的管理规范化和制度化起到了重要的作用。从功能上分析，管理信息系统所强调和体现的，主要是提高企业的管理效率，对企业决策的正确性和有效性的支持都是有限的，而有效决策对企业而言却是比效率更重要的因素，因此有必要将管理信息系统的应用引入到决策领域。20世纪70年代初发展起来的决策支持系统把管理信息系统和模型辅助决策系统结合起来，提高了系统的辅助决策能力，也标志着管理信息系统的应用进入一个新的阶段。

决策支持系统是一种以计算机为工具，应用决策科学及有关学科的理论与方法，以人机交互方式辅助决策者解决半结构化和非结构化决策问题的管理信息系统。

9.1.1 决策支持系统概述

决策支持系统的概念形成于20世纪70年代，但确切的概念或定义现在仍然在探讨和发展中。从根本上讲，决策支持系统主要是支持决策能力上的突破。它的结构使计算机加工信息的能力与决策者的思维和判断能力结合起来，从而解决更为复杂的决策问题。

1. 决策支持系统的产生与发展

直到1971年，麻省理工学院的两位教授G. Anthony Gorry和Michael S. Scott Morton才提出了DSS这个术语。他们认为需要为计算机应用程序和管理决策之间的沟通建立一个总体框架，并设计了一个Gorry和Michael Scott Morton网格，如图9-1所示。

Gorry和Michael S. Scott Morton起初只是把DSS看成是对未来计算机应用程序的描述。最终，这个术语被应用于所有致力于决策支持的计算机应用程序。

2. 决策支持系统的功能

决策支持系统的总体功能是支持各种层次的人们进行决策。从功能上分解，决策支持

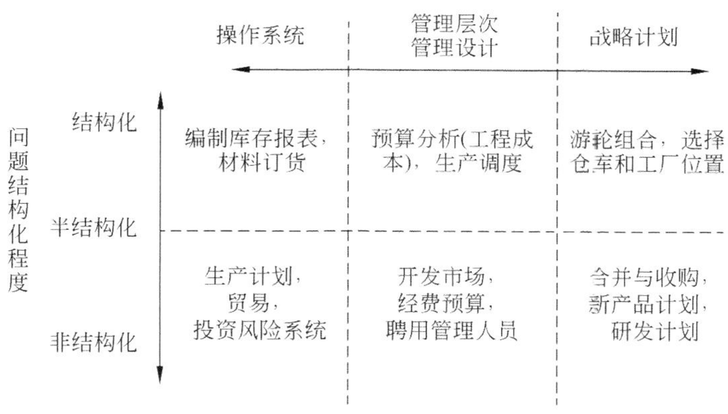

图 9-1　Gorry 和 Michael Scott Morton 网格图

系统可细分为以下功能。

(1) 决策支持系统用来整理和提供本系统与决策问题有关的各种数据。各种不同的待决策的问题可能需要不同方面、不同层次的数据，如生产数据、库存数据、财务数据和设备运行数据等。

(2) 决策支持系统要尽可能地收集、存储和及时提供与决策有关的外部信息，外部信息是保证正确决策的重要依据，如市场需求、商品价格、原材料供应和竞争对手的经营状况等。

(3) 决策支持系统能及时收集和提供有关各项活动的反馈信息，包括系统内和与系统相关的信息，如计划完成情况、产品销售情况和用户反馈信息等。

(4) 决策支持系统对各种与决策有关的模型具有存储和管理的能力。不同的决策内容需要不同的决策模型的支持，如库存控制模型、生产调度模型、投入产出模型等。

(5) 决策支持系统提供对常用的数学方法、统计方法和运筹方法的存储和管理，如统计检验方法、回归分析方法、线性规划方法等。

(6) 决策支持系统能对各种数据、模型、方法进行有效管理，为用户提供查找、变更、增加和删除等操作功能，以使用户可以对系统所提供的数据、模型和方法进行有效而灵活的运用，例如，数据的变更、模型的修改、方法的增删等，都可以通过系统来完成。

(7) 决策支持系统运用所提供的模型和方法对数据进行加工，并得出有效支持决策的信息，如对数据进行汇总、分析和预测等。

(8) 决策支持系统具有人机对话接口和图形加工、输出功能，不仅用户可以对所需要的数据进行查询，而且可以输出相应的图形，如回答“What…if…”等类型的问题和输出各种统计、分析图表。

(9) 决策支持系统应能支持分布使用方式，提供有效的传输功能，以保证分散在不同点的用户能共享系统所提供的模型、方法和数据，例如，系统在局域网的环境中运行，并提供了可共享的数据、模型和方法。

可见，决策支持系统应是在一种网络环境下，提供了对数据、模型和方法进行管理功能的，并具有良好的人机界面的完整的软件系统。一个实用的决策支持系统更重要的是它拥有能对决策起辅助作用的丰富的数据和成熟的模型以及有效的方法。

3. 决策支持系统的特点

从决策支持系统的任务和功能，可以归纳出决策支持系统不同于其他计算机信息系统的特点。

(1) 决策支持系统面向决策者，系统在开发中遵循的需求和操作是设计系统的依据和原则。系统收集、存储和输出的一切信息，都是为决策者服务。

(2) 决策支持系统支持对半结构化问题的决策。半结构化问题的复杂性使传统的计算机信息系统，如电子数据处理系统、管理信息系统都难以解决这类问题，而决策支持系统则可以辅助决策者对决策信息过程和方案进行较系统且全面的分析。

(3) 决策支持系统的作用是辅助决策者、支持决策者。由于决策过程的复杂性和决策过程中的重要作用，系统不可能取代人而做出决策。在整个决策过程中系统不能提供答案，也不应该强加给决策者预先规定的决策顺序。

(4) 决策支持系统体现决策过程的动态性。用户通过模型，根据决策层次、决策环境、问题理解、知识积累等多方面变化的情况来动态地确定问题的解答，并在决策的动态运行过程中完善和调整系统。

(5) 决策支持系统提倡交互式处理。通过人机对话的方式将决策者的经验、观念和判断纳入系统，进而将人们的主观的、经验的判断与客观的信息反映相结合，最后确定决策方案。

4. 决策支持系统的构成

与一般的管理信息系统相比，决策支持系统的设计方法是问题驱动的，重视解决问题的决策式的研究和模型的适用。除了数据库以外，还包括模型、方法、知识等信息资源的存储管理等要素。由于各种 DSS 的功能各不相同，这些系统的构成部件和结构也就会有所差异。目前，DSS 的结构大致分为两类：一类是以数据库、模型库、方法库等为基本部件的多库系统结构；另一类足以自然语言、问题处理、知识库等为基本部件构成的系统结构。其中多库结构又有两库、三库、四库和群库等多种结构。本节介绍三库结构的系统结构。

(1) 三库结构的 DSS

对于三库结构的 DSS，它是由数据管理子系统、模型管理子系统、方法管理子系统和人机对话管理子系统构成，如图 9-2 所示。在实际开发的 DSS 中，还有知识库、文本库或者超文本库、图形图像库等以及相应的管理系统。

管理者即决策者通过人机对话管理子系统把问题的描述和要求输入 DSS，人机对话管理子系统对此进行识别和解释；然后通过数据管理子系统收集与该问题的有关的各种数据、信息和知识，据此对该问题进行识别、判定问题的性质和求解过程；通过模型管理子系统集成构造解题所需的规则模型或是数学模型，对该模型进行分析鉴定；运用方法管理子系统识别进行模型求解所需算法并进行模型求解，对所得结果进行分析评价。最后仍然通过人机对话管理子系统对结果进行解释，输出具有实际含义、管理者可以理解的形式。在上述求解过程中，用户可以根据需要与 DSS 交互对话，进行多次求解，直到得到用户满意的结果。

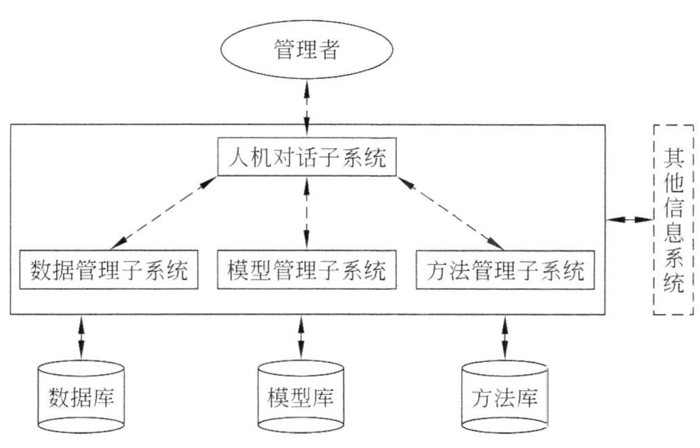

图 9-2 具有三库的 DSS 的系统结构

(2) 方法库管理子系统

方法库管理子系统(Arithmetic Management Subsystem, AMS)是存储、管理、调用和维护 DSS 各个部件所需要的通用算法、标准函数等方法的系统。设置方法管理子系统的主要目的是为 DSS 提供一个友好的交互环境。在决策的过程中,从数据库中选择数据,从方法库中选择算法,从模型库中选择模型,然后将数据、算法、模型结合起来进行问题求解。同一种模型可以有不同算法,如优化模型可以有多种算法。不同的算法对于模型问题求解时的精度、运行时间、效率等因素有影响。另外,多种模型可以共享相同的算法。方法管理子系统主要是由方法库、方法库管理系统、方法字典构成。

① 方法库。方法和算法在基于计算机的信息系统中就是一个程序包或一个功能程序段,在 DSS 中,通常是把决策过程中的常用方法(如优化方法、预测方法、费特卡罗法、矩阵方程求根法等)作为子程序存入方法库中。

② 方法字典。是用来对方法库中的程序进行登录和索引。方法字典中存放与方法本身有关的信息,主要内容包括各种方法的类别、功能、使用范围、调用形式、方法的输入/输出、参数形式、参数个数等。

③ 方法库管理系统。是方法库系统的核心部分、控制机构。为了完成方法的建立、更新、检索、方法库与模型库之间的通信以及有关文件和方法字典的管理,方法库管理系统应包括用户界面、方法库控制程序、语言解释器、数据处理程序、模型库接口控制程序、其他公用程序等组成部分。方法库管理系统对方法管理的核心部分是具有高性能的方法生成器。它能根据要求,在不需要人工干预的情况下,自动生成并执行方法程序。

(3) 人机对话管理子系统(Dialogue Management Subsystem,DMS)

DMS 是 DSS 的人机接口,它负责接收和检验用户的请求,协调数据库系统、模型库系统和方法库系统之间的通信,为决策者提供信息收集、问题识别以及模型构造、使用、改进、分析和计算等功能。对话子系统通过人机对话,使决策者能够依据个人经验,主动地利用 DSS 的各种支持功能,反复学习、分析、再学习,以便选择一个最优决策方案。显然,对话决策方式充分重视和发挥了认识主体人的思维能动性,必然将管理决策质量大幅度提高。由于决策者大都是非计算机专业人员,他们要求系统使用方便,灵活性好,所以,对话子系统硬件和软件的开发和配置往往是DSS成败的关键。人机对话管理子系统主要功能有：

① 使用户了解系统中现有的模型、数据、加工方法等情况。

② 通过运行系统使用户取得某种分析结果或预测结果。

③ 通过“如果……则……”方式的提问，得到按系统中现有模型所得出的参考意见。

④ 在决策过程结束之后，能把反馈结果送入系统，对现有模型提出评价及修改意见。

⑤ 方便地输出图形及表格。

人机交互有许多方式，常用的有菜单、命令语言、问答、表格、自然语言、对象操纵、多媒体和超媒体等。

9.1.2 智能决策支持系统

智能决策支持系统(Inteligent Decision Support System，IDSS)的概念最早由Bonczek等人于20世纪80年代提出，它的功能是在传统DSS的基础上结合人工智能技术而形成的，使DSS具有人工智能；IDSS既能处理定量问题，又能处理定性问题。由于IDSS能充分利用人类已有知识，所以在用户决策问题的输入，机器对决策问题的描述，决策过程的推理，问题解的求取与输出等方面都有了显著的改进。

人工智能应用的两大分支是专家系统与人工神经网络。与专家系统集成的IDSS可以采取定量分析与定性分析相结合的方式完成决策的支持功能。但是，由于专家知识获取的复杂性与困难性，难以使得IDSS适用于复杂的、动态的系统。人工神经网络具有良好的自组织、自学习、自适应能力，因此可以用于进行知识获取。但是，它对于自己的结论不能给予合理的解释。因此，将人工神经网络技术与专家系统集成，取长补短，是IDSS发展的一个有利方向。

智能决策支持系统配备了知识管理子系统。知识管理子系统可以由一个或者多个专家系统构成。同数据管理子系统和模型管理子系统一样，知识管理子系统提供了专家系统必需的运行控制和集成功能。

人工智能技术应用于DSS的程度与范围不同可以构成不同结构的IDSS，较完整与典型的IDSS结构是在传统三库DSS基础上增设知识库与推理机，在人机对话子系统加入自然语言处理系统(LS)，与四库之间插入问题处理系统(PPS)而构成的四库系统结构。

1. 智能人机接口

传统的人机接口，基本上是通过键盘、鼠标、屏幕等方式进行，这些方式无法使计算机以类似人的智能来理解和适应人的情绪或心境，也很难期望人机交互自然和谐，使得冰冷的机器缺乏人性化的因素。因此，新一代的人机交互模式正在逐步形成。智能人机接口技术采用了人工智能方法和技术实现为进行人机交互所需要的物理设备和软件系统。使用户可以通过以自然语言或者类似自然语言的方式描述决策问题和决策目标。从人机交互的角度看，这些自然语言或者类似自然语言可以分为行动输入语言和显示输出语言。行动输入语言是描述用户的决策问题和决策目标的，显示输出语言则是描述输出信息的方式、内容以及格式等。智能人机接口的设计是以人们通常习惯的沟通方式。例如，文字、图形图像、语音等，以实现双向的、友好的、方便的人机通信和对话活动。

2. 自然语言处理

人们希望可以通过自然语言和计算机进行交互。自然语言处理器就是专门对某一种自然语言的语法、语义等进行分析与处理的系统，其处理技术包括分类、摘要、标引、聚类、相关分析等。自然语言处理是一个非常活跃的领域，尽管现在自然语言处理的研究还刚刚起步，人们可以使用的自然语言命令集还非常有限，而且后台的系统支持也不能令人满意，但是已经有了一些质的飞跃。

3. 问题处理系统

问题处理系统是 IDSS 的核心。任何一个问题处理系统既要具备从用户和知识系统搜集信息、识别问题、分析问题和设计求解方案，又要具备为求解问题进行系统资源配置与协调的功能。这些系统资源主要包括数据、模型、方法和知识等。问题处理系统主要是由问题分析器和问题求解器组成。问题分析器接受由自然语言处理系统对决策问题的描述，并且判断问题的结构化程度。问题求解器则协同问题分析器设计、构造问题求解方案、选择算法、析取数据、构建模型或获取事实、规则、激活推理机等。对于结构化决策问题、通过运行模型进行求解；对于半结构化和非结构化决策问题，则通过运行知识模型和推理机进行求解。

4. 知识管理子系统

它是由知识库系统与推理机构成，知识库系统又由知识库和知识库管理系统构成。

(1) 知识库。主要用来存放决策专家的决策经验和知识，以及某一领域专家提供的进行问题求解的经验和知识、专家系统利用这些来制定决策。知识库和推理机是专家系统的核心。知识库中的内容应当代表从该领域中出色的专家那里提取的高水平专业知识。

(2) 知识库管理系统。用以完成对知识库的各种操作，其功能一方面回答对识库中知识的增、删、修改等知识维护的请求；另一方面还要回答决策过程中问题分析与判断所需的知识请求。

(3) 推理机。是专家系统的中央处理单元。推理机与用户对话，询问信息并运用它，它使用知识库为每种情况得出结论。推理机的结构取决于问题的性质和专家系统中知识的表达方式。推理机代表知识库和特殊应用中的过程，它不仅包含一个解释器，决定如何运用规则去推导新知识，还包括一个决定所运用规则的顺序的计划表。

在 IDSS 中，有些是针对求解某一具体专业领域的问题而配备的知识管理子系统。例如，对于一个产品定价的决策支持系统而言，它的知识管理子系统主要是解决产品定价的问题。而在另一些智能决策支持系统中，并不是求解具体某一专业领域的问题而配备的知识管理子系统。知识管理子系统主要解决自然语言处理以及系统资源的智能调度与协调等问题。例如，除了解决自然语言处理问题以外，还要解决模型的构建与组合、方法的选择与协调等问题。

9.1.3 群体决策支持系统

1. 群体决策支持系统的概念(Group Decision Support Systems,GDSS)

管理者很少单独解决问题,在很多公司中,问题的解决是以委员会、项目团队和任务组为代表的群体方式来进行的。一个 GDSS 是一个支持群体的多个成员完成同一项任务(或目标),并为一个共享的环境提供用户界面的基于计算机的信息系统。也有别的术语被创造出来描述群体环境下对信息技术的应用。这些术语如计算机支持协同工作、计算机化合做工作支持和电子会议系统等。

群体决策支持系统是一种利用计算机网络与通信技术,使多个决策者为了一个共同的目标,通过某种规程相互协作地探寻半结构化和非结构化决策问题的决策支持系统。群体决策支持系统的结构由私有 DSS、规程库子系统、通信库子系统、共享的数据库、模型库及方法库、公共显示设备等部件组成。

2. 群体决策支持系统的特点

GDSS 具有以下特点:

(1) GDSS 是为群体决策提供支持功能的专门设计的系统,它可以改变群体决策的过程,提高群体决策的有效性,得到一些不用 GDSS 不能获得的决策结果,提高决策群体成员对决策结果的满意程度和置信度。

(2) 决策者可以克服一些消极的心理压力,真实地显示自己的偏好,发表自己的意见。

(3) 利用一些决策模型,集思广益,生成满意的问题求解方案。

(4) 削弱小集体主义和个体对决策结果的影响。

(5) 个体成员可以不受时空的约束进行群体决策活动。

(6) 各个成员之间可以更便利、更灵活地进行信息交流与信息共享、减少决策的片面性。

3. 群体决策支持系统提供决策支持的层次水平

GDSS 技术提供的决策支持可分为过程支持、决策支持和规程支持三个层次。

(1) 过程支持层次。是最基本的支持层次,可以通过以下技术系统支持这一层次的群体决策活动:

① 群体成员之间的电子信息。

② 通过网络将各个成员的计算机连接起来,包括将其他群体个体成员的计算机连接起来,以及将促进公共大屏幕、数据库或其他基于计算机的系统连接起来。

③ 所有个体成员都可以看到公共大屏幕上的信息。

④ 匿名输入想法和主意以及进行投票,增强偏好匿名的群体成员的参与程度。

⑤ 积极进行主意的诱导,激励各个体成员的创造性,增强参与水平。

⑥ 总结和显示观点及想法。

⑦ 对组织会议的目标完成一个标准格式的议程。

⑧ 通过连续显示议程和其他信息，使会议议程按计划进行。

(2) 决策支持层次

可以利用一些具有决策支持功能的计算机软件。如提供各种决策模型和决策分析的软件实现决策支持。例如，利用计划和财务模型、决策树、概率统计、预测评估模型、资源配置模型、社会判断模型等实现决策支持。

(3) 规程支持层次

利用规程库和规程库管理系统对群体决策进行支持。例如，利用规程库和规程库管理系统确定发言顺序、投票规则等。

4. 群体决策支持系统的类型

GDSS通过提供有助于交流的环境来为问题的解决做出贡献。图9-3显示了四种可能的GDSS环境，它们都是基于群体的大小和成员所在的位置进行划分的。

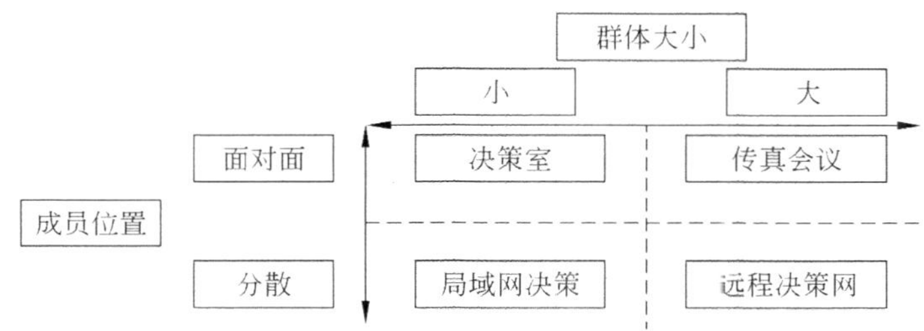

图9-3　群体的大小和地理位置决定GDSS的环境设置

在每一个环境中，群体的成员可能同时会面或不同时会面。当成员同时会面了，就称为同步交换，例如，一个委员会的会议；当成员不同时会面时，就被称为异步交换，例如，通过电子邮件交流。

(1) 决策室

决策室是与传统意义相当的电子会议室，决策参与者集中到一间支持群体决策系统的特殊会议室，通过特殊的终端或节点，参与决策过程。决策室的设备包括计算机工作采集声音的话筒、摄像机和大屏幕。在决策室的中间是管理员的控制台，管理员的主要职责是跟踪讨论进程。根据每一次会议所做的安排、群体中一个成员向另一个成员输入的信息能在大屏幕上显示出来，让整个群体都能看到。其他与讨论有关的资料也可以通过录像、彩色幻灯片等媒介显示出来。

GDSS的两个独特性质是并行交流和匿名。并行交流是指所有的参与者同时写出自己的意见，匿名是指没有人可以分辨出某一条特定的意见是谁写的。匿名让每一个参与者能够写下自己的真实想法而不必担心受到其他成员的嘲讽；同时，这也能使每一个意见的评估都依据它真正的价值，而非根据它是谁提出的。

(2) 局域决策网

GDSS的参与者没有地域的限制，只要局域网上的中央处理器存储有公共的GDSS软件和数据库，参与者就可以通过局域网进行成员间以及成员与中央处理机之间的通信。成员用计算机终端的键盘输入意见，也可以通过屏幕看到别的成员的意见。

(3) 虚拟会议室

针对决策成员在地理上分散但必要时可集中决策的群体。在这种情况下，两个或两个以上的决策室通过视频和通信连接在一起，其方法与决策室相同，而且使用了传真会议。

(4) 远程决策

远程决策主要针对需要定期在一做作决策而又不能会面的决策成员。地理上分散的决策成员通过远程"决策站"之间的持续通信，完成决策的制定。远程"决策站"包含一些虚拟办公应用软件，具体有计算机会议、音频会议和视频会议等。上面四种类型的GDSS，前一种属于集中性，而后三种是趋于分散性的。

5. 群体决策支持系统的组成

GDSS在计算机网络的基础上，由私有DSS、规程库子系统、通信库子系统、共享的数据库、模型库及方法库、公共显示设备等部件组成。

GDSS一般以一定的规程，如正式会议或虚拟会议的方式运行，会议由一个主持人及多个与会者，围绕一个称为"主题"的决策问题、按照某种规程展开。

人机接口接收决策群体的各种请求，这些请求有主持人关于会议要求与安排的发布请求，与会者对数据、模型、方法等决策资源的请求。通信库子系统相当于会议的秘书处，是系统的核心，它存储与管理主题信息、会议进程信息及与会者往来的信息、负责这些信息的收发，与会者之间的沟通、与会者与公共数据库、模型库与方法库之间的通信。公共显示屏信息也由通信库子系统传送至各与会者的站点。规程库子系统存储与管理群体决策支持系统运作规则及会议事件流程规则等，例如，决策者请求的优先级别规则、决策意见发送优先级别规则以及各种协调规则等。

9.2 ERP系统

9.2.1 ERP系统概述

1. ERP的内涵

企业资源计划(Enterprise Resource Planning，ERP)是指建立在信息技术基础上，通过对企业销售、生产、采购、物流等各个环节，以及人力资源、生产设备、资金等企业内部资源的有效控制和管理，实现企业内部资源的优化配置，提高企业生产效率和市场响应能力的管理平台。对企业来说，ERP首先应该是管理思想；其次才是管理手段和信息系统。ERP已经广泛地被应用到企业管理中，但是关于ERP的定义至今也没有一个统一的说法。

实际上，对应于管理界、信息界、企业界不同的表述要求，ERP分别有着它特定的内涵和外延。下面是对ERP从管理思想、软件产品、管理系统三个层次给出的定义

(1) 由美国著名的计算机技术咨询和评估集团Garter Group Inc认定的一整套企业管理系统体系标准，其实质是在MRP Ⅱ基础上进一步发展而成的面向供应链(Supply Chain)的管理思想。

(2) ERP综合应用了客户机/服务器体系、关系数据库结构、面向对象技术、图形用户界面、第四代语言(4GL)、网络通信等信息产业成果，以ERP管理思想为灵魂的软件产品。

ERP是企业管理理念、业务流程、基础数据、人力与物力、计算机硬件和软件于一体的企业资源管理系统。ERP管理思想是ERP概念的核心，没有ERP的管理思想作指导，ERP软件的开发也就失去了灵魂和方向，不能正确认识ERP的管理思想就不可能很好地去实施和应用ERP系统。

ERP的核心管理思想就是实现对整个供应链的有效管理，主要体现在以下三个方面：

体现对整个供应链资源进行管理的思想。信息经济时代企业的竞争已经不是单一企业与单一企业间的竞争，而是一个企业供应链与另一个企业供应链之间的竞争，即企业不但要依靠自己的资源，还必须把经营过程中的有关各方如供应商、制造工厂、分销网络、客户等纳入一个紧密的供应链中，才能在市场上获得竞争优势。ERP系统正是适应了这一市场竞争的需要，实现了对整个企业供应链的管理。

体现精益生产、同步工程和敏捷制造的思想。ERP系统支持混合型生产方式的管理，其管理思想表现在两个方面：其一是"精益生产(LP)"的思想，即企业把客户、销售代理商、供应商、协作单位纳入生产体系，与之建立起利益共享的合作伙伴关系，进而组成一个企业的供应链。其二是"敏捷制造(AM)"的思想。当市场上出现新的机会，而企业的基本合作伙伴不能满足新产品开发生产的要求时，企业组织一个由特定的供应商和销售渠道组成的短期或一次性供应链，形成"虚拟工厂"，把供应和协作单位看成是企业的一个组成部分，运用"同步工程(SE)"组织生产，用最短的时间将新产品打入市场，时刻保持产品的高质量、多样化和灵活性，这即是"敏捷制造"的核心思想。

体现事先计划与事中控制的思想。ERP系统中的计划体系主要包括主生产计划、物料需求计划、能力计划、采购计划、销售执行计划、利润计划、财务预算和人力资源计划等，而且这些计划功能与价值控制功能已完全集成到整个供应链系统中。

另外，ERP系统通过定义事务处理相关的会计核算科目与核算方式，在事务处理发生的同时自动生成会计核算分录，保证了资金流与物流的同步记录和数据的一致性。从而实现了根据财务资金现状，可以追溯资金的来龙去脉，并进一步追溯所发生的相关业务活动，便于实现事中控制和实时做出决策。

总之，ERP是建立在信息技术基础上，以系统化的先进管理思想，为企业提供决策、计划、控制与经营业绩评估的全方位和系统化的管理平台。ERP系统集信息技术与先进的管理思想于一身，成为现代企业的一种运行模式，反映了时代对企业合理配置资源、最大化地创造社会财富的要求，成为企业在信息时代生存、发展的基石。ERP是将企业所有资源进行整合集成管理，简单地说是将企业的三大流(物流、资金流、信息流)进行全面一体化管理的管理信息系统。它的功能模块不同于以往的MRP或MRP Ⅱ的模块，它不仅可用于生产企业的管理，而且在许多其他类型的企业如一些非生产、公益事业的企业也可导入ERP系统进行资源计划和管理。

2. ERP系统模块及功能

ERP系统包括了许多模块，其中主要的功能模块包括下面22个：主生产计划、物料需求计划、能力需求计划、销售管理、采购管理、库存管理、制造标准、车间管理、JIT管理、质量管理、财务管理、成本管理、应收款管理、应付款管理、现金管理、固定资产管理、工资管理、人力资源管理、分销资源管理、设备管理、工作流管理及系统管理。这些模块之间都是紧密关联的，ERP系统的总体流程如图9-4所示。

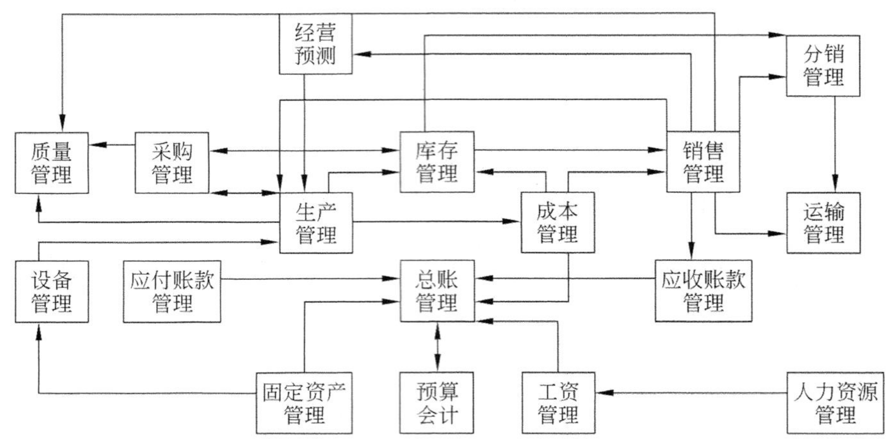

图9-4 ERP系统总流程

3. 管理信息系统与ERP的关系

根据管理信息系统的定义，可以发现ERP是一个管理信息系统，因为ERP实现了从整个组织的高度对企业所有资源的有效管理，是一种提供跨地区、跨部门、跨公司，实时提供信息的信息系统。它通过财务会计、管理会计、生产计划管理、物料管理、销售与分销管理和库存管理等主要功能模块，提供企业资源最优化配置计划，为企业内部或外部的经营活动提供各种决策使用的信息，以达到企业经营管理的目标。

根据管理信息系统的功能说明，可以发现ERP系统是管理信息系统的具体实例。例如，MPR系统实现了使用计算机软件对制造环节中物流数据的管理，使企业达到"既要保证生产又要控制库存"的目的；MRP Ⅱ系统通过计算机软件集成了企业的物流和资金流数据，将人、财、物、时间等各种资源统一进行周密计划，合理利用，以提高企业的竞争力。ERP系统是将企业供应链、企业业务流程和信息流程都囊括其中进行统一规划与管理。

由于ERP在企业中的广泛使用，现在已经成为企业管理软件的代名词，是管理信息系统的具体体现形式。在理论上，管理信息系统与ERP在概念上是一种包含关系，可将ERP视为管理信息系统的子系统。管理信息系统为ERP系统的分析、设计、开发和实施提供了理论与技术基础。

4. ERP系统与企业的关系

ERP是借用一种新的管理模式来改造企业旧的管理模式，是先进的、行之有效的管理思想和方法。ERP软件在实际的推广应用中，其应用深度和广度都不到位，多数企业的效果不显著，没有引起企业决策者的震动和人们的广泛关注。

(1) 实施 ERP 是企业管理全方位的变革

企业领导层应该首先是受教育者;其次才是现代管理理论的贯彻者和实施者,规范企业管理及其有关环节,使之成为领导者、管理层及员工自觉的行动,使现代管理意识扎根于企业中,成为企业文化的一部分。

(2) 企业管理班子要取得共识

眼睛向内,练好内功,做好管理的基础工作,这是任何再好的应用软件和软件供应商都无法提供的,只能靠自己勤勤恳恳地耕耘。把 ERP 的实施称为"第一把手工程",这说明了企业的决策者在 ERP 实施过程中的特殊作用。ERP 是一个管理系统,牵动全局,没有第一把手的参与和授权,很难调动全局。

(3) ERP 的投入是一个系统工程,ERP 的投入和产出与其他固定资产设备的投入和产出比较,并不那么直观、浅显和明了,投入不可能马上得到回报,见到效益。ERP 的投入是一个系统工程,并不能立竿见影,它所贯彻的主要是管理思想,这是企业管理中的一条红线。它长期起作用、创效益,在不断深化中向管理要效益。

(4) ERP 的实施需要复合型人才

复合型人才的培养需要有一个过程和一定的时间,但企业领导者常把这样不多的人才当做一般管理者,没有把他们当做是企业来之不易的财富,是一支重要的队伍。这与长期忽视管理有关,这些复合型人才在企业中的地位远远不及市场开拓人员和产品开发者,而是"辅助"角色,不是政策倾斜对象,这种因素是造成人才流失的重要原因。

另外,当企业上 ERP 时,复合型人才起到了先导作用,而一旦管理进入常规,他们似乎又成为多余的人,这已成为必然规律。在人才市场上,复合型人才最为活跃,那些有眼力的企业家都会下工夫挖掘人才,而这也不利于实施队伍的稳定。总之,条件具备的企业要不失时机地配上 ERP 管理系统,不能只搞纯理论研究、再研究和长时间考察。要首先整理好内部管理基本数据,选定或开发适合自己企业的 ERP 软件,条件成熟了就上。

ERP 的发展大致经历了 4 个阶段:物料需求计划(MRP)阶段、闭环式 MRP(Closed Loop MRP)阶段,制造资源计划(MRP Ⅱ)阶段、企业资源计划(ERP)阶段。ERP 的发展主要体现了以下几个方面的管理思想。

① 加强了对整个供应链资源进行管理及协调的思想。现代企业的竞争已经不是单一企业与单一企业之间的竞争了,而是一个企业供应链与另一个企业供应链之间的竞争,即企业不但要依靠自己的资源,还须将供应商、制造工厂、分销网络和客户等纳入一个紧密的供应链中,才能在市场上获得竞争优势。ERP 系统正是适应了这一市场竞争的需要,加强了对企业供应链资源的管理和协调。

② 体现精益生产和敏捷制造的思想。ERP 系统支持混合型生产方式的管理,其管理思想表现在两个方面:其一是"精益生产(Lean Production)"的思想,即企业把客户、销售代理商、供应商和协作单位纳入生产体系,同他们建立起利益共享的合作伙伴关系,进而组成一个企业的供应链;其二是"敏捷制造(Agile Manufacturing)"的思想,即企业组织一个由特定的供应商和销售渠道组成的短期或一次性供应链,形成"虚拟工厂",把供应和协作单位看成是企业的一个组成部分,运用"并行工程(Simultaneous Engineering,SE)"组织生产,用最短的时间将新产品打入市场,时刻保持产品的高质量、多样化和灵活性,这即是"敏捷制造"的

核心思想。

③ 体现事先计划与事中控制的思想。一方面，主生产计划、物料需求计划、能力计划、采购计划、销售执行计划、利润计划、财务预算和人力资源计划构成了 ERP 系统中的计划体系，而且这些计划功能与价值控制功能已经反映到整个供应链系统中。另一方面，ERP 系统通过定义与事务处理(Transaction)，相关的会计核算科目与核算方式，在事务处理发生的同时自动生成会计核算分录，保证资金流与物流的同步记录和数据的一致性，从而实现根据财务资金现状以便实现事中控制和实时做出决策。ERP 作为一种先进的企业管理方法和理论已为人们所逐渐了解，ERP 超越了传统 MRP Ⅱ 的概念，吸收了准时生产(JIT)、全面质量管理(TQC)等新的管理思想，扩展了管理信息系统的范围，除财务、分销、生产制造和人力资源外，还集成了质量管理、决策支持等多个系统，是企业管理的整体解决方案。ERP 软件也广泛应用于国内外众多企业中，部分企业的成功实施起到了提高生产效率、降低运营成本及优化生产能力的作用。

9.2.2 ERP 系统实施

ERP 在企业中的实际应用是否成功，关键是 ERP 系统的实施，实施 ERP 过程实际上就是企业管理信息化的过程，管理信息化应该是一个螺旋上升的过程，这个螺旋上升的过程是由如下几个阶段组成。

1. 项目前期准备阶段

项目的前期准备阶段非常重要，关系到项目的成败，主要工作包括以下几方面。

(1) ERP 原理的培训主要的培训

对象是企业高层领导及全体员工，通过全体员工学习，要让全体员工掌握 ERP 的基本原理和基本思想，认识 ERP 系统的重要性以及 ERP 能够带来的好处，同时也要讲清楚 ERP 带来的变化，部分人员可能要离开原有的岗位。而企业领导则需要全面理解企业 ERP 的含义，充分估计企业管理信息化过程中可能遇到的困难，做好最坏的打算。这一工作往往要持续相当长的时间，但是如果企业全体员工能够充分理解 ERP 并支持 ERP 系统的实施工作，接下来的工作就能够顺利地开展下去。

(2) 企业诊断是为了了解企业的实际而进行的，了解企业现行管理的业务流程和存在的问题，进行评议和诊断，找出问题，寻求解决方案，用书面形式明确预期目标，并规定实现目标的标准，为成功实施 ERP 打下坚实的基础。

(3) 需求分析、确定目标需求分析简单地说就是了解企业通过 ERP 项目的建设想要达到的目标。这一步要持续一段比较长的时间，因为企业很难在短时期内准确表达自己的需求。如果需求分析不准确，很有可能导致 ERP 项目建设的结果与企业的期望相去甚远。为此企业必须明确：

① 企业是不是到了急需应用 ERP 系统的阶段？

② 企业当前最迫切需要解决的问题是什么？ERP 系统是否能够解决？

③ 在财力上企业是否能支持 ERP 项目的实施？

④ 上 ERP 的目的是什么？ERP 系统到底能够解决哪些问题和达到哪些目标？

⑤ 基础管理工作是否符合实施 ERP 的要求？最后将分析的结果写成需求分析和投资效益分析的正式书面报告，从而做出是否上 ERP 项目的正确决策。

(4) 软件选型在选型过程中，首先要知己知彼。知己，就是要弄清楚企业的需求，即先对企业本身的需求进行细致的分析和充分的调研，这应该在需求分析阶段已经完成；知彼，就是要弄清软件的管理思想和功能是否满足企业的需求。这两者是相互交织进行的，可以通过软件的先进的管理思想来找出企业现有的管理问题，而特定的软件则可能由于自身的原因，不能够满足企业一定的特殊需求，也需要一定的补充开发。除此之外，还要了解实施的环境，这个环境包括两个方面：国情、行业或企业的特殊要求。

根据这些来运行流程和功能，从"用户化"和"本地化"的角度来为 ERP 选型。

2. 实施准备阶段

这一阶段要建立项目组织并准备基础数据。

(1) 项目组织 ERP 的实施是一个大型的系统工程，需要组织上的保证，如果项目的组成人选不当、协调配合不好，将会直接影响项目的实施周期和成败。项目组织应该由三层组成，而每一层的组长都是上一层的成员。

① 领导小组。由企业的一把手牵头，并与系统相关的副总一起组成领导小组。这里要注意的是人力资源的合理调配，像项目经理的任命、优秀人员的发现和启用等。

② 项目实施小组。主要的、大量的 ERP 项目实施工作是由他们来完成的，一般是由项目经理来领导组织工作，其他的成员应当由企业主要业务部门的领导或业务骨干组成。

③ 业务组。这部分工作的好坏是 ERP 实施能不能贯彻到基层的关键所在。每个业务组必须有固定的人员，带着业务处理中的问题，通过对 ERP 系统的掌握，寻求一种新的解决方案和运作方法，并用新的业务流程来验证，最后协同实施小组一起制定新的工作规程和准则。还包括基层单位的培训工作。

(2) 数据准备。在运行 ERP 系统之前，要准备和录入一系列基础数据，这些数据是在运用系统之前没有或未明确规定的，故需要做大量分析研究的工作。包括一些产品、工艺、库存等信息，还包括了一些参数的设置，如系统安装调试所需信息、财务信息、需求信息等。

3. 项目实施阶段

(1) 系统安装调试在人员、基础数据已经准备好的基础上，就可以将系统安装到企业中来了，并进行一系列的调试活动。

(2) 软件原型测试。是对软件功能的原型测试(Prototyping)，也称计算机模拟(Computer Pilot)。由于 ERP 系统是信息集成系统，所以在测试时，应当是全系统的测试，各个部门的人员都应该同时参与，这样才能理解各个数据、功能和流程之间相互的集成关系。找出不足的方面，提出解决企业管理问题的方案，以便接下来进行用户化或二次开发。

(3) 模拟运行及用户化。在基本掌握软件功能的基础上，选择代表产品，将各种必要的数据录入系统，带着企业日常工作中经常遇到的问题，组织项目小组进行实战性模拟，提出解决方案。

(4) 制定工作准则与工作规程。进行了一段时间的测试和模拟运行之后，针对实施中出现的问题，项目小组会提出一些相应的解决方案，在这个阶段就要将与之对应的工作准则与工作规程初步制定出来，并在以后的实践中不断完善。

(5) 验收。在完成必要的用户化的工作、进入现场运行之前，还要经过企业最高领导的审批和验收通过，以确保 ERP 的实施质量。

4. 系统切换运行

要根据企业的具体条件来决定系统切换的方式，可以各模块平行地一次性切换，也可以首先实施一两个模块；其次逐步实施其他模块；最后系统投入正常运行。

5. 项目改进阶段

一个新系统被应用到企业后，实施的工作其实并没有完全结束，而是将转入到业绩评价和下一步的后期支持阶段。这是因为有必要对系统实施的结果做一个小结和自我评价，以判断是否达到了最初的目标，从而在此基础上确定下一步的工作方向。

另外，随着企业的发展、经营环境和业务范围的变化，将会不断有新的需求提出，再加上系统的更新换代、主机技术的进步等，都会对原有系统构成新的挑战，所以，无论如何，企业都要不断关注科技的进步和管理的创新，要在巩固的基础上，通过自我业绩评价，制定下一目标，再进行改进，不断地巩固和提高，为新的企业管理信息化过程做好充分准备。

6. 衡量 ERP 应用是否成功

原则上说，可以从以下几个方面加以衡量：

(1) 系统运行集成化。这是 ERP 应用成功在技术解决方案方面最基本的表现。ERP 系统是对企业物流、资金流、信息流进行一体化管理的软件系统，其核心管理思想就是实现对供应链(Supply Chain)的管理。软件的应用将跨越多个部门甚至多个企业。为了达到预期设定的应用目标，最基本的要求是系统能够运行起来，实现集成化应用，建立企业决策完善的数据体系和信息共享机制。

一般来说，如果 ERP 系统仅在财务部门应用，只能实现财务管理规范化、改善应收账款和资金管理；仅在销售部门应用，只能加强和改善营销管理；仅在库存管理部门应用，只能帮助掌握存货信息；仅在生产部门应用，只能辅助制订生产计划和物资需求计划。只有集成一体化运行起来，才有可能达到以下目标：

① 降低库存，提高资金利用率和控制经营风险。

② 控制产品生产成本，缩短产品生产周期。

③ 提高产品质量和合格率。

④ 减少财务坏账、呆账金额等。

当然，这些目的能否真正达到，还要取决于企业业务流程重组的实施效果。

(2) 业务流程合理化。这是 ERP 应用成功在改善管理效率方面的体现。ERP 应用成功的前提是必须对企业实施业务流程重组，因此，ERP 应用成功也即意味着企业业务处理流程趋于合理化，并实现了 ERP 应用的以下几个最终目标：

① 企业竞争力得到大幅度提升。

② 企业面对市场的响应速度大大加快。

③ 客户满意度显著改善。

(3) 绩效监控动态化。ERP的应用,将为企业提供丰富的管理信息。如何用好这些信息并在企业管理和决策过程中真正起到作用,是衡量ERP应用成功的另一个标志。在ERP系统完全投入实际运行后,企业应根据管理需要,利用ERP系统提供的信息资源设计出一套动态监控管理绩效变化的报表体系,以期即时反馈和纠正管理中存在的问题。这项工作,一般是在ERP系统实施完成后由企业设计完成。企业如未能利用ERP系统提供的信息资源建立起自己的绩效监控系统,将意味着ERP系统应用没有完全成功。

(4) 管理改善持续化。随着ERP系统的应用和企业业务流程的合理化,企业管理水平将会明显提高。为了衡量企业管理水平的改善程度,可以依据管理咨询公司提供的企业管理评价指标体系对企业管理水平进行综合评价。评价过程本身并不是目的,为企业建立一个可以不断进行自我评价和不断改善管理的机制,才是真正的目的。这也是ERP应用成功但经常不被人们重视的标志。

9.3 供应链管理

鉴于"纵向一体化"管理模式的种种弊端,从20世纪80年代后期开始,首先是在美国的一些企业;其后是国际上很多企业放弃了这种经营模式,随之而来的是"横向一体化"(Horizontal Integraion)思想的兴起,即利用企业外部资源快速响应市场需求,本企业只抓自己核心竞争力的业务,而将非核心业务委托或外包结合作伙伴企业。例如,福特汽车公司的Festiva车就是由美国人设计,在日本的马自达生产发动机,由韩国的制造厂生产其他零件和装配,最后再在美国市场上销售。制造商把零部件生产和整车装配都放在了企业外部,这样做的目的是利用其他企业的资源促使产品快速上马,避免自己投资带来的基建周期长等问题,赢得产品在低成本、高质量、早上市等诸方面的竞争优势。"横向一体化"形成了一条从供应商到制造商再到分销商、零售商的贯穿了所有企业的"链"。由于相邻节点企业表现出一种需求与供应的关系,当把所有相邻企业依此连接有理由认为,21世纪的竞争不是企业和企业之间的竞争,而是供应链与供应链之间的竞争。所谓的竞争优势不是专属于哪一个企业的,而是整个供应链的综合能力。

9.3.1 供应链的概念、特征及类型

1. 供应链的概念和结构模型

供应链是围绕核心企业,通过对信息流、物流、资金流的控制,从采购原材料开始,制成中间产品以及最终产品,最后由销售网络把产品送到消费者手中的将供应商、制造商、分销商、零售商、直到最终用户连成一个整体的功能网链结构。它是一个范围更广的企业结构模式,包含了所有加盟的节点企业,从原材料的供应开始,经过链中不同企业的制造加工、组装、分销等过程直到最终用户。它不仅是一条连接供应商到用户的物流链、信息链、资金链,而且是一条增值链,物料在供应链上因加工、包装、运输等过程而增加其价值,给相关企业都带来

收益。

供应链的定义阐明了供应链由所有加盟的节点企业组成,其中有一个核心企业(可以是制造型企业如汽车制造商,也可以是零售型企业如美国的沃尔玛),其他节点企业在核心企业需求信息的驱动下,通过供应链的职能分工与合作(生产、分销、零售等),以资金流、物流或/和服务流为媒介实现整个供应链的不断增值。于是,供应链的结构可以简单地显示为图 9-5所示的模型。

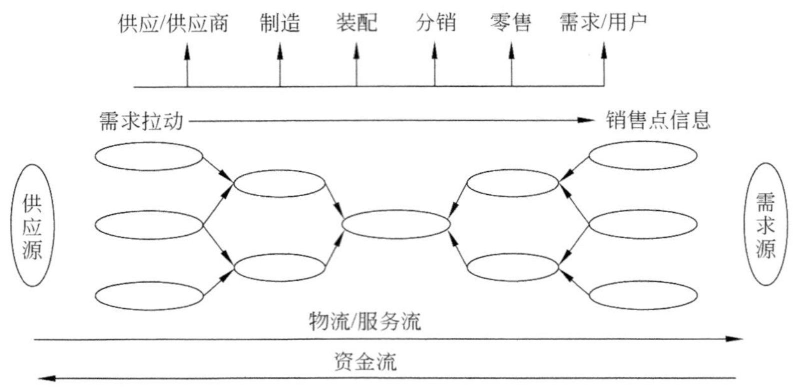

图 9-5　供应链的总体结构模型

2. 供应链的特征

从供应链的概念和结构模型分析可知,供应链是一个围绕核心企业的供应商、供应商的供应商、分销商、零售商、最终客户组成的网链结构。一个企业是一个节点,节点企业之间是一种需求与供给关系。由此可知供应链的特点在于:网链结构,由客户需求拉动;高度一体化的提供产品和服务的增值过程;每个节点代表一个经济实体以及供需的两个方面;具有物流、信息流和资金流三种表现形态。此外,现代企业的供应链主要具有以下特征。

(1) 复杂性。现代企业的供应链是一种复杂的、非线性虚拟价值链网络,由具有不同冲突目标的成员组成。供应链节点企业组成的跨度不同,有生产、加工、服务等类型;有上游、下游、核心层,即供应链是一个包含多个、多类型和多国度的节点企业网链。在这种网链结构上,各节点企业相互依赖,各工序环环相扣,构成了一个不可分割的有机系统。

(2) 动态性。供应链系统是一个开放的动态系统,它与环境有着密切的联系。外部环境的任何一种变化(如宏观政策的变化,经济发展的速度和质量,新技术发展和应用所引起的商业模式改变等),都会波及系统整体功能的实现。供应链系统一旦建立,就成了一个即时的确定系统。当外部环境发生变化时,系统的管理模式也将随之发生变化。因此,从发展的角度看,供应链系统及其管理是动态的。这就要求供应链系统应具有自适应性,具有与环境相互作用的自我调整性,能适时根据市场条件、竞争环境的变化调适系统和变换战略,将环境中所发生的事件转化成对供应链系统及管理有利的方面,并且在调整和变化中发挥系统中各要素间的最佳作用,实现整体价值的最大化。

(3) 多层次性。供应链上涉及的各节点企业往往分布在不同行业、区域或阶段,且各节点企业又自成体系地承担着在供应链中不同的工序。同时，该节点企业为完成该工序又可能构筑一条相应的分支供应链，从而形成了多层次、多维度、多功能、多目标的立体网链。供应链上的每一层次均是下游相邻工序层次的基础，供应链管理则要延伸至每一个节点层次，并采取相应的松散或紧密的管理方法，以确保供应链整体功能得以实现。

(4) 竞合性。供应链是由多个企业组成的虚拟组织，这些具有独立经济利益的单个企业是供应链运作的主体。由于独立经济利益的驱动，虚拟组织中的各企业间充满着竞争性，然而，这种竞争又体现在矛盾和统一的两个方面。

(5) 面向客户需求供应链的形成、存在、重构，都是基于最终客户需求而发生的，并且在供应链的运作过程中，客户的需求拉动是供应链中的信息流、产品服务流、资金流运作的驱动源。

(6) 交叉性。供应网链上各节点企业既可以是这个供应链的成员，同时又是另一个供应链的成员。众多的供应链形成交叉结构，增加了协调管理的难度。

3. 供应链的类型

(1) 按供应链管理的研究对象和范围划分

根据供应链管理的研究对象及其范围，供应链分为三种类型。

① 企业供应链。企业供应链是就单个公司所提出的含有多个产品的供应链管理。该公司在整个供应链中处于主导者的地位，不仅考虑其与供应链其他成员的合作，也较多地关注企业多种产品在原料购买、生产、分销、运输等方面的技术资源的优化配置问题，并且拥有主导权。在这样的供应链中，必须明确主导者的主导权，如果主导权模糊不清，不仅无助于供应链计划、供应链设计和供应链管理的实施，而且也无法使整个供应链建立起强有力的组织，更别提进行有效的运作。在企业供应链中主导权是能否统一整个供应链理念的关键要素。供应链的概念更加注重围绕核心企业的网链关系，如核心企业与供应商、供应商的供应商乃至一切前向的关系，与客户、客户的客户乃至一切后向的关系。这里的单个公司通常指供应链中的核心企业，它是对整个供应链起关键作用的企业。从核心企业来看，供应链包括其上游的供应商及其下游的分销渠道。供应链管理包括对信息系统、采购、生产调度、订单处理、库存管理、仓储管理、客户服务、包装物及废料的回收处理等一系列管理活动，而供应商网络包括所有为核心企业直接或间接提供投入的企业。

② 产品供应链。产品供应链是与某一特定产品或项目相关的供应链。例如，某汽车整车生产商的供应链网络包括上千家企业，为其供应从钢材、塑料等原材料到变速器、刹车等复杂装配件的多样产品。基于产品供应链的供应链管理，是对由特定产品的客户需求所拉动的、整个产品供应链运作的全过程的系统管理。采用信息技术是提高产品供应链的运作绩效、实现新产品开发，以及完善产品质量的有效手段之一。在产品供应链上，仅仅在物流运输、分销领域进行供应链管理的改进是收效甚微的，而行业发展和系统的广告效应则会引导对该产品的需求。例如，衬衣制造商是供应链的一部分，它的上游是化纤厂和织布厂，下游是分销商和零售商，最后到最终客户。按定义，这条供应链的所有企业都是相互依存的，但实际上它们彼此并没有太多的协作，它们要关注的是围绕衬衣所连接的供应链点及其管理。

③ 基于供应链合作伙伴关系(供应链契约)的供应链。供应链合作伙伴关系主要是针对这些职能成员间的合作进行管理。供应链管理是对由供应商、制造商、分销商、客户等组成的网络中的物流、信息流、资金流(成本流)进行管理的过程。供应链的成员可以定义为广义的买方和卖方,只有当买卖双方组成的节点间产生正常的交易时,才发生物流、信息流、资金流(成本流)的流动和交换。表达这种流动和交换的方式之一就是契约关系,供应链上的成员通过建立契约关系来协调买方和卖方的利益。另一种形式是建立在与竞争对手结成的战略合作基础上的供应链合作伙伴关系。

以上三种供应链管理对象的区分意义是彼此相关的,在一些方面是相互重叠的,这对于考察供应链和研究不同的供应链管理方法是有帮助的。

(2) 按网状结构划分

供应链以网状结构划分有发散型的供应链网(V 型供应链)、会聚型的供应链网(A 型供应链)和介于上述两种模式之间的供应链网(T 型供应链)之分。

① V 型供应链。V 型供应链是供应链网状结构中最基础的结构。例如,石油、化工、造纸和纺织企业,其物料是以大批量的方式存在,经过企业加工转换为中间产品,提供给其他企业作为它们的原材料。生产中间产品的企业的客户往往要多于供应商,呈发散状。这类供应链在产品生产过程中每个阶段都有控制问题,在这些发散网络上,企业生产大量的多品种产品使其业务非常复杂。为了保证满足客户服务需求,企业需要库存作为缓冲,这样就会占用大量的资金。这种供应链常常出现在本地业务而不是全球战略中。对这些 V 型结构的成功计划和调度主要依赖于对关键性的内部能力瓶颈的合理安排,它需要供应链成员制定统一详细的高层计划。

② A 型供应链。当核心企业为供应链网络上的最终客户服务时,它的业务本质上是由订单和客户驱动的。在制造、组装和总装时,他们遇到一个与 V 型结构供应链相反的问题,即为了满足相对少数的客户需求和客户订单,需要从大量的供应商手中采购大量的物料。这是一种典型的会聚型的供应链网络,即 A 型供应链。这方面的例子像航空工业(飞机制造)、汽车工业等方面的企业,就是受服务驱动的,他们将精力集中在重要装配点上的物流同步。物料需求计划(MRP)及企业资源规划(ERP)成了这些企业进步发展的阶梯。来自市场缩短交货期的压力,迫使这些组织寻求更先进的计划系统来解决物料同步问题。它们拥有策略性的、由需求量预测决定的公用件、标准件仓库。这种结构的供应链在接受订单时考虑供应提前期,并且具有保证按期完成的能力,因此,它的关键之处在于需要精确地计划、分配满足该订单生产所需的物料和能力,考虑工厂真实可用的能力、所有未分配的零件和半成品、原材料和库中短缺的关键性物料以及供应的时间。另外,还需要辨别关键性的路径。所有的供应链节点都必须在供应链系统中有同样的详细考虑,这就需要关键路径的供应链成员紧密地联系和合作。

③ T 型供应链。介于上述两种模式之间,许多企业通常结成的是 T 型供应链。这种 T 型的企业根据现存的订单确定通用件,并通过对通用件的制造标准化来减少复杂程度。这种情形在接近最终客户的行业中普遍存在,如医药保健品、汽车备件、电子产品、食品和饮料等行业;在那些为总装配提供零部件的公司也同样存在,如为汽车、电子器械和飞机主机厂商提供零部件的企业。这样的公司从与它们的情形相似的供应商公司采购大量的物料,并

给大量的最终客户和合作伙伴提供构件和套件。T型供应链是供应链管理中最为复杂的，因为这类企业往往投入大量的金钱用于供应链的解决方案，需要尽可能限制提前期来稳定生产而无须保有大量库存。这种网络将在现在和将来的供应链中面临最复杂的挑战，预测和需求管理总是此种供应链成员考虑的一个重点。显然，与前两类结构不同的是，这种供应链的多点控制因素变得很重要，例如，在哪里生产最好，在哪里开展促销活动，采取什么措施决定影响分销成本等。从控制地角度来说，按相似产品系列进行汇集的办法通常是最成功的。处理这种组织的最好方法是减少产品品种，运用先进方法，或是利用先进的计划工具来维护和加强供应链控制水平。

9.3.2 供应链管理的框架

供应链管理的总体框架如图9-6所示。从供应链管理的总体框架可以看出，供应链管理共分为3个层次，最上层为战略层，中间层为运作层，位于下方的为支持层。

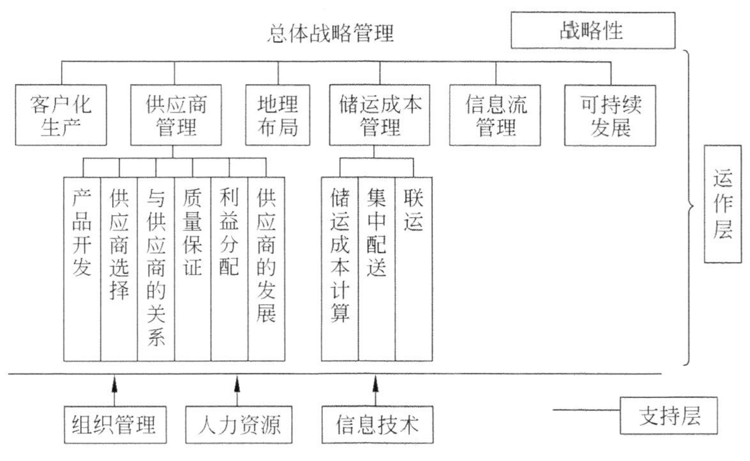

图9-6 供应链管理的总体框架图

战略层也可称为决策层，是供应链管理的核心，它是对供应链管理的总体规划及总体控制，在这个层次的管理上，需要结合企业的总体目标而制定出供应链管理的目标，以及供应链管理的主要内容。

运作层是供应链管理的重要组成部分，许多具体的操作都要在这个层次进行。这个层次的管理不仅包括企业内部的供应系统管理，还包括与其他企业的协调合作管理，合作管理不但要与本企业上一级的供应商、下一级的客户合作，还要与同类企业相合作，包括购买、生产分配、销售等生产过程中的各个环节。这是一个复杂的、需要不断优化的过程，是优化生产过程、降低生产成本的关键。

支持层是供应链管理的基础。以上这些管理方法的执行需要有支持层作为保证。合理的组织机构和制度保证了管理方法的顺利进行；只有具备相应知识、技能的管理人员和工作人员，才能使得管理方法正确执行；而先进的科学技术使先进的管理方式发挥出其应有的效用，例如，保证信息快速、准确地传递，保证产品的质量，加强合作者之间的沟通。所以，没有支持层的保障，以上所有的管理方式只是纸上谈兵，无法发挥出其应有的效用。

1. 供应链管理的最优模式

为适应在新的竞争环境下市场对生产和管理过程提出的高质量、高柔性和低成本的要求，企业在实施供应链管理时所应采取的最优模式应该是抛弃了传统的管理思想、把企业内部以及节点企业之间的各种业务看成一个整体功能过程，形成集成化供应链管理体系的模式，即集成化供应链管理模式。在该模式下，通过信息、制造和现代管理技术，将企业生产经营过程中有关的人、技术、经营管理三要素有机地集成并优化运行。通过对生产经营过程的物料流、管理过程的信息流和决策过程的决策流进行有效的控制和协调，将企业内部的供应链有机地集成起来进行管理，达到全局动态最优目标。

2. 供应链的不确定性和"牛鞭效应"

供应链的不确定性是固有的。作为企业的管理者，需要寻找许多问题之的因果关系并每天对变量予以校正。企业管理者希望能够更准确地预测市场势，从而可以有效地计划所掌握资源。

9.4 CRM 系统

随着互联网的迅猛发展，市场的不断成熟，世界经济进入了电子商务时代。以客户为中心的客户关系管理(Customer Relationship Management，CRM)已成为电子商务时代企业制胜的关键。

9.4.1 客户关系管理概述

客户关系管理的概念最早是由 Gartner Group 提出的，并于 1993 年形成了比较完善的体系。他认为，CRM 是一种商业策略，他按照客户的分类情况有效地组织企业资源，培养以客户为中心的经营行为以及实施以客户为中心的业务流程，并以此为手段来提高企业的盈利能力、利润以及客户满意度。这一个概念的重点是：CRM 是企业的一种商业策略，注重企业盈利能力和客户满意度。

随着客户关系管理的不断深入和发展，许多实践 CRM 的企业也根据自身的实际情况给出了 CRM 的定义。例如，IBM 公司的有关的研究人员认为：CRM 通过提高产品性能，增强顾客服务，提高顾客支付价值和顾客满意度，与客户建立起长期、稳定、相互信任的密切关系，从而为企业吸引新客户、维系老客户，提高效益和竞争优势。由于各企业自身的侧重点不同，给出的 CRM 的定义也不尽相同。

从企业管理的角度看，CRM 是一种以客户为中心的经营策略，它以信息技术为手段，对业务功能进行重新设计，并对工作流程进行重组，以达到留住老客户、吸引新客户的目的。作为一种保证企业未来竞争优势的途径，CRM 对改善客户关系，提升企业核心竞争力具有不可替代的作用。

CRM 作为一种新的经营管理哲学，可以从不同角度、不同层次来理解。

作为一种管理理念，其思想是将企业的客户作为最重要的企业资源，通过完善的客户服务和深入的客户分析来满足客户的需求，保证实现客户的终生价值。

作为一种管理技术，它将最佳的商业实践与数据挖掘、数据仓库、一对一营销、销售自动化以及其他信息技术紧密结合在一起，为企业的销售、客户服务和决策支持等领域提供了一个业务自动化的解决方案，使企业有了一个基于电子商务的面对客户的前沿，从而顺利实现由传统企业模式到以电子商务为基础的现代企业模式的转化。

作为一种旨在改善企业和客户之间关系的新型管理机制，它提供给客户满意的产品和服务，与客户建立起长期、稳定、相互信任、互惠互利的密切关系的动态过程和经营策略。

CRM 的实施，要求以"客户为中心"来构架企业，完善对客户需求的快速反应的组织形式，规范以客户服务为中心的工作流程，建立客户驱动的产品/服务设计，进而培养客户的品牌忠诚度，扩大盈利份额。

CRM 中"以客户为中心"这一核心集中表现在以下 3 个方面。

(1) 客户的获取。首先，借助 CRM，企业可以识别并吸引最有利可图的顾客。系统收集顾客的数据资料，然后加以详细分类和分析，从中筛选出本企业的目标客户群。给那些重复购买的客户以奖励，使之从中感受到良好的双向沟通，并认为自己得到了关注和奖励，以此来增强企业与顾客的交往沟通，强化彼此之间互利互惠的长期合作关系。其次，运用顾客数据资料来涉及开发上述顾客喜欢的产品和服务。最后，提供个性化的服务，或针对某一客户群提供专门的服务。

(2) 客户的开发。借助 CRM，企业可以站在顾客的立场上，研究顾客需要什么产品，在什么时候，以何种付款方式来满足具体的服务需求，并据此运用分销、促销、服务等营销战略和策略来改进服务，降低成本，赢得忠诚。

(3) 客户维系。在保持已有顾客方面，要致力于建立和维护顾客忠诚度。要借助顾客数据资料进行有针对性的促销和交叉营销活动。要努力扩大每位顾客参与的产品和服务的范围，从而在顾客和企业之间建立更牢固的联系。

9.4.2 客户关系管理系统的主要内容

1. 客户关系管理系统的构成

CRM 以客户为中心，将企业的营销、销售和服务与技术支持等活动整合起来，形成一个完整的系统。CRM 应以信息技术为手段，对业务功能、工作流程进行重新设计，支持一个企业从获取客户、识别客户、培养与客户的关系、保护客户利益到最后留住客户所要实施的全部商业过程。因此，从整体上看，CRM 系统应包括运营、分析与决策和互动管理三个子系统。

根据目前市场上流行的功能分类方法，美国的调研机构 Meta Group 将 CRM 分为操作型、分析型和协作型三类。这一分类方法已得到业界的认可。

(1) 操作型 CRM

操作型(Operational)CRM 又称为"前台"CRM，例如，营销自动化、销售自动化，它与客户直接发生接触，为客户的服务支持提供依据。操作型 CRM 是为了确保企业与客户的交流，确保企业能够通过各种客户交互渠道收集到所需的客户信息，以便建立客户档案，存储在中央客户数据库中。

(2) 分析型 CRM

分析型(Analytical)CRM 又称为"后台"CRM,用于分析发生在"前台"的客户活动,主要是通过对操作型 CRM、协作型 CRM、其他企业应用系统和外部数据源中保存的与客户相关的数据的集成,建立以客户为中心的数据仓库,获得企业范围内客户数据的一致视图,进而为企业的经营、决策提供可靠的量化依据。分析型 CRM 具有非常重要的作用,它是企业整套 CRM 发挥功效的前提。分析型 CRM 涉及的技术比较多,主要有数据仓库、数据挖掘,以及一些决策支持技术。它以集成后的客户数据为基础,通过查询与报表、OLAP 分析和数据挖掘等手段获取关于客户的知识,为客户提供个性化的产品和服务,提高客户的满意度和忠诚度,实现客户终身价值的最大化。

(3) 协作型 CRM

协作型(Collaborative)CRM 实现了全方位地为客户交互服务和收集客户信息,实现多种客户交流渠道的集成,并协同工作,以保证企业和客户都能得到完整、准确而统一的信息。协作型 CRM 以客户服务中心——呼叫中心为主要表现形式,整合电话、传真、E-mail 和 Web 站点等交流渠道,保证信息的准确和完整,提供多种手段的及时的服务方式。也就是说,通过这种系统,企业员工和企业客户可以共同协作来完成某种任务或解决某个问题。正如建筑企业为客户修建房屋,在设计上,设计者会为客户提供尽可能合理的解释,在建造过程中也会不断地提供合理化建议,例如,技术的改造、资金的缩减和工期的调整。客户则在资金保障、开工环境和克服外部干扰等方面替建造方铺平道路。工程完毕,建筑企业客服中心通过回访、E-mail、电话等形式进行后续的跟踪服务。

操作型 CRM、分析型 CRM 和协作型 CRM 组成了一个完整的生态系统,将来自不同厂商、处于不同层次的 CRM 流程有效地管理起来。

2. CRM 的体系结构与功能

CRM 系统应能实现对销售、市场营销、客户服务和支持的全面管理,能完成对客户基本数据的记录、跟踪,客户订单的流程追踪,客户市场的划分和趋势研究,以及客户服务情况的分析,并能在一定程度上实现业务流程的自动化。此外,进行数据挖掘和在线联机分析以提供决策支持也是 CRM 的功能之一。

(1) CRM 的体系结构

从总体上来说,整个 CRM 系统可分为三个层次:界面层、功能层和支持层,如图 9-7 所示。

① 界面层是 CRM 系统同用户或客户进行交互、获取或输出信息的接口。通过提供直观的、简便易用的界面,用户或客户可以方便地提出要求、得到所需要的信息。

② 功能层由执行 CRM 系统基本功能的各个系统构成,各分系统包含若干业务,这些业务可构成业务层,业务层之间又有顺序的、并列的。这些分系统包括客户销售管理分系统、客户市场管理分系统、客户支持与服务管理分系统。分系统包含的若干业务构成业务层,它们之间是有序的、并列的。

③ 支持层是指 CRM 系统所用到的数据库管理系统、操作系统、网络通信协议等,是保

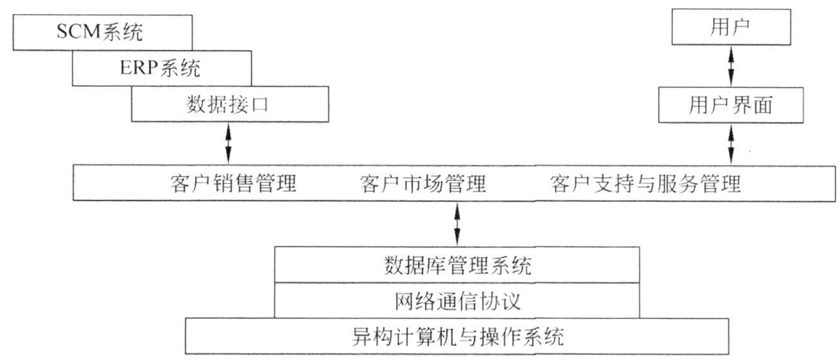

图 9-7　CRM 的简单体系结构

证整个 CRM 系统正常运作的基础。

（2）CRM 系统的功能

CRM 系统的功能可以归纳为三个方面：对销售、营销和客户服务三部分业务流程的信息化；与客户进行沟通所需要的手段（如电话、传真、网络、E-mail 等）的集成和自动化处理；对前面两个部分功能所积累下的信息进行的加工处理，产生客户智能，为企业的战略战术的决策作支持。因此，客户关系管理系统可以分为：与企业业务操作紧密相关的操作型 CRM；以数据仓库和数据挖掘为基础，实现客户数据分析的分析型 CRM；以及基于多媒体客户联系中心、建立在统一接入平台上的协作型 CRM。图 9-8 就描述了包括这三大功能的 CRM 总体系统结构。

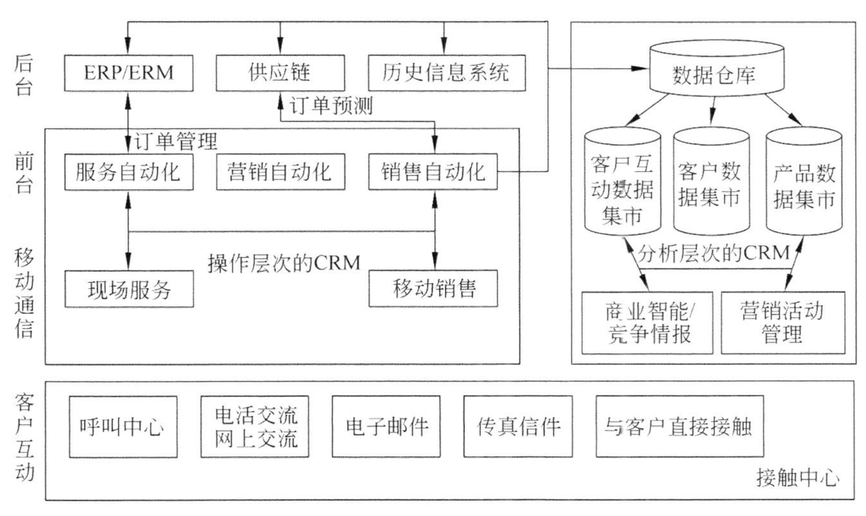

图 9-8　CRM 体系总体结构图

CRM 系统一般由客户销售管理子系统、客户市场管理子系统、客户支持和服务管理子系统、数据库及支撑平台子系统等构成。

① 客户销售管理子系统。销售管理子系统可以快速获取和管理日常销售信息，能够为销售人员提供流畅、直观的工作流功能，从而提高工作效率，同时保证客户和销售人员之间

进行充分的沟通。另外，销售管理人员也能有效地协调和监督整个销售过程，从而保证销售取得最大的成功。

客户销售管理子系统一般包含客户（销售）信息管理、订单管理、业务流程管理、动态库存调配管理、分销商信息管理、销售统计分析与决策支持等功能模块。

a. 客户信息管理模块。该模块负责收集客户销售的相关资料，帮助用户准确把握客户情况，提高销售效率与质量。

b. 订单管理模块。订单管理模块可处理客户订单，执行报价、订货单创建、联系与账户管理等业务，并提供对订单的全方位查询。

c. 业务流程管理模块。业务流程管理模块通过在各业务部门间按照业务规则传递相关数据和信息，帮助用户管理其销售运作，保证销售订单的顺利完成。

d. 销售统计分析与决策支持模块。销售统计分析与决策支持模块通过对销售数据的多方面统计、查询，提供用户所需的信息，为决策提供帮助。

e. 动态库存调配管理模块和分销商信息管理模块能为用户提供各种功能，支持销售活动。

② 客户市场管理子系统。客户市场管理子系统能够提供完整的客户活动、事件、潜在客户和数据库管理，从而使寻找潜在客户工作的效率提高，更加合理。用户可以从任何一个地点快速获取所有关于市场销售活动、事件和潜在客户的信息，并对客户进行高度专业化的细分。

客户市场管理分系统一般包括客户（市场营销）信息管理、营销活动管理、市场资料管理、统计与决策支持功能模块。

客户（市场营销）信息管理模块负责收集客户的一般资料，跟踪客户资料变更，挖掘潜在客户。营销活动管理模块使市场营销部门有能力执行和管理通过多种渠道进行的多个市场营销活动，同时还能对活动的有效性进行实时跟踪。市场资料管理模块记录通过多种渠道获得的市场信息，收集竞争对手的资料，如调研报告、经济分析报告和产品信息等，为各部门提供市场统计分析和决策参考。

③ 客户支持和服务管理子系统。客户支持和服务管理子系统能够将客户支持人员与现场销售与市场紧密地集成在一起，可以为用户提供定制的“桌面”，可以综合所有关键客户信息，并管理客户日常的客户服务活动与任务，从而在解决客户问题时可以快速高效地存取关键的客户信息。客户支持和服务管理子系统一般包含客户（服务）信息管理、服务合同管理、服务档案管理、统计与决策支持功能模块。

a. 客户（服务）信息管理模块。主要收集与客户服务相关的资料，可完成包括现场服务派遣、客户数据管理、客户产品生命周期管理、支持人员档案和地域管理等业务功能。此外，通过与 ERP 系统的集成，可为后勤、部件管理、采购、服务质量、成本跟踪、财务管理等提供必需的数据。

b. 服务合同管理模块。该模块通过帮助用户创建与管理客户服务合同，从而确保客户能获得应有的服务水平和质量；跟踪保修单和合同的续订日期，通过事件功能表安排预防性的维护行动。

c. 服务档案管理模块。服务档案管理模块使用户能够对客户的问题和解决方案进行日志式的记录，包括联系人管理、动态客户档案、任务管理以及解决关键问题的方案等，从而提高检索问题答案或解决方案的响应速度和质量。

d. 统计分析与决策支持功能模块。统计分析与决策支持功能模块能够对客户服务资料进行分析和处理，使企业既能根据客户的特点提供服务，又能对客户的现值进行评估，从而使客户的满意度和企业盈利都能得到提高。此外，客户服务与支持子系统还可以与 CTI（计算机电话集成）软件相结合，为客户提供更快速、便捷的支持与服务。

e. 数据库及支持平台子系统。数据库及支持平台子系统主要为其余各子系统提供一个性能良好、使用可靠、开放的和易于扩充的支持环境，其功能结构如图 9-9 所示。

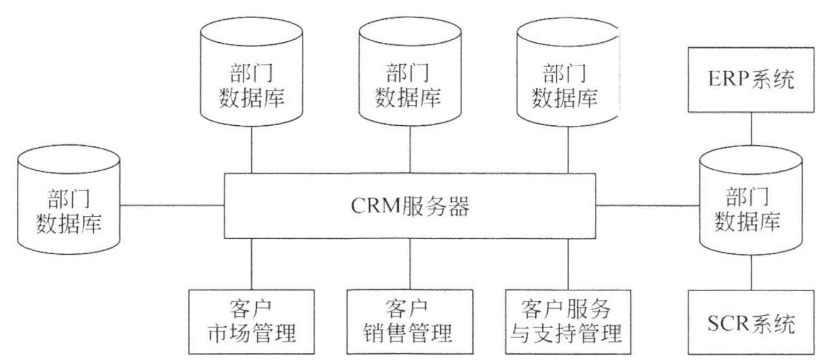

图 9-9 数据库及支持平台子系统功能结构图

随着计算机硬件技术、软件技术、Internet 技术的迅猛发展以及新一代企业级计算机网络系统的建立，用户对数据库软件的新要求使得数据库分布式应用技术进入了一个全新的发展阶段。

9.4.3 CRM 的发展趋势

CRM 这个概念本身也在发展中，要解释其发展趋势，必须将客户关系管理提升到全面的企业关系管理的层次，将客户的语义范围扩展到其他关系对象。概括地来说，CRM 在理念上将呈现出两个发展趋势。

1. CRM 向 xRM 转变

对 CRM 中 C 的理解，将扩展客户的理解范围，包括员工和伙伴等其他关系对象。也就是说，任何一个人或组织，只要他们对企业的发展有贡献（现实的或潜在的），都称为客户，这样建立起的“企业关系管理”概念，已不再限于传统概念上的客户。

2. CRM 向 CMR（Customer Managed Relationship）转变

企业采用 CRM 几乎是以企业利益为中心的，在企业和客户的“权力斗争”过程中，企业基本上主导着关系的发展和维持。我们也知道，关系是双方建立的，只有合作互利才可以将关系长久化，关系的双方没有谁大谁小的问题。因此，CMR 的主要论点就是要确实地将客户作为一个“尊敬的关系主体”邀请到关系管理的全过程中，而不是目前大多数实施 CRM 项目的企业所采取的试图利用新技术应用“驱赶式”地对待那些显得不那么重要的客户的方式。当然，我们认为 CMR 作为一个论点是有新意的，但在实用上是不太行得通的，毕竟企业的资源有限，而且它存在的唯一理由就是利益的最大化，只不过是实现利益的手段以及利益实现的阶段性不同而已。

9.5 电子商务与电子政务系统

9.5.1 电子商务系统

1. 电子商务的内涵

(1) 国际组织对电子商务的定义

联合国经济合作和发展组织(OECD)在有关电子商务的报告中对电子商务(EC)的定义如下：电子商务是发生在开放网络上的包含企业之间(Business to Business)、企业和消费者之间(Business to Customer)的商业交易。

(2) 对电子商务概念的解释

电子商务的概念可从宏观、微观两方面来阐述，并且对广义与狭义的电子商务进行比较，通过比较与分析来理解电子商务的概念和内涵。从宏观上讲，电子商务是计算机网络的又一次革命，旨在通过电子手段建立一种新的经济秩序。它不仅涉及电子技术和商业交易本身，而且涉及诸如金融、税务、教育等社会其他层面。宏观定义强调了电子商务的终极目标是建立一种新的经济秩序，通过这一目标说明电子商务在当今人类经济社会中的地位和重要性，它的出现可能会改变世界经济的走向。另外，宏观的解释还强调了电子商务与社会各个领域的有机联系，也就是说电子商务是以传统社会各个支撑环境为基础和背景的大系统，没有这些支撑环境，也就谈不上电子商务。

从微观角度说，电子商务是指各种具有商业活动能力的实体(生产企业、商贸企业、金融机构、政府机构、个人消费者等)利用网络和先进的数字化传媒技术进行的各项商业贸易活动，这里要强调电子商务的两个方面：一是活动要有商业背景，是有交换行为的贸易活动，这是一般消费者在日常的网上购买中就可以体会到的；二是商务活动依托在信息网络化和数字化的基础之上。

电子商务可以从狭义与广义两个层面上进行理解。狭义的电子商务称为 E-Commerce (EC)，广义的电子商务称为 E-Business (EB)，它们都代表电子商务。两者似乎只是表达方法不同，其实两个概念的层次与涵盖的范围是不同的。如果想把握电子商务的本质，就有必要分清它们。E-Commerce 主要是指在 Internet 开放的网络环境下，基于浏览器/服务器应用方式，实现消费者的网上购物、商户之间的网上交易和在线电子支付的一种新型的商业运营模式。它包括两种基本形式：商家之间的网上交易及商家与最终消费者之间的网上交易，强调通过互联网开展的交易活动。E-Business 是指新型的业务开展手段，通过基于 Internet 的信息结构，使公司、供应商、合作伙伴和客户之间利用电子业务共享信息，并以此提高各个企业的经营效益，强调的是在网络计算环境下的商业化应用。E-Business 的概念内容要比 E-Commerce 广泛得多，不仅可以是企业之间、企业与个人之间的交流，而且还强调了企业内部信息化建设的内容，强调服务和企业内部的概念。通过 E-Business 不仅能够有效地保证现有业务进程的实施，而且能够对市场等动态因素做出快速响应并及时调整当前业务进程。

2. 电子商务系统的系统结构

(1) 电子商务系统的总框架

对20世纪末期发展异常迅速、对全世界经济影响深远的电子商务有不同的框架描述。从经济学视角看电子商务，大致可以用图9-10所示的框架来描述。

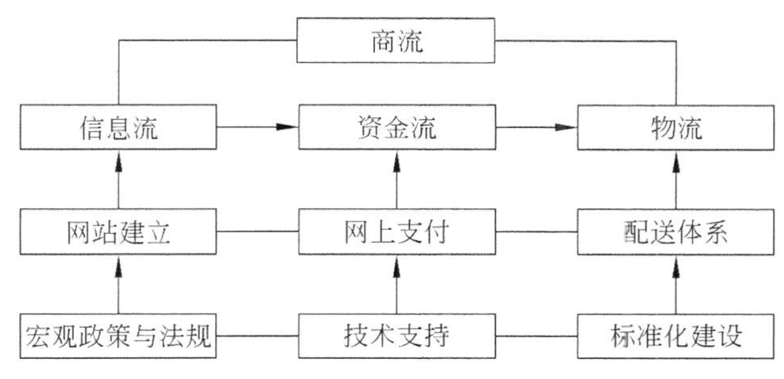

图9-10　电子商务总框架

可以将电子商务总框架表述为3F＋2S＋P。电子商务实现了信息流(Information Flow)、资金流(Capital Flow)和物流(Goods Flow)三个流，称为3F。电子商务中的任何一笔交易，都包含着这三种基本的“流”。其中信息流包括商品信息的提供、付款通知单、交易方的支付能力等。资金流主要是指资金的转移过程，包括付款、转账、汇兑等过程。物资实体的流动过程，具体指运输、配送、保管、物流信息管理等各种活动。在电子商务的应用中，十分强调物流、资金流和信息流的整合。对于某些可以通过网络传输的商品和服务，甚至可以做到三流同步处理。三流的顺利实施是交易的核心商流顺利达成的前提。

2S分别表示安全(Security)和标准化(Standardization)建设，P(Policy)表示政策与法规。后两者是支持条件，主要为前面3F的顺利实现打好基础。

(2) 电子商务系统的应用框架

① 电子商务系统总体应用框架。EC总体应用框架从宏观角度上指出要实现电子商务体系的各应用层面和众多支持条件。它更接近于宏观电子商务的定义，即从整个社会层面来描述电子商务的面貌。该框架从整体上可分为四个层次和两个支柱，如图9-11所示。

自底向上依次为网络层，消息、信息发布层，一般业务服务层和电子商务应用层。两个支柱是各种技术标准和国家宏观的政策、法律。四个层次依次代表电子商务顺利实施的各级应用层次，而两侧的支柱是电子商务顺利应用的社会公共资源基础。

② 电子商务系统框架的四个层次。从总体上说，在电子商务系统框架的四个层次中，网络层可通过有线电视、无线电视的工具提供商务信息传输的线路；消息、信息发布层，传输层分别解决了系统内部信息的发布和系统外部信息的传输；一般业务层负责对高级电子商务应用提供服务，如身份的确认、信息的加密技术等；电子商务的全面应用阶段，参与者就摆脱了技术的问题，通过很简单的技术操作，便可实现全面电子商务的应用。下面是对这几个层次的详细阐述。

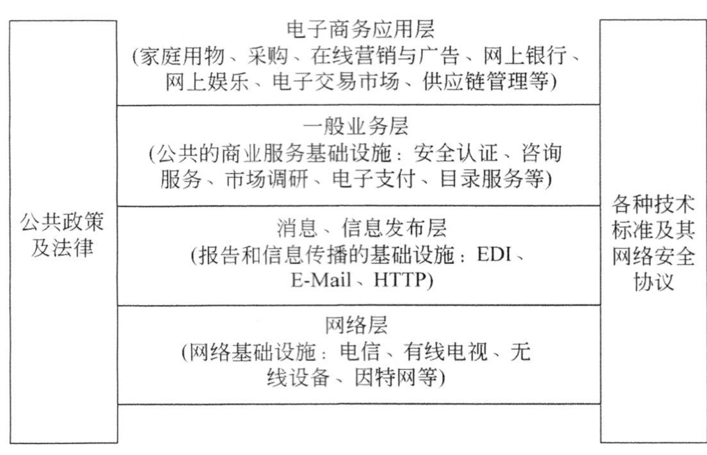

图 9-11　电子商务系统的应用框架

网络层是电子商务的网络硬件基础设施，负责最底层数据的传送，是信息传输系统。它包括远程通信网、有线电视网、无线通信网和因特网。远程通信网络(Telecom)包括公用交换电话网(PSTN)、公用数据网(PDN)、综合业务数据网(ISDN)等。无线通信网(Wireless)包括移动通信网、微波通信网和卫星通信网。因特网(Internet)是计算机网络，由骨干网、城域网和局域网等层层搭建而成，使得任何一台联网的计算机能够随时同整个通信网络连接在一起。

消息、信息发布层主要承担数据解释功能，通过这层的解释，底层数据成为人们可以理解的形式。目前最流行的网上信息发布方式是以 HTML 或 XML 的形式将信息发布在万维网上。HTML 将信息内容组织得易懂和生动，能用声音、图片、视频等多种多媒体手段使信息变得更清晰易用。应用 Java 技术能更方便地使这些信息的发布适用于各种异构网络和操作系统。

一般业务层是为了方便交易所提供的通用的业务服务，是所有企业、个人在网上进行交易时都会用到的服务，主要解决商务中必要的安全和电子支付等问题。

在上述三个层次的基础上，可以建立具体的多种电子商务应用，包括各个商业环节的电子化，例如，网上娱乐、家庭购物、企业的网上采购、在线营销与广告视频点播、网上银行、电子交易市场、供应链管理等。

③ 两个支柱。

a. 公共政策及法律。公共政策及法律是电子商务应用框架的社会资源支柱，它主要包括与电子商务有关的相关政策与法令，以及涉及政策法律和隐私权的问题，包括电子签章法律隐私权的保护、信息定价等问题的解决方案。这一支柱可以有力地保证授权商品交易的顺利进行，有效地遏止侵权商品的销售，以及有力打击侵权行为是关系电子商务活动能否顺利开展的前提。

b. 各种技术标准及其网络安全协议。技术标准主要解决网络上信息不一致的问题。技术标准定义了用户接口、传输协议、信息发布标准、网络安全协议等技术细节，是信息发布、传递的基础，是网络上信息一致性的保证。

由于电子商务的全球性，非国际化的技术标准将会带来严重的问题，许多企业和国际组织都已经意识到技术标准的重要性，正致力于联合开发如 EDI 标准、SET 协议、TCP/IP 协议、XML 标准、HTTP 协议等统一的国际技术标准。

(3) 电子商务信息处理技术框架

前面从经济和社会层面讨论了电子商务的框架，接着需要从信息处理技术的角度来解释电子商务的组成框架，即电子商务信息处理技术架构。

Web 技术和数据库技术是当今电子商务信息处理的基础技术。电子商务的信息主要架构在 Web 技术之上。它以快速、经济和易使用的方式整合了许多层面的在线内容和信息服务。

电子商务信息处理技术框架电子商务信息处理技术框架包括 Web 客户端、Web 服务器端、CGI(通用网关接口)和数据库四部分。Web 客户端与 Web 服务器端通过 TCP/IP 协议与 HTTP 协议通信。CGI 是在服务器端的一系列通信服务应用程序，用来与数据库进行信息传递。通过 CGI，Web 服务器能够执行应用程序，并将应用程序的输出，如文字、图形、声音等传递给一个 Web 浏览器。CGI 程序语言包括 C、Shell、Perl 和 Java 等。

数据库则解决了信息检索、计算、整理、查询等信息处理问题。一方面，数据库技术是电子商务应用的基础，信息处理主要是通过数据库完成的，它是推动电子商务发展的重要技术环节。另一方面，Web 技术和数据库技术紧密结合，互联网数据库是基于 Web 的数据库，围绕在 Web 上发布数据库信息。

依靠以上系统，以 Web 为核心的电子商务信息处理技术架构得以实施。电子商务信息处理技术架构主要从技术角度阐述电子商务活动实现所需要的环节。

3. 电子商务的分类与电子商务模式

(1) 按商品交易过程数字化程度划分

电子商务按商品交易过程数字化程度可分为完全电子商务与非完全电子商务两种。

美国的乔伊等人根据销售的商品和提供的服务、销售过程和代理人这三个维度所具有的数字化程度的不同，将电子商务划分为完全电子商务和不完全电子商务。区分完全电子商务与不完全电子商务对研究电子商务很有必要，无论是商品还是销售过程，或是代理人，只要其中有某一个维度表现为数字化，就可以确认它为电子商务而非传统商务。当产品、销售过程和代理人三个维度均为数字化时属于完全电子商务，当三个维度都没有数字化时，就是所说的传统商务。例如，通过网上购买图书等实物，且以快递等运送形式交货，整个过程中只有代理人(网络书店)是数字化的，产品(图书)以及销售过程都没有数字化，因而整个交易过程处于不完全电子商务状态；而通过网络销售软件等数字商品，由于其交货、支付和代理人这三个维度均表现为数字化，因而它是一种完全电子商务，这种电子商务处在坐标图的右上端，是与传统商务差距最大的一种电子商务形式。

(2) 按照使用网络类型划分

根据目前支撑电子商务开展的网络类型，电子商务可以分为四种主要形式：第一种形式是基于 EDI 的电子商务；第二种形式是基于 Internet 的电子商务；第三种形式是基于 Intranet 的电子商务；第四种形式是基于 Extranet 的电子商务。

① 基于 EDI 的电子商务。基于 EDI 的电子商务是将商业或行政事务处理按照一个公认的标准,形成结构化的事务处理或文档数据格式,由计算机传送到计算机的电子传输方法。EDI 通过传递标准的数据流可以避免人为的失误,降低成本,提高效率。在 20 世纪 80 年代末期,发达国家 EDI 的急剧发展,不仅引发了全球范围的"无纸贸易"热潮,同时也促进了与商务过程有关的各种信息技术在商业、制造业、基础工业及服务业的广泛应用,导致了商务运作全过程的电子化。由于 EDI 具有良好的保密性能,现在仍是企业与企业间电子商务的网络形式之一。

② 基于 Internet 的电子商务。20 世纪 90 年代以来,因特网风靡全球,基于 Internet 的电子商务应运而生。这时的电子商务是基于计算机和软件,以及在通信网络上从事的经济活动。它以电子通信为手段,通过这种方式,人们可以在计算机网络上宣传自己的产品和服务,同时进行交易和结算。这种基于全球计算机信息网络的电子商务,被称为第二代电子商务。

③ 基于 Intranet 的电子商务。Intranet 是企业内部网,也称内联网。Intranet 将大、中型企业分布在各地的分支机构及企业内部有关部门和各种信息通过网络予以连通,使企业各级管理人员能够通过网络方便读取自己所需的信息,利用网上在线事务的处理代替纸张贸易和内部流通,从而有效地降低了交易成本,提高了经营效益。

④ 基于 Extranet 的电子商务。Extranet 是 Intranet 的外部扩展和延伸。将一些企业的内部网通过访问控制和路由器予以连接,构成一个虚拟网络,也就是企业外部网或外联网。Extranet 能使企业和其他企业及相关机构(如原材料供应商、部件供应商、产品批发商、用户、银行、工商管理和税务部门等)之间互访,开展商品交易活动。

(3) 按电子商务的交易对象划分

电子交易的参与者主要有企业、消费者和政府机构等。参与者之间以电子商务方式发生交易行为时,形成不同的电子商务模式。按交易对象划分,有企业对企业、企业对消费者、消费者对消费者、企业对政府以及消费者对企业等类型。各类型电子商务的特征,不仅仅表现在交易对象上,也表现在交易模式乃至整个商务模式上。因而,这种按交易对象划分的标准,实质上也是按交易模式来划分的。

① 企业与企业间的电子商务(Business to Business,B2B)。简单地说,企业与企业间的电子商务是一种基于 Internet,以企业和企业为交易主体,以银行电子支付和结算为手段,以企业数据为依托的商务模式。在这种电子商务模式中,由于企业与企业之间的交易规模比较大,而且企业与企业之间开展电子商务的条件也比较成熟。

企业间的电子商务具体包括供应商管理、库存管理、销售管理、信息传递以及支付管理等功能。它整合企业的上下游产业,利用 Internet,以中心供应商为核心,将产业上游原料和零配件供应商、产业下游经销商、物流运输商、产品服务商以及往来银行结合成一体,构成一个面向最终顾客的完整电子商务供应链。

使用 B2B 电子商务的目的是为了降低企业采购成本和物流成本,提高企业对市场和最终顾客需求的响应运度,从而提高企业产品的市场竞争力。B2B 是电子商务中历史最长、发展最完善的商业模式,它能迅速带来利润和回报。

② 企业与消费者间的电子商务(Business to Customer,B2C)。企业与消费者间的电子

商务是指企业通过 Internet 为消费者提供的完成订购商品或服务的活动。企业对消费者的电子商务基本上表现为网上在线零售形式。企业在网上建立自己的 Web 站点，推销自己的产品、服务，构成网上商店。消费者通过访问网上商店浏览商品，进行网上购物或接受服务。例如，美国“必胜客”实施的“网上比萨饼”计划，就是 B2C 电子商务的一种。“必胜客”公司是首家将营销扩大到网络市场的快餐食品制作商，想吃比萨饼的美国的网络用户将指令传至堪萨斯州威奇托的“必胜客”总部的中央计算机上，总部计算机又会将指令通过互联网络传到离客户最近的“必胜客”店的计算机上，该店就会派人将比萨饼送货上门。

这种交易过程有效地减少了交易环节，大幅度地降低了交易成本，从而降低了商品的最终价格。企业再也不需要像在传统商业模式下那样拿出一大部分资金用于开拓分销渠道。网络给企业提供了一个最大的销售范围。这种企业与消费者直接进行交易的商务模式还有利于提高售后服务质量和用户的反馈速度。用户在使用商品过程中遇到了问题，可以通过 E-mail 与厂家的技术人员联系，或直接在厂家的主页上找到解决办法。同时，用户还可以方便、迅速地将意见和建议反馈给厂家，厂家得以及时地调整决策，以适应市场需求。

③ 消费者与消费者间的电子商务(Customer to Customer，C2C)。消费者与消费者间的电子商务就是消费者之间进行的电子商务或网上事务合作活动。其本质是网上拍卖，它的主要特点是消费者之间的自由贸易，通过网上完成跳蚤市场的交易，从而完成了个人之间商品的流通。要出售商品的个人将要出售物品的图片和详细资料放在拍卖网站上供那些想买东西的人挑选，这类电子商务或网上事务合作主要借助一些特殊的网站在个人与个人之间开展事务合作或商业交易。

目前，这类电子商务是国内电子商务发展的一个热点，也是目前最有活力的电子商务模式。其主要原因是消费者与消费者的电子商务能够实现家庭或个人的消费物资再调配、个人脑力资源和专门技能的充分利用，从而最大限度地减少人类对自然资源和人力资源的浪费。也就是说，借助消费者与消费者的电子商务，个人借助网络满足自己个性化要求的机会大大增加了，社会各类资源，包括物资资源与智力资源，也能更广泛、更充分地使用，这对解决社会的就业压力，降低交易成本，释放生产力，起到了相当大的作用。

④ 企业与政府间的电子商务(Business to Government，B2G)。企业与政府之间的电子商务涵盖了政府与企业间的各项事务，包括政府采购、税收、商检、管理条例发布以及法规政策颁布等。一方面，政府作为消费者通过 Internet 发布自己的采购清单，公开、透明、高效、廉洁地完成所需物品的采购；另一方面，政府针对企业的各种宏观调控、指导规范及监督管理的职能借助网络以电子方式更能充分、及时地发挥。总之，在电子商务中，政府既是电子商务的使用者，进行购买活动，属商业行为，又是电子商务的宏观管理者。

⑤ 消费者与政府间的电子商务(Customer to Government，C2G)。消费者与政府间的电子商务指的就是消费者与政府之间进行的电子商务合作活动，其中包括政府面向个人消费者的电子政务。这类电子商务或事务主要是指在政府与个人之间借助于 Internet 开展事务合作或商业交易，例如，网上纳税、网上事务审批、个人身份证办理和社会福利金的支付等。随着网络应用的普及和政府网上办公意识的加强，这种消费者与政府间的电子商务已成为当前世界各国的一个发展热点。

⑥ 其他模式。前三种模式在当前占据电子商务交易额的绝大部分份额，同时，还衍生

出了一些新的电子商务模式，称为 eXchange to eXchange 模式（X2X 模式）。X2X 电子商务模式是指随着网上电子化交易市场的不断扩大，导致不同的交易市场之间也需要实时动态传递和共享信息，从而产生的电子商务模式。X2X 实际上是一个交换（X）的延伸和扩展，每一个独立的交换（X）都有其自身的信息、资源和覆盖的范围，这注定其具有一定的局限性。

X2X 可以使一个 X 的交易信息无限地延伸和扩展，从而使买卖双方都扩大了选择的范围，提高了交易成功的机会。例如，B2F(Business to Family，企业对家庭电子商务)模式，这种模式是相对于 B2C 模式的一种升级模式，它们同属于一种销售模式，但是针对的顾客群体不同，B2F 主要是企业针对家庭的销售。这种模式其实是把"家庭"作为一种特殊的对象从一般消费者中独立出来，采取不同的销售与管理策略。这种细分市场的做法有助于商业上的成功。

此外，电子商务的分类方法还有很多，例如，按照交易阶段可分为售前电子商务、售中电子商务和售后电子商务；按照交易地域范围划分可分为本地电子商务、远程国内电子商务和全球电子商务等。不同的分类方法侧重点不同，有助于从不同角度来研究电子商务。

9.5.2 电子政务系统

1. 电子政务系统的基本概念

电子政务系统是电子政务的必要基础，也是电子政务顺利实施的必要保证，对于电子政务而言具有重大意义。因此，必须对电子政务系统的基本概念、组成架构、实施步骤及技术支撑体系等有清晰的了解和深刻的认识。

电子政务系统是指建设在 Internet 和其他计算机网络的基础上，充分利用现代信息和通信技术，以实现政府电子政务活动为目标，满足政府工作、管理和服务的需要，支持政府的对外业务协作，从运作、管理和决策等层面全面提高政府信息化水平，为政府提供辅助决策的人机系统。

2. 电子政务系统的基本组成

目前对电子政务系统的基本组成尚没有一个比较一致性的模型，但从电子政务系统的实施情况来看，电子政务系统的基本系统都具有以下共性：电子政务系统需要强大的网络基础设施(Network Infrastructure)；电子政务系统的应用处理模式是分布式的(Distributed Application)；电子政务系统需要特定的应用支持环境，这种环境支持应用的开发与运行。因此，电子政务系统一般来说应由图 9-12 所示的几部分组成。

(1) 电子政务内部信息系统

电子政务内部信息系统的工作内容主要包括内部办公自动化、内部文件生成与传递，以及档案管理等。电子政务内部信息系统面对的是政府内部工作人员，与政府内部工作和管理有关，负责完成政府内部工作过程中的信息处理、信息管理，并为政府指导企业的生产和管理提供依据。电子政务内部信息系统的作用在于实现了政府内部工作和管理的电子化、网络化和自动化。

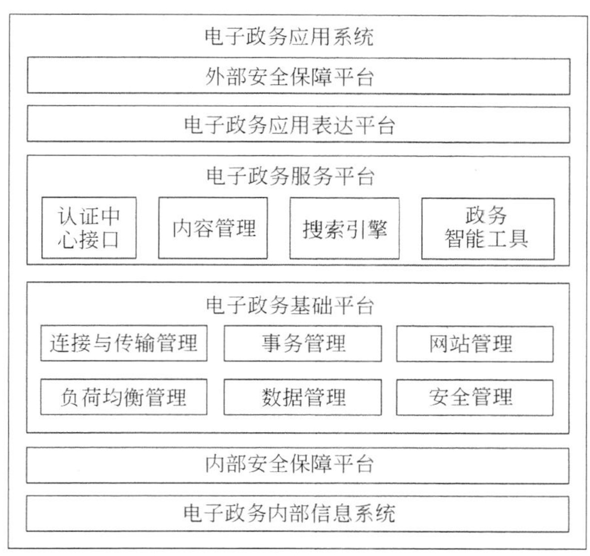

图 9-12　电子政务系统的基本组成

(2) 电子政务基础平台

电子政务基础平台是指为政府的电子政务应用提供运行环境、管理工具与内部系统的连接,包括连接管理、传输管理、事务管理、网站管理、负荷均衡管理、数据管理和安全管理等方面。电子政务基础平台的目标是提高系统整体性能,改善系统效率。

电子政务基础平台是保证电子政务系统具有高可靠性、可扩展性和集中控制的基础。一般来说,为了使政府的政务活动在互联网上能够 24 小时持续不断地进行,电子政务系统必须是强有力和高可靠性的。为了保证系统的维护易于实现,电子政务系统应该能够集中控制,监控其在线运行的状态。同时,电子政府系统资源也可以根据用户访问压力得到动态调整。

一般而言,电子政务系统的基础平台包括以下几个组成部分:

① 连接与传输管理。主要满足电子政务系统可扩充性的需要,用以实现电子政务系统和其他系统之间的互联以及应用之间的互动操作。

② 事务管理。电子政务系统支持的政务活动涉及大量的联机事务处理,这要求系统具备很强的事务处理能力。

③ 网站管理。网站是电子政务系统的服务门面,是政府面向社会公众的窗口,因而在电子政务系统中,网站具有十分重要的地位。

④ 负荷均衡管理。这主要是指如何使电子政务系统服务器的处理能力和它承受的压力保持平衡,避免特定的设备或系统软件由于压力过大而出现崩溃和拒绝服务的现象。

⑤ 数据管理。这一部分为电子政务应用相关数据的储存、加工、备份和表达提供支持,同时为电子政务应用程序提供应用开发接口。

⑥ 安全管理。该部分为电子政务系统提供安全可靠的运行环境,防止或减少系统被攻击的可能,提高系统抗拒非法入侵或攻击的能力,保障政务过程的安全。

(3) 电子政务服务平台

电子政务服务平台通过一些成熟的软件产品，向政府提供一些公共服务。它包括认证中心(CA)接口、内容管理、搜索引擎和政务智能工具，其基本作用是为电子政务系统提供公共的服务，为政府的政务活动提供支持，加强系统的服务功能，简化应用软件的开发。

① 认证中心接口。认证中心是完成在线双方真实性和不可抵赖性的独立的专业性组织机构。认证中心一般可以发放标识参与方身份的电子证书，并负责对过程中双方身份的审核验证，对双方的真实性进行担保。如果需要确保政务活动的安全，政府就需要与认证中心建立接口，将有关信息传递给认证中心，由认证中心完成在线双方身份的识别和认证。

② 内容管理。政务活动一般需要大量的信息资源作为支持，如何管理这些信息，使政府的服务对象及政府部门内部协作单位在这些海量的信息中迅速找到有价值的信息，所以对信息内容的管理是十分重要的。目前，内容管理一般以轻量级目录访问协议为基础，可实现集成或综合查询、内容过滤、非结构数据管理和外部数据整理等。

③ 搜索引擎。搜索引擎是一项既传统又不断发展的技术，它包括数据采集、数据整理加工、全文检索等基本内容。电子政务服务平台的搜索引擎主要是对政府信息网站和工作内容的搜索，负责向使用者提供电子政务系统中的数据进行快速、综合、全面和准确的检索服务。

④ 政务智能工具。以 Internet、Intranet 和 Extranet 为基础的政务活动，通过进一步数据挖掘、分析和整理，使电子政务系统更有效。

(4) 电子政务应用系统

电子政务应用系统是电子政务系统的核心，它对政府各项政务活动提供具体的支持，包括电子证照办理系统、电子采购与招标系统、电子税务子系统、就业服务子系统等。电子政务应用系统一般基于 Web 服务器，由应用开发人员根据政府特定的应用背景和需要建立，它实现政府应用逻辑所需要的各种功能。

① 电子政务应用表达平台。电子政务表达平台处于整个电子政务系统的顶层，面向电子政务系统的最终用户，包括两部分：一部分是 Web 服务器；另一部分是在 Web 服务器基础上向其他非个人计算机信息终端提供支持的软件。电子政务的应用表达平台有两个基本功能：一是作为与用户的接口，接受用户的各种要求，并传达给应用系统；二是将应用系统的处理结果以不同的形式进行表达，并将其提供给不同的用户信息终端。

② 电子政务安全保障平台。电子政务是包括关于安全要素、安全体系和安全措施等内容在内的一整套方案。其作用是保障政府政务活动的安全。安全要素是保障其电子政务系统安全的指导原则的集合，它定义从哪些方面提高系统的安全性。一般来说，它包括避免非法入侵、减少安全隐患、控制存取内容、访问授权以及受攻击后的响应等方面的策略，并确定系统所需的软件和技术设备的选用及评判标准，系统需要的技术规范等。安全体系由保证系统安全所需的技术和设备构成。一般包括网络的物理安全、访问权控制安全、系统安全、用户安全、信息加密、安全传输安全等。安全措施则是在安全要素及安全体系下所采用的具体手段。

3. 电子政务的实施过程

电子政务系统实施过程分为三个阶段，即政府上网、部门内部电子化和跨部门电子化工程。

(1) 政府上网

政府上网是指在互联网上公开政府部门的各项活动，并公布政府部门的机构组成、责任职能、工作规章、工作流程以及占有的信息等。政府上网是电子政务系统实施的初级阶段，并不是电子政务系统的全部。在这一阶段，主要的问题在于网站设计的质量以及运行的稳定性。

(2) 部门内部电子化

部门内部电子化是指在政府部门内部大力推广信息化建设，全面实施与应用信息系统。通过部门内部的电子化工程的建设，实现了电子政务系统纵向分布格局，为电子政务系统的全面实现打下良好基础。我国政府部门内部电子化工程以现在的"金"字工程为典型代表，例如，金关、金税、金桥等工程。

政府部门内部电子化是电子政务系统实施的中级阶段，它的建设是国家经济快速运转的重要基石，也必须由国家投入大量资金才会比较成功。由于这一工程是一个全国性的广域系统，覆盖整个国家地理范围，因此具有网络规模大、系统复杂、应用资源高等特点。在这一阶段，由于部门众多的业务流程将被新的业务流程所取代。因此角色和职责也发生巨大变化，要求对所有的部门进行重组和培训。

(3) 跨部门电子化工程

跨部门电子化是指在各个政府机构之间进行应用的横向和纵向的集成，将各个部门的资源进行整合，实现部门之间的资源共享，双向互动。通过跨部门电子化的建设，解决了过去电子政务系统中的条块分割，各自为政的状态，以实现真正意义上的电子政务系统。通过实现跨部门电子化工程，可以满足21世纪的政府工作、管理和服务的需要，支持政府的对外业务协作，从运、停、管理和决策等层次全面提高政府信息水平，为政府提供辅助决策。

4. 电子政务系统的应用平台架构

电子政务应用平台建立在基础政务信息资源库之上。电子政务根据应用和建设的需要，从基础建设到高级应用的角度来看，可以进行电子政务应用系统以下几个部分建设：机关政务内网应用与服务平台的建设；机关自身的外部因特网应用与服务平台的建设；各级政府机关之间的纵向与横向互联的政务外网应用与服务平台的建设，以及各级政府机关自身的政务信息资源库的建设等。在这些应用与服务平台中，无论是内网还是外网，包括外部因特网，都是围绕着信息资源的采集与整合、政务信息资源库的建设、信息资源的发布与检索，以建设各级政府机关信息资源库为应用核心，以信息资源的共联共享为应用目的，推进电子政务建设。这些应用与服务平台的搭建，将完成政务信息枢纽建设，实现党委、政府、人大、政协机关之间业务和信息交换分级互联，为党委、人大、政府、政协高层提供直接信息服务；实现党委、政府机关内部公文、信息资源、档案管理等主要办公业务的数字化和网络化，公文和信息传输无纸化；建成政府机关值班应急指挥等办公决策服务系统；建设政务动态信息资源库，逐步实现各级政府机关之间政务信息的交流与共享，如图 9-13 所示。

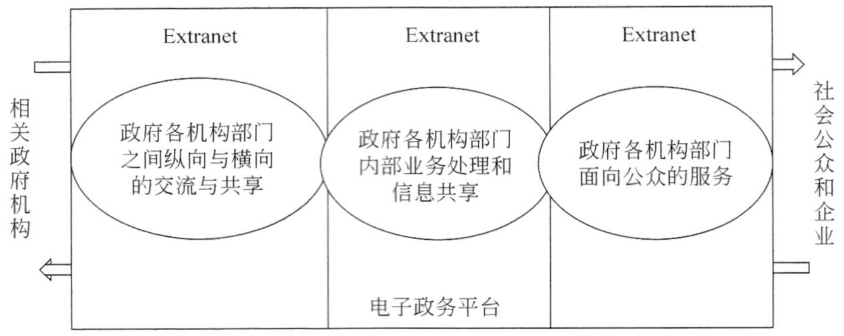

图 9-13　电子政务平台

任何形式的电子政务系统都离不开信息资源库的支持，共建共享的政务信息资源库是政务内网、政务外网及外部因特网应用与服务的核心，为三网进行服务提供信息资源。资源库系统的主要功能是构建数据中心、备份中心、管理中心、交换中心和信息服务平台等。也就是说，电子政务建设的关键就是围绕着信息资源的采集与整合、共建共享的政务信息资源库建设、政务信息的发布与检索、政务信息的交换等，建设能对各级政府机关业务工作和重大决策提供支持的政务信息数据库群，搭建政务内网应用与服务平台、政务外网应用与服务平台及外部因特网公众服务平台。

电子政务系统平台的主要功能如下。

（1）政务信息发布与检索

无论是机关政务内网、政务外网还是外部因特网应用与服务平台，最为重要的应用之一就是将存储在后台的政务信息资源库中的信息资源实时地发布到平台上，用户可以利用服务平台对资源库进行查询、浏览等，并最终得到其所需的内容。该功能的实现采用了动态信息发布系统与非结构化全文检索系统相结合的方式，建立动态信息发布与检索平台，适时发布文字、图片等各类政务信息。

动态信息发布系统支持多栏目信息内容发布，它利用数据库和动态页面生成技术，将动态政务信息资源库中的信息按事先设置的生成不同的栏目，支持分布式、多数据库的信息发布；可以建设政务内网、政务外网及外部因特网服务平台的每日要闻、栏目公告、网上调查等应用系统。

动态政务信息资源库作为网络的后台数据库系统，那么在网络范围内海量的信息资源中用户怎么快速方便地找到自己需要的信息，这就是在三网平台建设中最为重要的环节之一——政务信息的检索与服务系统。在本方案中，非结构化全文信息检索系统作为电子政务应用平台建设的核心，它支持在不同政府机关异地跨服务器、跨平台的分布式政务信息资源库查询和异构数据库之间的关联检索，提高数字资源利用效率，方便各级政府机关之间政务信息资源的高度共享与利用。系统提供内容搜索，实现对自身网络及网络其他服务器的信息进行搜索，并提供导航、检索；数据库所有字段支持任意词检索、短语检索、渐近检索、表达式复合运算符检索、句子检索功能；数据库内关联检索和跨数据库关联检索，相关性排序输出；同义词扩展检索，利用后控词表，提高查准率；电子文档原版显示与浏览；通过和关系数据库接口，实现对政府机关以关系数据库为后台的日常业务办公系统中数据全文检索，提高信息检索速度。

(2) 政务信息交换与服务

政务信息交换与服务系统广泛应用在政务内网与政务外网平台的搭建上。通过分布式的政务信息交换系统，政府机关内部人员可以相互传输信息和通知等，增加相互之间的沟通；不同政府机关之间通过政务外网在授权范围内通过网络交换信息、下达文件和指示、上报材料和反映问题，建立信息收集与反馈机制。实现如每日要闻、督察专报、上报批示、传真电报等文电及各种多媒体信息的加密传输等。

(3) 异构数据库同步访问

提供与各种流行的关系型数据库接口，通过数据迁移或信息同步访问技术，实现对以关系型数据库为后台的各种业务系统之间信息资源统一检索与访问，最终消除信息孤岛。

(4) 专业化信息服务

① 建设网上论坛，网络内合法用户可以对某些问题，在网上开展讨论，发表意见，同时对网上论坛内容有选择地公开。信息服务平台除为一般合法用户提供邮件服务以外，还可以定期将特定政务信息资源库专题信，通过电子邮件为网络内合法用户提供个性化服务。

② 网上招标与采购应用服务系统。网上招标是在互联网上利用建立招标用户库、招标信息库等，在信息发布平台的基础上提供安全通道进行招标信息的传递和处理，包括招标信息的公布、标书的发放、应标书的收集、投标结果的在线发布以及项目合同或协议的签订的完整过程。

③ 网上办公系统。网上办公是在互联网的基础上，外地出差或远程用户通过系统进行日常工作或重大事务的处理与讨论，并支持网络会议与视频流播放等。网上办公系统使得异地办公与视频会议成为现实。

(5) 政务安全方案

机关政务应用系统由政务内网、政务外网、外部因特网以及政务信息资源库组成。各级政府机关的信息共享也就成为整个系统的核心功能，人们可以通过防火墙、CA 身份认证、数据加密等措施，达到安全保密的目的。

5. 电子政务系统安全体系

电子政务作为信息网络的一个特殊的应用领域，其运行着大量需要保护的数据和信息，包括了信息的机密性、完整性、可信性、可控性、不可否认性等。相对于企业信息化和电子商务，由于电子政务直接涉及各级政务的核心业务，进而有着其自身特殊性。因此，如果电子政务系统的安全性被破坏，造成敏感信息暴露或丢失，或网络被攻击等安全事件，其产生的后果必然波及更大地区或整个国家。电子政务信息安全的最终目的是确保信息的机密性、完整性、可用性、可审计性和抗抵赖性，以及信息系统主体（包括用户、团体、社会和国家）对信息资源的控制。任何通过单一手段来保障信息安全的企图都是片面的，信息安全的保障需要从电子政务安全体系结构的角度加以研究，所谓电子政务信息安全体系结构是指能够保证电子政务安全运行的各种保障措施、技术和体制的有机综合体。在科学的安全体系结构指导下，从不同的方面采取综合性的保障措施保障电子政务的信息安全。

本章小结

本章主要讨论了管理信息系统的几个典型应用，包括决策支持系统、ERP 系统、供应链管理、客户关系管理系统、电子商务和电子政务系统，对每个系统中所涉及的概念、特点等方面做了详细的介绍。通过本章学习，读者应该能够掌握以下内容：

(1) 决策与决策过程。

(2) 决策支持系统的概念与特征。

(3) 决群策决策支持系统与专家系统。

(4) ERP 的产生与发展历程。

(5) ERP 的思想与在企业信息管理中的地位。

(6) ERP 的主要功能。

(7) ERP 系统的总体流程。

(8) 常用 ERP 产品与其发展趋势。

(9) 客户关系管理系统、电子商务和电子政务系统的原理与应用。

习　题

1. 选择题

(1) 在企业环境中，高、中层管理决策问题具有的特点是(　　)。

A. 结构化和非结构化　　B. 结构化和半结构化

C. 半结构化和非结构化　　D. 结构化、半结构化和非结构化

(2) 关于计算机辅助管理，以下不正确的叙述是(　　)。

A. 事务处理的目的是提高工作效率

B. 事务处理是管理信息系统的一部分

C. 决策支持系统一般嵌入到管理信息系统中

D. 决策支持系统一般比管理信息系统规模大

(3) ERP 的基础是(　　)。

A. 控制技术　　B. 生产技术　　C. 工程技术　　D. 信息技术

(4) DSS 中最复杂与最难实现的部分是(　　)。

A. 数据库　　B. 模型库　　C. 方法库　　D. 知识库

E. 对话管理子系统

(5) 以下系统中，(　　)不能对企业的资金流信息进行管理。

A. ERP Ⅱ　　B. MRP Ⅱ　　C. ERP　　D. MRP

(6) 信息管理正在向(　　)发展。

A. 决策管理　　B. 数据管理　　C. ERP　　D. 知识管理

2. 填空题

(1) DSS的英文全称是________,中文含义是________。

(2) IDSS的英文全称是________,中文含义是________。

(3) ERP系统的实施分为________阶段、________阶段、________阶段、________阶段、________阶段和________阶段。

(4) 根据供应链管理的研究对象及其范围,供应链分为________、________和________三种类型。

(5) CRM系统一般由________、________、________、________等构成。

3. 问答题

(1) ERP系统通常包括哪些模块(请至少列出6个)?

(2) 什么是供应链?它由哪些实体组成?什么是供应链管理?

(3) 供应链管理系统如何给企业提供价值?

(4) 什么是客户关系管理?为什么客户关系管理今天如此重要?

(5) 客户关系管理系统如何给企业提供价值?

(6) 什么是C/S结构?什么是B/S结构?

(7) 电子商务和管理信息系统的关系如何?

实验:管理信息系统的典型应用

1. 实验目的

(1) 了解国内外一些管理信息系统的典型应用。

(2) 了解目前流行的一些著名管理信息系统软件及ERP软件,它们的主要功能、应用和发展。

(3) 理解决策支持系统、ERP系统、供应链管理、客户关系管理系统功能及特点。

(4) 了解电子政务系统的应用。

(5) 掌握电子商务的应用。

2. 实验任务与过程

(1) 通过网络搜索手段,搜索决策支持系统、ERP系统、供应链管理、客户关系管理系统管理信息系统(至少1个),认识其特点及应用。

(2) 详细了解你所找到的信息系统实现的功能。

(3) 登录国内外著名ERP软件提供商公司主页,例如,月友的主页 www.ufsoft.com、金蝶的主页 www.kingdee.com、Oracle公司的主页等。

(4) 实地了解电子商务系统的结构及运作过程。

(5) 分析"开网店"的流程,创建自己的网店。

(6) 分析这些系统的不完善之处，给出改进意见。

3. 实验作业

(1) 认真完成实验报告。

(2) 就目前国内外 ERP 产品的功能及应用情况，完成 2000 字左右的分析报告。

(3) 联系一家本地知名的企业，分析该企业在信息化方面存在哪些问题，并分析如何实现系统各功能之间的整合？分析该企业实施 ERP 的情况，有无失败的先例试探索原因？结合该企业案例分析，如何实现企业内外部资源与业务流程的整合？如何使企业成功实施 ERP？

第10章 MIS课程设计

管理信息系统课程设计是具有综合性和总结性的重要的实践教学环节之一。其目的在于加深对管理信息系统基础理论和基本知识的理解，掌握管理信息系统分析设计的基本方法，提高学生实际开发管理信息系统的能力。本章通过某保健品公司的进销存管理系统开发的实例能够使大家进一步了解管理信息系统的开发步骤。

10.1 概　　述

10.1.1 课程设计的内涵与特点

课程设计能充分体现“教师指导下的以学生为中心”的教学模式，以学生为认知主体，充分调动学生的积极性和能动性，重视学生自学能力的培养。

实践性强是管理信息系统课程的突出特点，管理信息系统课程设计作为独立的教学环节，是学习完管理信息系统理论课程后进行的一次全面的综合练习。通过课程设计，学生能够掌握使用信息系统分析与设计的基本方法和管理工作所必需的调查、获取、分析、表达信息的基本技能，能够提高解决实际管理问题、开发信息系统的实践能力。

10.1.2 课程设计的目的和要求

1. 课程设计的目的

(1) 通过课程设计过程，总结、复习、巩固、深化和扩展学生的理论知识与专业技能。

(2) 培养学生运用所学知识和技能，解决社会实践中所遇到的实际问题的能力。

(3) 通过分组练习，培养学生之间的分工协作意识和团队合作精神。

(4) 通过系统分析，培养学生正确的设计思想和思维方法。

(5) 通过相关资料整理，培养学生检索信息、筛选信息、处理信息的能力。

2. 课程设计的要求

(1) 课程设计应该在指导教师的指导下有计划地集中进行。

(2) 课程设计的选题正确，密切联系生产实际，具有现实意义。

(3) 课程设计之前学生应该熟悉管理信息系统的有关理论和开发过程，并且应该具备熟练的计算机操作能力。

(4) 课程设计应该涉及信息系统开发生命周期的全过程，软件设计应该是一个完整的系统或子系统。

(5) 课程设计应该注重信息系统开发各种图表工具的运用(含组织结构图、业务流程图、数据流图、数据字典等)，并且相关概念运用正确无误。

(6) 设计内容完整、结构合理、图文并茂、文字流畅。

(7) 课程设计后学生应该按照要求编写课程设计报告。

10.1.3 课程设计的形式与成果

一般课程设计采用分组形式，4～6 人为一组，建立课程设计小组。学生按照课程设计的题目编写信息系统的源代码，同时编写课程设计报告。课程设计结束后提交课程设计报告和信息系统的源代码，最后进行课程设计答辩。通过答辩可使学生进一步发现设计中存在的问题，进一步加深对课程的理解，从而取得更大的收获，圆满地达到课程设计的目的与要求。

10.2 课程设计的选题与实施过程

10.2.1 课程设计的选题

课程设计的选题应尽量覆盖本课程教学的主要内容，其题目应当满足本课程教学大纲对知识能力的要求，选题不应过空、过大、过偏，要求具有一定的理论水平或实用价值，并具有一定的创新性，使学生得到较全面的综合训练。题目的深度、广度和难易程度适当，使学生在计划时间内经努力能够完成任务。

课程设计题目由指导教师与学生共同研究、探讨，可以来自社会实践课题或教师根据教学经验指定。学生结合课堂学习的理论知识，建立一个实际的管理信息系统，使学生在整个系统开发过程中得到锻炼。

10.2.2 课程设计的实施过程

知识准备：掌握一门程序设计开发语言，如 VB、VC、Java 或其他语言工具；掌握一门数据库工具，如 Access、VFP、SQL Server 等；会使用 Internet 下载并安装工具软件等。

课程设计的过程安排要基于学生的实际情况和时间限制，以下内容供参考。

(1) 选题与搜集资料。根据分组，选择课题，在小组内进行分工，搜集资料。

(2) 可行性研究。展开初步调查，确定问题定义阶段所确定的系统目标是否能实现，所确定的问题是否可以解决，系统方案在经济上、技术上、操作上是否可以接受。

(3) 系统分析。展开深入细致的调查分析，了解当前系统的工作流程，准确理解用户的要求，抽象出当前系统的逻辑模型。

(4) 系统设计。进行数据库、系统功能及输入/输出等设计。

(5) 程序编写。运用掌握的语言，结合选择的数据库，编写程序实现所设计的模块功能。

(6) 调试与测试。自行调试程序，成员交叉测试程序，并记录测试情况。

(7) 验收与评分。指导教师对每个小组开发的系统，以及每个成员开发的模块进行综合验收，结合设计报告，根据课程设计成绩的评定方法，评出成绩。

10.3 课程设计报告的规范

10.3.1 课程设计报告的规范介绍

课程设计报告内容包括封面、目录、正文、致谢、附录和参考资料，原则上不少于5000字。封面需要注明设计选题、班级、姓名、学号及课程设计中承担的任务概述。正文至少包括如下几个方面的内容。

(1) 项目开发的背景。

(2) 项目开发的可行性分析。

(3) 系统分析。内容包括功能结构图、业务流程图、数据流程图、数据字典、数据加工处理的描述等管理信息系统新逻辑模型。

(4) 系统设计。内容包括功能结构图设计、新系统信息处理流程设计、系统用户界面设计、数据库结构设计、代码设计、系统物理方案设计等。

(5) 系统实施。内容包括程序框图、源程序、模拟运行数据、打印报表、系统使用说明书等。

10.3.2 课程设计报告示例

课程设计报告示例如下所示。

课程设计题目

第1章　现行系统概述

第2章　可行性分析

　　2.1　技术可行性

　　2.2　经济可行性

　　2.3　管理可行性

　　2.4　可行性分析结论

第3章　系统分析

　　3.1　组织结构

　　3.2　功能分析

　　3.3　业务流程分析

　　3.4　数据流程分析

　　3.5　数据字典

第4章　系统设计

　　4.1　系统总体结构设计

　　4.2　数据库设计

　　4.3　代码设计

　　4.4　输入/输出设计

第5章　系统实施

总　结

参考文献

10.4 课程设计举例

本节给出一个某保健品公司的进销存管理系统开发的实例，希望通过这个系统开发案例的介绍，能够使大家进一步了解管理信息系统的开发步骤，以及在开发过程的各个阶段开发者应该完成的各项具体工作内容和应提交的书面成果。

10.4.1 现行系统概述

1. 系统开发背景

某保健品公司创建于 1993 年，随着公司十多年的发展，已成长为生产和经营健康商品的现代化高科技的知名企业，业务的范围已突破原有的地域范围，形成以总部所在地为中心的省际辐射，业务量和顾客数都扩大到以前的数倍。随着公司的日益壮大，由于公司业务流程复杂、商品多样化、人员众多导致公司的进销存管理出现混乱，如何实现企业进销存管理的系统化、规范化、自动化，已成为公司迫待解决的问题。信息技术的发展和普及应用给管理者带来了希望。他们希望通过信息化的建设改变企业的现状，能对市场机遇做出快速反应，给企业带来更多的利润。

2. 企业现行管理工作存在的主要问题

(1) 业务管理工作缺乏规范性，随意性强，对管理人员的经验和水平有很大依赖性，因此具体职能操作往往因人而异。

(2) 业务管理职能各自为政，情况和资料由职能人员独自使用，缺乏彼此了解，造成具体工作对个别人员过分依赖，影响业务工作的速度。

(3) 部门之间信息交流少，信息渠道不畅，工作不易协调。

(4) 数据处理手工操作，工作量大，出错率高，特别是在生产和销售方面尤为突出，经常造成工作中的矛盾。

(5) 企业领导对整个企业的生产、经营和销售信息掌握不及时、不准确，影响决策的质量。

企业领导希望通过建立进销存管理信息系统，使企业进销存管理工作规范化、制度化和程序化，避免业务管理的随意性和随机性，提高信息处理的速度和准确性，理顺企业的信息流程和流向，及时、准确地把握企业内部、市场和其他外部的信息，以提高领导决策的水平。因此，进销存管理信息系统应覆盖企业的生产、经营和销售活动，使进销存相关职能部门的管理人员在信息系统的辅助下进行工作，提高管理的整体水平，同时企业领导可以通过系统及时了解生产、经营和销售工作的进展情况。

3. 新系统目标分析

某保健品公司的进销存管理系统的设计与实现充分考虑企业的需求，解决企业实际存在的问题。该系统包括与销售相关的客户管理、销售单管理，与企业进销存相关的采购管理、库存管理、商品管理，以及发货管理，与企业财务相关的现金管理、付款管理、收款管理，与数据管理相关的报表统计与分析。各种流程协同合作，使得企业的进销存管理变得简单与高效，使得企业销售管理的系统化、规范化、自动化。

10.4.2 可行性分析

可行性分析是系统分析阶段的重要活动，是对系统进行全面、概要的分析。它的任务是确定项目开发是否必要和可行。它的主要目标是进一步明确系统的目标、规模和功能，对系统开发背景、必要性和意义进行调查分析，并根据需要和可能提出拟开发系统的初步方案和计划，明确问题，对所提供系统大致规模和目标的几个有关约束条件进行论证，并且提出系统的逻辑模型和各种可能的方案，从而为系统开发项目的决策提供科学依据。主要从三个方面进行研究。

1. 技术可行性

对现有技术进行评价，以明确能否利用现有技术进行系统开发及系统实施。本方案技术要求不高，系统涉及范围不大，子系统间联系紧密，安全性、可靠性强；系统要求在 Windows 2000 以上环境运行，后台数据库采用 MySQL，使用 Java 编程，这些在目前都是容易实现的，使得本系统的成功开发成为可能。可见，从技术上是完全能满足基本功能需要的。

2. 经济可行性

经济费用主要包括系统开发费用、购买软硬件费用、系统安装于维护费用以及人员培训费用。

(1) 硬件方面。该公司除了购买服务器要求较高之外，终端设备可以使用企业已有设备。

(2) 软件方面。除了购买 Windows 正版系统，系统开发语言以及数据库采用的 MySQL 都为开源的，不需任何费用。

由此可见，本系统开发费用低，投入比较少。系统建成后，可以加强公司进销存管理效率，可节省人力资源的开支，降低业务开展的成本。本系统运行后带来的效益高于投入，从经济上说是可行的。

3. 管理可行性

企业领导非常支持本系统的开发，企业的管理制度和管理方法虽有待改进，但基本规章制度齐全，原始数据完整、准确。

10.4.3 系统分析

通过到企业内部为期两周的实地考察，掌握了企业现存的管理业务流程，了解了企业在进销存系统功能以及性能方面的要求，在此基础上对进销存系统进行进一步的业务流程分析以及功能需求分析，制定出更加简洁有效的业务流程和数据流程。

1. 组织结构分析

通过对企业现行系统的调查分析，了解到该企业的组织结构设置，保健品进销存系统统一由经理管理，下设销售部、仓库管理部、财务部、信息部四个部门。保健品企业的组织机构如图 10-1 所示。

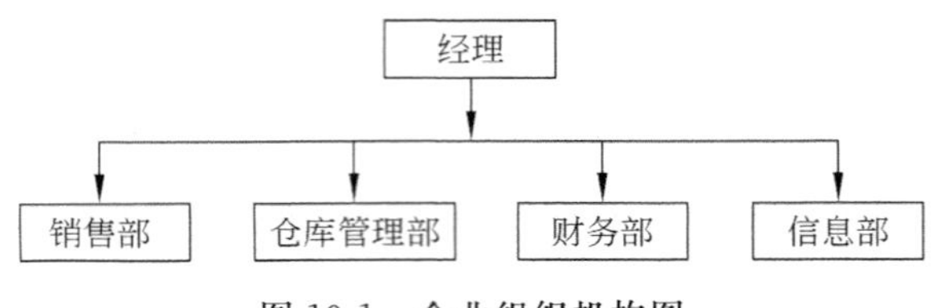

图 10-1　企业组织机构图

2. 系统功能分析

保健品进销存管理系统的功能主要包括销售管理、库存管理、财务管理和信息管理四部分。功能结构如图 10-2 所示。

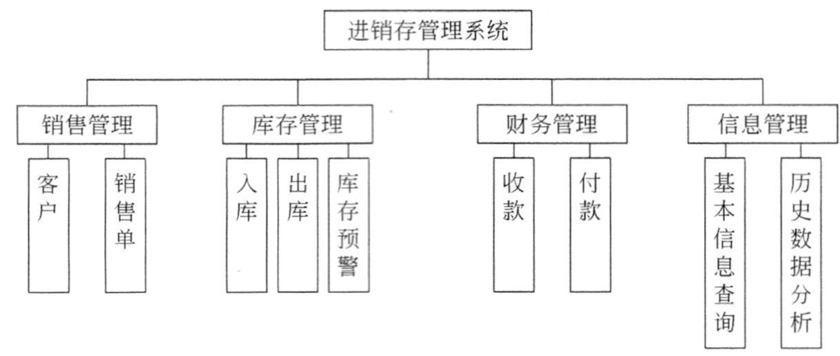

图 10-2　功能结构图

3. 业务流程分析

进销存业务主要包括销售人员、库存管理人员、财务人员及信息管理人员的日常工作。根据工作内容可以划分为销售管理、库存管理、财务管理及信息管理四个相互联系的业务流程，其中销售管理和库存管理是核心业务，具体业务流程分析如下。

(1) 保健品销售业务流程图如图 10-3 所示。

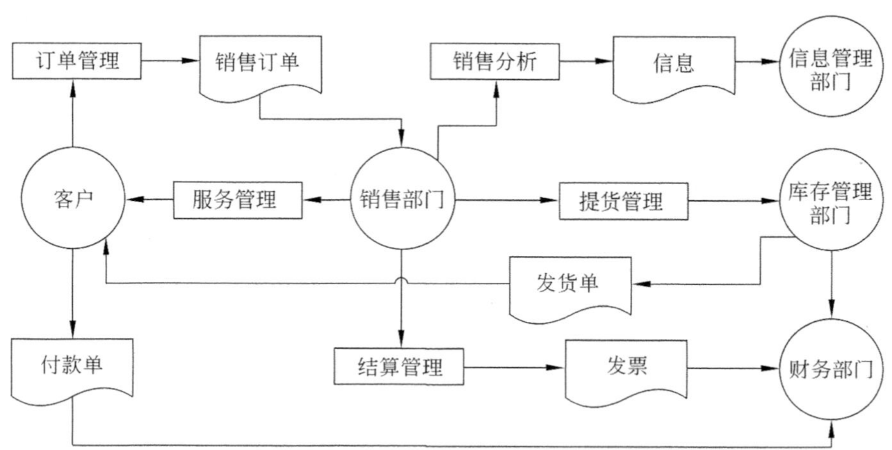

图 10-3　销售业务流程图

(2) 保健品库存业务流程图如图 10-4 所示。

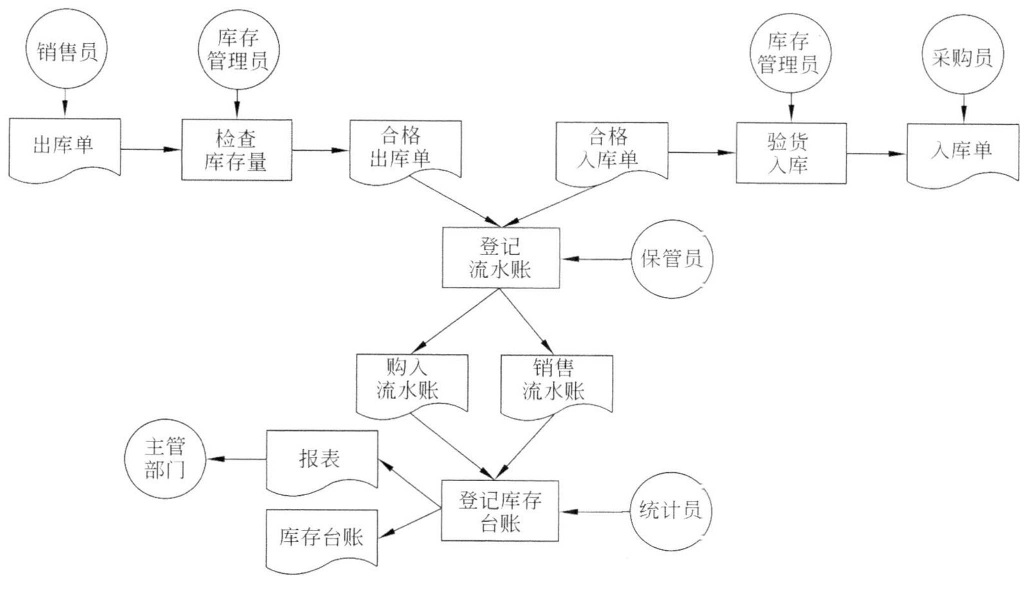

图 10-4　库存业务流程图

4. 数据流程分析

系统的数据流程就是各种信息(单据、报表、账本)交替传送,生成新信息的过程。本系统主要是客户向系统输入销售订单;各部门管理员向系统输入各记录表,系统将结果单传输给客户和各部门管理员。系统顶层数据流图如图 10-5 所示。

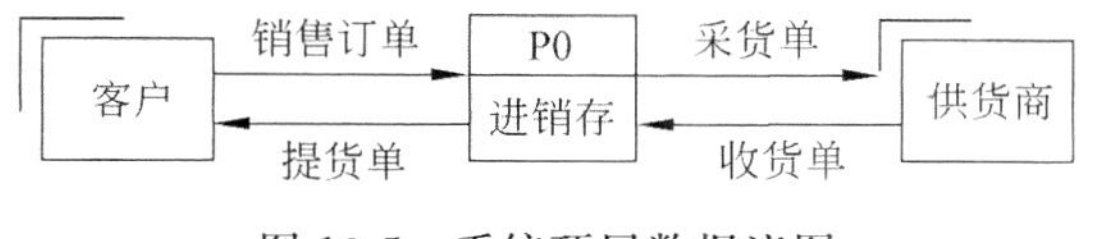

图 10-5　系统顶层数据流图

系统的第 1 层数据流图如图 10-6 所示。

在这里只介绍两个核心子系统的分数据流图:销售管理子系统的数据流图如图 10-7 所示,库存管理子系统的数据流图如图 10-8 所示。

5. 数据字典

数据字典是数据流程图的补充,由于项目较多,这里只写几个范例。

(1) 数据项描述

数据项编号:I01。

数据项名称:客户号。

别名:客户代码。

输入的数据流:销售分析表、销售报表。

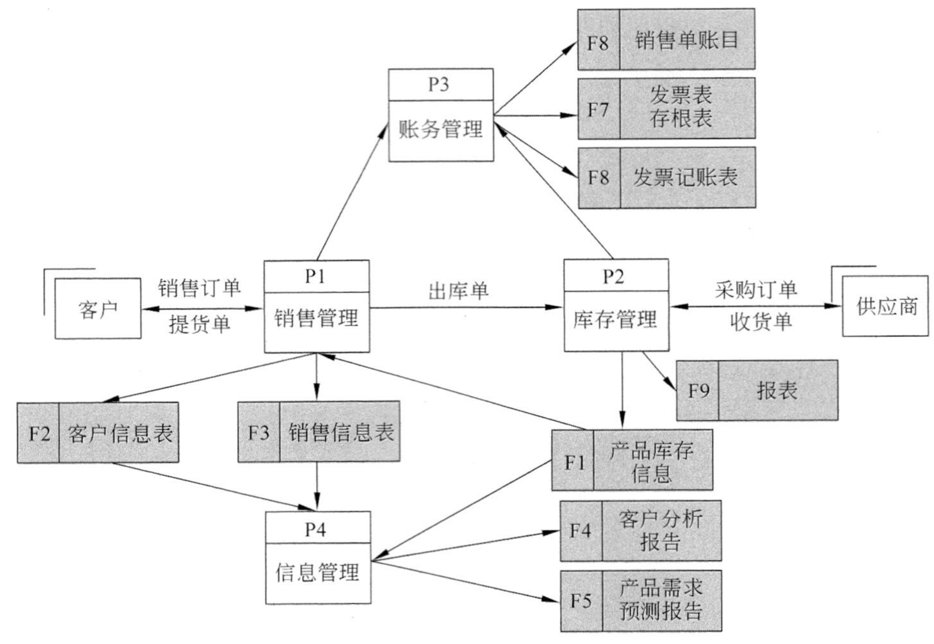

图 10-6　系统第 1 层数据流图

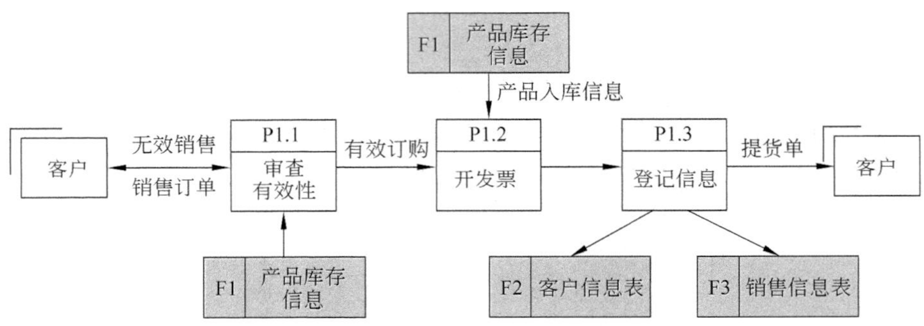

图 10-7　销售管理子系统数据流图

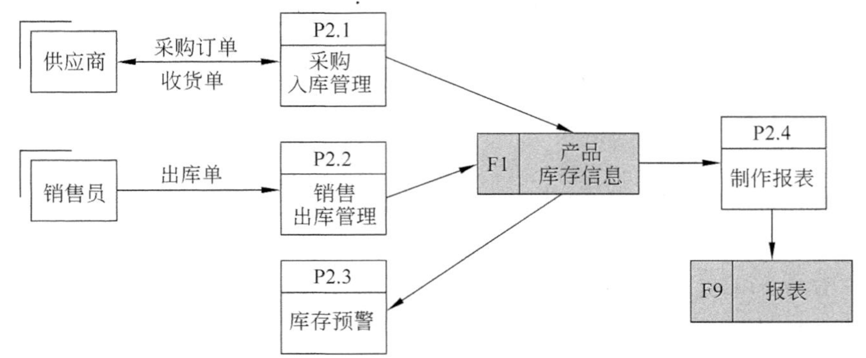

图 10-8　库存管理子系统数据流图

输出的数据流：客户分析报告。

(2) 数据结构定义

数据结构编号：DS03-08。

数据结构名称：采购订单。

简述：所需采购商品及相关信息。

数据结构组成：商品代码＋商品名称＋规格＋单位＋数量＋单价＋金额＋备注。

(3) 外部实体定义

外部实体编号：E2。

外部实体名称：销售员。

简述：负责产品的销售，与库房的商品交接。

外部实体组成：编码＋姓名＋性别＋年龄＋所属部门。

输出的数据流：F3 销售信息表。

(4) 数据存储定义

数据存储编号：F1。

数据存储名称：产品库存信息表。

简述：用于保存产品的信息。

组成：产品编号＋单位＋仓库＋库存件数＋库存数量＋库存进价总额＋库存批发价总额。

关键字：产品编号。

(5) 数据流定义

数据流编号：D2。

数据流名称：出库单。

简述：发货员把商品交给顾客时所填写的单据，表示货物已从仓库发出。

数据流来源：采购处理。

数据流去向：出库处理。

数据流组成：出库单编号＋商品代码＋商品名称＋商品单价＋销售数量＋出库日期。

数据流量：约 10 次/日。

高峰流量：约 15 次/日。

(6) 处理逻辑定义

处理逻辑编号：P4.2。

处理逻辑名称：预测分析。

简述：根据客户信息表、销售信息表和库存信息表，进行客户分析和产品需求预测分析。

输入的数据流：客户信息表、销售信息表、库存信息表。

处理描述：根据客户信息表、销售信息表和库存信息表，进行统计分析，得到客户分析报告和产品需求预测分析报告。

10.4.4 系统设计

1. 总体功能结构设计

本系统包括销售管理、库存管理、财务管理、信息管理四大模块，功能结构图如图 10-9 所示。

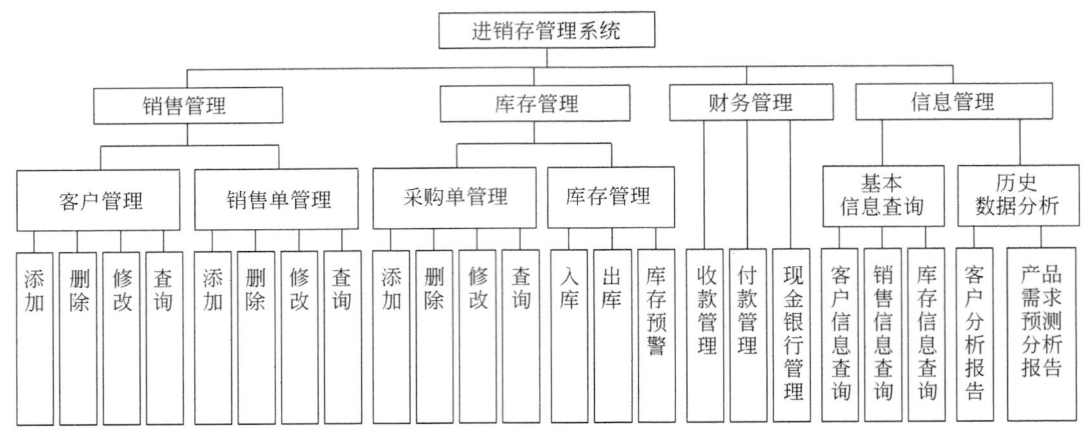

图 10-9 系统功能结构图

(1) 销售管理

系统提供销售业务员在日常工作的对客户、销售单管理的功能。该功能包括添加、删除、修改、查询客户，销售单的添加、删除、修改、查询。

(2) 库存管理

仓库管理提供采购员完成日常采购管理的功能，系统中采购管理工作主要围绕采购单进行添加、删除、修改、查询操作。仓库管理同时仓库管理，该功能包括商品的出库、入库、库存预警等。

(3) 财务管理

财务管理提供财务管理员完成日常财务管理工作，功能包括现金银行管理、收款管理、付款管理。

(4) 信息管理

主要包括基本信息查询和历史数据分析两个部分组成。

2. 数据库设计

(1) E-R 模型

根据用户需求设计数据库概念模型，概念结构是各种数据模型的共同基础，一般使用 E-R 模型来表示。分析收集到的资料，画出企业现实中的事物及其相互联系图。本系统的 E-R 图如图 10-10 所示。

(2) 数据库的逻辑设计

① 数据库和表名称。为了便于编程，本系统中表名采用英文单词，例如，客户表的表名

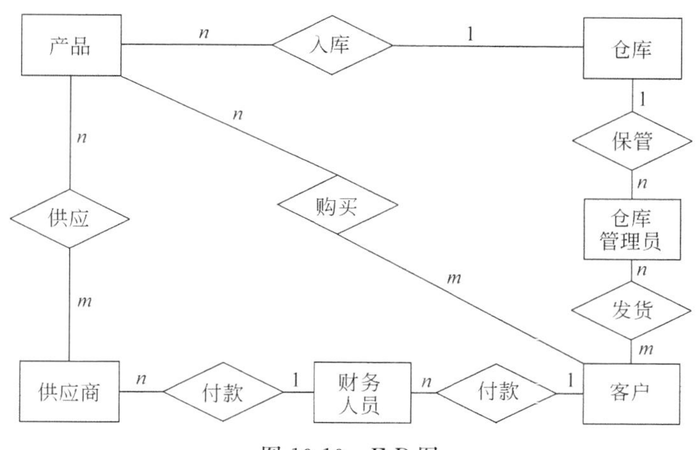

图 10-10　E-R 图

为 customers。数据库中的所有表名如表 10-1 所示。

表 10-1　数据库中的表名称及含义

序　号	表 名 称	含　义
1	customers	客户表
2	market_analysis	客户市场分析表
3	bank_account	公司的银行账户信息
4	depts	按照部门划分的不同角色信息
5	employees	用户表
6	products	商品表
7	reckonings	账款表
8	returned_moneys	回款表
9	storages	仓库表
10	storages_logs	库存日志表,详细记录了所有出入库信息

② 表结构的设计。下面以客户表的表结构设计为例,如表 10-2 所示。

表 10-2　customers 客户表

字 段 名	字段描述	字段类型	是否允许为空
id	客户编号	int	否
name	客户名	varchar(255)	是
customer_type	客户分类	varchar(255)	是
strategy_level	跟进程度	varchar(255)	是
customer_value	客户价值	varchar(255)	是

续表

字段名	字段描述	字段类型	是否允许为空
area_id	所在地区	int	是
web_site	客户网址	varchar(255)	是
e_mail	电子邮件	varchar(255)	是
customer_add	客户地址	varchar(255)	是
customer_source	客户来源	varchar(255)	是
isintegrate	是否积分	int	是
total_integrate	积分总数	int	是
add_time	添加时间	datetime	是
employee_id	员工的 ID	int	是
status	状态	varchar(255)	是

10.4.5 系统实施

1. 开发环境

(1) 语言包：JDK1.6、Jquery1.5。

(2) 开发框架：Struts+Hibernate+Spring。

(3) 数据库：MySQl 5.0.6。

(4) 服务器：Tomcat 6.1.2。

(5) 开发工具：Eclipse 3.2、Dreamweaver CS4、PowerDesigner 12、Firefox 4.0、FireBug 1.3。

2. 系统架构

系统采用 MVC 三层架构，即模型层(Model)、视图层(View)、控制层(Control)。

(1) 模型层抽象出系统用到的各种实体：用户类、商品类、销售单类等，模型层为纯 POJO(Plain Old Java Object)、Java 类对象；运用 Java 的 Hibernate 框架，POJO 类与数据库表建立 ORM(Object Relational Mapping)映射，从而可以直接操纵对象方便进行业务处理，大大减少编写 SQL 代码量，提高开发效率。

(2) 视图层用于整个系统与用户交互展示，如帖子信息增删改查，管理员管理等，考虑到因特网传输速度，普通用户采用 CSS+Div 做页面布局，并且尽量减少页面图片，用 Jquery 框架进行异步 Ajax 交互，来增强用户体验。管理界面采用 Extjs 框架，其丰富的页面表现能力及对 Dom 模型的操纵功能，可以实现便捷而强大的帖子后台管理。

(3) 控制层采用 Struts 框架，可以集中控制用户页面的请求信息，方便管理。

另外，运用 Spring 框架对整个系统的事务进行托管，Spring 利用流行的 AOP 思想，将整个系统的事务托管，开发人员可以摆脱烦琐的事务处理，专注业务处理。

采用这样的设计结构使得人机界面部分的程序开发工作得以简化，它不必关心业务逻辑是如何访问数据库的，只需把精力集中在人机界面上即可。中间业务逻辑层包含了大量的供客户端程序调用的业务逻辑规则，以帮助其完成业务操作。它的优点就在于它所具有的可伸缩性，可根据具体业务的变化而改变，但在表现层和数据服务层所做的改动较小，适合于快速开发。数据服务层主要提供对数据库进行各种操作的方法。它主要由中间业务层来调用并完成业务逻辑，当数据库的结构确定后，对于它的改动也就比较小了。数据服务器作为数据处理的焦点，便于对数据的集中管理，充分利用服务器的系统资源，降低了对客户机的要求。

3. 部分功能实现界面

(1) 销售管理界面如图 10-11 所示。

主菜单
销售管理
客户管理
客户添加
添加单位客户
添加个人客户
客户领用
客户池
客户列表
所有客户
已保护客户
我共享给他人的客户
他人共享给我的客户
积分管理
联系人管理
联系人添加
联系人列表
生日提醒
联系次数排行

客户池

编号	客户名称	联系人	洽谈进展	客户价值	销售人员	执行操作
10	[illegible]	[illegible]	暂无	暂无	肖毅	共享 详细信息
9	sdfsdf	暂无	暂无	暂无	暂无	领用 详细信息
8	张亚凡	暂无	暂无	暂无	肖毅	共享 详细信息
6	王昌欣	暂无	暂无	暂无	肖毅	共享 详细信息
5	王锋	暂无	暂无	暂无	暂无	领用 详细信息

当前是第1页，共有9条记录，2页 首页 « 上一页 1 2 下一页 » 尾页

图 10-11　客户管理界面

(2) 库存管理

库存管理界面如图 10-12 所示。

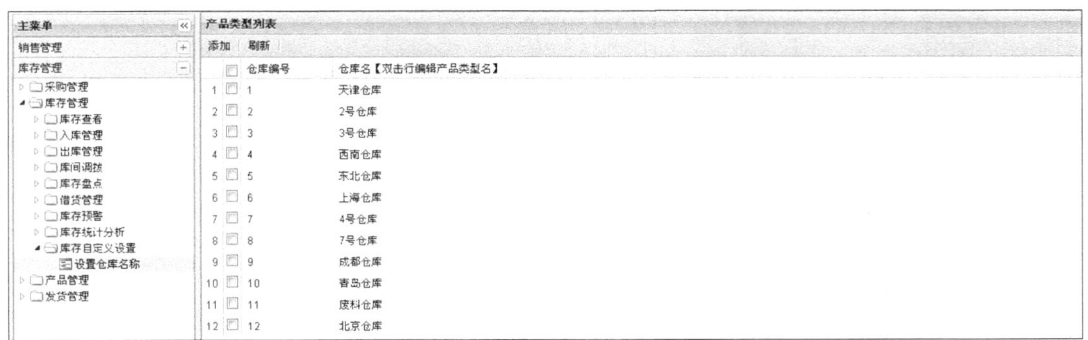

图 10-12　库存管理界面

10.5 课程设计参考题目

以下部分课程设计题目仅供参考。

1. 毕业设计管理信息系统

为本科毕业设计的管理设计一个管理信息系统，功能包括：指导教师网上上报论文题目，学生网上选题及选择指导老师，管理员确定学生及导师名单，生成开题及答辩分组名单，可以进行各项成绩统计，各种文件的上传和下载，提供有关毕业设计的规定、相关知识等信息。

2. 企(事)业人事档案管理信息系统的开发

为企(事)业单位开发一个人事档案管理系统，主要功能包括档案录入、档案查询、档案统计、档案输出、档案维护、安全管理等。

3. 运动会成绩管理系统

为校田径运动会设计一个成绩管理系统，包括下列功能：登记各项比赛的成绩；根据预赛成绩产生参加预(决)赛名单，实时报告各项竞赛成绩，包括是否打破纪录，统计各团队的总分、名次。

4. 学术会议论文管理系统

系统的业务流程为：收到应征论文后进行分类编号登录，审稿前打印分类目录和审稿单，审稿后登录审稿结论(录用、不录用、修改后录用)，并将结论通知作者(修改后录用的附修改建议)，收到作者修改稿和版面费后进行登记，打印论文集目录(收到版面费的录用论文列入论文集)。

5. 宾馆管理系统

为中型宾馆设计一个宾馆消费管理系统，该系统具有下面功能：客服管理、客房预定和变更、查询、结算(住宿、餐饮、购物、通信、娱乐等各种费用一次结清)。

6. 其他

(1) 某企业物流管理信息系统的开发。
(2) 某企业客户关系管理信息系统的开发。
(3) 房地产公司售楼管理系统。
(4) 房屋中介公司管理系统。
(5) 计算机公司客户服务管理系统。

本章小结

实践性强是本课程的突出特点，也是本课程的教学难点。为了加强课程的可操作性，课程设计是非常必要的实践教学环节。本章通过某保健品公司的进销存管理系统开发的实例，以期能够使大家进一步了解管理信息系统的开发步骤，加深对管理信息系统基础理论和基本知识的理解，掌握管理信息系统分析设计的基本方法，提高实际开发管理信息系统的能力。

课程设计是对所学知识的综合运用能力的检验，也是提高分析问题解决问题能力的好时机。通过课程设计环节，亲自动手运用所学的专业知识和技巧，去分析、研究、解决这些实际问题，能够综合应用系统分析、系统设计和系统实施基本理论和方法，能够编写项目计划书、需求说明书、系统分析报告、系统设计报告、系统评价报告，从而灵活运用所学知识，增强实际工作能力与实践经验，也为顺利进入更高层次的学习打下坚实的基础。缺乏社会实践和工程实践的在校学生对于 MIS 的教学内容常常感觉是抽象、空洞、教条、不知所云，因此，教学时课程设计可以与课程讲授平行、同步进行；课程开始就部署课程设计，使学生把各章的讲授与自己的课题紧密的联系起来，从而提高课堂教学的针对性、实用性。也可以结合专业实习安排在期末集中几周时间进行课程设计。

附录A　ERP软件的选用

企业资源计划系统(Enterprise Resource Planning,ERP)自 20 世纪 90 年代后期从美国传入中国,为我国的企业体制改革注入的新的活力,ERP 已成为大型现代企业管理中不可或缺的有力管理工具,是企业现代化和信息化程度的重要标志。随着信息技术的发展,现在的企业管理软件,已经涉及了企业的各个部门,有财务管理软件、ERP、CRM 等管理软件。

ERP 将企业所有资源进行整合集成管理,简单地说是将企业的三大流(物流、资金流、信息流)进行全面一体化管理的管理信息系统。ERP 是指建立在信息技术基础上,以系统化的管理思想,为企业决策层及员工提供决策运行手段的管理平台。

ERP 软件是以 ERP 理论思想为产品设计基础,包括企业财务、物流、供应链、生产计划、人力资源、设备、质量管理等各类资源管理的软件。ERP 系统集中信息技术与先进的管理思想于一身,成为现代企业的运行模式,反映时代对企业合理调配资源,最大化地创造社会财富的要求,成为企业在信息时代生存、发展的基石。作为软件产品,ERP 是综合应用了客户机/服务器体系、关系数据库结构、面向对象技术、图形用户界面、第四代语言(4GL)、网络通信等信息产业成果,以 ERP 管理思想为灵魂的软件产品;作为管理系统,ERP 是整合了企业管理理念、业务流程、基础数据、人力与物力、计算机硬件和软件于一体的企业资源管理系统。ERP 的应用实施涉及企业的各个部门,从最高领导层到最底层的操作人员。ERP 的应用不仅仅是引入一套现代化的管理软件,使企业的日常经营管理活动自动化,更重要的是一般要对企业传统的经营方式进行根本性的变革,使其更加合理化、科学化,从而大幅度地提高企业的经营效益。企业应用 ERP 后效益的提高,一方面是来自于 ERP 软件本身;另一方面就是得益于业务流程重组。

国内外有很多种 ERP 软件产品,SAP 公司的 SAP ERP 软件是国外最顶端的 ERP 软件,以其功能强大、开放性强、设计思路与流程严谨稳居 ERP 软件之首;另外,德国的 ORACLE-ERP、丹麦的 AxaptaERP、中国台湾方天 ERP 等是世界顶尖级 ERP 产品。近年来,国产 ERP 软件也在蓬勃发展之中,其中用友的 ERP 软件位居国内 ERP 软件之首,如图 A-1 所示。其次金蝶、天思、蓝灵通、迅达、道讯等 ERP 软件也各自占据着一小部分市场。各种 ERP 产品都有自己的特色,特别是在适应行业特色方面,基本上能满足制造业、外贸和部分流通业等独特的功能需求;在规模方面,能适应从相对独立的小型企业、离散型的中小型企业到多区域分布式的大中型企业;在技术层面,大多采用支持开放式系统的 C/S 结构,部分使用操作方便的 B/S 结构;在扩展性方面,基本上能满足企业定制和二次开发的需求。

国内的财务软件界,用友可谓独领风骚。用友公司是中国最大的管理软件、ERP 软件和财务软件供应商,其企业应用软件产品线非常丰富,涉及 ERP(企业资源计划)、SCM(供应链管理)、CRM(客户关系管理)、HR(人力资源管理)、EAM(企业资产管理)、OA(办公自动化)和行业管理软件等诸多领域。用友也是中国领先的企业云服务、医疗卫生软件、管理咨询及管理信息化人才培训提供商。

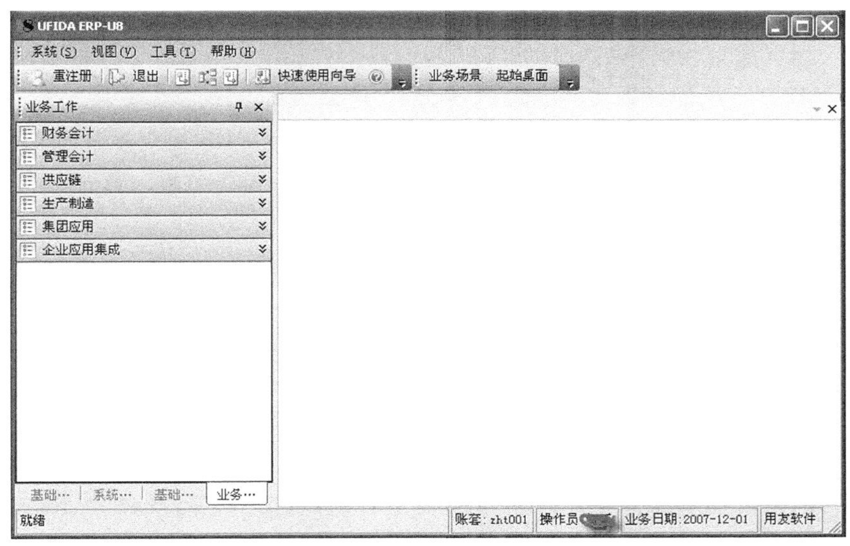

图 A-1 用友 ERP

1. ERP 的分类

按软件性质分类,ERP 可分为通用型 ERP 与专业的 ERP。

通用型 ERP 一般只包括基本通用功能:买入卖出、仓库管理、产品分类、客户关系等,这些功能只是简单的记录,没有充分考虑企业的性质和一些特殊需求。

按照所应用到的行业不同,专业的 ERP 进行特别定制。例如,灵创软件专业服装 ERP,就要考虑服装的特点,用通用型 ERP 就会带来很多的不便;专业的服装 ERP 考虑服装多色、多款、多号、季节性等的特点,管理方面的设计会更细致化。灵创服装 ERP 包括服装生产管理、仓库管理、供应链管理、企业资源管理、移动订货会等。

2. ERP 的发展

ERP 的发展经历了四个发展阶段。

(1) 20 世纪 60 年代的 MRP 系统

MRP 全称是 Material Requirements Planning,意为物料需求计划。MRP 是根据主生产计划(Master Production Schedule,MPS)、物料清单(Bill Of Material,BOM)、存货单(库存信息)等资料,经过计算而制订的物料生产与采购计划,同时提出各种订单补充的建议,并对已开工订单进行修正的一种技术。

在工业企业中,产品大多结构复杂,品种繁多,编制它们的物料需求计划是十分复杂、繁重、困难的工作。IBM 的 Joseph A. Irlicky 于 1965 年提出了"独立需求"、"非独立需求"概念,并且随着计算机技术的发展以及在企业管理中的广泛推广与应用,在计算机上实现了用于装配型产品生产与控制的 MRP 系统。

(2) 20 世纪 70 年代的闭环 MRP 系统

MRP 与能力需求计划(CRP)一起形成计划管理的闭环系统,称为闭环 MRP 系统。开环 MRP 系统是为产品零部件配套服务的库存控制系统，主要功能是解决产品订货所需要的物料项目、物料数量和物料供货时间等问题。

与开环 MRP 系统的区别是，在生成物料需求计划(MRP)后，依据生产工艺，推算出生产这些物料所需的生产能力。然后与现有的生产能力进行对比，检查该计划的可行性。若不可行，则返回修改物料需求计划或主生产计划，直至达到满意平衡。随后进入车间作业控制子系统，监控计划的实施情况。

闭环 MRP 系统的扩展功能系统包括：①能力需求计划(Capacity Requirement Planning, CRP)子系统。②车间作业控制子系统。

(3) 20 世纪 80 年代的 MRP Ⅱ 系统

MRP Ⅱ 是对企业的制造资源进行计划、控制和管理的系统。MRP Ⅱ 对闭环 MRP 的改进。MRP Ⅱ 实现物流与资金流的信息集成，并增加了模拟功能。MRP Ⅱ 中的制造资源分四类：一是生产资源，包括物料、人、设备等；二是市场资源，包括销售资源、供应资源等；三是财务资源，包括资金来源和支出；四是工程制造资源，包括工艺路线和产品结构等。

MRP Ⅱ 的特点是：①计划的一贯性和可靠性；②管理的系统性；③数据的共享性；④动态应变性；⑤模拟预见性；⑥物流、资金流的统一。

(4) 20 世纪 90 年代的 ERP 系统

进入 20 世纪 90 年代，随着市场竞争的进一步加剧，企业竞争空间与范围的进一步扩大，20 世纪 80 年代 MRPⅡ主要面向企业内部制造资源全面计划管理的思想逐步发展为 20 世纪 90 年代怎样有效利用和管理企业整体资源的管理思想，ERP 也就随之产生。ERP 是在 MRP Ⅱ 的基础上扩展了管理范围，给出了新的结构。ERP 对于 MRP Ⅱ 在生产管理方式、管理功能、财务系统功能、事务处理控制、计算机信息处理等方面进行了改进。

从 1981 年沈阳第一机床厂从德国工程师协会引进第一套 MRP Ⅱ 软件，中国企业信息化和 ERP 应用已经风风雨雨渡过了 30 多年。随着中国企业信息化的日渐成熟，企业对 ERP 软件本身的灵活性，修改开发速度的要求也越来越高；随之出现了平台式的 ERP 系统。ERP 平台式软件是指在现有的 ERP 开发平台上，无须二次开发，能够在短期内，通过平台系统的参数设置，系统功能调配快速地、有效地、稳定地帮助各企业设置出适合其管理模式的 ERP 应用系统，将分散的组织和资源更为有效地连接起来，实现企业内部的协同工作，企业与客户、供应商以及合作伙伴间的紧密连接和协同商务，并帮助中小企业快速发展为大型企业以及大中型企业的全球化经营战略。例如，广州市炜邦软件科技有限公司研制开发的炜邦平台式 ERP 系统，属国内首批推出的平台式 ERP 软件；能快速地、现场为各行各业的企业度身设置企业所需的管理软件，而无须任何二次开发。

3. ERP 的选择

面对软件市场上众多的 ERP 软件，用户需要在外购软件与自制软件的方案之间进行选择，用户需要对可供选择的软件进行了解和比较。在选择 ERP 软件时，一般应考虑以下因素。

(1) 要购买原版的 ERP 软件，这是因为多数商品化软件厂家只对原版软件进行维护。

(2) 功能要求。软件的功能应符合行业的特点，满足本单位具体业务与管理的要求，尤其要看商品化软件是否对外提供有接口，接口是否符合要求。由于商品化软件是通用软件，单位有时会根据自身特点和需要，增加一些特殊功能，或者需要软件的二次开发，这就需要软件的接口能满足相应的要求。

(3) 配置要求。应根据自己系统的目标及企业条件，选择符合适当配置要求的 ERP 软件。

(4) 文档资料，最基本的文档资料是用户操作手册，又称使用说明书；文档材料提供的优劣和多少，决定着用户对系统开发者的依赖程度。首先，文档资料应该尽量详细地介绍系统功能和操作步骤以及系统对操作的反映，帮助用户熟悉 ERP 软件的使用并排除某些操作产生的故障。其次，文档资料中应有软件系统运行时产生的样本资料如：凭证、账簿、报表等，这有助于用户判断新系统的功能是否满足自己的需要。另外，文档资料中最好能有对系统的测试方案，以帮助用户验证系统的功能与控制能力。

(5) 售后服务。购买商品化 ERP 软件比购买其他设备或物资需要更多的售后服务。因此，企业在购买 ERP 之前，要考察软件售后服务情况，包括技术支持、用户培训、软件资料、版本升级等方面，必须得到售后服务的承诺。

(6) 软件价格。一般来说，商品化 ERP 软件的购置费用包括软件费用、技术培训费、维护服务费、安装费以及其他配套费用。在购买时，应比较几家供应商的软件价格，并考虑软件的功能价格比，对 ERP 软件做出综合评价。

4. 用友 ERP 系统

下面对用友 ERP-U8 管理系统这一 ERP 软件的典型代表性进行介绍。用友 ERP 管理软件系“中国名牌产品”，由用友软件股份有限公司(成立于 1988 年)开发研制。目前，中国及亚太地区约 120 多万家企业与机构通过使用用友软件，实现精细管理、敏捷经营。用友公司拥有中国和亚太实力最强的企业管理软件研发体系，规模最大的支持、咨询、实施、应用集成、培训服务网络，以及完备的产业生态系统。ERP-U8 的启动菜单如图 A-2 所示。

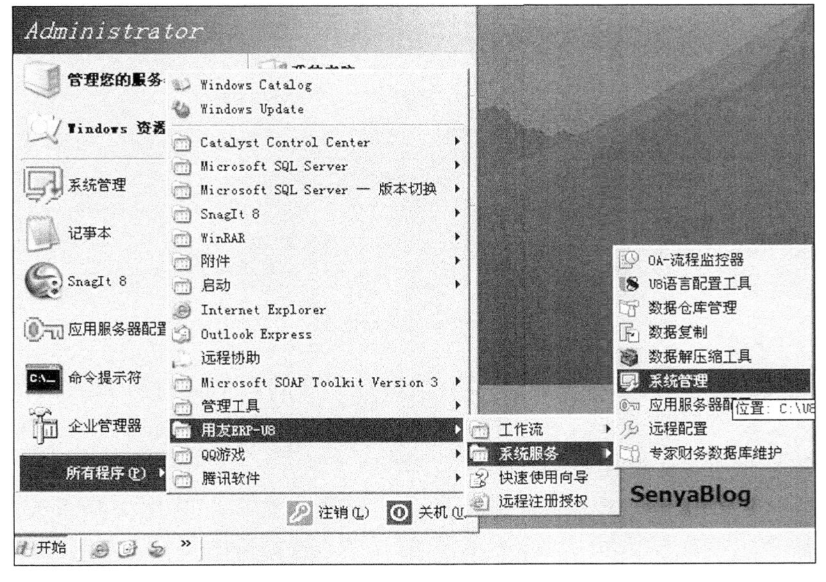

图 A-2 启动菜单

(1) 用友 ERP-U8

用友公司 2001 年推出基于 Windows 操作平台的 ERP-U8 企业级财务软件，实现了购销存业务处理、会计核算和财务监控一体化管理，提供了相应的分析、预测和控制手段，能有效控制库存、加快资金周转、降低成本，为管理层进行经营决策提供支持，帮助企业提高盈利水平及竞争力。用友 ERP-U8 以中小企业多部门的应用为目标，由财务会计、管理会计、供应链、生产制造、Web 应用、商业智能、集团应用、企业应用集成 EAI 共 8 部分组成。各部分既相对独立，各自具有较完善和细致的功能，又能结合为一个整体，进行综合应用，实现了财务管理与业务管理的一体化。每部分又包括相应的功能模块，如供应链由物料需求计划系统、合同管理系统、采购管理系统、库存管理系统、销售管理系统、存货核算系统、质量管理系统等构成。

(2) 软件使用的一般流程

在选定软件的具体版本之后，需要安装软件，如图 A-3 所示。如果是单机版的软件，只安装在一台计算机上即可运行；如果是网络版的软件，则需要分别在工作站和服务器上进行安装。通用财务软件的一般使用流程包括软件的初始化设置、日常会计业务处理、会计业务月末处理、定期与不定期的会计数据备份与恢复。

图 A-3 安装进度

① 软件的初始设置。软件的系统初始化是对软件的日常运行所做的一些必需的准备工作。例如：安装的 ERP 系统，还不能立即使用，需要在服务器端进行一些最基本的配置和大量基础数据设置，初始化数据库实例，如图 A-4 所示。

系统初始化工作量通常较大，而且涉及手工核算系统和电算化核算系统的对接问题。初始化工作通常包括操作人员、口令及权限的设置，定义基础参数与建账如图 A-5 所示。业务处理规则的设置，如设置会计科目、编制折旧或工资的计算公式、编制报表取数和计算

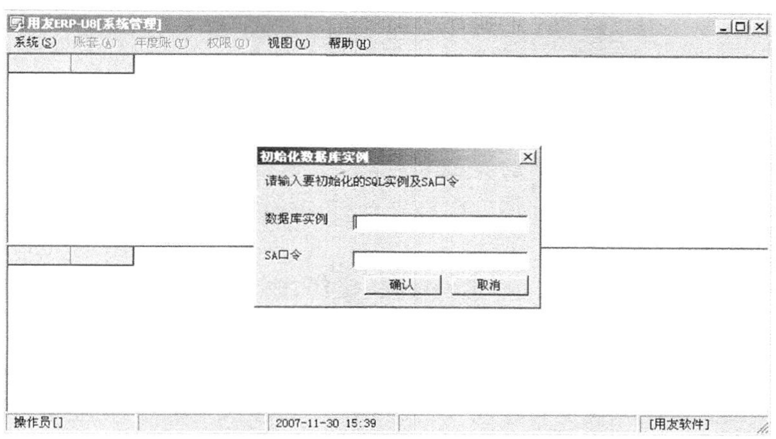

图 A-4　初始化数据库实例

公式等，目前，依据 2007 年新企业会计准则，我国对各行业的会计科目制定了一定的标准；录入期初数据、录入期初余额，在首次使用新的会计软件时，期初余额是指软件启用之前的科目总账、明细账、辅助账等的期末余额。期初余额录入后的校验，例如，库存现金科目的余额应与企业实有库存现金一致，企业的银行存款科目余额与企业在银行的实际存款余额(未达账项除外)一致等。

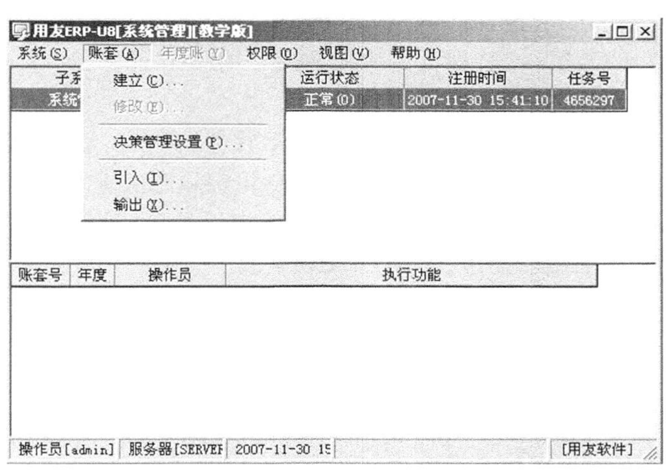

图 A-5　参数定义

② 日常业务处理。软件的日常运行，是对有关的数据进行例行的业务处理。日常运行是周而复始的工作，即在不同的时间内执行重复的数据处理工作，如账务处理子系统中每个月都需进行凭证的编辑、汇总、审核、记账、账簿的查询与打印等。日常运行主要包括以下内容。

a. 数据录入。将经审核后的手工数据录入计算机，进行数据的增加、修改和删除。如账务处理系统记账凭证的录入、修改和删除操作。

b. 数据校验。主要是对录入和加工的数据进行正确性核对，如账务处理子系统中的会计凭证审核、会计报表子系统中的会计报表数据复核等。

c. 数据加工。是对已存储于计算机中的数据进行计算、分类、汇总等处理。例如，账务处理子系统中的记账凭证汇总、记账等功能，工资核算子系统中的工资计算、汇总、分配、自动生成转账凭证等功能，固定资产核算子系统中的折旧计算、分配、自动生成转账凭证等功能。

d. 数据输出。主要是指数据的查询和打印，数据查询是在计算机屏幕上显示有关数据；数据打印是将有关会计数据利用打印机进行打印输出，形成纸介质的书面文件，如工资结算单、工资汇总表的打印等。

③ 期末处理。例如，会计期末要进行账账、账证、账实核对，并进行结转处理，最后进行结账。结账只能每月进行一次，结账后一般不能再处理本月的业务。

④ 数据的备份与恢复。数据备份，即制作数据文件的副本，将信息系统产生的数据备份到硬盘、软盘或其他磁介质上保存起来。建立副本以便长期保存，防备意外事故造成的数据丢失或非法篡改和破坏；一旦发现硬盘数据文件被非法篡改或被破坏，能够利用备份数据，使系统数据得到尽快恢复，以保证业务处理正常进行。数据备份工作应当经常进行。

数据恢复，即利用现有数据恢复到最近状态，是指把软盘或硬盘上的数据恢复到硬盘上指定目录下的过程。进行数据恢复的目的是当硬盘上某年的数据已被删除，但又需要查询时，将往年的数据恢复到硬盘上；或当硬盘数据被破坏时，将备份盘上的最新备份数据恢复到硬盘上。

不同品牌的ERP软件，在功能和操作上是各有千秋的；由于ERP是根据企业经营方向和管理模式研发设计的，一般地，单位有ERP的，使用前都要组织培训，因为这个系统必须经过培训，知道了该单位的一些特别设定才能使用。ERP软件不像Excel、Windows XP等软件有极强的共性，相反，它有着极强的个性。

在校学生可以使用用友ERP-U8.50认证教学软件（一般在学校机房已经安装），该软件是用友软件股份有限公司根据我国企业管理信息化实际需求研发的管理及教学软件。只要熟悉企业内部的管理模式，各个流程环节，软件的使用是比较简单的。有关ERP软件的具体使用可以查阅相应系统的使用说明书等文档资料。

注意：由于用友ERP-U8是一个企业资源计划系统，涉及企业整体财务与业务的管理工作，因此对系统安全性要求比较高，其相应的数据库环境和安装设置也比以往的教学版本复杂。由于该教学软件基于企业最新实际应用环境出发，不同于一般的辅助教学课件，所以对于安装环境及安装顺序具有一定要求。为了避免教学过程中出现软件安装及使用的基础问题，请老师和同学在安装软件前仔细阅读安装说明。教学过程中，建议教师提醒学生不要修改SA密码和系统管理员Admin的密码，以免遗忘密码影响正常教学。

如果计算机中已安装SQL Server数据库系统，则安装用友ERP认证教学软件系统后系统提示要求输入的SA密码与原SQL Server数据库系统SA密码相同。如果计算机中第一次安装数据库系统，则SA密码系统默认为空。当SA密码被他人修改或遗忘无法修改时，可以先安装SQL Server 2000，在SQL Server 2000中选择“企业管理器\SQL Server组\安全性\登录”下的SA双击，删除SQL Server身份验证中的密码重新设置即可。教学过程中如果无法正确安装运行用友教学软件，请访问用友技术服务支持网站http://service.ufsoft.com.cn/knowledge进行查询或与本地用友公司培训部联系。

附录B　全国计算机等级考试三级信息管理技术考试大纲

三级信息管理技术是全国计算机等级考试中三级的一类。它要求三级信息管理技术合格考生应具备计算机应用的基础知识，掌握软件工程、数据库的基本原理和方法，熟悉计算机信息系统项目的开发方法和技术，具备从事管理信息系统项目和办公自动化系统项目开发和维护的基本能力。

1. 基本要求

(1) 具有计算机软件及应用的基础知识。
(2) 掌握软件工程方法，具有软件开发的基本能力。
(3) 掌握数据库基本原理，熟悉数据库设计的基本方法。
(4) 掌握信息管理的基本原理，熟悉计算机信息系统开发的方法。
(5) 掌握计算机操作并具有C语言编程(含上机调试)的能力。

2. 考试内容

(1) 基本知识
① 计算成和应用领域。
② 计算机软件基础知识。
③ 操作系统基本概念和应用。
④ 计算机网络及应用基础。
⑤ 信息安全的基本概念。
(2) 软件工程
① 软件工程基本概念。
② 结构化分析，数据流图、数据字典、软件需求说明。
③ 结构化设计，总体设计、详细设计、结构图、模块设计。
④ 结构化程序设计。
⑤ 软件测试，测试方法、技术和用例。
⑥ 软件质量控制，软件文档。
⑦ 软件工程技术发展。
(3) 数据库
① 数据库基本概念。
② 关系数据模型。
③ 结构化查询语言SQL。
④ 数据库管理系统。

⑤ 数据库设计方法、步骤。

⑥ 数据库开发工具。

⑦ 数据库技术发展。

(4) 信息管理

① 信息管理基本概念。

② 计算机信息管理的发展过程。

③ 管理信息系统的概念、功能和构成。

④ 管理信息系统的开发,内容、策略和方法。

⑤ 决策支持系统的概念、功能和构成。

⑥ 办公信息系统的概念、功能、构成和工具。

⑦ 信息管理技术发展。

(5) 信息系统开发方法

① 构化分析与设计方法的步骤和内容。

② 企业系统规划方法的基本过程和作用。

③ 战略数据规划方法的指导思想和基本内容。

④ 原理化方法的策略和应用。

⑤ 方法论的发展。

⑥ 面向对象开发方法。

3. 上机操作

(1) 掌握计算机基本操作。

(2) 熟练掌握 C 语言程序设计基本技术、编程和调试。

(3) 掌握与考试内容相关的知识的上机应用。

4. 考试方式

(1) 笔试:120 分钟,满分 100 分。其中含公共基础知识部分的 30 分。

(2) 上机考试:60 分钟,满分 100 分。考试内容是 C 语言,考试形式是给一个 C 语言程序的部分代码,要求补写出其余的代码。

附录C　计算机等级考试三级笔试真题信息管理技术

1. 选择题（每小题1分，共60分）

下列各题A、B、C、D四个选项中，只有一个选项是正确的，请将正确的选项涂写在答题卡相应位置上，答在试卷上不得分。

(1) 计算机硬件系统中最核心的部件是(　　)。

A. 主存储器　　B. 磁盘　　C. CPU　　D. 输入/输出设备

(2) 计算机不能直接执行符号化的程序，必须通过语言处理程序将符号化的程序转换为计算机可执行的程序，下述所列程序中，(　　)不属于上述语言处理程序。

A. 汇编程序　　B. 编译程序　　C. 解释程序　　D. 反汇编程序

(3) 进程调度有各种各样的算法，如果算法选择不当，就会出现(　　)。

A. 颠簸(抖动)　　B. 进程长期等待　　C. 死锁　　D. 异常

(4) 计算机软件分系统软件和应用软件两大类，其中处于系统软件核心地位的是(　　)。

A. 数据库管理系统　　B. 操作系统

C. 程序语言系统　　D. 网络通信软件

(5) 以下关于计算机网络的基本特征的叙述中，(　　)是不正确的。

A. 在计算机网络中采用了分组交换技术

B. 建立计算机网络的主要目的是实现计算机资源的共享

C. 互联的计算机是分布在不同地理位置的多台独立的"自治计算机"

D. 联网计算机之间的通信必须遵循共同的网络协议

(6) 在加密技术中，作为算法输入的原始信息称为(　　)。

A. 明文　　B. 密文　　C. 报文　　D. 暗文

(7) 检查软件产品是否符合需求定义的过程称为(　　)。

A. 集成测试　　B. 确定测试　　C. 验证测试　　D. 验收测试

(8) 在软件开发过程中，以下说法正确的是(　　)。

A. 程序流程图是逐步求精的好工具

B. N-S图不可能任意转移控制，符合结构化原则

C. 判定表是一种通用的设计工具

D. 程序流程图和N-S图都不易表示模块的层次结构

(9) 下列有关自底向上方法的缺点描述不正确的是(　　)。

A. 信息系统难以实现其整体性

B. 开发周期长，系统复杂，而且投资较大、成本较高

C. 系统数据的一致性和完整性难于保持

D. 系统并不支持企业的战略目标

(10) 下列(　　)指的是试验程序的内部逻辑和遍历具体的执行路径。

A. 单元测试　　B. 功能测试　　C. 性能测试　　D. 结构测试

(11) 软件工程方法是在实践中不断发展的方法,而早期的软件工程方法主要是指(　　)。

A. 原型化方法　　B. 结构化方法　　C. 面向对象方法　　D. 功能分解法

(12) 在进行软件结构设计时应遵循的最主要的原理是(　　)。

A. 抽象　　B. 模块化　　C. 模块独立　　D. 信息隐藏

(13) 在结构测试用例设计中,有语句覆盖、条件覆盖、判定覆盖(即分支覆盖)、路径覆盖等,其中(　　)是最强的覆盖准则。

A. 语句覆盖　　B. 条件覆盖　　C. 判定覆盖　　D. 路径覆盖

(14) 在软件生存期的维护扩充阶段,软件所要求的质量特性是(　　)。

A. 易使用性和可移植性　　B. 安全性和重用性

C. 可扩充性和可靠性　　D. 可维护性和可扩充性

(15) 模块本身的内聚是模块独立性的重要度量因素之一。在7类内聚中,具有最强内聚的一类是(　　)。

A. 顺序性内聚　　B. 过程性内聚　　C. 逻辑性内聚　　D. 功能性内聚

(16) 在SQL中,“基本表”对应于数据库三级模式结构的(　　)。

A. 模式　　B. 内模式　　C. 外模式　　D. 存储文件

(17) 在关系数据库设计中,设计关系模式是数据库设计中(　　)阶段的任务。

A. 需求阶段　　B. 概念设计阶段

C. 逻辑设计阶段　　D. 物理设计阶段

(18) 在三级模式之间引入两级映像,其主要功能之一是(　　)。

A. 使数据与程序具有较高的独立性　　B. 使系统具有较高的通道能力

C. 保持数据与程序的一致性　　D. 提高存储空间的利用率

(19) 设有关系R、S和T如下,关系T由关系R和S经过(　　)操作得到。

R

A	B	C
a	b	c
b	a	c
c	b	a

S

A	B	C
a	b	c
b	a	c

T

A	B	C
c	b	a

A. R∪S　　B. R−S　　C. R×S　　D. R+S

(20) 在关系型数据库管理系统中,三种基本关系运算是(　　)。

A. 选择、投影和连接　　B. 选择、删除和复制

C. 创建、修改和合并　　D. 统计、连接和分类

(21) 关系模型要求关系必须是规范化的,即要求关系模式必须满足一定的条件,这些规范条件中最基本的一条就是(　　)。

A. 每一个分量是一个不可分的数据项,即不允许表中有表结构

B. 二维表中各列的宽度必须完全相等

C. 二维表中各行和各列的顺序不能交换

D. 属性名(字段名)要么全部使用汉字,要么全部使用字母

(22) 在数据库的如下两个表中,若雇员信息表的主键是雇员号,部门信息表的主键是部门号,在下列所给的操作中,(　　)操作不能执行。

雇员信息表

雇员号	雇员名	部门号	工　资
001	张三	02	2000
010	李四	01	1200
056	王五	02	1000
101	赵六	04	1500

部门信息表

部门号	部门名	主　任
01	业务部	钱七
02	销售部	孙八
03	服务部	周九
04	财务部	吴十

A. 从雇员信息表中删除行('010','李四','01',1200)

B. 将行('101','赵六','01',1500) 插入到雇员信息表中

C. 将雇员信息表中雇员='010'的工资改为 1600 元

D. 将雇员信息表中雇员号='101'的雇员名改为'钱七'

(23) 从 E-R 模型向关系模型转换，一个 $N:M$ 的联系转换成一个关系模式时，该关系模式的键是(　　)。

A. N 端实体的键　　B. M 端实体的键

C. N 端实体键与 M 端实体键组合　　D. 重新选取其他属性

(24) 在函数依赖的范围内，(　　)范式达到了最高的规范化程度。

A. 1NF　　B. 2NF　　C. 3NF　　D. BCNF

(25) SQL 语言集数据定义功能、数据操纵功能和数据控制功能于一体。如下所列语句中，(　　)是属于数据控制功能的语句。

A. GRANT　　B. CREATE　　C. INSERT　　D. SELECT

(26) 面向管理的计算机应用系统中，如果系统的处理对象是专门解决不确定或不完全信息的推理，这通常属于(　　)。

A. 专家系统　　B. 计算机集成制造系统

C. 管理信息系统　　D. 办公自动化系统

(27) 下述功能都是企业 MIS 的重要功能的组成部分，其最基本的功能是(　　)。

A. 监测企业运行情况、预测企业未来　　B. 预测企业未来、支持企业决策

C. 监测企业运行情况、控制企业行为　　D. 控制企业行为、支持企业决策

(28) 对不同层次的管理活动有着不同特点的信息需求，在任一企业内同时存在着三个不同的计划控制层，下面(　　)不属于企业的计划控制层。

A. 战略计划层　　B. 管理控制层　　C. 操作控制层　　D. 事务控制层

(29) 决策支持系统为(　　)。

A. 能够进行决策的信息系统　　B. 帮助决策者进行决策的信息系统

C. 决策者使用的信息系统　　D. 前面都不正确

(30) 电子数据处理系统(EDPS)、管理信息系统(MIS)、决策支持系统(DSS)，一般来讲它们之间的关系应该是(　　)。

A. MIS 依赖于 DSS，DSS 依赖于 EDPS

B. EDPS 依赖于 MIS，MIS 依赖于 DSS

C. DSS 依赖于 MIS，MIS 依赖于 EDPS

D. DSS 依赖于 MIS，EDPS 依赖于 MIS

(31) 管理信息系统的综合结构中有一种是把同一管理层次上的若干相关职能综合起来形成的，这种结构称为(　　)。

A. 层次结构　　B. 总的综合结构

C. 纵向综合结构　　D. 横向综合结构

(32) 开发策略是根据下列(　　)和工作内容而采取的行动方针和工作方法。

A. 工作方法　　B. 工作对象　　C. 工作效益　　D. 工作目标

(33) J. Martin 认为企业信息系统的建立应遵循某些普遍原则，下述(　　)是 J. Martin所强调应遵循的普遍原则。

Ⅰ. 必要的总体规划　Ⅱ. 自顶向下规划与局部设计组合　Ⅲ. 高层管理人员的参与

Ⅳ. 数据处理人员与管理者之间的交流

A. Ⅰ和Ⅱ　　B. Ⅰ和Ⅲ　　C. Ⅰ、Ⅱ和Ⅲ　　D. 全部

(34) 具有重复性的和常规的，并且在处理这种决策时有规律可循，可事先规定明确的决策规则的决策问题是(　　)。

A. 结构化决策　　B. 半结构化决策

C. 非结构化决策　　D. 非程序化决策

(35) 以下是关于操作型数据和分析型数据的区别的描述：

Ⅰ. 操作型数据粒度小，而分析型数据粒度大　Ⅱ. 操作型数据不可更新，而分析型数据可以更新　Ⅲ. 操作型数据支持的是日常的事务操作，而分析型数据支持管理需求　Ⅳ. 操作型数据一次操作的数据量小，而分析型数据一次操作的数据量大

以上描述中正确的是(　　)。

A. Ⅰ、Ⅱ和Ⅲ　　B. Ⅱ、Ⅲ和Ⅳ　　C. Ⅰ、Ⅲ和Ⅳ　　D. Ⅰ、Ⅱ和Ⅳ

(36) 如用户自行开发管理信息系统，一般地(　　)。

A. 系统不存在维护的问题　　B. 系统维护更容易

C. 系统开发时间较短　　D. 系统开发费用更低

(37) 结构化生命周期方法的系统设计阶段可以分为两个阶段，这两个阶段是(　　)。

A. 输入设计和输出设计　　B. 数据库设计和文件设计

C. 总体设计和详细设计　　D. 模块结构设计和功能设计

(38) 用结构化开发方法研制信息系统，需要分阶段进行，下列(　　)不是信息系统开发所包含的内容。

A. 提出任务　　B. 可行性分析　　C. 理论依据判断　　D. 系统实施

(39) 结构化分析方法是一种面向下列(　　)的需求分析方法。

A. 对象　　B. 数据结构　　C. 数据流　　D. 控制流

(40) 数据流程图用于描述结构化方法中(　　)工作阶段的工具。

A. 可行性分析　　B. 需求分析　　C. 详细设计　　D. 程序编码

(41) 以下是系统设计应该遵循的基本原则的描述：

Ⅰ. 可以根据具体情况随意更改功能和性能要求　Ⅱ. 权衡系统的投资和效益的比例　Ⅲ. 保证系统的效率和质量　Ⅳ. 体现系统的可扩展性和可适应性　Ⅴ. 追求利用先进的技术设计系统。其中正确的有(　　)。

A. Ⅰ、Ⅱ和Ⅲ　　B. Ⅲ、Ⅳ和Ⅴ　　C. Ⅰ、Ⅲ和Ⅳ　　D. Ⅱ、Ⅱ和Ⅳ

(42) 软件工程开发的可行性研究是决定软件项目是否继续开发的关键，而可行性研究的结论主要相关于(　　)。

A. 软件系统目标　　B. 软件的性能

C. 软件的功能　　D. 软件的质量

(43) 开展 BSP 研究的真正价值在于它的成果能科学地确定和定义企业信息系统的(　　)。

A. 职能　　B. 框架　　C. 过程　　D. 目标

(44) 在 BSP 方法中常出现的所谓 C/U 矩阵，它所反映的联系是(　　)。

A. 过程/组织　　B. 过程/数据类　　C. 过程/系统　　D. 过程/资源

(45) 一个信息系统的长期目标应包括下列(　　)。

Ⅰ. 支持企业的战略目标　Ⅱ. 支持企业各管理层的需求　Ⅲ. 为企业提供一致的数据　Ⅳ. 应该适应企业机构/体制改变　Ⅴ. 从子系统按优先次序实现信息系统总体结构

A. Ⅰ、Ⅱ和Ⅲ　　B. 全部　　C. Ⅰ和Ⅲ　　D. Ⅱ、Ⅳ和Ⅴ

(46) 以下关于 BSP 目标的描述:

Ⅰ. 确定信息系统的优先顺序　Ⅱ. 基于企业组织机构来建设信息系统　Ⅲ. 提供数据处理资源的管理 Ⅳ. 增加信息系统高收效的实施　Ⅴ. 改善信息系统管理部门与用户间关系

其中,正确的有(　　)。

A. Ⅰ、Ⅱ、Ⅲ和Ⅳ　　B. Ⅱ、Ⅲ、Ⅳ和Ⅴ

C. Ⅰ、Ⅲ、Ⅳ和Ⅴ　　D. 都是

(47) BSP 的过程分类,产品/服务和支持性资源都属于有生命周期的过程,下面(　　)过程属于回收/分配阶段。

A. 销售　　B. 采购　　C. 库存管理　　D. 包装

(48) 数据类大致可以分为四类:存档类数据、事务类数据、计划类数据和统计类数据,其中历史的和综合的数据,用作对企业度量和控制的数据类是(　　)。

A. 存档类数据　　B. 事务类数据　　C. 计划类数据　　D. 统计类数据

(49) J. Martin 方法中,数据规划的第一步是建立企业模型,分几个阶段逐步求精。下列中(　　)阶段不属于建模。

A. 确定企业边界　　B. 职能表示范围

C. 企业处理过程　　D. 扩展企业处理过程

(50) 运用战略数据规划方法,当系统规划的基础性内容(　　)得到保证时,就可以在其基础上开发各种应用项目。

A. 企业计算机管理信息系统的设备配置规划和企业特定的主题数据库的规划

B. 企业的经营战略规划和企业特定的主题数据库的规划

C. 企业的经营战略规划、企业计算机管理信息系统的设备配置规划和企业特定的主题数据库的规划

D. 企业的经营战略规划和企业计算机管理信息系统的设备配置规划

(51) 主题数据库的概念和设计思想源于(　　)。

A. 结构化生命周期法　　B. 企业系统规划

C. 战略数据规划法　　D. 原型化法

(52) 企业模型应该满足几个特性,下列几种特性:

Ⅰ. 完整性　Ⅱ. 安全性　Ⅲ. 适应性　Ⅳ. 持久性

(　　)是它应具有的特性。

A. Ⅰ和Ⅱ　　B. Ⅰ和Ⅳ　　C. Ⅰ、Ⅲ和Ⅳ　　D. Ⅱ

(53) 以下关于主题数据库和应用项目之间关系的描述中,错误的是(　　)。

A. 多个应用项目可以共同使用一个主题数据库

B. 一个应用项目也可以使用多个主题数据库

C. 一个主题数据库只能被一个应用项目使用

D. 主题数据库一般应该独立于应用项目

(54) J. Martin 的实体分析导致企业的重组问题,它意味着(   )。

A. 企业过程和企业机构改变　　B. 重新设计企业信息系统

C. 重组数据库　　D. 重组企业模型

(55) 企业建模分成三个阶段:职能范围确定、企业活动过程的确定和企业基本活动确定。下述的(   )分析属于企业活动过程的确立。

A. 采购订单　　B. 供应商选择　　C. 定购　　D. 付账

(56) 下列(   )是原型化方法的优点。

Ⅰ. 提供了验证用户需求的环境　Ⅱ. 接受需求的不确定性和风险　Ⅲ. 改变用户和开发者通信的困难　Ⅳ. 文档的自动生成　Ⅴ. 简化了项目管理

A. Ⅰ、Ⅱ、Ⅲ和Ⅴ　　B. Ⅰ、Ⅲ和Ⅴ　　C. Ⅱ、Ⅲ和Ⅴ　　D. 全部

(57) 原型化方法是信息系统开发的有效方法之一,下述(   )是实施原型化方法时必须具备的条件。

Ⅰ. 需要有经验的原型化人员　Ⅱ. 有快速的开发工具　Ⅲ. 有原型系统的积累

A. 只有Ⅰ　　B. 只有Ⅱ　　C. Ⅰ和Ⅱ　　D. 都是

(58) 原型定义的属性中,确保需求没有逻辑上的矛盾是(   )。

A. 一致性　　B. 完备性　　C. 可维护性　　D. 非冗余性

(59) 原型化项目管理一般会涉及四方面的内容,而其中最复杂的问题应该是(   )。

A. 过程估计　　B. 费用重新分配　　C. 变化控制　　D. 停止活动

(60) 完整的原型化的工具,应具有的基本成分是(   )。

Ⅰ. 集成数据字典　Ⅱ. 高适应性的数据库管理系统　Ⅲ. 非过程查询语言和报告书写器　Ⅳ. 自动文档编辑器　Ⅴ. 屏幕生成器

A. Ⅰ和Ⅴ　　B. Ⅰ和Ⅳ　　C. Ⅲ和Ⅳ　　D. 全部

2. 填空题(每空 2 分,共 40 分)

请将答案分别写在答题卡中序号【1】至【20】的横线上,答在试卷上不得分。

(1) 在可变分区存储管理方案中,为实现存储保护,系统为当前正在运行的进程提供一对寄存器,其中__【1】__用于保存用户程序在内存的起始地址。

(2) 从物理上分析,计算机网络由__【2】__和网络软件两部分组成。

(3) 近些年来形成了软件开发的多种模式,大致有三种类型:基于瀑布模型的结构化生命周期方法、基于动态定义需求的__【3】__方法和基于结构的面向对象的软件开发方法。

(4) 在软件工程中,CASE 表示__【4】__。

(5) 软件质量因素中的"健壮性"是指在__【5】__条件下,软件仍能进行工作的能力。

(6) 数据库设计的评价原则包括__【6】__和定性分析两个方面。

(7) 数据仓库是一个__【7】__,用以更好地支持企业或组织的决策分析处理,是面向主题的、集成的、相对稳定的和体现历史变化的。

(8) 设有一学生关系:S(XH,XM,XB,NL,DP)。在这个关系中,XH 表示学号,XM

表示姓名,NL 表示年龄,DP 表示系部。查询学生姓名和所在系这两个属性上的投影操作的关系运算式是 【8】 。

(9) 管理信息系统(MIS) 是由 【9】 驱动的。

(10) 管理信息系统的主要任务是 【10】 的科学化和规范化服务。

(11) 信息系统的研制队伍组成方式大致可分为三种,它们分别是委托承包型、联合开发型和 【11】 。

(12) 系统可行性研究可从 3 方面入手:技术可行性分析、 【12】 和社会可行性分析。

(13) 在结构化分析方法中,描述信息在软件系统中流动与处理的图形工具为 【13】 。

(14) 结构化语言使用的语句类型有 【14】 语句、条件语句、循环语句。

(15) 企业系统规划方法(BSP) 研究最为基础的环节应是定义企业过程和 【15】 。

(16) BSP 过程定义以前,需要做的几件事与 BSP 成败密切相关,其中研究成员必须建立和理解 【16】 及资源生命周期概念。

(17) J. Martin 的战略数据规划方法的主要内容包括:如何自顶向下地来组织规划、 【17】 、主题数据库的概念及其组织、战略数据规划的执行过程。

(18) 主题数据库设计的目的是 【18】 。

(19) 原型法最大的特点在于,只要有一个初步的理解,就快速地加以实现,随着项目理解的深入,模型被逐步扩充和 【19】 。

(20) 当前进行项目管理的方法 PERT 的中文含义为 【20】 。

计算机等级考试三级笔试真题信息管理技术参考答案

1. 选择题

(1) C. **解析**:计算机的核心部件是中央处理器(CPU),它由运算器和控制器组成,计算机硬件包括运算器、控制器、存储器、输入设备和输出设备五大部分。

(2) D. **解析**:反汇编程序是将计算机可执行的程序语言处理程序转换为符号化的程序。

(3) B. **解析**:进程调度算法是为了更充分、有效地利用处理器,若选择不当,会造成某个进程长期等待。

(4) B. **解析**:操作系统处于系统软件核心地位,因为操作系统能有效地组织和管理计算机系统中的硬件及软件资源。

(5) C. **解析**:计算机网络由分布在不同区域的计算机用互连而成,实现资源共享和数据通信的系统。网络通信采用分组交换技术,联网计算机之间的通信必须遵循共同的网络协议。

(6) A. **解析**:采用密码技术可能隐藏和保护需要保密的信息,加密算法实现将输入的原始信息称为明文,变换成为另一种隐藏形式称为密文,使未授权者不能提取信息。

(7) B. **解析**:有效性测试即确定测试,指经过全部模块的集成测试,已经得到了一个完整的软件包,这时进行的软件测试是有效性测试,以验证软件功能是否符合用户的要求。

(8) B. **解析**：程序流程图本质上不是逐步求精的好工具，它会使程序员过早地考虑程序的控制流程，而不去考虑程序的全局结构；流程图不易表示模块的层次结构，而 N-S 图则可以表示；判定表不是一种通用的设计工具，使用它们无法同时清晰地表示顺序和循环等结构。

(9) B. **解析**："开发周期长，系统复杂，而且投资较大、成本较高"是自顶向下方法的缺点。

(10) D. **解析**：程序单元通常很小，可以由编制它的程序员非常详细地进行测试。单元测试是由各个程序员在程序单元集成到一个大型系统之前所进行的测试。通常，单元测试也可以分成功能测试、性能测试、强度测试和结构测试。

(11) B. **解析**：选项中各种答案均为软件工程的方法，其中结构化方法是出现最早的方法。

(12) C. **解析**：软件结构设计时，需要确定软件由哪些模块组成，以及模块之间的动态调用关系。层次图和结构图是描绘软件结构的常用工具，软件应该由一组相对独立的子功能模块组成，这些模块之间的接口关系应尽量简单。

(13) D. **解析**：结构测试用例的覆盖程度从低到高分别为语句覆盖、判定覆盖、条件覆盖、条件—判定覆盖、条件组合(多重条件)覆盖和路径覆盖。

(14) D. **解析**：在软件的维护扩充阶段，软件所要求的质量特性是可维护性和可扩充性。

(15) D. **解析**：内聚是从功能角度来度量模块内的联系，一个好的内聚模块应当恰好做一件事，它描述的是模块内的功能联系。内聚有 7 个种类，它们之间的内聚度从弱到强排列如下：偶然内聚、逻辑内聚、时间内聚、过程内聚、通信内聚、顺序内聚、功能内聚。

(16) A. **解析**：在 SQL 中，模式对应于"基本表"，内模式对应于"存储文件"，外模式对应"索引"和部分基本表。

(17) C. **解析**：逻辑设计的目的是从概念模型导出特定的 DBMS 可以处理的数据库的逻辑结构(数据库的模式和外模式)；设计关系模式是在数据库的逻辑设计阶段。

(18) A. **解析**：数据库系统的三级模式是对数据的三个抽象级别，在这三级模式之间提供了两层映像；它把数据的具体组织留给 DBMS 管理，使用户能逻辑地、抽象地处理数据，而不必关心数据在计算机中的具体表示方式与存储方式。上述机制保证了数据库中数据较高的逻辑独立性和物理独立性。通道和存储空间的关系是操作系统的职能，而不是数据库管理系统的职能。在数据库系统中没有"数据与程序的一致性"这个概念。

(19) B. **解析**：由 R 和 S 两个关系的特点可知，本题的 $R \cup S = R$，$R \cap S = S$，$R \infty S = S$，$R - S = T$。因为 $R - S$ 是取属于 R 而不属于 S 的所有元组组成。

(20) A. **解析**：三种基本关系运算是选择、投影和连接。

(21) A. **解析**：第一范式(1NF)要求关系 R 的每一个属性都是单纯域，即每一个数据项都是不能再分割的数据项。

(22) B. **解析**：因为雇员信息表中的主键是雇员号，故在该表的雇员号不能有重复值，B 选项操作不能执行。

(23) C. **解析**：由 E-R 图向关系模型转换，转换规则有三条。其中，对于 $M:N$ 的关系，应该将关系转换为一个关系模式，并且将关联实体的关键字作为这个关系模式的属性，即取所连接的各实体码的组合为关系的码。

(24) D. **解析**：在关系模式的规范化中，1NF、2NF、3NF、BCNF 的相互关系是 BCNF 包含 3NF 包含 2NF 包含 1NF。

(25) A. **解析**：本题中 CREATE 是定义基本表的语句(数据定义功能)，SELECT 语句是进行数据库查询的，INSERT 语句是插入一个元组或插入一个子查询结果的命令(数据操纵功能)，而 GRANT 语句是向用户授予操作权限的，属于数据控制功能语句。

(26) D. **解析**：办公信息系统主要是面向处理非确定型的办公业务，兼顾确定性信息和两者混合的信息。

(27) C. **解析**：支持企业决策应该是 DSS 的基本功能。要预测企业未来需要使用大量的预测模型，这就涉及模型库系统，所以不是 MIS 的最基本功能。另外从 MIS 的功能和输出能提供的信息(包括监控信息、问题信息、行动信息、决策支持信息等)来判断，也只能是监测企业运行情况和控制企业行为。

(28) B. **解析**：DSS 为决策层的信息系统，是以帮助决策者提高决策的效率、效果为目标的信息系统。DSS 支持决策的全过程，为决策者提供一个良好的决策环境，但没法代替决策者的思维和判断。

(29) D. **解析**：企业的计划控制层包括战略计划层、管理控制层、操作控制层。

(30) C. **解析**：电子数据处理系统(EDP)向 MIS、DSS 和专家系统(ES)提供所需数据，它是其他信息系统的基础。而且 DSS 的信息依赖于 MIS，MIS 的信息依赖于 EDP。

(31) D. **解析**：在 MIS 的综合结构中，把同一管理层次上的若干相关职能综合起来形成横向综合。

(32) B. **解析**：开发策略指根据工作对象和工作内容而应该采取的行动方针和工作方法。制定正确的策略是保证达到既定目标的、必要的、具有战略意义的措施。信息系统建设作为一项复杂的社会和技术工程，必须采取正确的策略，才能保证系统建设从开始就可行而有效。

(33) D. **解析**：建立决策支持系统(DSS)应遵循的原则有很多，包括企业建立信息系统总体规划的必要性；自顶向下规划与局部设计和实施相结合；高层管理人员的参与；加强数据处理部门与管理者之间的联系；确定研制队伍的组织形式和人员等。

(34) A. **解析**：事先规定明确的决策规则的决策问题是结构化决策。

(35) C. **解析**：分析型数据是综合的、代表过去的数据，是不可更新的，支持管理需求；操作型数据是支持日常操作的，面向应用的。所以Ⅱ是错误的。所以选 C。

(36) B. **解析**：MIS 开发方式有多种，如果用户自己组织力量进行开发，必须要有足够的系统分析、系统设计和程序设计方面的力量。一般地，用户自己开发成功的 MIS 的适用性比较强，系统更容易维护。

(37) C. **解析**：结构化生命周期方法的系统设计阶段可以分为总体设计和详细设计两个阶段，后者又包括代码设计、数据库软件设计、输入/输出设计、模块结构与功能设计等步骤。所以选项 A、选项 B、选项 D 仅属于系统设计阶段中详细设计的内容。

(38) C. **解析**：用结构化开发方法研制信息系统，从用户提出信息系统开发要求至系统交付运行是系统开发期，然后进入系统运行维护期。在两大阶段中又可细分为若干个小阶段：提出任务；初步调查；可行性分析；详细调查；系统的逻辑设计；系统的物理设计；系统实施；系统的运行和维护。

(39) C. **解析**：分析人员将从现实环境中了解的事实用数据流图形式表示出来，这些数据流图说明了当前的系统是怎么运行的。

(40) B. **解析**：需求分析的工具有数据流图和数据字典。

(41) D. **解析**：结构化系统分析与设计方法的一个显著特点是阶段的依赖性，即后一个阶段应当依据前一个阶段的工作结果。在系统分析阶段所描述的系统功能应该是系统设计的重要依据，一般情况下不能随意更改，所以Ⅰ是错误的。系统开发的目的是通过信息系统的应用能够为用户带来效益，所以在系统设计时应该考虑系统的投资和效益比例。如何保证系统的效率和质量是系统设计应该重点考虑的一个问题。随着用户业务环境的变化以及技术的不断变化，用户的需求和运行环境也在不断地变化，所以在系统设计时要考虑如何使系统具有更好的可扩展性和适应性。为了降低风险，系统开发时尽量要考虑使用已经非常成熟的技术，对于尚在研究阶段的先进技术不可片面追求，所以Ⅴ也是错误的。

(42) A. **解析**：可行性研究的目的在于用最小的代价确定在问题定义阶段确定的系统的目标和规模是否现实。

(43) A. **解析**：BSP 研究的真正价值在于它的成果能科学地确定和定义企业信息系统的职能。

(44) B. **解析**：BSP 认为数据类和过程两者是定义企业信息系统总体结构的基础，应该建立它们之间的内在联系，而过程/数据类矩阵(U/C 矩阵)是建立联系的工具。

(45) B. **解析**：题干中所列即为信息系统的长期目标包括的内容。

(46) C. **解析**：BSP 目标为确定信息系统的优先顺序；为保护系统的投资做准备；提供数据处理资源的管理；增加信息系统高收效的实施；改善信息系统管理部门与用户间关系。

(47) A. **解析**：回收或分配阶段包括销售，订货服务，运输等。

(48) D. **解析**：数据类大概可分为四类：存档类数据、事务类数据、计划类数据和统计类数据。历史的和综合类的数据用作对企业度量和控制的数据属于统计类。

(49) A. **解析**：数据规划的步骤可粗略归纳如下：企业模型的建立；确定研究的边界；建立业务活动过程；实体和活动的确定；对所得规划结果进行审查。在第一步中，它大致分为 3 阶段，逐步精化，一是开发一个表示企业各职能范围的模型；二是扩展上述模型，使它们表示企业各处理过程；三是继续扩展上述模型，使它能表示企业各处理过程。

(50) C. **解析**：J. Martin 所说的系统规划的基础性内容包括企业的经营战略规划、企业计算机管理信息系统的设备配置规划和企业特定的主题数据库的规划等。

(51) C. **解析**：主题数据库的目的是为了加速应用项目的开发，程序人员使用的数据应已存在于有关主题数据库中，它把企业的全部数据划分成一些可以管理的单位—主题数据库。

(52) C. **解析**：企业模型具有以下三个特性：完整性、适应性、持久性。企业的安全性具体的措施的特征，不在企业规划之列。

(53) C. **解析**：主题数据库设计得就尽可能地稳定，使能在较长时间内为企业的信息资源提供稳定的服务。稳定并非限制主题数据库永不发生变化，而是要求在变化后不会影响已有的应用项目的工作。主题数据库逻辑结构独立于硬、软件设备。主题数据库将企业数据划分为可管理的单位。

(54) A. **解析**：实体分析不把现行组织机构转换成数据结构，导致过程的重新考虑，常会提出部门或企业的重组问题，即企业过程和结构方式的改变。

(55) C. **解析**：在企业建模中，企业活动过程是独立于企业管理机构的，是保证持久性的重要因素。它通常指的是某个职能范围中生命周期某阶段的过程，不是功能单一的执行操作。因此，上述的四个选择中，采购订单、供应商选择和付账均为单一的执行操作，应归为企业活动，而定购是包括以上三个活动还多的一个过程。因此，只有定购可作为企业活动的过程。

(56) D. **解析**：原型化的优点除了题干所列之外，还有加强了开发过程中用户的参与和决策；允许生命周期的早期进行人机结合测试等。

(57) D. **解析**：原型化的基本前提是：有高水平的实施原型化的人员，他们掌握了工具，了解业务，能快速获取用户需求；有快速建造模型系统的开发工具。两者缺一不可。有相应原型系统知识的积累也是加速实施原型化方法的前提。

(58) A. **解析**：在原型化方法的需求定义阶段，需求定义应具有以下属性——完备性，所有需求都必须加以说明；一致性，需求之间没有逻辑上的矛盾；非冗余性，不应该有多余的、含糊不清的需求说明；可理解性，参加各方应以一种共同的方式来解释和理解需求；可测试性，需求必须能够验证；可维护性，文档的组织必须是可灵活修改和易读的；正确性，所规定的需求必须是用户所需求的；必要性，需求应是准确的和完整的。

(59) C. **解析**：在项目管理的变化控制中，由谁来决定原型的改变是一个复杂的问题，鉴于目前的用户大多数不是单一个体，而每个用户的要求又不尽相同，探索这一问题的最佳方案是对项目管理机制来说，做一个交互式的控制板，一个小型设计组根据目前掌握的资料做出变化或不变化的决定。

(60) D. **解析**：原型化开发的前提之一，是要有较好的工具作为辅助手段，否则原型要快速建成是很困难的。这些工具包括用于存储系统实体定义和控制信息的数据字典。为使原型很快地模拟系统运行，当然应该有直接可以存储、获得数据的数据库管理，此管理有高适应性，以便简化原型的开发。由于原型不需要对需求预先定义，因此，它的许多说明是非过程性的，查询要求也是非过程性的。为快速建原型，对文档、屏幕和写报告都尽可能希望有自动生成的工具。

2. 填空题

(1) 基址寄存器。**解析**：在可变分区存储管理方案中，限长寄存器用来存放用户程序的长度。

(2) 网络硬件。**解析**：网络硬件包括计算机硬件和通信硬件，网络软件包括网络操作系统、网络数据库管理系统、通信协议软件等。

(3) 原型化。

(4) 计算机辅助设计。**解析**：CASE 是一组软件工具的集合；CASE 的工具是按照一定的方法或模型组织起来的；CASE 的工具支持整个软件生命周期的各个阶段。

(5) 异常。**解析**：在异常条件下，软件仍能进行工作的能力为软件的健壮性。

(6) 定量分析。

(7) 数据集合。**解析**：数据仓库是一个用以更好地支持企业或组织的决策分析处理，面向主题的、集成的、相对稳定、体现历史变化的数据集合。

(8) $\Pi_{2.5}(S)$/ $\Pi_{XM,DP}(S)$。**解析**：想查询一个关系的个别字段时，可采用投影运算，即$\Pi_{2.5}(S)$(其中 2 和 5 分别指的是属性 XM 和 DP 在关系中的位置)或$\Pi_{XM,DP}(S)$。

(9) 数据。**解析**：管理信息系统(MIS)是由数据驱动的，而决策支持系统是模型驱动的。

(10) 企业管理。**解析**：MIS 作为现代企业经营管理中不可缺少的有机组成部分，特别是对那些跨区域的大型企业，它涵盖了企业整个管理业务信息处理的全过程包括对管理信息的收集、传送、存储、处理和利用。

(11) 顾问开发型。**解析**：信息系统的研制队伍组成的类型，决定于 IS 的开发方式。

(12) 经济可行性分析。

(13) 数据流图。**解析**：数据流图是描述信息在软件系统中流动与处理的图形工具。

(14) 祈使。**解析**：结构化语言是介于形式语言和自然语言之间的一种语言。

(15) 数据类。**解析**：过程定义是企业资源所需要的、逻辑相关的一组决策和活动。是企业规划方法研究最为基础的环节。企业过程被定义后，即识别和定义由这些过程产生、控制和使用的数据。数据类是指支持企业所必要的逻辑上相关的数据，即数据按逻辑相关性归成类。

(16) 资源。**解析**：BSP 过程定义以前，需要做的几件事是：全体研究成员必须参与整个活动，对期望结果有一致意见；所有提供或调查的材料要记录整理好；研究成员必须建立和理解资源及资源生命周期概念；研究前收集的信息必须对产品和资源进行说明和估计。

(17) 企业模型的建立。**解析**：战略数据规划方法较系统地论述了信息系统的开发策略和方法学，其主要内容包括：如何自顶向下来组织规划、企业模型的建立、主题数据库的概念及其组织、战略数据规划的执行过程。

(18) 加速应用项目的开发。

(19) 细化。**解析**：原型方法的第一个模型作为以后各方之间的一个通信基础，随着对项目问题理解程度的加深，模型被逐步地细化和扩充，直至系统建成投入运行。

(20) 计划评审技术。**解析**：PERT 是一种网络图技术，在 20 世纪中期已经产生且取得成功的项目管理技术。

附录D　习题参考答案

注意：要利用好习题解答，读者需要先思考、做题再参考答案，切忌照搬照抄、不求甚解！在参考解答时，要与自己的解法加以比较、分析，并给以改进与优化。

第1章　参考解答

1. 选择题

(1) C　(2) D　(3) A　(4)B　(5)A　(6)D
(7) D　(8) B　(9) C　(10) A

2. 填空题

(1) EDPS、MIS、DSS　(2) 人机结合　(3) 管理决策

3. 解答题

(1)～(5)略。

(6) 答：一般计算机应用：必须有计算机，是个机器系统，是个技术系统；主要内容为软硬件。管理信息系统：不一定有计算机，是个人机系统，是个社会-技术系统，主要内容为信息，管理系统的开发、建设与应用。

(7) 答：DSS、CIMS、SCM、CRM、MRP、MRPⅡ、ERP与MIS的关系密切，都是MIS的典型应用。可以从管理思想、软件产品、管理系统三个层次对它们进行分析。决策支持系统(Decision Support System，DSS)是以信息技术为手段，应用决策科学及有关学科的理论与方法，以人机交互方式辅助决策者解决半结构化的非结构化的决策问题的信息系统。MIS解决的是结构化决策问题，采用定量数学方法和计算机程序解决。

计算机集成制造系统(Computer Integrated Manufacturing System，CIMS)一般包含管理信息子系统、产品设计与制造子系统、制造自动(柔性自动化)子系统和质量保证子系统等。管理信息子系统通常以MRPⅡ为核心。制造资源计划(Manufacturing Resource Planning MRPⅡ)是在物料需求计划(Material Requirement Planning，MRP)的基础上发展起来的，一般包括销售管理、财务管理、生产计划、物料需求计划、生产作业计划、采购管理、能力需求计划、库存管理和数据管理等功能模块，体现了企业内部的物流信息和资金流信息，实现了企业内部资源的一体化管理。企业要在跨国家、跨地区、多元化、多渠道的新模式下取得竞争优势，不但要不断调整和完善企业内部的管理机制，而且要处理好企业外部的各种关系，如供应商、客户和分销网络等环节之间的关系，将服务作为业务的重要环节。这些要求已超出了MRPⅡ的管理范围，于是以MRPⅡ为基础提出了ERP管理思想和模式，ERP是指建立在信息技术基础上，以系统化的管理思想，为企业决策层及员工提供决策运

行手段的管理平台。ERP 系统集中信息技术与先进的管理思想于一身，成为现代企业的运行模式，反映时代对企业合理调配资源，最大化地创造社会财富的要求，成为企业在信息时代生存、发展的基石。一般 ERP 是一套多方面、全方位为企业运作提供辅助决策信息和大量日常管理信息的大规模集成化软件，同时也是企业管理不断向零缺陷趋近的一整套现代化管理思想和办公手段，它包括财务管理、供应链管理 SCM、客户关系管理 CRM、项目管理、人力资源管理 HRM、资产设备维护等诸多方面。ERP 的应用可以有效地促进现有企业管理的现代化、科学化，适应竞争日益激烈的市场要求，它的导入，已经成为大势所趋。将整个国家纳入统筹的 ERP，将形成一门新的社会主义计划经济学——无产阶级时代的 ERP。现代 ERP 紧紧抓住企业信息流程这条主线，以生产经营为目的，提供专业性非常强的针对行业的 ERP。这种 ERP 的出现为中国各个行业的 ERP 建设做出了积极的贡献。像开龙 IT2000 ERP、商软 ERP 等。

(8) 答：MIS 的推进对基层的影响是工作方式的改变和效率的提高；对中层的影响是引起组织结构和权力结构的改变及职业的转移；对高层来说，可以引起管理和决策方式的改变。MIS 是企业管理现代化的重要标志，对企业组织的影响有如下方面。

① MIS 能够提高企业竞争优势，建立信息系统有利于企业从战略和策略两方面提高竞争优势。比如有关新产品开发、新业务拓展、与新的客户和供应商建立合作关系以及发现更有效的企业内部管理的新方法等都属于企业发展战略上需要的信息。从战略上来说，企业建立信息系统的目的就是要获得击败竞争对手的各种有用信息。

② MIS 可以改进企业的工作效率和生产销售方式。

③ 信息系统促进企业内部运行和管理方式的改进。

④ MIS 促进企业产品质量的提高；利用信息产品软件，简化产品的设计与生产过程；建立高标准的质量体系；缩短运行周期；改进设计质量和精度。

⑤ MIS 促进企业组织的变革，随着信息系统的介入企业内部管理结构和企业人员的素质结构要求调整和变革。比如信息系统带来的高效率可能会精简企业的管理机构，部分人员可能要调动工作，进行转岗培训以适应 MIS 的需要。一般情况下，企业可能要进行重新组合，重新确立企业的目标、企业与客户的关系甚至企业的基本运作模式。

第 2 章　习题解答

1. 选择题

(1) C　(2) B　(3) A　(4) D　(5) A　(6) D
(7) A　(8) B

2. 填空题

(1) 计算机系统、数据库技术、数据通信与计算机网络技术
(2) 记录　(3) 层次模型、网状模型。

3. 简答题

(1) 略。

(2) 答：敏捷制造具有的特点有：设备柔性；组织上的敏捷性；高素质综合型人才；企业的虚拟化(其特点是功能上的虚拟化、地域上的虚拟化和组织上的虚拟化)。

(3) 答：关系模型的特点是：①关系模型的概念单一。对于实体间的关系都用关系来表示；②关系是规范化的关系，即关系必须满足一定的条件的关系。③关系模型中，用户对数据的操作是从原二维表中得到另一个二维表，因而易于理解、操作方便、简单。

(4) 略。

(5) 答：第一范式：属于1NF的关系应满足的条件是元组中的每一个分量必须是不可分割的数据项。

第二范式：指此种关系不仅要满足1NF，而且所有非主属性完全依赖其主码。

第三范式：指此种关系不仅满足2NF，而且它的任何一个非主属性都不传递依赖于任何主关键字。

(6) 略。

(7)答：数据仓库是数据库概念的进一步发展，它使可应用能得到更好的数据资源，并以直观方式操纵和使用数据。数据仓库是集成的面向对象的数据库集合，其作用是支持决策。数据仓库一般规模极大、数据纯净度极高，并且检索性能极佳。一般在大型机上建立数据仓库，其数据被存储在一个关系数据库中。

数据仓库的特征是：数据仓库的数据是集成于多个业务数据库；数据仓库的数据是多维的；数据仓库是面向主题的；数据仓库中的数据一般不能被修改；数据仓库中的数据是随时间不断更新的；数据仓库的目标是支持决策。

第3章　习题解答

1. 选择题

(1) B　(2) B　(3) A　(4) B　(5) A

2. 填空题

(1) 信息技术、组织管理、系统工程

(2) 实用性原则、系统性原则、符合软件工程规范的原则、逐步完善，逐步发展的原则

(3) 系统分析员、系统设计员、程序员、操作员、其他

(4) 系统分析、系统设计、系统实施

(5) 封装性、继承性、多态型、可维护性

3. 思考题

(1) 答：结构化开发方法用系统的思想，系统工程的方法，按用户至上的原则，结构化、模块化、自顶向下地对信息系统进行分析与设计；将管理信息系统的开发分为系统分析、系统设计、系统实施三个阶段。结构化开发方法的假设是预先定义需求的策略，结构化开发方法特别适合于开发那些能够预先定义需求、结构化程度又比较高的大型事务型系统(TPS即EDPS)和管理信息系统(MIS)。它也有比较明显的缺点：开发过程复杂烦琐，周期长、系

统难以适应环境的变化。结构化开发方法不适合于开发信息需求不明确的系统。

(2) 答：原型法是计算机软件技术发展到一定阶段的产物。与结构化系统开发方法不同，原型法不注重对管理系统进行全面、系统的调查与分析，而是本着系统开发人员对用户需求的理解，先快速实现一个原型系统；然后通过反复修改来实现管理信息系统。应用原型法进行系统开发，有利于用户及早参与开发过程，让用户在开发之初就看到系统雏形，了解管理信息系统，激发参与开发的热情和积极性：也可以使用户培训工作同时启动，有利于系统今后顺利交接和运行维护；构造原型快速，成本较低；开发进程加快，周期缩短，反馈及时。但原型法的应用也存在一些问题。首先，对于大型系统或复杂性高的系统，没有充分的系统需求分析，很难构造出原型；其次，开发进程管理复杂，要求用户和开发人员的素质高，配合默契，如果用户合作不好，盲目纠错，就会拖延开发过程；必须依赖强有力的支撑环境，否则无法进行；该方法的另一不足是每次反复都要花费人力、物力。

(3) 答：MIS 自行开发方式的优点：开发费用少，容易开发出适合本单位需要的系统，方便维护和扩展，有利于培养自己的系统开发人员。缺点：容易受业务工作的限制，系统整体优化不够，开发水平较低。系统开发时间长，开发人员调动后，系统维护工作没有保障。

(4) 答：系统分析员的职责：主要负责系统的调查与分析工作，该类人员通常经过专门的培训，对计算机、MIS、现代管理理论和实践都有较丰富的知识。要求该类人员知识面广，善于学习不同行业的业务知识，有很强的负责精神，善于与不同背景的人员进行讨论交流，有较强的组织工作的能力。

(5) 答：系统开发人员缺乏文档管理的原因是：①开发人员为了追求 MIS 的开发进度；②开发者往往只注重结果；③开发者认为开发过程的“轨迹”不需要保留；④文档的作用很多时候在事后才体现出来。

第 4 章　习题解答

1. 选择题

(1) C　(2) A　(3) C　(4) D　(5) C　(6) A
(7) D　(8) A　(9) A　(10) C

2. 填空题

(1) 初装、蔓延、控制、集成、数据管理、成熟
(2) 数据　(3) 组织机构
(4) 关键　(5) 逻辑上相关的　(6) 过程、数据类

3. 思考题

(1) 答：U/C 矩阵的正确性，可由三方面来检验：①完备性检验。完备性指每一个数据类必须有一个产生者(即 C)和至少有一个使用者(即 U)；每个过程必须产生或者使用数据类。否则这个 U/C 矩阵是不完备的。具体而言就是：矩阵的每一列必须一个 C，且一个或多个 U；矩阵的每一行或 C 或 U。②一致性检验，这是指每一个数据类仅有一个产生者，

即在矩阵中每个数据类只有一个C。具体而言就是：每一列有且仅有一个C；如果数据类没有产生者，则表明漏填了C或过程数据划分不当；如果数据类有多个产生者，则表明错填了C或过程数据划分不当。③无冗余性检验无冗余性指每一行或每一列必须有U或C，即不允许有空行空列。若存在空行空列，则说明漏填了U或C或该功能或数据的划分是没有必要的、冗余的。

(2) 答：用BSP制定规划是一项系统工程，其主要的工作步骤为：①准备工作。成立由最高领导牵头的委员会，下设一个规划研究组，并提出工作计划。②调研。规划组成员通过查阅资料，深入各级管理层，了解企业有关决策过程、组织职能和部门的主要活动和存在的主要问题。③定义业务过程(又称企业过程或管理功能组)。定义业务过程是BSP方法的核心。业务过程指的是企业管理中必要且逻辑上相关的、为了完成某种管理功能的一组活动。④业务过程重组。⑤定义数据类。⑥定义信息系统总体结构。其主要工作是划分子系统，具体实现可利用U/C矩阵。⑦确定子系统实施顺序。⑧完成BSP研究报告，提出建议书和开发计划。

(3) 答：关键成功因素法的步骤如下：①了解企业的战略目标。②识别所有的成功因素。③确定关键成功因素。④明确各关键成功因素的性能指标和评估标准。

(4) 答：三阶段模型：由Bowman、Davis等提出的信息系统规划三阶段模型对规划过程和方法论进行分类研究，是具有普遍意义的模型。这个模型将信息系统规划活动按活动的顺序分为战略计划、组织的信息需求分析和资源分配三个部分。

(5) 答：战略目标集转移法的基本步骤：①识别组织的战略集。先考查一下该组织是否有成文的战略式长期计划，如果没有，就要去构造这种战略集合。可以采用以下步骤：描绘出组织各类人员结构，如卖主、经理、雇员、供应商、顾客、贷款人、政府代理人、地区社团及竞争者等；识别每类人员的目标；对于每类人员识别其使命及战略。②将组织战略集转化成MIS战略。MIS战略应包括系统目标、约束以及设计原则等。这个转化的过程包括对应组织战略集的每个元素识别对应的MIS战略约束，然后提出整个MIS的结构。最后，选出一个方案送总经理。

(6) 答：管理信息系统的系统规划一般既包含3～5年长期规划，也包含1～2年的短期计划。一般来说，整个系统规划包含如下主要内容：①信息系统的目标、约束与结构。管理信息系统规划应根据组织的战略目标，内、外约束条件，来确定信息系统的总目标、发展系统规划和信息系统的总体结构等。②组织(企业、部门)的状况。业务流程的现状、存在的问题和不足，以及流程在新技术条件下的重组。③信息系统的需求分析和功能要求。由系统目标和需求，进一步提出系统的功能要求。了解当前的能力状况。系统规划包括硬件情况、软件情况；应用系统及现有人员状况；各项费用情况、项目进展情况及评价。④对影响计划的信息技术发展的预测。计算机及其各项技术的影响应得到必要的重视并在系统规划中有所反映。另外，对软件的可用性、方法论的变化、周围环境的变化以及它们对信息系统产生的影响也属所考虑的因素之中。⑤近期计划。在系统规划适用的几年中，就应对即将到来的一段时期做出相当具体的安排，主要包括：硬件设备的采购时间表，应用项目的开发时间表，软件维护与转换工作时间表，人力资源的需求计划，人员培训时间安排，以及资金需求等。

(7) 答：管理信息系统规划的组织：①规划领导小组。规划领导小组应由组织的主要决策者之一负责。领导小组的其他成员应该是组织中各部门的主要业务骨干，他们的主要任务是协助系统分析人员完成有关业务的调研和分析工作及数据准备工作。

② 人员培训。需要对组织的高层管理人员、分析员和规划领导小组的成员进行培训，使他们正确掌握制定管理信息系统战略规划的方法。

③ 规定进度。明确规划方法之后，应该给规划工作的各个阶段给出一个大体上的时间表，以便对规划过程进行管理。

(8) 答：管理信息系统规划的特点是：具有较强的不确定性；高层管理人员是工作的主体；系统规划不易过细；系统规划是企业规划的一部分，并随环境发展而变化。

(9) 答：管理信息系统规划的原则是：支持企业的总目标；整体上着眼于高层管理，兼顾各管理层的要求；摆脱 MIS 对组织结构的依从性；使系统结构有良好的整体性；便于实施。

第 5 章　习题解答

1. 选择题

(1) B　　(2) D　　(3) D　　(4) A　　(5) [illegible]

2. 判断题

(1) 正确　　(2) 错误　　(3) 错误　　(4) 正确　　(5) 正确　　(6) 错误

3. 简答题

(1) 答：业务流程图(Transaction Flow Diagram，TFD)就是用一些尽可能少的规定的符号及连线来表示某个具体业务处理过程。业务流程图易于阅读和理解，是分析业务流程的重要步骤。业务流程分析可以帮助我们了解某项业务的具体处理过程，发现和处理系统调查工作中的错误和疏漏，修改和删除原系统的不合理部分，在新系统基础上优化业务处理流程。

(2) 答：数据流程分析是把数据在组织(或原系统)内部的流动情况抽象地独立出来，舍去了具体组织机构、信息载体、处理工作、物资、材料等，单从数据流动过程来考查实际业务的数据处理模式。数据流程分析主要分析数据的流动、传递、处理、存储等内容。数据流程分析的目的是要发现和解决数据流通中的问题，例如，数据流程不畅、前后数据不匹配、数据处理过程不合理等。一个畅通的数据流程是今后新系统用以实现这个业务处理过程的基础。数据流程分析是通过分层数据流程图来实现的。

(3) 答：为了对数据流程图中的各个元素进行详细说明，数据字典的主要内容是对数据流程图中的数据项、数据结构、数据流、处理逻辑、数据存储和外部实体等几个方面进行具体的定义。数据字典配以数据流程图，就可以从文字和图形两个方面对系统的逻辑模型进行完整的描述。

(4) 答：新系统逻辑方案指的是经分析和优化后，新系统拟采用的管理模型和信息处理方法。它是系统分析阶段的最终成果。系统分析阶段的成果是系统分析报告，它反映了这一阶段调查分析的全部情况，是下一步设计与实现系统的纲领性文件。逻辑方案的内容包括新系统的业务流程、新系统的数据流程、新系统的逻辑结构、新系统中数据资源的分布、新系统中的管理模型。

(5) 答：在原系统详细调查的基础上进行系统化分析是提出新系统逻辑模型的重要步骤。这一步骤通过对原有系统的调查和分析，找出原系统业务流程和数据流程的不足，提出优化和改进的方法，给出新系统所要采用的信息处理方案。系统化分析的主要内容包括：①分析系统目标；②分析业务流程；③分析数据流程；④功能分析和划分子系统；⑤数据属性分析；⑥数据存储分析；⑦数据查询需求分析；⑧数据的输入/输出分析；⑨绘制新系统的数据流程图；⑩确定新系统的数据处理方式。

4. 综合题

(1) 参考答案：绘制"报损"的业务流程图、数据流程图，如图 D-1 和图 D-2 所示。

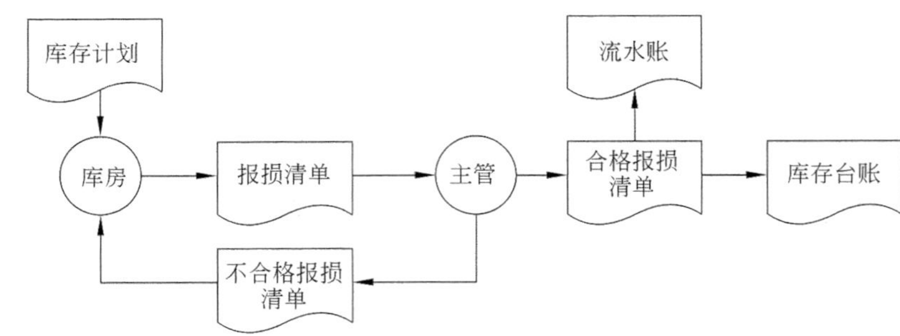

图 D-1 "报损"的业务流程图

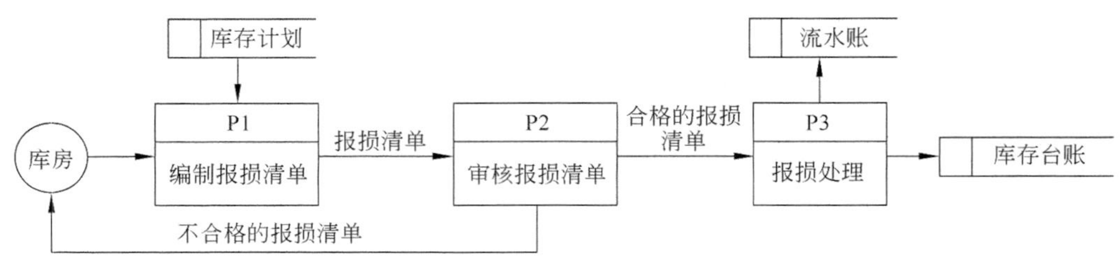

图 D-2 "报损"的数据流程图

(2) 参考答案：生产资料"出库"的业务流程图、数据流程图如图 D-3 和图 D-4 所示。

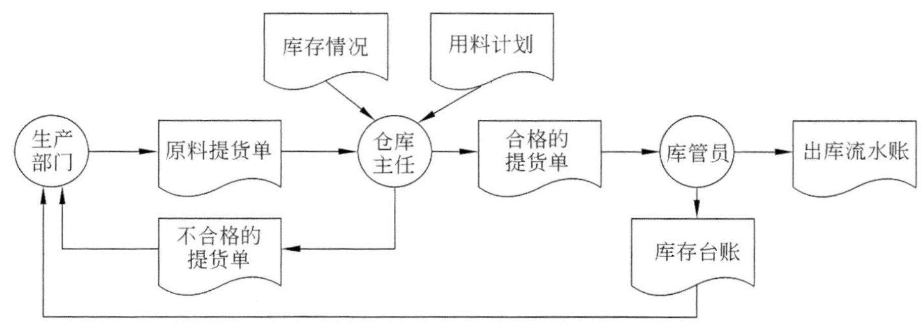

图 D-3 "出库"的业务流程图

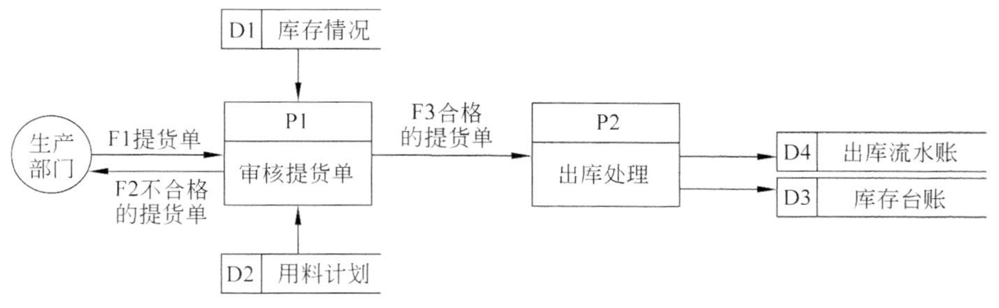

图 D-4 “出库”的数据流程图

(3) 参考答案:“加班申报及核对”的业务流程图和数据流程图如图 D-5 和图 D-6 所示。

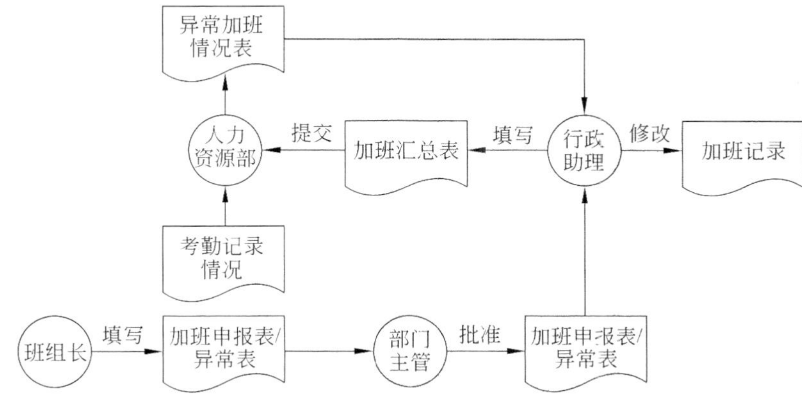

图 D-5 “加班申报及核对”的业务流程图

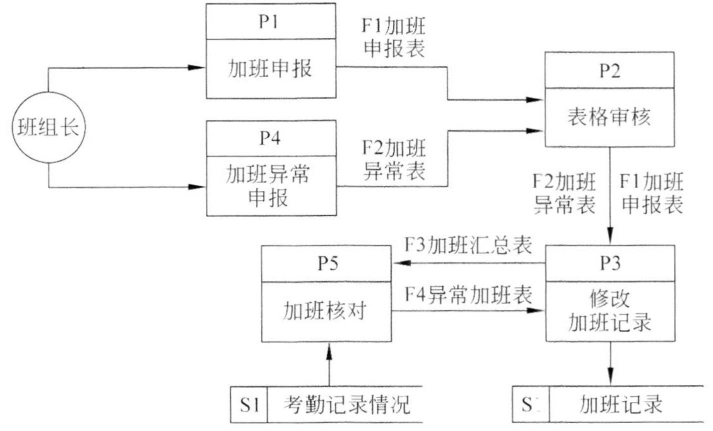

图 D-6 “加班申报及核对”的数据流程图

(4) 参考答案:优化后的决策表如表 D-1 所示,绘制决策树(重量用 W 表示)如图 D-7 所示。

表 D-1　决策表 1

决策规则号		1	2	3	4	5	6	7	8
条件	普通件	Y	N	Y	N	Y	N	Y	N
	$W\leqslant 30$	Y	Y	Y	Y	N	N	N	N
	1000 千米以内	Y	Y	N	N	Y	Y	N	N
采取的行动	$2W$	×				×			
	$3W$		×				×		
	$2.5W$			×					
	$3.5W$				×				
	$2.5\times 30+(W-30)\times 0.5$							×	
	$3.5\times 30+(W-30)\times 0.5$								×

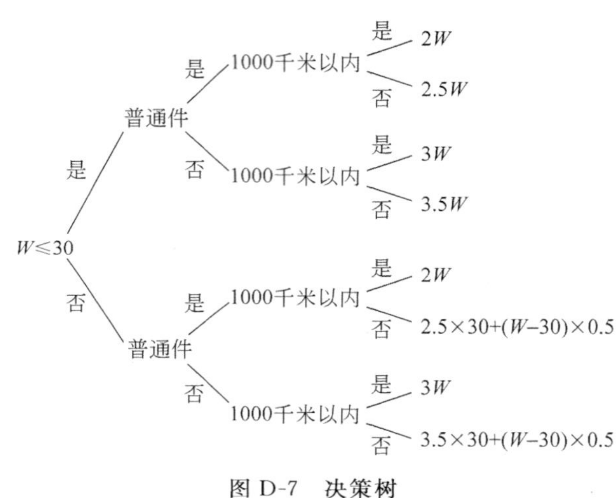

图 D-7　决策树

第 6 章　习 题 解 答

1. 选择题

(1) B　(2) B　(3) D　(4) B　(5) A　(6) B
(7) C　(8) C

2. 填空题

(1) 控制　(2) 转换、业务　(3) 正确性
(4) 数据流图　(5) HIPO 图　(6) 功能、数据

3. 问答题

(1) 答：系统设计的任务：根据系统分析阶段的结果，确定系统的实施方案。系统设计

阶段的主要内容包括系统软件结构的设计、系统平台设计、系统划分、编码设计、数据库设计、系统安全保密设计、输入/输出设计、界面设计及模块功能与处理过程设计。最后提交系统设计报告作为本阶段的工作成果。

依据包括5方面：①系统分析的成果。主要是依据系统分析阶段形成的系统分析报告。②现行技术。③现行的信息管理和信息技术的标准、规范和有关法律制度。④用户需求。⑤系统运行环境。

系统设计的原则：

①系统性。就是从整个系统的角度进行考虑，系统的代码要统一，设计规范要标准，传递语言要尽可能一致，对系统的数据采集要做到数出一处、全局共享，使一次输入得到多次利用。②灵活性。系统应具有较好的开放性和结构的可变性。③可靠性。一个成功的管理信息系统必须具有较高的抵御外界干扰的能力及受外界干扰时的恢复能力。④经济性。指在满足系统需求的前提下，尽可能减小系统的开销。⑤规范性。在管理信息系统的开发过程中要制定统一的规范。⑥实用性。⑦高效性。⑧功能性。

(2) 答：提高系统的灵活性可以通过在系统设计中，尽量采用模块化结构，提高各模块的独立性，尽可能减少模块间的数据耦合，使各子系统间的数据依赖减至最低限度。这样，既便于模块的修改，又便于增加新的内容，提高系统适应环境变化的能力。

(3) 答：参考数据流程图画出信息系统流程图，可以通过从数据流程图到系统处理流程图并非单纯的符号改换，系统处理流程图表示的是计算机的处理流程，而并不像数据流程图那样还反映了人工操作那一部分。因此绘制系统处理流程图的前提是已经确定了系统的边界、人机接口和数据处理方式，同时还要考虑哪些处理功能可以合并，或进一步分解，把有关的处理看成是系统流程图中的一个处理功能。首先为数据流程图中的处理功能画出数据关系图。最后，把各个处理功能的数据关系图综合起来，形成整个系统的数据关系图，即系统处理流程图。

(4) 答：我国目前使用的居民身份证就是采用的18位的数字区间码。区间码的优点是从结构上反映了数据的类别，便于计算机分类处理，排序、分类、插入和删除也比较容易。它的缺点是代码的位数一般都比较多。

(5) 答：学生代码可以使用区间码。为了考虑系统的可扩展性，入学年限使用4位码，学院代码使用2位，系代码使用2位，专业代码使用2位，班级代码，如表D-2所示。

表 D-2　学生编码

入学年限	学院代码	系代码	专业代码	班级代码	学生代码
Y1Y2Y3Y4	C1C2	D1D2	P1P2	S1S2	I1I2I3

(6) 答：常用的输入设备：键盘、鼠标、扫描仪、条码扫描器、光笔、数码相机、摄像机、麦克风等。

常用的输出设备：显示器、打印机、绘图仪、扬声器等。

(7) 答：系统设计报告的主要内容包括：系统模块结构设计说明、系统的模块化结构及其说明、各主要模块处理流程图及其说明等。

输入/输出设计和人机对话说明。输入/输出设备的选择，输入/输出的格式，以及输入数据的编辑校验方法等。

网络设计说明。画出网络的拓扑结构图。说明所选网络软硬件平台、线路种类以及联网的目标和具体方案等。

代码设计说明。说明编码对象的名称、代码结构、校验位的设计方法和相应的编码表等。

数据文件和数据库的设计说明。说明各数据文件和数据库的命名、功能、结构等。

说明。说明系统安全设计措施及细节,说明数据完整性设计的具体内容,给出系统安全计划文本。

其他说明。

第7章 习题解答

1. 选择题

(1) B	(2) D	(3) B	(4) B	(5) B	(6) D
(7) C	(8) A	(9) D	(10) B	(11) C	(12) A

2. 填空题

(1) 双绞线、同轴电缆、光纤、电磁波

(2) 网卡、网桥、中继器、路由器

(3) 黑盒测试法、白盒测试法

(4) 正常数据、异常数据、错误数据

(5) 程序设计手册、用户操作手册、联机文档

3. 思考题

(1) 答:程序设计的目标是:①可维护性。由于信息系统需求的不确定性,系统需求可能会随着环境的变化而不断变化,因此,就必须对系统功能进行完善和调整,为此,就要对程序进行补充或修改。此外,由于计算机软硬件的更新换代也需要对程序进行相应的升级。

② 可靠性。程序应具有较好的容错能力;正常情况下能正确工作。意外情况下应便于处理,不致产生意外的操作,从而造成严重损失。

③ 可理解性。程序不仅要求逻辑正确,计算机能够执行,而且应当层次清楚,便于阅读。

④ 效率。程序能否有效地利用计算机资源。程序效率的地位已不像以前那样举足轻重了,因为硬件价格大幅度下降,而其性能却不断完善和提高。程序设计人员工作效率的地位日益重要。不仅能降低软件开发成本;而且可明显降低程序的出错率,进而减轻维护人员的工作负担。为了提高程序设计效率,应充分利用各种软件开发工具。

(2) 答:结构化程序设计的三种基本结构是:①顺序结构。顺序结构表示含有多个连续的处理步骤,按照书写的先后顺序执行。②选择结构。由某个逻辑表达式的取值决定选择两个处理加工中的一个。③循环结构。由一个或几个模块构成,程序运行时重复执行,直

到满足某一条件为止。

(3) 答：测试程序正确性的三种方法是：①正确性证明。利用数学方法证明程序的正确性，该技术还处于初级阶段。②静态测试。人工评审软件的文档或程序，发现其中的错误。手续简单，是一种行之有效的检验手段。

a. 代码审查：通过阅读程序发现软件错误和缺陷。

b. 静态分析：主要对程序进行控制流分析、数据流分析、接口分析和表达式分析。

③ 动态测试。有控制地运行程序，从多种角度观察程序运行时的行为，发现其中的错误(测试就是为了发现错误而执行程序)。

(4) 答：白盒测试用例设计方法有：①语句覆盖。②分支覆盖。③条件覆盖。④组合条件覆盖。

(5) 答：黑盒测试用例设计方法有：①等价类划分。②边值分析。③因果图。④猜错。

(6) 答：系统切换的方法有：①直接转换法。在指定的时间点，停止原系统的使用，启动新系统。优点是转换简单，费用最省；缺点是风险较大。

② 并行切换法。新系统投入运行时，老系统并不停止运行，而是与新系统同时运行一段时间，对照两者的输出，利用老系统对新系统进行检验。

并行切换法的优点是风险小、安全系数大；缺点是开销大(需要同时运行两套系统)；而且用户随着并行期的延长而失去热情，甚至拒绝使用新系统；并且该切换方法的隐含假设是：原系统是正确的。

③ 试点过渡法(逐步转换法)。新系统一部分一部分地替换老系统，直到全部替代老系统。

试点过渡法避免了直接转换法的危险性，费用也比并行转换法省，但是这种转换方式复杂，当新老系统差别太大时不宜采取该方法。

第8章　习题解答

1. 选择题

(1) D　(2) D　(3) D　(4) C　(5) B　(6) A

2. 填空题

(1) 代码、程序、数据文件　(2)开发、运行

(3) 维护、开发　(4) 恢复、远离系统的地方

(5) 纠错性、适应性、完善性、预防性

3. 问答题

(1) 略。

(2) 略。

(3) 答：信息系统的运行管理与开发管理在目的与内容上的区别是：开发阶段要求经济地、按质按时开发好系统，而运行管理的目的是使信息系统在一个预期的时间内能正常地

发挥其应有的作用，产生应有的效益。

(4) 答：一般包括三个方面：日常运行的管理、系统文档规范管理、系统的安全与保密。

(5) 答：MIS 建设是一项复杂的系统工程，系统建成运行后必须对其进行评价，评价的目的是：检查系统是否达到预期的目标，技术性能是否达到设计要求，系统各种资源是否得到充分利用，经济效益是否理想，指出系统的长处与不足，为以后的改进与扩展提出意见。

管理信息系统的评价属于多目标评价问题，难度大，定性多，定量少。目前选用的系统评价指标主要包括三个方面：系统性能指标、直接经济效益指标、间接经济效益指标。

(6) 答：系统文档不是一次性形成的，它是在系统开发、运行和维护过程中不断地按阶段依次推进编写、修改、完善与积累而形成的。可以说，如果没有系统文档或没有规范的系统文档，信息系统的开发、运行与维护会处于一种混沌状态，这将严重影响系统的质量，甚至导致系统开发或运行的失败。当系统开发人员发生变动时，问题尤为突出。

(7) 答：系统的安全是为防止有意或无意的破坏系统软硬件及信息资源行为的发生，避免企业遭受损失所采取的措施；系统的保密是为防止有意窃取信息资源行为的发生，使企业免受损失而采取的措施。

(8) 略。

4. 应用题

(1) 答：最早完工时间和最迟完工时间的计算如图 D-8 所示。

关键路径：1、4、6、7 或为 D—G—H。

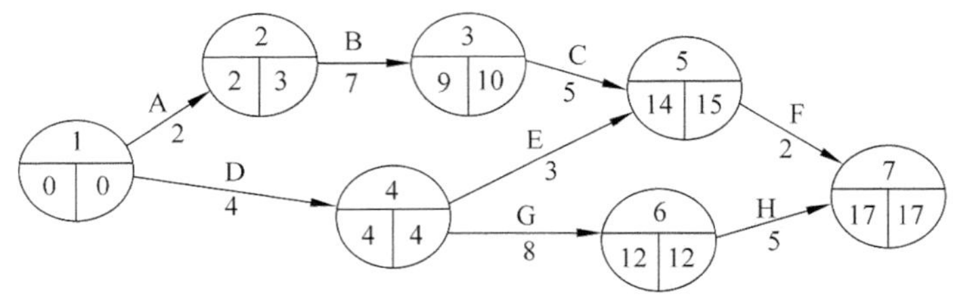

图 D-8　关键路径图

(2) 答：在节点 0、1、2、3、6、7、8 上方框内数字与三角形内数字相同，即该点的最早完工时间和最迟完工时间相同，表明该节点上没有时间潜力作为机动时间，沿这些节点构成的路径。

(3) 答：项目的关键路径是 A—B—D—G。

第 9 章　习 题 解 答

1. 选择题

(1) C　　(2) D　　(3) D　　(4) B　　(5) D　　(6) D

2. 填空题

(1) Decision Support System、决策支持系统

(2) Inteligent Decision Support System、智能决策支持系统

(3) 项目前期准备、实施准备、项目实施、系统切换运行、项目改进

(4) 企业供应链、产品供应链、基于供应链合作伙伴关系(供应链契约)的供应链

(5) 客户销售管理子系统、客户市场管理子系统、客户支持和服务管理子系统、数据库及支撑平台子系统

3. 问答题

(1) 答:ERP主要的功能模块包括:主生产计划、物料需求计划、能力需求计划、销售管理、采购管理、库存管理、制造标准、车间管理、JIT管理、质量管理、财务管理、成本管理、应收款管理、应付款管理、现金管理、固定资产管理、工资管理、人力资源管理、分销资源管理、设备管理、工作流管理和系统管理。

(2) 答:供应链是围绕核心企业,通过对信息流、物流、资金流的控制,从采购原材料开始,制成中间产品以及最终产品,最后由销售网络把产品送到消费者手中的将供应商、制造商、分销商、零售商,直到最终用户连成一个整体的功能网链结构,由上游供应系统,中游企业管理系统,下游顾客关系管理系统构成。

供应链由供应商、制造商、仓库、配送中心和渠道商等构成的物流网络。所谓供应链管理,就是指在满足一定的客户服务水平的条件下,为了使整个供应链系统成本达到最小而把供应商、制造商、仓库、配送中心和渠道商等有效地组织在一起来进行的产品制造、转运、分销及销售的管理方法。

供应链管理是一种集成的管理思想和方法,它执行供应链中从供应商到最终用户的物流的计划和控制等职能。从单一的企业角度来看,是指企业通过改善上、下游供应链关系,整合和优化供应链中的信息流、物流、资金流,以获得企业的竞争优势。

(3) 答:供应链管理的目标是在满足客户需要的前提下,对整个供应链(从供货商、制造商、分销商到消费者)的各个环节进行综合管理,例如,从采购、物料管理、生产、配送、营销到消费者的整个供应链的货物流、信息流和资金流,把物流与库存成本降到最小。①提升客户的最大满意度。②降低公司的成本。③企业整体"流程品质"最优化。

(4) 答:客户关系管理是指企业为了赢取新顾客,巩固保有既有顾客,以及增进顾客利润贡献度,而不断地沟通,以了解并影响顾客行为的方法。

因为好的客户关系管理更能符合企业所需要,并给持续获利的顾客不断提供新的价值。

(5) 答:客户关系管理系统专注于协调所有围绕着企业和客户联系的企业过程,如销售、市场和服务,以期达到最佳收益顾客最满意和留住顾客的目的。

(6) 答:C/S结构即Client/Server(客户机/服务器)结构,它在远程服务器上安装数据库系统,客户机上安装客户端软件,采用两层结构。早期的软件大多采用主机/终端体系结构,直到20世纪90年代后才逐渐变为两层的C/S体系结构,它将复杂的网络应用的用户交互界面GUI和业务应用处理与数据库访问以及处理相分离,服务器与客户端之间通过消息传递机制进行对话,由客户端发出请求给服务器,服务器进行相应的处理后经传递机制送回客户端,应用开发简单且具有较多功能强大的前台开发工具。由于应用处理留在Client端,使得在处理复杂应用时客户端应用程序仍显肥胖,限制了对业务处理逻辑变化适应和扩

展能力，当访问数据量增大、业务处理复杂时，客户端与后台数据库服务器数据交换频繁，易造成网络“瓶颈”。

B/S结构即(Browser/Server)(浏览器/服务器)结构，它只安装维护一个服务器(Server)，而客户机采用通用浏览器(Browser)运行软件，是C/S结构的一种改进和变化。它大大简化了客户端，而服务器则集中了所有的应用逻辑，开发和维护等几乎所有工作也都集中在服务器端。同时当企业对网络应用进行升级时，只需要更新服务器端的软件，而不必更换客户端软件，减轻了系统维护与升级的成本与工作量，使用户的总体拥有成本(TCO)大大降低。

B/S架构分为如下的四层结构：客户端(Client)、表示层(Presentation)、应用层(Application)和数据层(Database)，这四层分别由浏览器(Browser)、WWW服务器、应用服务器(Application Server)、数据库服务器(Database Server)构成，各层负责自己的任务，层间有成熟的协议，形成一个完整的有机整体。

(7) 答：电子商务和管理信息系统的关系是：电子商务是管理信息系统向内、向外、向前、向后的延伸，它把管理信息系统涉及的范围扩展了，但它的理论、方法、模型等均和管理信息系统是同根的。

参考文献

[1] 薛华成.管理信息系统[M].5版.北京:清华大学出版社，2007.

[2] 黄梯云.管理信息系统[M].4版.北京:高等教育出版社，2009.

[3] 教育部考试中心.全国计算机等级考试三级教程——信息管理技术[M].北京:高等教育出版社，2010.

[4] 甘仞初.管理信息系统[M].北京:机械工业出版社，2001.

[5] 陈晓红.管理信息系统教程[M].北京:清华大学出版社，2003.

[6] 李东.管理信息系统理论与应用[M].北京:北京大学出版社，2001.

[7] 张国锋.管理信息系统[M].北京:机械工业出版社，2001.

[8] 左美云等.信息系统的开发与管理教程[M].北京:清华大学出版社，2001.

[9] 刘仲英.管理信息系统[M].北京:高等教育出版社，2006.

[10] 邓晓红.管理信息系统实验指导与课程设计[M].北京:机械工业出版社，2006.

[11] 钟雁.管理信息系统开发案例分析[M].北京:清华大学出版社;北京交通大学出版社，2006.

[12] 吴齐林.管理信息系统新编[M].西安:西北工业大学出版社，2007.

[13] 李蕴，于承新.管理信息系统[M].武汉:武汉理工大学出版社，2006.

[14] 王彤宇.管理信息系统[M].北京:中国水利水电出版社，2008.

[15] 岳剑波.信息管理基础[M].北京:清华大学出版社，1999.

[16] 解圣庆，刘永华等.管理信息系统[M].北京:清华大学出版社，2007.

[17] 张月玲等.管理信息系统[M].2版.北京:清华大学出版社;北京交通大学出版社，2010.

[18] 常晋义.信息系统开发与管理[M].北京:机械工业出版社，2004.

[19] 罗超理、高云辉.管理信息系统原理与应用[M].3版.北京:清华大学出版社，2011.

[20] 李劲东等.管理信息系统原理[M].西安:电子科技大学出版社，2003.

[21] 王要武 主编.管理信息系统[M].北京:电子工业出版社，2003.

[22] 苏选良.管理信息系统[M].北京:电子工业出版社，2003.

[23] 王虎，张骏.管理信息系统[M].2版.武汉:武汉理工大学出版社，2007.

[24] 吴忠，朱君璇.信息系统分析与设计[M].北京:清华大学出版社，2011.

[25] 高纯.信息化与政府信息资源管理[M].北京:中国计划出版社，2001.

[26] 李师贤等.面向对象程序设计基础[M].北京:高等教育出版社，1998.

[27] 高阳.计算机网络原理与实用技术[M].长沙:中南工业大学出版社，1998.

[28] 李代平.信息系统分析与设计[M].北京:冶金工业出版社，2006.

[29] [美]斯蒂芬·哈格，梅芙·卡明斯·哈格.管理信息系统[M].2版.严建援，刘云福等译.北京:中国人民大学出版社，2008.

[30] [美]Ralph M. Stair，George W. Reynolds.信息系统原理[M].张靖，蒋传海等译.北京:机械工业出版社，2000.

[31] [美]斯蒂芬·哈格等.信息时代的管理信息系统[M].北京:机械工业出版社，2000.

[32] 马丁·威尔逊.信息时代——运用信息技术的成功管理[M].北京:经济管理出版社，2000.

[33] [美]Reaph M. Stair，George W. Reynolds.信息系统原理[M].北京:机械工业出版社，2000.